Yilin Classics

J.-H. FABRE

经/典/译/林

Souvenirs entomologiques

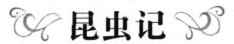

昆虫记

[法国] 让-亨利·法布尔 著

刘莹莹 王琪 译 陈伟 校

译林出版社

图书在版编目（CIP）数据

　　昆虫记／（法）让-亨利·法布尔著；刘莹莹，王琪译，陈伟校.
—南京：译林出版社，2019.5（2022.4重印）
　　（经典译林）
　　ISBN 978-7-5447-7583-0

　　I.①昆…　Ⅱ.①让…　②刘…　③王…　④陈…　Ⅲ.①昆虫学－普及
读物　Ⅳ.①Q96-49

　　中国版本图书馆CIP数据核字（2018）第 270461 号

昆虫记　[法国] 让-亨利·法布尔／著　刘莹莹　王　琪／译　陈　伟／校

责任编辑　　陆元昶　冯一兵
装帧设计　　韦　枫
校　　对　　孙玉兰
责任印制　　颜　亮

原文出版　　Robert Laffont, 1989
出版发行　　译林出版社
地　　址　　南京市湖南路 1 号 A 楼
邮　　箱　　yilin@yilin.com
网　　址　　www.yilin.com
市场热线　　025-86633278
排　　版　　南京展望文化发展有限公司
印　　刷　　江苏凤凰盐城印刷有限公司
开　　本　　880 毫米 × 1240 毫米 1/32
印　　张　　11.25
插　　页　　4
版　　次　　2019 年 5 月第 1 版
印　　次　　2022 年 4 月第 10 次印刷
书　　号　　ISBN 978-7-5447-7583-0
定　　价　　39.00 元

译　序

　　1823 年 12 月 22 日,让-亨利·卡西米尔·法布尔出生于法国普罗旺斯的圣雷恩村。此后的几年间,法布尔是在离该村不远的马拉瓦尔祖父母家中度过的,当时年幼的他已被乡间的蝴蝶与蝈蝈儿这些可爱的昆虫所吸引。七岁那年,法布尔回到圣雷恩开始上学,但那一段儿时岁月一直深深地铭刻在他的心中。

　　1833 年,法布尔一家来到了罗德兹,其父靠经营一家咖啡馆维持生计。四年后,一家人又移居到图卢兹。法布尔进了图卢兹的神学院,但中途退学,出外谋生,曾在铁路上做过工,也在市集上卖过柠檬。后来,他通过了阿维尼翁师范学校的选拔考试,获得奖学金,并在三年的学习后获得了高等学校文凭。

　　毕业后,时年十几岁的法布尔在卡本特拉开始了他的教师生涯,所教授的课程就是自然科学史。

　　1849 年,他被任命为科西嘉岛阿雅克肖的物理教师。岛上旖旎的自然风光和丰富的物种,燃起了他研究植物和动物的热情。阿维尼翁的植物学家勒基安向他传授了自己的学识。此后,他又跟随着莫坎-唐通四处采集花草标本,这位博学多才的良师为法布尔后来成为博物学家、走上科学研究的道路奠定了坚实的基础。

　　1853 年,法布尔重返法国大陆,受聘于阿维尼翁的一所学校,并举家迁进了圣-多米尼克街区的染匠街一所简朴的住宅里。1857 年,他发表了《节腹泥蜂习性观察记》,这篇论文修正了当时昆虫学祖师莱昂·杜福尔的错误观点,由此赢得了法兰西研究院的赞誉,被授予实验生理学奖。这期间,法布尔还将精力投入到对天然染色剂茜草或茜素的研究中去,当时法国士兵军裤上的红色,便来自于茜草粉末。1860年,法布尔获得了此类研究的三项专利。

后来,法布尔应公共教育部长维克多·杜卢伊的邀请,负责一个成人夜校的组织与教学工作,但其自由的授课方式引起了某些人的不满。于是,他辞去了工作,携全家在奥朗日定居下来,并一住就是十余年。

在这十余年里,法布尔完成了后来长达十卷的《昆虫记》中的第一卷。其间,他多次与好友一同到万度山采集植物标本。此外,他还结识了英国哲学家米尔,但米尔英年早逝,两人酝酿的计划"沃克吕兹植被大观"因此夭折。同时,一大不幸降临到法布尔身上:他共有六个孩子,其中唯一与父亲兴趣相投、热爱观察大自然的儿子儒勒年仅十六岁便离开了人世。此后,法布尔将发现的几种植物献给早逝的儒勒,以表达对他的怀念。

对真菌的研究一直是法布尔的爱好之一。1878年,他曾以沃克吕兹的真菌为主题写下许多精彩的学术文章。他对块菰的研究也十分详尽,并细致入微地描述了它的香味,美食家们声称能从真正的块菰中品出他笔下所描述的所有滋味。

1879年,法布尔买下了塞利尼昂的荒石园,并一直居住到逝世。这是一块荒芜的不毛之地,但却是昆虫钟爱的土地,除了可供家人居住外,那儿还有他的书房、工作室和试验场,能让他安静地集中精力思考,全身心地投入到各种观察与实验中去;可以说这是他一直以来梦寐以求的天地。就是在这儿,法布尔一边进行观察和实验,一边整理前半生研究昆虫的观察笔记、实验记录和科学札记,完成了《昆虫记》的后九卷。如今,这所故居已经成为博物馆,静静地坐落在有着浓郁普罗旺斯风情的植物园中。

法布尔一生坚持自学,先后取得了业士学位、数学学士学位、自然科学学士学位和自然科学博士学位,精通拉丁语和希腊语,喜爱古罗马作家贺拉斯和诗人维吉尔的作品。他在绘画、水彩方面也几乎是自学成才,留下的许多精致的菌类图鉴曾让诺贝尔文学奖获得者、法国诗人弗雷德里克·米斯特拉尔赞不绝口。

法布尔晚年时,《昆虫记》的成功为他赢得了"昆虫界的荷马"以及"科学界诗人"的美名,他的成就得到了社会的广泛承认。法布尔虽然获得了许多科学头衔,但他仍然朴实如初,为人腼腆谦逊,过着清贫的生活。他的才华受到当时文人学者的仰慕,其中包括英国生物学家达尔文、1911年获得诺贝尔文学奖的比利时剧作家梅特林克、德国作家荣格尔、法国哲学家柏格森、诗人马拉美、普罗旺斯文学家鲁玛尼耶等。由于《昆虫记》中精确地记录了法布尔进行的试验,揭开了昆虫生命与生活习惯中的许多秘密,达尔文称法布尔为"无法效仿的观察家"。当他居住在塞利尼昂时,不少学者、文学家纷纷前去拜访他。法布尔在自己的居所曾接待了巴斯德、英国哲学家米尔等学者,但与他们的通信并不频繁。公共教育部长维克多·杜卢伊将法布尔举荐给拿破仑三世,后者授予他荣誉勋位勋章。法国政治家雷蒙·普恩加莱①途经塞利尼昂,特意绕道荒石园向他致意。

拥有多重身份的法布尔的作品种类繁多:作为博物学家,他留下了许多动植物学术论著,其中包括《茜草:专利与论文》、《阿维尼翁的动物》、《块菰》、《橄榄树上的伞菌》、《葡萄根瘤蚜》等;作为教师,他曾编写过多册化学物理课本;作为诗人,他用法国南部的普罗旺斯语写下了许多诗歌,被当地人亲切地称为"牛虻诗人",此外,他还将某些普罗旺斯诗人的作品翻译成法语;闲暇之余,他还曾用自己的小口琴谱下一些小曲。

然而,法布尔作品中篇幅最长、地位最重要、最为世人所知的仍是《昆虫记》。这部作品不但展现了他科学观察研究方面的才能和文学才华,还向读者传达了他的人文精神以及对生命的无比热爱。

1915年,将一生奉献给昆虫研究的学者法布尔逝世了,享年九十二岁,他在钟爱的昆虫的陪伴下,静静地长眠于荒石园,然而他仅有的几张照片,

---

① 曾多次担任法兰西第三共和国总理兼外交部长,并于第一次世界大战期间担任法兰西第三共和国总统。

以及他所留下的朴实优美的文字,仍能让读者们瞥见这位学者的身影:一位和蔼老者,鹤发童颜,目光敏锐而纯真,一副法国南部乡间的朴素打扮,头戴宽边遮阳帽,脖系方巾,手里握着他的宝贝捕虫网;不用开口,他嘴边常挂着的舒心微笑,就仿佛已经在邀请您进入他的昆虫世界。

《昆虫记》原著书名可直译为《昆虫学的回忆》,副标题为"对昆虫本能及其习俗的研究"。共十卷,每卷由若干章节组成,绝大部分完成于荒石园。1878年第一卷发表,此后大约每三年发表一卷。

原著内容如其名,首先最直观的就是对昆虫的研究记录。作者数十年间,不局限于传统的解剖和分类方法,而是直接在野地里实地对法国南部普罗旺斯种类繁多的昆虫进行观察,或者将昆虫带回自己家中培养,生动详尽地记录下这些小生命的体貌特征、食性、喜好、生存技巧、蜕变、繁衍和死亡,然后将观察记录结合思考所得,写成详细确切的笔记。

但《昆虫记》不同于一般科学小品或百科全书,它散发着浓郁的文学气息。

首先,它并不以全面系统地提供有关昆虫的知识为唯一目的。除了介绍自然科学知识以外,作者利用自身的学识,通过生动的描写以及拟人的修辞手法,将昆虫的生活与人类社会巧妙地联系起来,把人类社会的道德和认识体系搬到了笔下的昆虫世界里。他透过被赋予了人性的昆虫反观社会,传达观察中的个人体验与思考得出的对人类社会的见解,无形中指引着读者在昆虫的"伦理"和"社会生活"中重新认识人类思想、道德与认知的准则。这是一般学术文章中所没有的,但却是文学创作中常见的。不同于许多文学作品的是,《昆虫记》不是作家笔下创造出来的世界,所叙述的事件都来自于他对昆虫生活的直接观察,有时甚至是某种昆虫习性的细枝末节。

其次,虽然全文用大量笔墨着重介绍了昆虫的生活习性,但并不像学术论著一般枯燥乏味,本书行文优美,堪称一部出色的文学作品。作者的语言朴实清新,生动活泼,语调轻松诙谐,充满了盎然的情趣和诗意。作者对自然界动植物声、色、形、气息多方面恰到好处的描绘,令读者融入了19世纪法国南部普罗旺斯迷人的田园风光中。作者在描写中使用大量栩栩如生的比喻，此外，他凭借自己拉丁文和希腊文的基础，在文中引用希腊神话、历史事件以及《圣经》中的典故，字里行间还时而穿插着普罗旺斯语或拉丁文的诗歌。法布尔之所以被誉为"昆虫界的荷马"，并曾获得诺贝尔文学奖的提名，除了《昆虫记》那浩大的篇幅和包罗万象的内容之外，优美且富有诗意的语言想必也是其中的原因之一。

《昆虫记》融合了科学与文学，这也意味着它既有科学的理性，又有文学的感性。书中不时语露机锋，提出对生命价值的深度思考，试图在科学中融入更深层的含义。

作品中的理性成分体现在作者的研究与思考中。法布尔在对昆虫的观察研究中，反复试验，并考证多方资料，对主流学术观点敢于质疑，探求真相，追求真理，竭尽自己之所能对知识结构不断探索和补充，对自己的观察结果不轻易下定论，同时表明自己的怀疑态度与自身的局限。他在观察昆虫之余抒发感想时，清醒地认识到人类的自大，机械化社会的野蛮，话语间时常讥讽人类僵硬不化的成见，并谨慎地对社会现状进行冷静的思索。

这部作品中的感性成分，不仅反映在作品的内容与语言表达上，甚至还反映在作者的研究与思考中。从行文来看，作品充满了拟人化的昆虫生活，从用人类着装来形容昆虫的外部特征，到用婚礼来象征昆虫求偶交配的过程，再到对它们在自然界所做贡献的歌颂，作者的情感随着昆虫的命运而变化。此外，在研究记录之余，作者在字里行间也提及自己安贫乐道的乡间生活、所居住的庭院、外出捕虫的经历，向读者介绍膝下的儿女，乃至他的家犬，这正符合了"回忆"二字，充满了人情味。而作者在研究与思考过程中，使用野外实验法与观察法等研究方法，研究活着的昆虫，悉心观察生命，这与解剖分类相比，本身就带上了感性的色彩。他在许多观察之后的想法也无不与生命有关，建立在对生命的尊重与热爱之上。

可以说，这部作品的感性基调以及动力，就是一种对生命的敬畏和关爱，一种对生存的清醒认识，一种对生活的深厚感情。而科学的理性就是得到了这种感性的支持，才能持续下去。作者由热爱自然、热爱生命而产生了对生命的好奇，于是在观察中认真体验生命的每一种表现，并陶醉其中，乐此不疲，这继而又支撑了学者一心探求真相的科学精神。

如果说法布尔的《昆虫记》是一般文学作品或一般科学作品所无法企及的，那么严格来说，它也有自己的局限性。以专业的标准来衡量，法布尔是个博物学家，"非专业"的昆虫学家；其文学手法也不能超越当时所有卓越的文学作品。在作品中，人作为观察者，用文学的笔调让昆虫带上了"人性"的色彩，却不足以成为社会学或伦理学的专著。总之，单独从昆虫学、社会学或伦理学的任何一个角度来看，这部作品都是有局限的。同时，我们更应该承认，将科学研究成果与文学写作相结合，历史上并非只有法布尔一人。然而，《昆虫记》以自己的特色，获得了极大的影响与声誉。

《昆虫记》并非刻意写就，而是作者自得其乐地观察与写作的成果。这便定下了作品的基调：看似平平淡淡，但却无时无刻不反映出作者珍爱生命、热爱生活的情感，一如其朴实清贫但宁静美好的乡间生活。他留下的观察记录是不变的，但给读者的思索却是灵活可变的，他没有强迫他人接受自己的观点，只是给读者带去了知识、趣味、美感以及思想的享受。

《昆虫记》原著问世以来，已被译为多种文字，在上个世纪二十年代就已经有了汉译本，引发了当时广大读者浓厚的兴趣。到了九十年代末，中国读书界再度掀起"法布尔热"，出现了多种《昆虫记》的摘译本、缩编本，甚至全译本。

本译本从原著的十卷中选取部分章节，主角都是中国读者耳熟能详的昆虫，如蚂蚁、蝴蝶、蟋蟀、蜘蛛等，并且特别集中了原著中文学性、可读性较强的片断。《昆虫记》原著长达十卷，每一卷均由许多章节组成，每一种昆虫所占的篇幅不尽相同，而且有关不同昆虫的章节之间并无不可分割的联系，因此它不同于小说，不受情节的局限。这种结构体裁，决定了精选本仍然能葆有原作的风格与趣味。此外，节选本精练的篇幅，也可以使读者用有限的时间与精力，以轻松的心情享受阅读的快乐。

    本书的翻译工作由两位译者共同完成。《蝗虫》、《蟹蛛》、《彩带圆网蛛》、《蟋蟀》、《胡蜂》、《绿蝈蝈儿》、《朗格多克蝎子》、《萤火虫》等章节由刘莹莹译出;《迷宫蛛》、《克罗多蛛》、《黑腹狼蛛》、《蝉》、《红蚂蚁》、《螳螂》、《大孔雀蝶》、《小条纹蝶》等章节由王琪译出。全部译文由陈伟先生细心修改订正,力求在最大程度上忠实法文原著的整体风貌和表达特色。

    愿您在轻翻本书书页时,能再度唤起孩童时代拨开草叶、寻见昆虫的愉悦心情。

刘莹莹

CONTENTS · 目录

红蚂蚁

　　把鸽子带到几百里之外的地方,它会回到自己的鸽棚;燕子在非洲过完冬后,能穿越茫茫的海洋重返旧巢。在这漫长的归途中,是什么在为它们指引着方向呢? 是视觉吗?《动物的才智》的作者图塞内尔①认为,旅行者鸽子的向导是视力和气象;这位睿智的观察家对玻璃罩内动物标本的了解恐怕不如他人,但对于活跃在自然界中的各种动物却了如指掌。他说:"在法国,鸽子根据经验,知道寒冷来自北方,炎热来自南方;干燥来自东面,潮湿来自西面。这些气象知识足以帮助它认定方向,并指引它飞行。把一只鸽子装在篮子里,盖上盖子,从布鲁塞尔运到图卢兹,途中它自然无法看到路过的地貌,但却没有人能阻止它感受大气的热度,并就此推断出它是在前往南部。等它在图卢兹被释放的时候,早已知道要回巢就得往北飞,直到周围空域的平均温度与它居住地的温度相似时才停下来。就算它没能一下子找到旧居,那也只是因为飞得稍稍偏左或偏右了一点。但不管怎样,要不了几个小时由东向西的搜寻,它就能纠正这个小小的偏差。"

　　图塞内尔的解释非常有吸引力,可惜它只适用于南北向的移动;对于等温线上的东西向移动,它就行不通了。并且,它还无法推广到其他动物身

---

　　① 图塞内尔(1803—1885):法国著名新闻工作者,对动物,特别是鸟类颇有研究,著有《动物的才智:法国式犬猎和激情动物学》、《鸟类世界》等作品。

上。看到猫儿穿过初次见到的迷宫般的大街小巷,从城市的一端回到另一端的家,我们绝不能说这是视觉在指引,更不能归之于气候的影响。同样,指引我那些石蜂回家的也绝非它们的视觉,尤其是当它们在密林深处被释放的时候。石蜂飞得并不高,离地面才两三米,根本无法鸟瞰地形的全貌从而绘制地图。再说,它们干吗要鸟瞰地形呢? 它们只不过犹豫了一小会儿,在实验者身边转了几个圈,就立刻朝蜂窝的方向飞去;尽管有树遮枝挡,尽管有丘陵高耸,它们还是能沿着离地面不高的斜坡飞越过去。视觉使它们避开了各种障碍,但并没有告诉它们应该往哪个方向飞。至于气象,就更没有起到什么作用:才几公里的距离,气候根本就没怎么变化。对冷、热、干、湿的感觉,并没有给我的石蜂什么启示,因为它们才出生几个星期,是不可能从中得到启示的。即使它们很有方向感,可由于放飞地的气候和蜂窝的气候是一样的,因此它们也不会知道该往哪儿飞。对于所有这些神秘的现象,我们只能给出一种同样神秘的解释,那就是:石蜂具有某种人类所不具备的特殊感觉。谁都不会否认达尔文那毋庸置疑的权威,他也得出了和我一样的结论。想了解动物对大地电流是否有感应,想知道它们在磁针附近是否会受到影响,这难道不是承认动物对磁性有某种感觉吗? 而我们是不是也有类似的官能? 当然,我说的是物理上的磁,而不是梅斯梅尔①和卡格里奥斯特罗②所说的磁。我们肯定没有类似的官能,要是水手们自己个个都是指南针,还要罗盘干什么?

因此,达尔文大师认为:有一种人类机体所没有的,甚至根本无法想象的官能,指引着身处他乡的鸽子、燕子、猫、石蜂及其他许多动物。至于这官能是不是对磁的感觉,我不敢妄下定论,但能为揭示这种官能的存在尽一份绵薄之力,我也就心满意足了。除了人类所具备的各种官能之外,自然界另外还存在着一种官能,这是多么了不起的研究成果,又是多么伟大的进步动力啊! 可是,人类为什么不具备这种官能呢? 对于"物竞天择、适者生存"来说,这可是一个非常有用的武器啊。如果真像人们所说的那样,所有的动

① 梅斯梅尔(1834—1915):奥地利医生,发明催眠术;使用磁石治病,认为人体磁场得到调整,疾病便可解除;后提出"动物磁力"说,认为人可以通过本身的磁力向他人传递宇宙力。
② 卡格里奥斯特罗(1743—1795):意大利冒险家、江湖骗子、炼丹术士,一度以江湖医术和秘术轰动巴黎,后被逐出法国。

物,包括人类在内,都诞生于原细胞这个统一的模子,并随着时间不断进化、优胜劣汰,那为什么一些微不足道的低等生物能具备这奇妙的官能,而万灵之长的人类却丝毫不能拥有它呢?我们的祖先居然听任这样一份神奇的宝贵遗产丢失,实在是太不英明了,这要比一截尾骨或者一缕胡子更值得保留。

这份遗产之所以没能保留下来,是不是因为人类和动物之间的血缘关系还不够近呢?我向进化论者提出这个小小的问题,非常想知道对此原生素和细胞核是怎么说的。

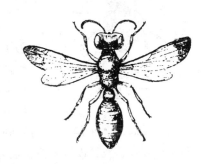

栎棘节腹泥蜂

这种未知的官能是否也为膜翅目昆虫身体的某一个部分所拥有,并通过某个特殊的器官发挥着作用呢?大家立刻会想到触须。每当我们对昆虫的行为无法做出合理解释时,总是把触须搬出来草草了事;我们心甘情愿地认为触须蕴含着所有谜团的答案。可是这次,我有足够的理由怀疑触须有感觉并指引方向的能力。毛刺砂泥蜂寻找灰毛虫时,会用触须像手指般地不断敲打地面,它似乎就是这样发现藏在地下的猎物的。这些探测丝也许能帮助毛刺砂泥蜂捕猎,却未必能在旅途中为它们指引方向。这一点有待探究,而对此我已经探究明白了。

我把几只高墙石蜂的触须尽可能地齐根剪去,然后把它们带到陌生的地方放掉,结果它们和其他石蜂一样轻而易举地回到了窝里。我曾经对我们地区最大的节腹泥蜂(栎棘节腹泥蜂)做过同样的实验,这些捕猎象虫的高手也都安然地回到了它们的蜂窝。于是我们否定了刚才的假设,得出结论:触须不具有指向感。那么哪个器官具有这种感觉呢?我不知道。

我所知道的是:如果石蜂被剪掉了触须,它们回到蜂窝后就不再继续工作了。头一天,它们固执地在未完工的蜂窝前飞舞,时而在石子上小憩,时而在蜂房的井栏边驻足,它们长久地停留在那里,满腹悲伤、思绪万千地凝望着那永远不会竣工的建筑物；它们走开，又回来，赶走周围所有的不速之客，但再也不运回花蜜和泥灰。第二天，它们干脆不再出现。没有了工具，工人们自然也无心工作。当石蜂砌窝的时候，触须不断拍打、试探、勘察，似乎在负责把工作完成得尽善尽美。触须就是石蜂的精密仪器，就像是建筑工人的圆规、角尺、水准仪、铅绳。

三叉壁蜂

迄今为止，我的实验对象都是雌蜂，出于母性的职责，它们对蜂窝忠诚得多。可如果被弄到陌生地方的是雄蜂，它们会怎么样呢？对这些情郎我可不太有信心，它们可以乱哄哄地在蜂房前挤上几天，等候雌蜂出来，为了抢夺情人彼此没完没了地争风吃醋，而当建筑蜂巢的工程如火如荼时，它们却消失得无影无踪。我想，对于它们来说，重返故居有什么重要？只要能找到倾诉炙热爱情的情人，安居他乡又有何妨！然而我错了，雄蜂们也回来了！的确，由于它们相对较弱，我并没有安排长途旅行，只是一公里左右。但这对它们来说已经是一场远征、一个陌生的国度了，因为我实在想象不出它们能出门远行。白天，它们顶多看看蜂房或去花园里赏赏花；晚上，它们便藏身在荒石园的旧洞或石堆缝里。

有两种壁蜂（三叉壁蜂和拉特雷依壁蜂）经常光顾石蜂的蜂窝，它们在石蜂丢弃的蜂窝里建造自己的蜂房。特别是三叉壁蜂。这是一个极好的机会，能让我了解一下有关方向的感觉究竟在多大程度上适用于膜翅目昆虫；我充分利用了这个机会。结果呢，壁蜂（三叉壁蜂），无论是雌是雄，都回窝了。虽说我的实验速度快、次数少、距离短，但其结果与其他实验的结果是如此吻合，使我不得不完全信服。总之，算上以前做过的实验，我发现有四种昆虫能够返回窝巢：棚檐石蜂、高墙石蜂、三叉壁蜂和节腹泥蜂。我是否可以就此毫无顾忌地推而广之，认为所有的膜翅目昆虫都有这种从陌生地方返回故居的能力呢？对此我非常谨慎，因为据我所知，眼下就有一个十分说明问题的反例。

我的荒石园实验室有丰富的实验品，著名的红蚂蚁位居榜首，它就像捕捉奴隶的亚马逊人①。这种蚂蚁不会哺育儿女，也不善于寻找食物，哪怕食物伸手可及也不会去拿，所以必须有用人伺候它们吃饭，帮它们料理家务。红蚂蚁偷别人的孩子，让它们为自己的部族服务。遭到劫掠的是其他种类的蚂蚁邻居，红蚂蚁把它们的蛹偷回来，蛹孵化后，就成了陌生人家中干活卖力的用人了。

六七月炎热的午后，我经常看到这些亚马逊人走出兵营，出发远征。它们的队伍可达五六米长。如果一路上没有什么值得注意的东西，队形便一直保持原样；可一旦发现有蚁窝的迹象，领头的蚂蚁便立刻停下散开，后面的蚂蚁大步赶上，大家便乱哄哄地挤成一堆。一批侦察兵被派了出去，原来是弄错了，于是队伍继续前进。大队人马穿过花园的小径，消失在草坪里，在稍远一点的地方又冒出来，再钻进一堆枯叶，然后又钻出来，一路盲目地寻找着。终于，它们发现了一个黑蚁窝！红蚂蚁们立刻下到黑蚁的蛹房，不一会儿就带着战利品上来了。于是，在地下城堡的门口，黑蚁红蚁混战在一起，一方要保卫自己的财产，另一方则竭力要把它夺走，真是触目惊心。不过交战双方的力量过于悬殊，结果毫无悬念。红蚂蚁大获全胜，它们带着战利品，颚间衔着襁褓中的蛹，匆忙打道回府。对于不了解奴隶制习俗的读者来说，这亚马逊人的故事也许很有趣；但很遗憾，我不能再讲下去了，因为这离我们要谈论的主题——昆虫回窝——相去太远了。

强盗红蚂蚁队伍的远征路线长短不一，取决于附近黑蚂蚁窝的数量。有时候只要走十几步、二十步的距离就够了，可有时候却要走五十步、一百步，甚至更远的距离。我只看到过一次红蚂蚁到花园以外远征。这些亚马逊人爬上四米高的围墙，翻越过去，一直走到稍远处的麦田里。至于远征的路途如何，行进中的红蚂蚁毫不关心。无论是不毛之地还是浓密的草坪，是枯叶堆还是乱石堆，是泥石群还是杂草丛，它们一样走，并没有哪一种路特别偏爱。

回来的路线却是铁定不变的：红蚂蚁们去时走哪条路，回来时就走哪条路，不管这条路有多么蜿蜒曲折，也不管它经过哪些地方，又是如何艰难困

① 希腊神话中一个居住在黑海之滨的民族，全部由女人组成，骁勇好战，以掠夺为生，并屠杀男孩。

苦。红蚂蚁带着战利品回窝时,所走的原路是根据捕猎时出现的意外情况决定的,而且往往十分复杂。它们走的就是去时的那条路,这对于它们来说绝对必要,即使这样会加倍辛劳,甚至会冒生命危险,它们也不会更改。

我猜想,红蚂蚁们刚刚穿过厚厚的枯叶堆,这对它们而言是一条危机四伏的道路,随时都有失足坠落的危险;为了从洼地里钻上来,爬上摇摇晃晃的枯枝桥,走出迷宫般的小路,许多红蚂蚁累得筋疲力尽。但不管怎样,哪怕背负的战利品使它们步履维艰,回来的时候,它们还是会选择穿越那个困难重重的迷宫。要想减轻疲劳的话该怎么办呢?只需稍稍偏离先前的路线就可以了,在不到一步开外的地方,就有一条平坦的好路。可红蚂蚁们对这条近在咫尺的归途却视而不见。

有一天,我发现它们又出去抢劫了,它们排着队,沿着池塘砌砖的内侧行进。池塘里的两栖动物前一天已被我换成了金鱼。呼啸的北风从侧面横扫队伍,把整排整排的蚂蚁都刮到了水里。金鱼们蜂拥而至,张开大口,吞噬着落水者。雄关漫道,天堑还没越过,队伍就惨遭涂炭。我以为它们回来时一定会改走另一条路,绕过这致命的危险。可根本没有。衔着蚁蛹的队伍依然沿原来的险途返回,于是金鱼们吃到了从天上掉下的双份馅饼:不仅是红蚂蚁,还有它们的猎物。红蚂蚁宁愿再一次被屠杀,也不愿换一条路线。

如果这些亚马逊人在远征途中随意兜圈,经常走不同的路,那么它们回家识途的困难就会陡增;一定是因为这个原因,它们养成了原路返回的习惯。如果不想迷路,红蚂蚁就别无选择:它们必须走自己认得、并且刚刚走过的那条路。爬行毛虫从窝里出来,到另一棵树或另一根树枝上去寻找可口的树叶时,会沿途织一条丝线,回家时它就循着这条丝线走。这是远行时可能迷路的昆虫所使用的最基本的方法。相对于爬行毛虫和它们幼稚的丝路,石蜂和其他昆虫的方法大不一样,后者依靠某种特殊的感觉来指引方向。

虽然红蚂蚁和石蜂一样,也属于膜翅目昆虫,但它回家的办法却没那么高明,这一点可以通过它只能顺着原路返回的事实得到证明。那么,它会不会在某种程度上效仿爬行毛虫的办法呢?也就是说,它不一定在途中留下指路的丝线,因为它不具备这样的工具;但它可以留下某种气味,比如某种甲酸味,然后靠嗅觉来给自己指路。很多人就是这样认为的。

那些人说:蚂蚁是靠嗅觉来指路的,而嗅觉器官似乎就是那动个不停的触须。对这个看法我不敢苟同。首先,我不相信嗅觉器官会是触须,理由前面已经说过了;其次,我希望通过实验,证明红蚂蚁不是靠嗅觉来指引方向的。

花整整几个下午等候我的亚马逊人出窝,而且常常无功而返,这实在太浪费时间了。于是我找了一个帮手,她可没有我那么忙。她就是我的孙女露丝,这个小调皮鬼对于我跟她讲的有关蚂蚁的故事很感兴趣。她曾经目睹了红蚂蚁和黑蚂蚁的大战,对于抢夺襁褓中孩子的事情一直若有所思。她脑子里充满着崇高的职责,对自己小小年纪就能为科学这位贵妇效力感到万分自豪;天气好的时候,她便满花园地跑,监视红蚂蚁,她的任务是仔细辨认红蚂蚁所走的路线,一直跟踪到被它们洗劫的蚁窝。她的热情已经经受过了考验,所以我很放心。那天,我正在书房写每天例行的笔记,她突然来敲门了:

"咔!咔!是我,露丝。快来,红蚂蚁讲黑蚂蚁的窝了,快来!"

"你看清它们走的路了吗?"

"是的,我做了记号。"

"什么? 做了记号? 怎么做的?"

"就像小拇指①那样,把白色的小石子撒在路上。"

我赶紧跑过去。情况就像我六岁的合作者露丝刚才所说的那样。她事先准备了小石子,一看到红蚂蚁的队伍出动,就一直跟着,每隔一段距离,便在它们走过的路上撒下几颗石子。现在,亚马逊人已经抢劫完毕,开始沿着用石子标出的路线回家了。这段距离大约有一百米,我有足够的时间进行我事先策划好的实验。

我用一把大扫帚,在蚂蚁经过的路上扫出一米左右的宽度,把路面上的粉末物质全部扫掉,代之以别的东西。尽管路上还留有这些粉末物质的气

---

① 小拇指:法国诗人、童话作家佩罗(1628—1703)的童话《小拇指》中的主人公。他几次被抛弃在森林里,但都依靠智慧回到了家中。他使用的认路方法之一,就是沿途用白色的小石子做记号。

味,但蚂蚁不见了这些粉末,就会晕头转向。就这样,我在这条路的四个不同地方用扫帚扫过,每个地方相隔几步远的距离。

队伍来到了第一个被扫帚截断的地方。蚂蚁们明显地犹豫了起来。有的掉头走开,然后回来,再掉头走开;有的在截断处徘徊不前;还有的则朝两侧散开,似乎想绕过这块陌生的地方。领头的蚂蚁们先是聚成几分米宽的一团,接着分散到宽度约三四米的空间。但是,越来越多的蚂蚁来到了障碍前,它们聚集起来,乱哄哄的,不知所措。终于,有几只蚂蚁冒险走上了扫过的那段路,其他的跟着它们;与此同时,另一些蚂蚁从侧面绕了过去,也走上了原先的那条路。在其他截断处,蚂蚁们又同样犹豫不决,不过最终还是或直接或间接地走到了原路上。尽管我设置了圈套,红蚂蚁还是顺着小石子标出的路线,回到了窝里。

实验似乎肯定了嗅觉的作用。红蚂蚁在道路被截断的四个地方都表现出了明显的犹豫。它们最后之所以仍然从原路回来,可能是因为扫帚扫得还不够彻底,使一些有气味的粉末仍然留在了原地。而另一些蚂蚁绕过扫过的部分再走回原路,则可能是受到了扫到一旁的残余物的指引。在下结论肯定或否定嗅觉的作用之前,最好是在更好的条件下再进行一次试验,将所有有气味的物质彻底扫除干净。

几天后,我制定了新的计划,露丝重新开始观察,并很快就向我报告蚂蚁又出动了。这在我的意料之中,因为在六七月闷热的午后,尤其是在暴风雨来临之前,亚马逊人很少错过这远征的最佳时机。"小拇指"的石子仍然被撒在蚂蚁走过的地方,我从中选取了一个最有利于我试验的地点。

我把一条用来给园子浇水的帆布管接到池塘的水龙头上,打开阀门,蚂蚁的归途顿时被一条绵延的激流冲断了,这激流约有一步宽,长得没有尽头。水很多,也很急,把地面冲洗得很彻底,带走了所有可能留下的气味。大水这样冲洗了约一刻钟。接着,当抢劫回来的蚂蚁队伍走近时,我放慢了水流的速度,减小了水帘的厚度,以免虫子们过分费力。如果亚马逊人必须走原路回家,那么它们就非得逾越这道障碍。

这一次,蚂蚁们犹豫了很长时间,连拖在最后的蚂蚁也赶上了队伍的排头。这时,它们踩着几颗露出水面的卵石走进了激流;脚下一个不稳,水流就卷走了那些最鲁莽的蚂蚁,可它们仍然固执地衔着猎物,随波逐流,搁浅在突出的地方,再回到岸边,重新寻找可以涉水渡河的地方。几根麦秆被水冲到这里或那里,成了摇摇晃晃的浮桥,蚂蚁们走了上去。而橄榄树的枯叶则成了木筏,载着蚂蚁乘客们。那些最勇敢的蚂蚁不借助任何渡河工具,一半靠自己、一半靠好运,结果到达了对岸。我看到一些蚂蚁被水冲到了离岸两三步远的地方,似乎非常着急,不知如何是好。但不管这溃散的队伍多么混乱,即使遭受了灭顶的水灾,也没有一只蚂蚁丢弃它们的战利品。蚂蚁们非常小心,宁死也不会丢失这些战利品。总之,它们好歹渡过了激流,而且是沿着既定路线渡过的。

我觉得,激流实验之后,路上气味的解释就行不通了,因为地面事先早就被冲洗干净,而且在蚂蚁渡河的过程中水流一直在不断更新。如果蚂蚁走过的路上真的有丁酸的气味,只是我们的嗅觉闻不到,或至少在我所讨论的条件下闻不到,那么就让我们看看,用另一种我们嗅得出来的、强烈得多的气味来盖住它,情况会怎样。

我等来了蚂蚁的第三次出动。在它们走过的路上,我用刚从花坛里摘下的几把薄荷擦了擦地面,然后把薄荷叶盖在稍远处的路上。归来的蚂蚁经过被擦过的区域时,似乎一点都不担心;在盖着叶子的地方,它们犹豫了一下,然后还是走了过去。

经过这两次实验——一次是激流冲洗路面;另一次是薄荷掩盖气味——我认为,再也不能把嗅觉说成是指引蚂蚁沿出发时的路线回窝的原因了。其他实验能让我们弄清楚真正的原因。

这一次,我对地面不作任何改变,只是在路中央铺了一些大大的纸张和报纸,用小石块压住。这块地毯彻底改变了道路的外貌,但却不会去掉任何可能留下的气味;可是在它面前,蚂蚁们却表现出了前所未有的犹豫,而此前我设下的任何圈套,包括汹涌的激流,都不曾使它们如此迟疑。它们反复尝试,四处侦查,试探着前进和后退,然后才冒险进入这个陌生的区域。终于,它们穿过了这块铺纸的地带,队伍又像往常一样,恢复前进了。

在前面不远处,还有我设计的另外一个圈套在等着它们。我在它们的路线上铺了一层薄薄的黄沙,而地面本来是浅灰色的。单是这样的颜色变化,就足以使蚂蚁们迷惑好一阵子,它们就像刚才面对纸地毯一样地犹豫了起来,不过时间不长。最后,这个障碍也同样被逾越了。

　　我铺的黄沙和纸张并不能使路上可能留有的气味消失，而蚂蚁们却每次都表现出同样的迟疑，并且都停了下来；很显然，指引它们按原路回家的不是嗅觉，而是视觉，因为每当我以某种方式——比如用扫帚扫、用流水冲、盖上薄荷叶、铺上纸地毯或跟地面颜色不同的黄沙——改变沿途的景观时，回家的蚂蚁队伍都会停顿、犹疑，并试图了解究竟发生了什么变故。没错，就是视觉，不过红蚂蚁的视觉很短浅，哪怕移动几颗小卵石，都会让它们觉得景物全非。正是由于这短浅的视力，哪怕是放一条纸带、放一层薄荷叶、铺一层黄沙、挥一下扫帚，甚至是做更微小的改动，都足以改变路上的景色，使带着战利品归心似箭的蚂蚁队伍在这块陌生的地方焦虑不安地停顿下来。最后，蚂蚁们之所以都穿越了这可疑的地带，是因为在反复尝试穿越不同的地带之后，有几只蚂蚁终于认出，在另一端有它们熟悉的地方。其他的蚂蚁出于对它们的信任，就跟着它们走了。

　　可是，光靠视力是不够的，亚马逊人还具备对地点的准确记忆力。蚂蚁的记忆力！它会是怎样的呢？它跟我们的记忆力有什么相似之处吗？这些问题，我回答不上来。但我可以用寥寥几行话告诉大家，这虫子一旦到过某个地方，就能把这个地方准确无误地记在脑子里。这情况我曾看到过多次。有时候，遭到亚马逊人洗劫的蚁窝有太多的战利品，远征队伍一次搬运不完；或者，红蚂蚁所到之处有太多的蚁窝，需要再实施一次掠夺，才能将这个地方的财富彻底开发完。于是，第二天，或者两三天以后，红蚂蚁们再次出征。这一次，它们不再沿途搜索，而是直奔有许多蚁蛹的蚂蚁窝，走的就是原来的那条路线。我曾经在红蚂蚁远征的路上用小石子设置过路标，那条路大约有二十多米；两天后，我突然发现，亚马逊人正沿着一颗又一颗石子路标，走在同一条路上去远征。我根据这些石子路标，在心里说：它们要从这里经过、从那里经过；果然，蚂蚁们沿着石子路桩，经过了这里，也经过了那里，并没有明显的偏差。

　　两次远征隔了几天，难道我们还能说红蚂蚁走过的路上留有原先散发出的气味吗？没有人敢这么说。所以，为亚马逊人指路的肯定是视觉，外加对地点的记忆力。这记忆力很强，甚至可以把对路途的印象保留到第二天乃至更久；而且这记忆力不打一点折扣，可以指引蚂蚁队伍穿过各式各样的地面，不偏不差地走前一天走过的路线。

　　但是,如果在一个陌生的地方,亚马逊人会怎么样呢? 在一个它们事先可能未曾勘探过的地方,对地形的记忆力就于事无补了;而除了这种对地形的记忆力之外,红蚂蚁是否拥有像石蜂那样辨别方向的能力,至少是在小范围内辨别方向的能力呢? 它们能不能返回蚁窝,或者跟正在行进的队伍会合呢?

　　这支惯于抢劫的蚂蚁军团并非对花园的每个角落都了如指掌;它们更喜欢去北边的那部分,可能是因为那里能掠到更多的猎物。因此,亚马逊人通常都把队伍带到兵营的北面去;我很少在南面看到它们。所以,对于它们来说,南边的园子即使不陌生,至少绝不会比北边的园子更熟悉。说完了这些,就让我们看看身处陌生地方的红蚂蚁是如何行事的吧。

　　我守在红蚂蚁的窝边。当队伍捕捉奴隶归来时,我把一片枯叶伸到其中一只蚂蚁的面前,让它爬上去。我没有碰它,只是把它运到队伍南边两三步远的地方。但这足以使它离开熟悉的环境,彻底晕头转向了。我看见这个亚马逊人回到地面后,像无头苍蝇似的到处乱闯,口中依然牢牢地衔着战利品;我见它匆匆忙忙地想去和战友会合,实际上却越走越远;我见它先往回走,然后又远去,左面试试、右面试试,四处摸索,却始终无法找对方向。这个长着强健大颚的好战的奴隶贩子只离开自己的队伍两步远,就迷了路。我记得有好几个这样的迷路者,找了半个多小时都没能回到原路,反而越走越远,可嘴里却始终衔着蚁蛹。它们的结果会怎么样呢? 它们又会把战利品怎么样呢? 我可没有耐心对这些愚蠢的强盗跟踪到底了。

　　我们再进行一次同样的实验,但这次把亚马逊人放到了北边。红蚂蚁虽然多少有一点犹豫,也朝各个方向做过试探,但最终还是归队了。因为那片地方它熟悉。

　　作为膜翅目昆虫,红蚂蚁肯定根本不具备其他膜翅目昆虫所拥有的方向感。它只能记住到过的地方,仅此而已。哪怕是两三步路的偏离,就足以使它迷路,无法与家人团聚。而石蜂则不然,它穿越几公里的陌生地区都不会有问题。刚才我还很惊讶:这种奇妙的官能连一些动物都具备,而人类却没有。人和动物这两个比较物之间的差别太大,难免会引起争论,而如今,这种差别不复存在了:被比较的是两种非常接近的昆虫——膜翅目昆虫。虽然它们都是从一个模子里出来的,为什么一个有辨别方向的官能,而另一个却没有呢？昆虫这种多出的官能,是它除器官的细节之外另一个具有决定意义的特征。对此,我期待着进化论者给出一个合理的解释。

我刚才已经认识了红蚂蚁对于地点的超强的、不折不扣的记忆力;那么这种记忆力到底灵活到什么程度,能将印象铭记在心呢? 亚马逊人是否需要反复走几次,才能记住沿途的地理特征? 还是走一次就够了? 它是否能一下子就把走过的路线和到过的地方刻在脑海里? 红蚂蚁不可能接受实验,给我们答案了,因为实验者无法知道远征队伍的路线是不是第一次走;此外,他也没有能力让红蚂蚁军团走这一条或那一条路。亚马逊人外出抢劫蚁窝的时候,总是随心所欲地选择路线,根本不受实验者的干预的影响。我们还是求助于其他的膜翅目昆虫吧。

我选择了蛛蜂,关于它的习性,我将在其他章节中做详细介绍。蛛蜂是捕捉蜘蛛和挖掘地洞的高手。它先将猎物捉住,使其瘫痪,给未来的幼虫做食物;然后再挖掘住所。由于带着沉重的猎物去寻找合适的住宅地很不方便,所以蛛蜂把捕来的蜘蛛放在草丛或灌木的高处,以防偷吃者——特别是蚂蚁——趁这珍贵美食的合法主人不在,把它给糟蹋了。蛛蜂将战利品安置在绿色植物的高处之后,便去找

普通蛛蜂

合适的地方挖地洞了。在挖掘期间,它会时不时地回去看看它的蜘蛛;它轻轻地咬一咬、拍一拍,仿佛在庆幸自己得到了这丰盛的美餐。如果有什么事情令它不安,它就不仅仅是去看一看,而是会把蜘蛛搬到离工地近一点的地方,不过总是放在植物丛的上面。蛛蜂的这一行为使我有了可乘之机,来了解一下它的记忆力到底有多灵活。

当这膜翅目昆虫挖掘地洞的时候,我把它的猎物拿走,放在离原先的存放地半米之外的空旷处。不久,蛛蜂离开地洞,去看它的猎物了,它径直朝原来存放蜘蛛的地方走去。它对方向非常自信,对地点的记忆也非常牢固,这可能是因为它前面已经多次去看过它的猎物。此前发生了什么我不清

楚。我们不去管那第一次远征；其他的几次会更有说服力。眼下，蛛蜂毫不犹豫地来到原先摆放猎物的草丛。它在上面走来走去，仔细搜寻，不时回到原来存放蜘蛛的位置。最后，这膜翅目昆虫确信猎物已经不在那里，便在四周漫步徘徊，并用触须拍打着地面。终于，它在空旷处看见了我放的猎物，十分惊讶，赶紧上前，突然一抖，猛地往后退去，仿佛在问：这蜘蛛是活的还是死的？这是我的猎物吗？小心为妙！

猎人犹豫了一小会儿，还是咬住了蜘蛛，一边拉一边倒退，把它放到另一丛植物上，仍然是在高处，离第一个存放地两三步远。然后，它又回到地洞边，继续挖土。我再次移动了蜘蛛的位置，把它放在稍远一点的一块光秃秃的地上。这一次，我们可以看出蛛蜂的记忆力了。临时存放猎物的草丛有两个。第一个，蛛蜂曾经准确无误地回去过，它之所以能认得出，可能是因为此前它去过多次，做过较为深入的勘察，对此我不很清楚；而第二个草丛，在它的记忆中肯定只留下了肤浅的印象。它接受了那个地方，但事先并不曾仔细挑选；它在那里停留的时间很短，只够把蜘蛛抬到高处；那个地方它是第一次看到，而且看得很匆忙。这样短暂的一瞥，能让它准确地记住吗？何况，在这虫子的记忆里，两个存放地很有可能会混淆起来。蛛蜂究竟会去哪个地方呢？

答案很快就会揭晓：蛛蜂又离开地洞去看蜘蛛了。它径直跑向第二个草丛，在那里找了很久，但猎物不见了。蛛蜂记得很清楚猎物最后是放在那儿，而不是其他地方；它坚持在那里寻找，根本没有想到去第一个存放地。对它来说，第一个草丛已经不重要了，它关心的只是第二个草丛。接着，它开始在附近寻找。

这膜翅目昆虫在那块光秃秃的地方找到了我放的猎物，便迅速将它放到了第三个草丛上，于是试验又开始了。这一次，蛛蜂毫不犹豫地直奔第三个草丛，丝毫没有和前两个混淆起来，它记得很清楚，对前两个存放地根本不屑一顾。我又做了两次实验，每次这虫子都是去最后一个存放地，对其他草丛漠不关心。这个小家伙的记忆力真令我叹服。尽管这个矿工还要操心地下的挖掘工作，但它只要匆匆瞥一眼，就能把一个与别处没有丝毫不同的地方记得清清楚楚。我们人类的记忆力能和它媲美吗？我可不敢说。如果我们假设红蚂蚁也有同样非凡的记忆力，那么它们长途跋涉、按原路回窝也

就顺理成章了。

　　我的实验还得出其他一些结果，值得一提。当蛛蜂经过不懈地艰难探索，确认蜘蛛不在它原先放置的草丛上后，便会到附近去寻找，而且可以说比较容易就找到了，这是因为我特地把猎物放在了空旷的地方。现在，让我们来增加一点难度。我用手指在泥土里按了一个印，把蜘蛛放在这个小小的坑里，再盖上一片薄薄的叶子。寻找遗失猎物的蛛蜂有时会从叶子上经过，走过来又走过去，可就是不怀疑蜘蛛在它的脚下。可见，指引蛛蜂的不是嗅觉，而是视觉。不过，它的触须一直在不断地拍打着地面。这触须有什么用？我不知道，但我能断定它不是嗅觉器官。通过泥蜂寻找灰毛虫的例子，我也得出了同样的论断；而这论断现在得到了实验的证实，在我看来它是决定性的。我还要补充一点：蛛蜂的视力很差，所以它经常会在离蜘蛛两寸远的地方走过，却看不见后者。

蝉和蚂蚁的寓言

名声大多是靠传说造就的。无论是在人类还是在动物的历史上，传说故事都留下了它的足迹。特别是昆虫，它们以这样或那样的方式引起了我们的注意，也是许多民间故事的主角，而这些故事最不关心的就是事实。

比如，谁不知道蝉，至少是听到过它的名字吧？在昆虫世界里，还能有谁比它更出名？它是热情似火的歌手，对未来却缺乏远见，这样的名声早在我们童年时代就已是记忆训练的主题。大人们用几句浅显易学的诗句告诉我们，当凛冽的寒风吹起时，蝉一无所有，跑到它的邻居蚂蚁那里喊饿。可是这个借粮人不受欢迎，得到的是一个一针见血的回答，这也是那虫子出名的主要原因。这短短的两句诗带着粗俗的嘲弄：

你原来在唱歌！这真令我高兴。
那么，你现在就去跳舞吧。

与蝉精湛的演奏技巧相比，这两句诗给它带来了更大的名声。它们像楔子一样，深深地钻进孩子们的心灵，再也不离开。

大多数人都没听到过蝉唱歌，因为蝉生长在橄榄树茂盛的地区；但是无论大人还是孩子，都知道蝉在蚂蚁面前的那副狼狈样子。它的名声就是这样来的！一个违背道德和自然历史、价值遭到非议的故事，一个除了简短以外一无是处、只适合奶妈讲述的故事，居然造就了蝉的名声，而这名声竟和

"小拇指"的长靴、小红帽的煎饼①一样，一起根深蒂固地支配着岁月留下的破碎记忆。

孩子是杰出的保存者。习俗、传统一旦印入他们的记忆，就变得坚不可摧。蝉的出名，应该归功于孩子们，他们刚开始尝试背诵的时候，就已经在结结巴巴地述说蝉的不幸遭遇了。通过孩子，一些粗鲁无聊的奇谈被保存了下来，成了寓言的素材：蝉在寒冷到来时，总是要经受饥饿之苦，尽管事实上冬天并没有蝉；蝉总是要请求别人施舍几颗麦粒，尽管事实上这种食物并不适合它们精致的吸食管；蝉总是一边乞讨，一边搜寻苍蝇和小蚯蚓，尽管事实上它们从来不吃这些食物。

南欧熊蝉

这么多荒唐的错误究竟该由谁来负责呢？拉封丹的大多数寓言都以细致入微的观察使我们着迷，但在蝉的问题上他却考虑欠周。他对寓言中的前几个主角，如狐狸、狼、猫、山羊、乌鸦、老鼠、鼬等动物，都十分了解，描写它们的情况和动作时准确生动、细致入微。这些动物都是拉封丹的同乡、邻居、常客；它们的集体生活和私生活都发生在他的眼皮底下。但是，在兔子雅诺②蹦跶的地方没有蝉；拉封丹从来不曾听过它歌唱，也没有见过这种动物。对他来说，著名的歌唱家毫无疑问是蚱蜢。

画家格兰维尔③机智狡黠的画笔堪称和拉封丹配有插图的寓言相得益彰，但他也犯了同样的错误。在他的画中，蚂蚁被打扮成勤劳的主妇。她在自己的家门口，在大袋的麦子旁边，鄙夷地转过身去，背对着借粮人伸向她的爪子，哦，对不起，是伸向她的手。寓言的另一位主角戴着宽边帽子，胳膊下夹着吉他，裙子被寒风吹得紧贴在腿肚上，完全是一副蚱蜢的形象。格兰维尔和拉封丹一样，也没有想过真正的蝉是什么样的，他出色地反映了这

① 小拇指和小红帽都是法国童话故事中的著名人物，家喻户晓。
② 兔子雅诺是拉封丹寓言的主人公之一。
③ 格兰维尔(1803—1847)：法国画家，为拉封丹的《寓言集》配过插图。

个普遍的错误。

此外,拉封丹在这个浅薄的小故事中,只是拾了另一位寓言作家的牙慧而已。描写蝉受到蚂蚁冷遇的传说和自私自利,也就是说和这个世界一样历史悠久。在雅典,幼儿们背着塞满无花果和橄榄的草编包,走在上学的路上,他们已经能把这个故事当做要背诵的课文,喃喃叙说了:"冬天,蚂蚁们把储备的受潮食物放在太阳下晒。一只饥饿的蝉突然来乞讨。它恳求得到几粒谷子。那些齐嵩的储藏者回答:'你曾在夏天唱歌,那就在冬天跳舞吧。'"这个故事或许稍微枯燥了一点,但却正是拉封丹那篇有违常理的寓言的主题。

然而,这个寓言来自希腊——盛产橄榄树和蝉的国家。伊索真的像传说的那样,是这寓言的作者吗?我有点怀疑。但这并不重要,反正讲这故事的人是个希腊人,是蝉的同乡,对蝉应该有足够的认知。在我的村庄中,知识再狭隘的农民也知道冬天是绝对没有蝉的;同样,任何一个翻土的人都认识蝉最初的形态,因为当寒冬临近、必须为橄榄树培土时,他们的铁锹经常会挖出一些蝉的幼虫;他们无数次在路边看到这种幼虫,慢慢也就知道了它们是如何通过自己挖掘的井钻出地洞,如何爬上某一根树枝,壳是如何从背上裂开,它们又是如何蜕去比生了茧的羊皮还要坚硬的旧壳,最后变成一只蝉,并迅速从嫩草绿色变成棕色的。

阿提喀半岛①上的农民也不是傻子;他们同样注意到了这个连最没有观察力的人都能发现的事实;他们也知道我的农民邻居们所了解的情况。写出这则寓言的文人,不管他是谁,都有得天独厚的优势,可以了解这些情况。那么,他故事里的这些谬误是怎么产生的呢?

这位希腊寓言家比拉封丹更不可原谅,他在讲述书本上的蝉,而不是去了解在他身边敲锣打鼓的真正的蝉;他对现实毫不关心,只是因循传统。其实他也只是在抄袭另一位更古老的寓言家,他重复的是某一个来自可敬的文明之母——印度的传说。印度人用芦苇写下这个故事,是为了告诫人们:生活缺乏远见,必将后患无穷;如果不知道这一主题,就会误以为蝉和蚂蚁之间发生的小故事,比这两只虫子的密谈更加接近现实。印度人是昆虫的

---

① 阿提喀半岛:希腊的一个半岛,雅典即位于该半岛上。

伟大朋友,不可能犯下这样的误会。看来只有一种可能:故事最初的主角并不是我们的蝉,而是其他某种动物,或者说某种昆虫,它的生活习性同故事情节所描述的相似。

这个古老的故事来自希腊,在漫长的几个世纪中,它曾使印度河畔的智者深思、使那里的孩子愉悦;它也许和某一位一家之主第一次提出勤俭节约的年代一样久远;它被从一代人的记忆传到另一代人的记忆,或多或少地保留着原来的风貌;就像所有的传说一样,它有很多细节都被改动,因为岁月的长河要求这些细节适应各个时期、各个地点的特殊情况。

希腊乡间没有印度人讲述的那种昆虫,于是希腊人就把蝉引入了故事;就如同在号称现代雅典的巴黎,蝉又被蚱蜢取代一样。大错已经铸成,而且被孩子们记住,从此不可磨灭,甚至胜过了显而易见的事实。

让我们设法为这位遭到寓言诬蔑的歌手平反吧。我首先承认,蝉是一个讨厌的邻居。每年夏天,它们被我门前两棵粗大的梧桐的绿荫所吸引,成百地前来安家;在那里,从日出到日落,它们不断用嘶哑的交响乐侵扰我。在这震耳欲聋的乐声中,我根本不可能思考;我的思想回旋飞舞,晕头转向,无法集中。如果我没有抓紧利用早晨的时间,这一天就算完了。

啊!这中邪的虫子,你是我家的祸害!我原本希望这个家能安安静静。听说,雅典人特意把你们养在笼子里,以便享受你们的歌唱。在饭后昏睡的时候,有一只蝉叫还可以接受;可当一个人在聚精会神地思考问题时,上百只蝉同时叫响,震得耳膜发胀,那真是一种折磨!可你们这些蝉儿却振振有词,说这是你们作为先到者的权利。在我来之前,这两棵梧桐树是完全属于你们的,反倒是我擅自闯入了它们的绿荫。好吧:为了我写好你们自己的故事,就请在铙钹上安一个弱音器,降低一点音量吧。

事实否定了寓言家的无稽之谈。尽管蝉和蚂蚁之间有时有一些关系,但究竟是什么样的关系我们却并不肯定;我们只知道,这关系与寓言家告诉我们的恰恰相反。蝉从来不需要依靠别人的帮助生活,这种关系的发起者不是它,而是蚂蚁,那个贪婪的剥削者,它把一切可以食用的东西都囤积在谷仓里。在任何时候,蝉都不会到蚂蚁窝前乞讨粮食,并信誓旦旦地保证还本付息;相反,倒是蚂蚁有时会饿得饥肠辘辘,去向歌手哀求。我说的是哀求!因为有借有还不是蚂蚁强盗的习惯。它剥削蝉,厚颜无耻地将它洗劫一空。就让我来解释一下这洗劫的过程吧，它是一个奇特的历史问题，到目前为止，还很少有人知道。

七月的午后热得令人窒息，蚂蚁这昆虫的贱民渴得筋疲力尽，它四处游荡，徒劳地想从干枯的花朵上取水解渴；而这时，蝉却对这水荒一笑了之。它用小钻头一样的喙，刺进取之不尽的酒窖。它停在小灌木的枝杈上，一边不停地唱歌，一边在坚硬光滑的树皮上钻孔；被太阳晒得热烘烘的树汁，使这些树皮鼓了起来。蝉把吸管插入洞孔，尽情畅饮；它纹丝不动，若有所思，完全沉浸在琼浆和歌曲的魅力之中。

我们继续观察一会儿，也许就能看到一些不幸的意外事件。事实上，有许多口干舌燥的昆虫在附近游荡；从井栏上渗出的树汁，使它们发现了那口井。它们迅速赶来，起初还是小心翼翼，仅仅舔一舔溢出的液体。我看到，在甘琼吸管的周围，聚集着匆忙赶来的胡蜂、苍蝇、球螋、天蛾、蛛蜂、金匠花金龟子，特别是蚂蚁。

体型较小的昆虫，为了靠近泉源，钻到了蝉的肚子底下；温厚老实的蝉用腿脚撑起身子，让这些讨厌鬼通过；体型较大的昆虫则不耐烦地跺着脚，飞快地喝一口，然后撤退，到邻近的枝杈上逛一圈，再更加胆大妄为地回来。贪欲在膨胀，刚才还谨慎克制的虫子们转眼变成了好动的侵略者，一心想把开源引水的凿井人从泉水边赶走。

在这伙强盗中，最不肯罢休的就是蚂蚁。我看见它们咬蝉的腿脚，拉蝉的翅端，爬上它的背，挠它的触须。还有一个胆大妄为的家伙，竟然在我的眼皮底下，抓住蝉的吸管，想把它拔出来。

就这样，庞然大物蝉被这些侏儒搅得失去了耐心，终于放弃了这口井。它向这些拦路抢劫者撒了泡尿，逃走了。然而对蚂蚁来说，这种极端的蔑视根本不算什么！它的目的已经达到，现在它成了泉水的主人，尽管这泉水失去了转动的水泵，过早地干涸了。泉水尽管很少，却很甘美。等以后新的机会出现，蚂蚁们又会故伎重演，再去喝上一大口。

我们看到：事实和寓言里虚构的角色恰恰相反。在抢夺时肆无忌惮、毫不退缩的求食者是蚂蚁；甘愿与受难者分享泉水的能工巧匠则是蝉。下面一个细节更能说明这角色的颠倒。五六个星期过去了，在度过了这一大段快乐的时光之后，歌手耗尽了生命，从树梢上落了下来。它的尸体被阳光晒干,被路人践踏,最后被总在四处掠夺的强盗蚂蚁碰上了。它们将这丰盛的食物撕开、肢解、剪断、弄碎,以充实它们的食物储备。经常能看到垂死的蝉,翅膀还在尘土中抖动,可它们同样遭到这群分尸者的拉扯、肢解。这时的蝉真是悲惨无比。蚂蚁这个食肉者的习性,体现了两种昆虫之间真正的关系。

古代的经典文化对蝉极其尊重。被誉为"希腊的贝朗杰①"的抒情诗人阿那克里翁②为它写了一首颂歌,极尽赞美之能事。他说:"你几乎就像神。"诗人将蝉尊奉为神,但理由却不尽完善,它们可以归纳为三大优势:生于泥土,不知痛苦,有肉无血。我们不要责怪诗人犯下的这些错误,这种想法在当时非常普遍,而且在人们开始用探索的眼光进行观察之前,还延续了很长时间。再说,对于那些以格律和音韵见长的小诗,我们也没有必要斤斤计较。

即便是在今天,像阿那克里翁一样对蝉十分熟悉的普罗旺斯诗人,在赞美被他们视为标志的蝉时,也不太在意事实。不过我有一个朋友却不在批评之列,他热爱观察,又是一个细心的现实主义者。在他的允许下,我从他的作品中选取了以下这首普罗旺斯诗歌,它科学而严谨地刻画了蝉和蚂蚁的关系。我把这首诗歌的美学形象和道德观点交给这位诗人去负责,这些精致而美丽的花朵和我博物学家的领域无关;不过我可以断言诗歌内容的真实性,它与我每年夏天在自家花园的丁香上所看到的情况是相符的。我在他的作品后面附上了翻译,但由于普罗旺斯语的词汇在法语中不一定有对应词,所以许多地方只是意思相近。

蝉和蚂蚁

一

上帝啊,天真热! 这正是蝉的好时光,
它乐得发狂,尽情享受着

---

① 贝朗杰(1807—1857):法国诗人、歌词作者,他的情歌和爱国歌曲深受民众欢迎。
② 阿那克里翁:公元前6世纪希腊抒情诗人。

似火的骄阳;这也是收割的时节,
在黄金的麦浪里,收割者
弯腰迎风,辛苦劳作,不再歌唱:
干渴把歌声压抑在胸膛。

这是你的好时光。所以,勇敢些,可爱的蝉,
敲响你的小锣,
扭起你的肚子,再把你的镜子擦亮。
这时候收割者挥舞着镰刀,
刀刃不停地摇晃,
刀光在金黄的麦穗中闪亮。

装满了浇石水的水罐,罐口塞着草,
挂在收割者的腰间。
磨刀石躲在木盒里纳凉,
还能不停地饮水,
可收割者在烈日下喘气,
有时连骨髓都快被煮沸。

蝉儿啊,你自有解渴的妙计:
你用尖嘴戳进
细嫩多汁的树皮,钻一口井。
蜜汁从细管中涌出。
你将嘴巴凑近汩汩流淌的甘泉,
美美地把玉液琼浆吮吸。

可太平日子好景不长,噢,不! 这些强盗!
邻居和浪子在附近游荡,
看到你在凿井,便匆匆赶来,干渴难当,

只为与你分一滴蜜浆。
当心，我的美人，这些家伙囊中空空，
原先卑谦，然后就会变得疯狂。

开始只求饮一口，继而就要残羹剩饭；
它们不再满足，把头抬起，
想霸占全部。它们将会得逞。似耙的利爪
搔弄着你的翅尖，
在你宽大的脊背上，它们上上下下，
它们抓住你的嘴、你的须、你的脚。

它们将你四处乱拽，让你心烦意乱。
嘘！嘘！撒一泡尿，
喷向这群强盗，然后离开树枝。
离这群抢夺水井的败类越远越好，
它们正笑着作乐，
舔着沾满蜜浆的嘴唇。

在这些不知疲倦拼命喝水的流浪汉中，
最过分的便就是蚂蚁。
苍蝇、大胡蜂、胡蜂、金龟子，
还有各种骗子和懒鬼，
被烈日引到你的井边，
它们不像蚂蚁，一心要把你赶走。

踩你的脚趾，挠你的脸，
夹你的鼻子，钻到你的肚子下，
干这些事，蚂蚁无人能比。
这无赖把你的爪子当做阶梯，

胆大包天,爬上你的翅膀,
还在上面蛮横散步,下下上上。

二

现在我发现
老人们的故事都不可靠,
他们说:冬日的一天,你饥肠辘辘,低着头,
悄悄来到
蚂蚁贮粮的巨大地窖。

麦粒还未藏进地窖,
却已沾上夜晚的露霜,
富裕的蚂蚁正在太阳下翻晒,
等到晒干装进粮袋。
这时你突然出现,泪眼汪汪。

你对它说:"寒冷的冬天北风直响,
我被吹到东吹到西,
饥饿难挡。让我在你小山似的粮堆中
拿一袋麦子吧,
当然,我会归还,在甜瓜成熟的时光。"

"借我一点麦粒?"你还是走吧,
要是你以为蚂蚁会听你讲,
那就错了。粮袋再大,你也得不到一颗麦粒。
"滚远些,去刮桶底;
你夏天只管歌唱,冬天活该以饿死收场!"

这就是古老的寓言，
它教会我们学吝啬鬼
幸灾乐祸地收紧钱袋……
要让这些笨蛋
也尝尝饿痛肚子的苦难！

这位寓言家让我忿忿不满，
说什么你在大冬天去寻找
苍蝇、小虫和麦粒，可这些东西你从来不吃。
麦粒！说真的，你要它何用！
有了自己的甘泉，你已不再别有他求。

冬天对你又有何妨？你的孩子
躲在地下睡得正香，
你也长眠不再醒来，
尸体掉下，化为碎片。
一天，它被四处猎食的蚂蚁撞见。

对你干瘦的皮囊
恶棍们拼命争抢；
又掏你的胸膛，又把你切成碎片，
然后当做腌肉储藏，
这是冬季雪天它们最好的食粮。

三

这就是故事的真相，
与寓言说的完全两样。

该死的蚂蚁，你们听了作何感想？

噢，专捡便宜的家伙，

手指如钩，大腹便便，

还想用保险箱来统治世界。

你们这些恶棍还放出流言，

说什么艺术家从来不把活儿干，

还说它是傻瓜，活该遭殃。

闭上嘴巴：当蝉儿钻透

葡萄树的树皮，

你就来抢夺它的琼浆，而它死后，你还要把它啃得精光。

就这样，我的朋友用极富表现力的普罗旺斯方言，为受到寓言家诋毁的蝉恢复了名誉。

🌿 蝉出地洞

除非弟子比老师的知识更渊博，否则在雷奥米尔[①]之后再来讲蝉的故事就没有什么意义了。那位故事高手是在我生活的地区收集他的研究素材的，他观察的都是标本，由马车运去，浸泡在三六烧酒[②]里。而我则恰恰相反，我就和蝉生活在一起。七月来临，它们成了我花园的主人，甚至一直来到我家的门前。于是我的隐庐有了两个主人。在屋内，我是主人；在屋外，它们是主人，至高无上、气焰嚣张、吵吵嚷嚷。这么近的邻里关系，这么频繁的往来接触，使我有机会观察到一些细节，这些细节雷奥米尔是根本想不到的。

将近夏至的时候，第一批蝉出现了。在一些阳光暴晒、人来人往、被踩得很结实的小径地面上，出现了一个个手指般粗的小圆孔。那是地洞的出口，蝉的幼虫就是通过它从地下爬上地面、完成蜕变的。除了有庄稼生长的地方外，这些孔几乎到处可见。它们通常位于最热最干的地方，特别是在路边。蝉的幼虫有非常锐利的工具，可以按需要穿透泥沙和干土，它尤其喜欢从最坚硬的地方钻出地面。

花园里有一条小径，一堵朝南的墙把阳光反射过来，使那里酷热无比，就像小塞内加尔一样；小径上就布满了这样的洞口。六月的最后几天，我开

---

① 雷奥米尔（1683—1757）：法国化学家、物理学家、博物学家，对昆虫颇有研究。
② 旧时一种 85 度以上的烧酒，取三份此酒，兑水三份，即成六份普通烧酒。

始勘探那些被废弃不久的深井。地面很硬,我不得不用镐挖。

洞口是圆的,直径差不多两厘米半。洞的周围没有一点杂物,也没有被推出来的小土丘。很明显:蝉永远不会像另外一位挖掘高手屎壳郎那样,在洞口放一堆土。它俩的工作程序不同,所以会造成这样的差异。屎壳郎是从地面挖到地下,它一开始挖的是洞口,因此它可以回到地面,把挖出的泥土堆那里。而蝉的幼虫则恰恰相反,它是从地下往地面挖,最后才打开出口;只有到工作的最后一刻,洞口才能使用,此前是无法通过它把泥土堆放到外面的。屎壳郎是进洞,因此它在家门前堆一堆土;蝉是出洞,不可能把土堆到门前,因为这门还没有造好。

蝉的地洞深约四十厘米,呈圆柱形,根据土质不同而略有弯曲,但基本上是垂直的,这样最节省路程。整条地洞畅通无阻。我们试图寻找挖掘工程所产生的泥土,但这是徒劳:任何地方都看不到一点土堆。洞底是个死胡同,形成一个略微宽敞的小穴,四壁平坦,没有一点迹象表明它和从地洞延伸出去的坑道连通。

从地洞的深度和直径来看,挖出的土方应该有两百立方厘米左右。这些土方都到哪里去了呢?另外,地洞和小穴是在干燥易碎的泥土中挖成的,如果在施工过程中除了打洞没有任何其他工序,那么它们的墙壁应该满是粉尘,极易坍塌。可事实恰恰相反,我发现洞壁被粉刷过了,上面涂了一层黏稠的泥浆,这使我很惊讶。当然,洞壁还谈不上非常光滑,还差得很远,但至少在这涂层的掩盖下,它不再显得粗糙;而且,原本极易坍塌的泥土受到黏稠泥浆的浸渍,被牢牢地固定在了原地。

蝉的幼虫在这地道里来来去去,上到靠近地面的地方,再下到地底的住所;它那带爪的腿却没有引起塌方、堵塞通道,使它上不能、下不得。矿工用支架和横梁支撑矿井的四壁,地下铁路的建设者用砖石砌层支撑地下隧道,蝉的幼虫是位聪明的工程师,它毫不逊色,给地洞涂上泥浆,使它在反复使用之后仍然保持通畅。

如果蝉的幼虫在爬上地面、准备攀到附近的树枝上完成蜕变的时候,被我正巧撞见,那它会立刻谨慎地退回去,重新下到洞底,毫无任何困难。这证明,即使地洞即将被永久废弃,也仍然没有杂物堵塞。

那条通往地面的通道,并不是蝉的幼虫因为急于见到阳光,而在仓促间随意完成的;它是一座名副其实的城堡,是幼虫长期居住的场所。这一点,只要看一下那粉刷过的洞壁,你就清楚了。如果仅仅是一个一经开挖就马上抛弃的简单出口,就没有必要这样仔细。显然,它像是一个气象站,在那里蝉可以了解外面的天气情况。蝉的幼虫在地面下一胳膊多深的地方,尽管它已经成熟,可以出洞,却无法判断地面上的气候条件是否合适。地底的温度变化过于缓慢,不可能准确指出地面上的气候变化,而作为生命中最重要的行为,蝉在蜕变时需要阳光,因此它必须知道地面的天气情况。

所以,在几个星期,也许是几个月的时间里,它耐心地挖掘清扫,加固垂直通道;但它在地面上却留了一层一指来深的土层,以便把自己和外界隔开。在地下,它精心修筑了一个比其他部分更加细致的小窝。那里就是它的避难所、等候室,只要得到的消息建议它推迟乔迁,它就在那里休息。一旦预感到好天气来临,它就爬到高处,隔着那层薄土聆听外面的情况,了解空气的温度和湿度。

如果情况不理想,有刮风、下雨的危险,就会对蜕壳的纤弱幼虫造成严重而致命的威胁,这时幼虫会谨慎地回到洞底,继续等待。相反,如果天气条件有利,它就会用爪子打穿那层泥土,走出地洞。

所有迹象似乎都在表明:蝉的地洞是一间等候室、一个气象站,幼虫长期居住在那里,时而爬到地面附近了解外面的天气,时而又回到洞底躲藏起来。这就是为什么洞底要有一个供休息的小穴,洞壁要涂上固定涂层,以防止幼虫的频繁上下造成塌方。

但是令人费解的是,那些挖出来的土完全消失了。挖一个地洞平均要产生二百立方厘米的土,这些土到哪里去了呢?无论是洞里还是洞外,都没有见到这些土。其次,在这泥土干燥如灰的地洞里,幼虫又是从哪儿弄来泥浆涂在洞壁上的呢?

一些蛀蚀木头的昆虫,比如天牛和吉丁,它们的幼虫似乎可以帮助我们解答第一个问题。它们在树干里前进,一边挖掘坑道,一边把挖出的东西吃下去。这些东西被大颚一片一片地扯下,然后再被消化吸收。它们从头至尾穿过挖掘者的身体,在这个过程中滤出微薄的营养成分,余下的被排出体外,堆积在幼虫的身后,彻底堵住了通道;反正那条通道幼虫再也不会回去了。这种由大颚或者胃进行的最后分解,可以把经过消化的排泄物压缩得比原木更紧,这样一来,通道前方就能腾出一块空间,供幼虫工作;这空间的长度十分有限,刚好够关在里面的囚犯活动。

蝉的幼虫是不是也采用类似的办法来挖掘地道呢? 诚然,挖出的土不可能被它吞食再排出;因为,即使是最柔软、最湿润的土,幼虫也绝对不会吃。但是,这些挖出来的土是否会随着工程的进展,被直接抛到身后呢?

蝉的幼虫要在地下待四年。这段漫长的时间当然不可能全部都在我们前面描述过的那个洞底里度过,因为地洞只是它准备爬上地面的住所。幼虫是从别处来到这里的,或许还是很远的地方。它是个流浪儿,把吸管从一个树根插到另一个树根。当它为了逃避冬天过于寒冷的上层泥土,或是为了安身于一个更加舒适的饮料供应点而搬家时,它就会挖一条地道,把它用镐尖撼动过的泥土抛在身后。这已经是毫无疑问的了。

和天牛、吉丁的幼虫一样,蝉的幼虫只需在周围有一块很小的空间供它施展身手就行了。对它来说,柔软、潮湿、易于压缩的泥土,就像是其他昆虫消化过的木屑糊,可以毫无困难的压紧、夯实,留出空间。

困难来自别处:蝉是在非常干燥的环境下挖洞的,泥土实在太干,很难压缩。幼虫刚开始挖地洞的时候,把一部分挖出的泥土堆到身后的坑道里——这坑道原先存在,但现在已经没有了——这是完全可能的,尽管目前还没有任何证据能证明这一点;但如果考虑一下地洞的体积,以及为如此大量的泥土寻找堆放地的难度,我们就会产生怀疑,就会想:"这些泥土需要一个相当宽敞的空间来堆放,而要获得这个空间,同样也要搬走其他的废土,这些废土同样也难以搁置。要腾出一块空地,事先需要有另一块空地来堆放挖掘这块空地时产生的泥土。"

我们就这样在一个怪圈里打转,仅仅依靠将粉末状泥土抛到身后压实,不足以解释为什么会出现如此巨大的空间。蝉要清理掉如此占地方的土方,一定有某种特殊的方法。让我们试着揭开这个秘密。

让我们观察刚刚钻出地洞的幼虫。它们几乎总是或多或少地沾着泥浆,有时干一点,有时湿一点。那一对用于挖掘的前爪尖上也沾着一颗颗小泥球,其余的爪子则像是戴着泥手套,背上也满是黏土。它就像一个通

蝉的幼虫

阴沟的人,刚刚搅完泥浆。最令人惊讶的是,沾了这么多泥土的蝉,居然是从非常干燥的土里钻出来的。我们原先以为它会满身尘土,可它却是满身污泥。

只要顺着这条线索再进一步,我们就能找到问题的答案了。我把一只正在建造出通道的幼虫挖了出来。当地面上已经没有什么能指引我研究时,再去一味追求是没有意义的;然而,偶然的挖掘却能给我带来好运。这只被发现的幸运虫刚开始它的挖掘工作。一条拇指长的地洞,里面空无一物,洞底有一个休息室,这就是整个工程目前的状况。那么工人的状况又如何呢?请看。

幼虫的体色比我在它们出洞时看到的要白得多。它的眼睛很大,特别白,浑浊不清,而且斜视,似乎看不见东西。在地下视力有什么用?而那些出洞的幼虫则相反,眼睛乌黑发亮,说明视力不错。来到阳光下之后,未来的蝉必须尽快找到一根树枝爬上去,完成蜕变,有时这树枝会离出土的洞口很远;所以,视力对它来说就很重要了。只要看一下幼虫在准备解放期间视力成熟的过程,我们就能知道,幼虫不是在仓促间即兴挖掘那个上升通道的,而是为此工作了很长时间。

此外,这只苍白、盲眼的幼虫比成熟时大。它的身体涨满了液体,就像得了水肿病一样。只要用手指抓住它,它的尾部就立刻渗出一种透明的液体,将整个身体浸湿。这种由肠子排出的液体,会不会是分泌出的尿液?或者仅仅是只吸收树汁的胃消化后的一种残汁?我不敢肯定,为了说起来方便,我就权且称之为尿液。

这尿液泉就是谜底。蝉的幼虫在前进和挖掘过程中,把尿液洒在粉状的泥土上,将它变成泥浆,然后立刻用肚子把泥浆压在洞壁上黏紧。在最初干燥的泥土上,贴了一层富有弹性的黏土。泥浆渗进粗糙地面的缝隙里;调得最稀的泥浆渗得最快;余下的泥浆被压紧、夯实,填进空余的空间。一条宽敞的通道就这样挖成了,没有产生一点土渣,因为挖出的粉状泥土已经被转化成泥浆就地利用了,这泥浆比幼虫穿过的土层更加紧密、更加均匀。

幼虫就是在这样一种黏乎乎的泥浆中工作,这也是为什么它从极端干燥的土里钻出来时,会令人惊讶地浑身沾满泥巴。即使以后蝉的成虫彻底摆脱了矿工的苦役,也不会完全丢弃它的尿袋;剩下的尿液会被当成防御武器保留下来。要是有谁观察它时凑得太近，它就会向那个不知趣的人射出一泡尿，并趁机逃跑。尽管蝉性喜干燥，但无论是它的幼虫还是成虫，都是灌溉能手。

即使幼虫全身蓄满了水，也不够把地道里长长一整条泥柱全都弄湿、拌成易于压缩的泥浆。它蓄的水会用尽，需要补充。到哪儿去补充？又怎么补充呢？我想我知道。

我像挖掘地洞的蝉一样，小心谨慎地把几个地洞从上到下整个儿打开，发现在洞底小穴的墙壁上，嵌着一些活树根，它们有时粗得像铅笔，有时细得像麦秆。暴露在外的树根很短，只有几毫米长。余下的部分都深深扎入附近的土里。这口树汁的源泉是幼虫偶然碰见的呢，还是它特意寻找到的？我倾向于后一种猜想，因为小树根一再出现，至少在我正确挖掘地洞的时候是这样。

是的：挖洞的蝉在刚开始建设未来通道的时候，就有意寻找附近有新鲜树根的地方开工；它让树根露出一小段，其余部分则刚好嵌在壁上，不至于突出得太多。我相信，墙壁上这个有生命的地方就是水源，只要需要，幼虫的尿袋就能在这里得到补充和更新。把干土变成泥浆之后，矿工的蓄水池空了，它便下到洞底的小穴，把吸管插进树根，在嵌在墙里的水桶中饱吸一顿。水壶装满后，它再上去，继续工作。它把硬土弄湿，以便爪子更好地搅拌，将泥土变成泥浆，再压紧在周围的洞壁上，造出一条畅通无阻的通道。情况大概就是如此。这不是我直接观察到的结果，因为这里根本不可能直接观察，但逻辑推理和周围条件都证明了这一点。

如果没有水桶般的根须，而幼虫体内的蓄水池又干了，那么情况会怎样呢？下面的实验会告诉我们。我抓住一只刚出洞的幼虫，把它装到试管底部，盖上干燥的泥土，略微压实。这一试管泥土大约有十五厘米深。幼虫刚刚爬出的那个地洞比它深三倍，土质与它一样，但要紧得多。现在，这只幼虫被囚禁在浅浅的粉状土里，它能钻上地面吗？只要它有足够的力气，应该没问题。对于一只刚刚在坚硬的土里钻洞的昆虫来说，这个并不坚固的障碍又算什么呢？

不过，我还是心存疑虑。为了推倒当时将它与外界隔开的屏障，幼虫已经耗尽了它储备的液体。尿袋干了，而且没有了活树根，幼虫没办法将水装满。我怀疑它钻不上来是有根据的。果然，三天来，我看见埋在土里的幼虫竭尽全力，可始终没能爬上一寸。泥土虽然被松动了，但因缺乏粘合剂而无法固定住，又掉了下来，落在幼虫的脚下。工作没有明显的进展，需要不停地从头开始。第四天，那虫子死了。

可如果幼虫的水壶是满的，结果就两样了。我抓了另一只刚出洞的幼虫，用于同样的实验。它浑身涨满了尿液，尿液渗出，弄湿了身体。对它来说，这工作太容易了。我提供的泥土几乎没有阻力。矿工的尿袋只需提供一丁点水，就能把土变成泥浆，黏合起来，固定在远处。地道打好了，只是形状确实很不规则，而且随着幼虫往上爬，它身后的地道几乎被堵住。那虫子似乎也知道无法补给储备的液体，因而对它仅有的水十分节俭，只在必要的时候才消耗一点，以便尽早摆脱这个陌生的地方。它精打细算，十几天之后，终于钻了出来。

蝉的蜕变

幼虫一旦跨过出口的大门,地洞就被废弃了,它张着大口,就像是一个用粗大的钻子钻出的孔。幼虫会在四周游荡一会儿,寻找一个空中支点:一棵小荆棘、一丛百里香、一根禾本植物或者一棵灌木。它找到了。于是它立刻爬上去,两只前爪的钩子合上,牢牢抓住,头朝上,再也不松手。如果枝杈的形状允许,其他爪子也会悬在上面;反之,它用两只前爪钩住也足够了。接下来,它要休息一会儿,让悬着的爪臂伸直,变成固定的支点。

幼虫的中胸首先沿背部的中线开裂。裂缝的边缘慢慢撕开,露出浅绿色的昆虫身体。几乎与此同时,前胸也开裂了。纵向的裂纹向上延伸到头后,向下则抵达后胸,但不再向更远处扩张。接着,头罩横着在眼睛前面开裂,露出红色的眼睛。开裂后露出的那部分绿色身体膨胀起来,尤其在中胸的部位形成一个突出物。它缓缓抖动着,随着血液的涌入和回流而一胀一缩。一开始,我们还看不出这个突出物的作用;可现在,它就像一个楔子,使幼虫的胸甲沿着阻力最小的两条十字形直线裂开。

蜕壳的速度很快。现在,头已经解放出来了,喙和前爪也正在慢慢地从套子里脱出。蝉的身体水平悬挂着,腹部朝上。然后,在敞开的旧壳下面,又伸出了后爪,那是最后获得自由的部位。蝉翼湿漉漉、皱巴巴的,蜷成弓状,像是发育不全的残肢。这是蝉蜕变的第一阶段,只要十分钟就够了。

接下来是第二阶段,时间要长一些。这时候,蝉除了尾部还留在壳内,其余部分已经全部自由了。那层蜕下的旧壳继续牢牢地挂在树枝上,在干燥的环境中迅速变硬,却仍然保持着原先的姿势,一点都没有变化。这是下面一个蜕变阶段的支撑点。

由于尾部还未完全抽出,蝉依旧穿着那件旧衣服,它垂直翻了个身,让头部朝下。它的身体呈淡绿色,略带些黄。原先紧贴在一起、像厚厚的残肢的蝉翼,此刻已经伸直、舒展,并随着体内血液的注入而张开。这个缓慢而细致的过程结束之后,蝉用一个不易察觉的动作,依靠腰的力量重新翻了个身,恢复了头朝上的正常姿势。它用前爪抓住空壳,终于把尾部抽出了套子。蜕壳结束了。这个过程总共用了半小时。

现在,蝉完全摘下了面罩,可它和不久之后将要拥有的模样有着天壤之别。它的翅膀沉重、湿润,像玻璃一样透明,上面有着嫩绿色的脉络。前胸和中胸勉强带一点棕色。身体的其他部分呈淡绿色,时而有些地方微微发白。这个屠弱的小生命需要洗一个长长的日光浴、泡一个长长的热气澡,以使自己更加强壮。两个小时过去了,蝉似乎并没有发生什么明显的变化。它只靠前爪钩住旧壳,只要稍有风吹,便摇摆得厉害;它仍然屠弱,身体还是绿色。终于,它的颜色开始变了,不断变深,而且很快就完成了。这个过程只需半个小时就够了。我看到一只蝉上午九点悬到树枝上,中午十二点半才飞走。

那张空壳仍然留在那里,除了有一条裂缝,其余均完好无损,并且一直牢牢地挂在树上,即使是秋末的风雨,都未必能把它打落。在此后的几个月里,甚至在冬天,都可以经常看到一些蝉壳挂在荆棘上,保持着幼虫蜕变时的姿势。这些壳质地坚硬,使人想到干羊皮,可以作为纪念品保留很长时间。

我们暂时再来看看蝉蜕壳时做的体操吧。尾部是蝉最后一个留在套子里的部分,它首先以尾部为支点,垂直翻一个跟斗,让脑袋朝下。当头和胸在突出物的推动下把胸甲胀裂,完全露出之后,这样的一个跟斗使蝉的翅膀和爪子也获得了自由。接下来该解放跟斗的支点——尾部了。为此,蝉的脊背用尽全力,再次直起身子,把头掉向上方,并用前爪钩住旧壳。这样,它又获得了一个新的支点,可以把尾部从鞘壳中拉出来了。

整个过程中,有两个支撑点:先是尾部,再是前爪尖;有两个主要动作:第一是往下翻跟斗,第二是翻回去,恢复到正常的姿势。这样的运动需要幼虫固定在一根树枝上,头朝上,并且下方有足够的运动空间。如果,我人为地取消这些条件,情况会怎样呢?我们瞧瞧吧。

我用线系住蝉的一条后腿,把它悬在没有气流的试管里。这是一根重垂线,没有什么能改变它的垂直状态。蝉的蜕变需要它处于头朝上的姿势,可现在它却处于头朝下的非常状态,可怜的虫子不停地翻动,竭力挣扎,试图翻过身来,用前爪抓住垂线或者那条被线系住的后腿。有几只蝉做到了,好歹竖起了身子,虽然保持平衡还有点困难,但它们还是自如地在线上固定住,毫无障碍地完成了蜕变。

而其他的则白费力气。线没能抓住,头没有竖起来,蜕变也就无法进行。有几只蝉背上的壳还是裂开了,露出了胀大突起的中胸,但蜕壳却无法再继续下去,于是它们很快就死去了。更为常见的是幼虫的壳还没出现裂缝,就完好无损地死了。

我又着手进行另一项实验。我把幼虫装进一个广口瓶,在瓶底铺上一层薄沙,使幼虫可以爬行。它爬着,却没法在任何地方直立起来:玻璃瓶壁太滑,使它做不到这一点。在这种情况下,关在瓶里的幼虫没有蜕变就死了。这样悲惨的结局也有例外:有时,我看到幼虫依靠它难以捉摸的平衡性,就像平常一样,在沙地上蜕变成功。但总的来说,如果不能达到正常或类似正常的姿势,蜕变就不会开始,蝉就会夭折。这是一般的规律。

这个结果似乎告诉我们,蝉有能力对影响它蜕变程序的外力做出反应。一棵蔬菜或一粒豌豆的果实,一旦成熟,就会无一例外地爆开,撒出里面的种子。蝉的幼虫就像包含着种子的果实,而种子就是成虫;幼虫可以控制外壳的开裂,将其推迟到合适的时间,如果外部条件不利,它甚至可以取消蜕变。尽管蜕变前体内的激变一再发出强烈的信号,但只要本能告诉它条件不佳,幼虫就会拼死抵抗,宁死也不裂开。

除了这些在好奇心驱使下所做的悲惨实验,我还从未见过蝉的幼虫这样死去。地洞的周围总能找到一丛荆棘。出土的幼虫爬上去后,只要几分钟,背上的壳就会裂开。如此迅速的破壳过程却给我的研究带来了麻烦。我在附近的小山上发现了一只幼虫。它正要把自己固定在树枝上,却被我逮了个正着。这在我家将是一个非常有意思的观察对象。于是,我把它连同小树枝一起装进锥形纸袋,赶紧回到家里。我只用了一刻钟就到家了。

可我的力气白费了：到家时，绿色的蝉儿几乎已经破壳而出。我没有看到想要看的情景。我不得不放弃这种观察方法，转而寄希望于能在家门口几步远的地方侥幸有所发现。

教育家雅克多①在他那个时代说过："万物均有联系。"蝉的迅速蜕变使我们联想到一个烹饪的问题。亚里士多德认为，蝉是希腊人高度赞誉的一道佳肴。我没有拜读过这位伟大的博物学家的著作，我这个村夫的书架上没有如此丰富的书籍。不过一个偶然的机会，我在另一本权威著作上看到了这件事情。那是马蒂约②写的关于迪约斯科里德③的评论。马蒂约是一个优秀的博学者，他应该很了解他所研究的亚里士多德。我对他深信不疑。

他说："亚里士多德称赞说，蝉在蛴螬挣脱外壳之前食用，鲜美无比。"要知道"蛴螬"，或者说蝉儿之母，是古时候用来指幼虫的表达方式。我们看到，在亚里士多德眼里，蝉儿在挣脱外壳之前味道最为鲜美。

外壳开裂之前这个细节告诉我们，想要得到这份美味，应该在什么时候前去捕捉。不能是在冬天对农作物进行深耕的时候，因为那时候根本不用担心幼虫会破壳。我们所提醒的注意事项并非毫无用处。捕捉应当在夏天，也就是幼虫出洞的时候进行，那时候，只要认真寻找，就能在地面上见到一只又一只蝉的幼虫。那是注意不让幼虫外壳开裂的真正的、也是唯一的时机，也是赶紧捕捉、准备烹调的时刻：只要再晚几分钟，壳就裂开了。

这道在古代享有盛誉的佳肴，还有那勾人食欲的形容词"美味无比"，它们是否真的名副其实呢？机不可失，我们不妨利用这个机会，在可能的情况下，重新将荣誉赋予这道受亚里士多德盛赞的菜肴。拉伯雷的朋友、知识渊博的隆德勒④因发明了鱼酱——用烂鱼内脏制成的著名的调料——而声名远扬。如果我们把幼虫外壳这道美餐还给美食家们，岂不也是一件值得夸奖的功劳？

七月的一个早晨，当已经灼人的太阳把蝉的幼虫逼出地洞时，我们全家老幼都开始寻找起来。我们总共五个人，把院子搜了个遍，尤其是小径两

---

① 雅克多（1770—1840）：教育家，曾经提出以他名字命名的教育法，著有《普遍教育》。
② 马蒂约（1550—1577）：意大利医生，植物学家。
③ 迪约斯科里德（公元 1 世纪）：希腊医生，植物学家，著有《药材记》。
④ 隆德勒（1527—1566）：法国自然学家，著有很多有关海底动物的论著。

边,那里幼虫最多。为了防止外壳开裂,一旦找到幼虫,我就马上把它浸到水里。幼虫窒息后就会停止蜕变。经过了两个小时的仔细搜寻,我们累得满头大汗,可总共只找到四只幼虫,没有更多。它们都被浸在水里,要么死了,要么奄奄一息;管它呢,它们命中注定要被油炸。

烹饪的方法相当简单,目的在于尽量减少这传说中的美味丧失:几滴油、一撮盐、一点洋葱,仅此而已。即使是《乡村厨娘》①里也不会有比这更简单的菜谱了。吃晚饭的时候,所有的猎手都分享到了这道油炸幼虫。

大家一致认为,这道菜还是可以吃的。我们的确都有好胃口,而且胃也没有任何偏见。炸幼虫甚至还有一点虾的味道,这种味道在烤蚂蚱串里更加明显。不过,它实在太硬,汁水也太少,吃的时候简直就像在啃干羊皮。这道亚里士多德极力推崇的菜,我是不会向任何人推荐了。

诚然,这位伟大的动物历史学家的消息通常都是准确可靠的。他那身为国王的学生从印度——当时这还是一个神秘的国度——为他弄来了令马其顿人的眼睛啧啧称奇的珍禽异兽;马队给他载来了大象、豹子、老虎、犀牛、孔雀,他对它们作了忠实的描述。但是,即便是在马其顿当地,他也只是通过农民才了解了蝉;那些辛勤耕耘的农民在犁地的时候见过蝉的外壳,并且比任何人都早知道日后从这外壳里出来的是蝉。亚里士多德在他浩瀚的工作中,做了一些后来普林尼②将要做的事,但他比后者更加天真轻信。他听到了乡村的传言,就把它们当做真实的资料记录了下来。

农民们都很狡黠。他们故意把我们口中的科学讥笑为琐事;他们会嘲笑任何在一只微不足道的昆虫前驻足的人;如果我们捡起一块石头,仔细观察,并把它放进口袋,他们就更会放肆地哈哈大笑。希腊的农民更是脾气古怪。他们对城里人说:蝉的幼虫是神的美食,是无与伦比的佳肴,"美味无比"。但是,当他们用夸张的赞美诱惑幼稚的人的时候,却又让他们的贪欲无法得到满足,因为要做到这一点,首要条件就是:必须在幼虫破壳之前收集到这些美味。

如果你想尝尝这道美味佳肴,那就去搜集出土的幼虫吧。我们五个人,

---

① 《乡村厨娘》:法国著名菜谱手册,写于1746年。

② 普林尼(23—79):古罗马著名的博物学家,著有巨著《自然史》。

在一块多蝉的地上，花了两个小时，总共才找到四只幼虫。此外，搜寻时要特别小心，不能让幼虫的壳开裂；搜寻的工作可能要花上几天几夜，而蝉的蜕壳却只要几分钟就行了。我敢肯定，亚里士多德从来没有尝过油炸蝉幼虫；我的烹饪结果就是证明。亚里士多德本是出于善意，可他向人们重复的却是一个农民的玩笑。他那神的美食是一场噩梦。

啊！如果我也听信我的农民邻居们所说的一切，就也能收集到好多关于蝉的故事。我就讲一个农民们关于蝉的故事吧，就一个。

您有没有肾衰，有没有因水肿而走路摇摇晃晃？需不需要一帖有效的净化药？所有的乡间药典都会一致向您推荐一种至高无上的药——蝉。夏天，人们把蝉的成虫收集起来，串成一串，在太阳下晒干，小心翼翼地藏在衣橱的一角。如果哪位主妇在七月里没有将蝉儿串起来储藏，她就会觉得自己大意了。

您突然觉得肾有一点轻微发炎吗？或者尿路稍有不畅？赶快服用蝉熬成的汤药。据说，没有什么比这更有效了。曾经有位好心人——我也是后来听人说，才知道此事——在我不知道的情况下，给我喝了这样一剂泻药，说是为了治疗哪里不舒服；我要向这位好心人道谢。令我惊讶的是，同样的药方竟然也被阿那扎巴①的老医师们所推崇。迪约斯科里德告诉我们："蝉，干嚼，对膀胱疼痛有疗效。"自这位药材鼻祖所生活的遥远年代起，普罗旺斯的农民就对蝉的疗效深信不疑；是来自佛塞②的希腊人，把蝉和橄榄树、无花果、葡萄一起展示给他们的。只有一件事发生了变化：迪约斯科里德建议把蝉烤着吃；而现在，人们把它煮烂，熬成药汤喝。

有关蝉具有利尿功能的解释听起来相当天真。众所周知，蝉会对前来抓它的人猛撒一泡尿，然后逃走。因此，它应该可以把它的排泄功能传给人吧。迪约斯科里德以及他的同代人可能就是这样想的，而普罗旺斯的农民至今还是这样想的。

哦，善良的人啊！蝉的幼虫为了建气象站，使用尿液来拌和泥浆，如果你们知道了幼虫的这些特长，又会怎么想呢？也许你们会和拉伯雷一样夸

---

① 阿那扎巴：小亚细亚的古老城市，迪约斯科里德的故乡。
② 佛塞：小亚细亚的古老城市，后变为重要的商业中心。

张吧？拉伯雷为我们描写了巨人高康大①，他坐在巴黎圣母院的钟楼上，从巨大的膀胱里射出洪水般的尿来，淹没了那么多闲逛的巴黎人，还不包括妇女和孩子。

①　高康大：拉伯雷的小说《巨人传》中的主人公。

蝉的歌唱

雷奥米尔承认:自己从未听过蝉的歌唱,也没有见过活的蝉。他所见到的蝉都来自阿维尼翁附近,是一些浸在甜烧酒里的蝉的标本。对于解剖学家来说,这些条件已经足以让他对蝉的发音器官作准确的描述了。我们的大师显然做到了这一点,他以锐利的目光出色地弄清了这只八音盒的奇特结构,以至于后人在讲述蝉的歌唱时,都会从他的论著中汲取灵感。

大师已经把麦子全都收割掉了,弟子们能做的只有捡他遗漏的麦穗,希望能把它们捆成一束。

山 蝉

我捡了很多雷奥米尔遗漏下的麦穗:那些震耳欲聋的交响乐师们的演奏,我听的远比我希望听到的多;所以,关于这个似乎已经被研究透了的话题,我恐怕还有一些新的见解。让我们再来谈谈蝉的歌唱这个问题吧,我将不再重复那些众所周知的情况,除非它们对我的陈述是必不可少的。

在我家附近,可以找到五种蝉:南欧熊蝉、山蝉、红蝉、黑蝉和矮蝉。前两种蝉极为常见,后三种则很稀罕,连农民们都知之甚少。其中,南欧熊蝉最常见,个头也最大,人们通常所描述的蝉的发音器官就是它的。

在雄蝉的胸前,紧靠后腿的下方,有两块宽大的半圆形盖片,右边的微微叠在左边的上面。这是发音器的气门、顶盖、制音器,也就是音盖。如果把它们掀起，就能看到两个宽敞的空腔，一左一右，在普罗旺斯，人们称它们叫小教堂。两个小教堂合起来叫大教堂。它们的前端是一块柔软细腻的乳黄色膜片，后端是一层干燥的薄膜，像肥皂泡一样呈彩虹的颜色，这在普罗旺斯语中被称为镜子。

通常，大教堂、镜子和音盖被认为是蝉的发音器官。普罗旺斯人说"镜子裂了"，用来指歌唱家底气不足；这形象的语言也形容诗人缺乏灵感。但是，人们的这种观点是不符合声学原理的。我们可以打碎镜子，用剪刀剪去音盖，把前端的乳黄色薄膜撕碎，但这并不能使蝉停止歌唱；它只是使歌声弱了一点，音质差了一点而已。两个小教堂是共鸣器，它们并不发声，而是通过前后两片薄膜的振动使声音加强，并通过音盖的开合改变音色。

真正的发音器官在别处，新手一般难以找到。在两个小教堂的外侧，腹部和背部的交接线上，开着一个扣眼大小的孔，孔的周围是角质的外壳，上面遮掩着音盖。我们把这个孔叫做"音窗"，它通向一个空腔，或者称之为"音室"；音室比邻近的小教堂更深，但也更窄。紧接着后翼根部的下方，轻微的隆起一个小包，椭圆形，呈没有光泽的黑色，在周围长着银色绒毛的表皮中很是显眼。这个隆起物就是音室的外壁。

我们在音室的外壁上开了一个很大的洞。于是，发音器——钹——便露了出来。那是一小片干燥的薄膜，白色，椭圆形，向外凸起，三四根褐色的脉络纵贯薄膜，使它富有弹性；音钹整个儿固定在四周坚硬的框架上。试想一下，如果把这块凸起的薄片往里拉，使它变形、凹陷，然后让它在脉络弹性的作用下迅速恢复原来突出的状态。这样的一凹一凸就会产生清脆的振响。

二十多年前，有一种可笑的玩具在巴黎非常风靡，如果我没有记错的话，它叫"蝈蝈"或者"蟋蟀"。那是一小块钢片，一头固定在金属支座上。用手指按住钢片的另一头，让它变形，然后放手，让它弹回去；就这样，钢片发出一声声烦人的振响，除此之外没有其他任何价值：要获得大众喜爱的选票，有时并不需要太多的优点。"蝈蝈"曾经有过一段非常风光的日子。不过它理所当然地被人们遗忘了，而且遗忘得如此彻底，以至于当我大谈这个著名玩具的时候，非常担心我的听众们会一头雾水。

蝉的薄膜音钹和钢片蝈蝈是两种相似的乐器，它们都是通过使一块弹性簧片变形、然后恢复原状来发声的。蝈蝈变形是靠拇指的压力。那么,蝉的音钹是靠什么改变它突起的状态的呢? 我们回到大教堂来,把挡在两个小教堂前端的黄色薄膜撕开,露出两根粗大的肌肉柱子,它们呈淡黄色,相交成 V 字,V 字的尖顶立在蝉腹部的中线上。柱子的顶端像是被截过似的,突然中断,从截断处延伸出一根又短又细的弦,分别连着对应一侧的音钹。

这就是蝉所有的发声机关,和那个金属蝈蝈一样简单。那两根肌肉柱子一张一弛、一伸一缩,靠顶部的弦牵动相应的音钹,让它们变形;然后放开,让它们依靠自身弹簧的作用迅速复位。于是,两块发声片就这样产生了振动。

您想证实这个发音机关的效果吗? 您想让一只刚刚死去的蝉重新歌唱吗? 这再简单不过了。用镊子夹出一根肌肉柱,小心地拉动,蝉就复活了;每拉一下,它的音钹就会发出一声清脆的鸣叫。当然,这声音很轻,没有灵巧的歌唱家在世时依靠共鸣器发出的声音那么宽广;但是,通过这样的解剖手法,基本的发声要素全都齐备了。

相反,您想把一只活蝉弄哑吗? 这个固执的爱乐者被人抓住,在手指间备受折磨,喋喋不休地哀叹着它的霉运,就像它刚才在树上聒噪,歌唱它的快乐一样。砸烂它的小教堂、打碎它的镜子,这些都没用:残忍的截肢并不能减弱它的歌声。但是,只要用一根大头针从被我们称作音窗的侧孔中插入,碰到音室底部的音钹。只要轻轻一刺,那破音钹就失声了。对另一侧的音钹重复同样的手段,那虫子就完全成了哑巴,尽管它没有明显的伤口,仍然像过去一样充满活力。不知内情的人对我大头针的手术效果惊叹不已:即使砸碎镜子和大教堂的其他附属器官,也不能使蝉噤声;而我这么轻轻一刺,根本没有什么危险,却达到了把蝉开膛破肚所达不到的目的。

蝉的音盖是两块坚硬的盖片,嵌得很牢,本身不会动,是靠腹部的鼓起和收缩,才使大教堂打开和关闭的。腹部收缩的时候,盖片正好堵住小教堂和音室的音窗,于是声音就变得微弱、嘶哑、沉闷。而当腹部鼓起时,小教堂就被打开,音窗也畅通无阻,这样发出的声音就嘹亮高亢。因此,腹部的急速晃动,伴随牵引音钹的肌肉的收缩,控制着音域的变化,而这声音似乎就是急速拉动弓弦发出的。

在无风的炎热天气,中午时分,蝉的歌声会被分成一段一段,每段长约儿秒钟,中间有短暂的停顿。每一段都是突然响起。随着声音迅速升高,腹部的振动越来越快,直到发出的声音达到最强;这样高亢的旋律保持了几秒钟之后,开始逐渐减弱,并且随着腹部回复休息状态,转为越来越低沉的呻吟。它最后又微微振动了几下,接着便是一片宁静,宁静的时间根据天气状况有长有短。然后新的歌声又突然重新响起,单调地重复着先前的过程。如此周而复始,无休无止。

有时候,特别是在闷热的傍晚,蝉沉醉在阳光中,往往会缩短甚至取消歌声之间的停顿。于是,那歌声便连绵不断地一直响着,不过总是伴随着强弱交替。弓弦拉出第一个音符的时间大约是早上七八点钟,此后乐队就一直要到夕阳的余晖散尽,也就是晚上八点钟,才停止演奏。音乐会总共持续的时间,和时针在表面上转一圈所需的时间一样!不过,如果是阴天或者刮着冷风,蝉就不唱了。

第二种蝉的个头比南欧熊蝉小一半,我们这儿的人叫它"喀喀蝉",这名字传神地模拟了它的叫声。博物学家称它为山蝉,它比南欧熊蝉更机警、更多疑。它的歌声沙哑有力,是一连串的"喀喀喀喀"声,中间没有任何停顿。这声音单调、刺耳,是最令人讨厌的蝉鸣之一,尤其是当几百只山蝉齐声合唱的时候;而在酷热的夏天,我家的两棵梧桐树上就上演着这样的合唱。这歌声,就好像一大堆干核桃被放在口袋里摇来晃去,直至核桃壳被撞碎。歌声烦人,简直就是酷刑!唯一可以稍稍减轻一下烦恼的,就是山蝉开唱得不如南欧熊蝉那么早,晚上收工也不很迟。

尽管山蝉发音器官的基本原理和南欧熊蝉一样,但它还是有许多独到之处,使它的歌声别具一格。它没有音室,因此也没有音室的入口——音窗。音钹露在外面,直接长在后翼与身体连接处的后方。它同样是一块白色干燥的鳞片,向外凸起,上面贯穿着五根红褐色的脉络。

从腹部的第一节向前伸出一块又短又宽的簧片,簧片很硬,可以活动的一端靠在音钹上。这簧片就像木铃的簧片,不过它不是贴在旋转槽轮的齿上,而是或多或少地抵着振动着的音钹的脉络。在我看来,可能就是部分地因为这个原因,山蝉的鸣声才会那么沙哑刺耳。我无法把这虫子抓在手里来验证这个事实,因为喀喀蝉一旦受惊,就不能发出平时那样的叫声了。

它的音盖也不是相互交叠,而是分开的,相互之间隔得较远。音盖和腹部的坚硬簧片一起,将音钹遮住一半,而音钹的另一半则完全裸露在外。在手指的按压下,山蝉的前胸和腹部关节会微微张开。此外,山蝉唱歌的时候一动不动;南欧熊蝉唱歌时依靠腹部的急速振动来调节音域,但山蝉却不会这样做。它的小教堂很小,几乎不能用做共鸣器。但它也有镜子,不过很小,才一毫米。总之,南欧熊蝉的共鸣器非常发达,但山蝉的却十分简陋。那么,小小音钹发出的清脆歌声,是如何变得如此洪亮,甚至让人受不了的呢?

山蝉会腹语!如果我们对着光线观察它的腹部,就会发现腹部前面三分之二的部分是半透明的。我们用剪刀把后面三分之一不透明的部分剪掉;这里有着所有用来繁衍后代、维持生存的器官,它们被挤压在一个小得不能再小的空间里。被剪去三分之一的腹部敞开着,露出一个很大的空腔,空腔里只剩下一层皮,除了背部,那里有一层薄薄的肌肉,里面埋着几乎如线一样细的消化道。这个巨大的空腔,几乎占了蝉整个身体的一半,却是空的,至少几乎是空的。在它的尽头,可以看到两根牵动音钹的肌肉柱,相交呈 V 字形。在这 V 字形尖端的左右两边,闪耀着两片极小的镜子;而在这两根肌肉柱之间,胸腔的深处,则是空洞的空间。

这个空洞的腹部,以及胸腔的补充部分,就是一个巨大的共鸣器,我们这个地区的任何一个歌唱能手都没有这样的共鸣器。如果我用手指堵住腹部刚才被我剪开的那道口子,蝉鸣声立刻就变得低沉下来,这完全符合声管的发声规律;如果我在它敞开的腹腔上接一个圆柱,或是一个圆锥形的纸袋,声音就马上变得又尖又响。如果我把锥形纸袋调节得恰倒好处,再把它宽大的一端接到一根加长的试管口,那么我得到的就不再是蝉鸣,而是公牛的叫声了。我在做这个声学实验时,我年幼的孩子们碰巧也在那里,他们全被这声音吓跑了。他们竟然对平时如此熟悉的昆虫感到害怕。

山蝉声音嘶哑的原因,可能是木铃的簧片触到了振动中的音钹的脉络;而声音响亮的原因,显然是腹部这个巨大的音箱。我们必须承认,只有对歌唱无比热爱的动物,才会像这样为了一个音箱,空出整个腹部和胸部。生命中至关重要的器官被竭力压缩,挤到了一个狭窄的角落,为的是给音箱腾出更大的地方。歌唱是首要的,其他一切都退而次之。

真该庆幸山蝉没有听从进化论者们的建议。如果它们对歌唱一代比一代热爱,那么随着它们的进化,腹部的音箱可能就会达到我把锥形纸袋接到它肚子上的效果,真要是这样的话,住着喀喀蝉的普罗旺斯就再也不会有人居住了。

在讲了南欧熊蝉的细节之后,还有必要介绍让喋喋不休、令人难以忍受的山蝉安静下来的办法吗?山蝉的音钹在外面就能看到。只要用针尖将它刺穿,就立刻能让它噤声。在我家门前的梧桐树上,生活着一些长着螯针的昆虫,它们中有一部分也爱好宁静;要是它们能承担刺穿蝉儿音钹的工作,那该有多好啊!不过,这是我在痴心妄想:要真的是这样,那么收割季节庄严的交响乐就会缺少一个音符。

红蝉的个头比南欧熊蝉略小。叫它红蝉,是因为它的翅膀脉络以及身体其他部分的一些线条都是血红色的,而不像南欧熊蝉那样是褐色。红蝉很罕见,我在山楂树林里要隔很远一段距离才能碰上一只。它的发音器官介于南欧熊蝉和山蝉之间。它和南欧熊蝉的相似之处,在于它也是通过腹部的晃动,使大教堂打开或关闭,进而调节声音的强弱;而它和山蝉的相似之处,则在于音钹外露,没有音室和音窗。

红蝉的音钹裸露在外,紧靠着后翅和身体连接点的后面。它呈白色,规则地向外凸起,上面有八条巨大的红色脉络,另外还有七条短得多的,每一条都分别夹在长脉络中间。音盖不大,内侧凹陷,只能盖住半个与其对应的小教堂。音盖凹陷处留出的小孔上有一块小小的叶片,充当气门;这块叶片就被固定在红蝉后腿的根部,蝉可以将后腿紧贴身体或略微抬高,将小孔关闭或打开。其他蝉也有类似的器官,不过更窄,也更尖。

此外,红蝉的腹部和南欧熊蝉一样,可以从下到上、从上到下地大幅运动。通过这种腹部的振动,配合腿部的叶片开合,红蝉就可以随心所欲地把小教堂开到任何程度。

山蝉的镜子也和南欧熊蝉一样,只是没它的大。朝向胸部一侧的膜是白色的,呈椭圆形,非常细腻,腹部抬起的时候绷得很紧,而腹部放下时则变得松弛褶皱。薄膜绷紧时,它就能振颤,从而加强音量。

红蝉的歌唱也是抑扬顿挫、分成段落的,这使我们联想到南欧熊蝉;不过,它不像南欧熊蝉那么聒噪。它的声音之所以不够响,可能是因为没有音室的缘故。在同样的力量下,裸露在外的音钹振动发出的声音,当然没有藏在共鸣器深处的音钹振动发出的声音响亮。当然，吵闹的山蝉也没有这种共鸣器，但它腹部有巨大的音箱，在很大程度上弥补了这一不足。

我从未见过第三种蝉，这种蝉曾经被雷奥米尔画过，也被奥利维埃①描述过，他们称它为毛蝉。据他们说，这种蝉在普罗旺斯很出名，被叫做小蝉，可我们这儿的人都没听说过这种叫法。

我这儿倒是有另外两种蝉，也许雷奥米尔把它们和他所画的那种蝉混淆了。这两种蝉一种叫黑蝉，我只见到过一次；另一种叫矮蝉，我捉了很多。就让我来说说后一种蝉吧。

这是我们地区体形最小的一种蝉。它和普通的虻差不多大，只有约两厘米长。它的音钹是透明的，上面有三根不透明的白色脉络；音钹被皮肤的褶皱勉强遮住，但还能完全看得见。矮蝉没有音室。只要回过头来想一想，我们就会发现，只有南欧熊蝉有音室，其他蝉都没有。

矮蝉的两块音盖相隔很远，使得小教堂门户大开。两面镜子相对较大，外形好像四季豆。矮蝉唱歌的时候腹部不振颤，像山蝉那样一动不动。正因如此，这两种蝉唱歌的旋律都缺乏变化。

矮蝉的歌声单调、尖锐，但很轻，在七月午后那撩人的寂静中，只要离开它几步远，就几乎听不见了。如果有一天它们突发奇想，离开被太阳烤焦的灌木丛，成群结队地跑到我家梧桐树的绿荫里定居——我希望它们会这样做，因为我想对它们作进一步的研究——这些可爱的蝉儿肯定不会像中邪的喀喀蝉那样，打扰我的清静。

繁琐的描述到此为止：我们已经了解了蝉的发音器官的结构。在结束之前，我们要问一问这些聒噪音乐家目的何在。这么大的声音究竟是为什么呢？有一种回答似乎无法避免：那是雄蝉在召唤伴侣，是情人们的大合唱。

对于这个自然合理的答案，我却心存疑虑。南欧熊蝉和它刺耳的伙伴喀喀蝉强迫我接受它们的社团，这种情形已经持续了十五年了。每年夏天，在长达两个月的时间里，我对它们耳闻目睹。虽然我听它们唱歌是迫于无奈，但我却满怀热忱地观察它们。我看到它们在梧桐树光滑的树皮上排成

---

① 奥利维埃(1756—1814)：法国昆虫学家，著有《昆虫学词典》。

行,全都是头朝上,雌雄混杂,彼此近在咫尺。

一旦它们把吸管插入树皮,就开始开怀畅饮,一动不动。随着太阳的偏移和树荫的移动,它们会朝侧旁缓缓地挪一下脚步,绕着树枝转动,以便到阳光最好、气温最高的地方去。无论是在喝水时还是在移动时,它们的歌声始终不断。

我们可以把这没完没了的歌唱看成是爱情的召唤吗?我很怀疑。在队列中,雌蝉和雄蝉近在咫尺,谁都不会为了呼唤一个就在身边的异性而叫上好几个月的。再说,我也从未见过有哪只雌蝉跑到歌声最为嘹亮的乐队里去。作为婚礼的序曲,视觉已经绰绰有余了,蝉的视力很好,求婚者完全没有必要做没完没了的表白,因为意中人就在近旁。

那么,这会不会是雄蝉的一种手段,用来诱惑或打动无动于衷的雌蝉呢?我仍然持怀疑态度。当情人们大肆奏起最为嘹亮的音钹时,我从没有见过雌蝉有任何满意的表示,也不曾看见它们有丝毫的扭动或是摇摆。

我的农民邻居说,在收割季节,蝉对他们唱:"收割,收割,收割①!"是在给他们加油。无论是收获思想还是收割稻穗的人,大家都一样在工作,后者是为了获得填饱肚子的面包,而前者则是为了获得智慧的面包。所以,我可以理解农民们的解释,把它当做一种幼稚却美好的想法加以接受。

科学总是希望更好,但就昆虫而言,科学所发现的却是一个我们无法进入的世界。我们猜不着、也摸不透这些音钹发出的嘹亮歌声,会在雌蝉身上产生什么效果。我所能说的,只是根据它们不动声色的外表来看,雌蝉对这歌声根本就无动于衷。不要再固执了:昆虫的内心世界是一个深不可测的谜。

我的怀疑还有另外一个原因。凡是对歌声敏感的动物,听觉一定灵敏;听觉是警惕的哨兵,只要一有风吹草动,它就会发现危险。作为杰出的歌唱家,鸟儿就有敏锐的听觉。枝上树叶的一阵轻颤,路上行人的一声轻语,就能让它立刻噤声,不安地提防着。而蝉却远远没有类似的不安表示。

蝉具有相当灵敏的视觉。它依靠大大的复眼能看清左右两边发生的事情;而它的三只单眼就像是红宝石做的望远镜,探测着额头上方的空间。

---

① 普罗旺斯语是"Sego, Sego, Sego !",意思是"用镰刀割"。

只要看见有人走近，它就会立刻噤声，随即飞走。可是，如果我们避开它的五个视觉器官，就可以说话、吹哨、鼓掌，甚至拿两块石头相互撞击。要是换作了小鸟，根本不用这么大的声音，它还没看见人影，早就已经停止歌唱，逃之夭夭了。可是蝉却无动于衷，若无其事地继续唱歌。

关于这点，我做过大量实验，这里只举其中的一个例子，也是最难忘的例子。

我借用了小镇的炮，就是那种在主保瞻礼节鸣放礼炮用的盒子。炮手得知是为了蝉，就非常乐意地把炮装上火药，到我家来射击。一共有两门炮，都像在最盛大的节日狂欢时那样，装满了火药。从来没有哪个政治家在巡回竞选的时候，有幸受到这么多火药的致敬。为了避免震碎玻璃，家里的窗户全被打开了。两门发出巨响的炮就架在我家门前的梧桐树下，也不用小心地把它遮起来，因为在枝上唱歌的蝉是看不到底下发生的事情的。

在场的共有六个人。大家都认为炮声过后蝉会有片刻的宁静。每个人都仔细观察了蝉的数量，以及歌声的音域、节奏。一切准备就绪，大家的耳朵等着听那空中乐队会有什么变化。炮响了，真是如雷贯耳……

可是树上的蝉没有受到任何惊扰。合唱者的数量没有变，节奏没有变，音域也没有变。我们六人一致得出结论：爆炸的巨响对蝉的歌唱毫无影响。第二炮的结果也是一样。

乐队坚持演奏，一点没有受到炮声的惊吓和干扰，从中我们可以得出什么结论呢？是否可以推断蝉是个聋子？我不敢妄下定论；但是，如果哪位更加大胆的人下了这样的结论，我也真提不出什么理由反驳他。我只能折中地认为，蝉的听觉很迟钝，那句著名的俗语用在它的身上十分合适："像聋子那样大喊大叫。"

在路边的碎石堆上，蓝翅蝗虫甜蜜地陶醉在阳光里，用强壮的后腿擦着鞘翅粗糙的边缘；在暴雨来临前，绿蛙、雨蛙和喀喀蝉一样，在灌木丛的绿叶中发狂似的扯开嗓子，鼓起音囊。它们是在呼唤不在身边的情侣吗？绝对不是。蝗虫琴弓的摩擦声太轻，几乎听不见；绿蛙和雨蛙的嗓音太大，却是白费辛劳：它们期待的情侣都没有来。

那么，昆虫是不是一定要以这种响亮的倾诉和喋喋不休的表白来吐露它们的爱情呢？通过大量的考察可以知道，两性之间的靠近会让彼此沉默。

所以,我认为,蝈蝈的小提琴、雨蛙的风笛管、山蝉的音钹,都只是表达生命乐趣的手段,这种乐趣任何动物都有,任何动物都会用自己独特的方式来庆祝。

如果有一天,人们向我证明蝉振动音钹不是为了传宗接代,而只是为了感觉生命的乐趣,就像我们高兴时会搓手一样,我不会感到丝毫惊讶。如果说,它们的合唱还有什么次要目的同默不作声的雌蝉有关,那也是很可能、很正常的,只是到目前为止,这一点还没有得到证明。

蝉的产卵及孵化

南欧熊蝉喜欢把卵产在纤细的干树枝上。雷奥米尔经过仔细检查,确认所有被蝉用以繁殖后代的树枝都是桑树枝:这说明他只在阿维尼翁附近采集蝉卵,而且没有进行各种不同的研究。因为除了桑树以外,我还在桃树、樱桃树、柳树、日本女贞以及其他许多树的树枝上发现过产卵的蝉。不过,这样的情况比较罕见。蝉注重的是别的东西。它尽可能选择最细小的枝条,从麦秸到铅笔粗细的树枝都可以,枝上要有一层薄薄的木质,还必须含有丰富的木髓。只要这些条件能够得到满足,植物的种类倒是无所谓。如果要把支撑蝉产卵的各种树木都一一列举的话,恐怕我要把我们地区所有的半木本植物全都罗列一遍了。所以,我仅仅在注释中列举其中的几种,以显示蝉产卵地点的多样性①。

蝉绝不会选择横卧在地上的小树枝;那些被选中用来产卵的枝条或多或少是垂直的,大多数都处于自然的状态,有时也会有断枝,但都必须碰巧是竖着的。蝉偏爱纤长、规则而且光滑的树枝,因为这样的树枝能容纳它全部产下的卵。我收集蝉卵最多的地方,是金雀花的枝条,这些枝条就像禾本科植物一样,髓质非常丰富;特别是樱桃阿福花那高高的枝条,这种植物要长到一米多高才会分叉。

---

① 我曾在以下植物的枝干上收集到蝉卵:金雀花、樱桃阿福花、条纹蛋黄草、大冠风轮菜、糙叶荵蓝、粉苞苣、黑风韭、刺棘星点,等等。——作者原注

　　支撑蝉卵的枝条不管是什么植物，都必须是枯死的，而且必须完全干枯。但有时，我还是会发现有些蝉把卵产在了长着绿叶、开着鲜花的活树枝上。不过，在这些特例中，那些活树枝往往都比较干枯①。

　　蝉的工作就是在树枝上刺上一排小孔，好像是用针从上往下斜刺下去，把木质纤维撕裂，将其挑出，形成微微的突起。不明就里的人看到这些小孔，起先会以为是植物得了真菌病，真菌的孢子囊半露在外，胀破了枝条的表皮，形成球状的突起。

　　如果树枝形状不规则，或者好几只蝉在同一个地方相继产卵，那么刺孔的分布就会杂乱无章，人们会因而看花了眼，分辨不出刺孔的先后顺序，也不知道它们是哪一只蝉刺出的。只有个别特征保持不变：被挑起的木质纤维总是斜向排列，这表明蝉是保持着直立的姿势，将自己的工具自上而下，纵向刺进树皮的。

　　如果树枝形状规则、光滑，而且长度适中，那么各刺孔之间的距离基本上相等，几乎呈一条直线。刺孔的数量有多有少：如果蝉妈妈在干活儿时受到干扰，就会另觅他处产卵，那么树枝上的小孔数量就比较少；如果所有的卵都产在同一排刺孔里，那么刺孔的数量大约在三十到四十个之间。即使两排刺孔数量相等，每一排的长度也会不同。这一点我们可以通过几个例子看出来：同样是一排三十个刺孔，在亚麻枝上长度为二十八厘米，在粉苞苣的枝条上为三十厘米，而在阿福花枝上则只有十二厘米。

　　不要以为这些长度的不同是由树枝的种类所决定的，相反的例子有很多。例如，刚才说阿福花枝条上的刺孔间距最小，但在某些情况下，在它的枝条上的刺孔间距也有可能最大。刺孔间距的大小取决于一些难以查明的因素，特别是蝉妈妈的心血来潮，它在这里多产几颗卵，在那里则少产几颗，完全由它任意决定。根据我的测量，一个刺孔至另一个刺孔间的平均距离是八到十毫米。

　　每个刺孔都是一个斜向卵穴的入口，通常都一直深入到树枝的木髓部分。这个入口没有遮掩物，除非雌蝉产卵时挑开的木质纤维，在产卵管的两把锯子移开后又重新合拢，盖在刺孔处。人们至多有时——但并不总是这

① 比如大冠风轮菜、糙叶菘蓝等。——作者原注

样——会在突起的纤维中看到很薄一层闪闪发光的东西,好像干了的蛋白清漆。这可能只是雌蝉留下的一点微不足道的蛋白液体痕迹,也许是随着卵一起排出的,也有可能是为了方便它的两把锯子刺孔。

刺孔下方紧接着的就是卵穴,它是一条极小的通道,差不多占据了这个刺孔口到前一个刺孔口之间的所有空间。有时,穴与穴之间甚至没有阻隔,上下两层连在了一起。这样,虽然蝉卵是从不同的刺孔被排入的,但最后还是排成了连续的一行。不过,最常见的情况还是各个卵穴相互隔开。

卵穴里卵的数量差别很大。据我统计,每个穴有六到十五个不等,平均是十个。雌蝉一次彻底的产卵总共要钻三十到四十个穴,因此,它的产卵总数在三百到四百之间。雷奥米尔通过对雌蝉卵巢的观察,也得到了相同的数据。

这真是一个多子多孙的家庭,完全可以依靠其庞大的成员数量来应付各种毁灭的严峻危险。我不认为成年蝉遇到的危险比其他昆虫更多:它目光敏锐,起飞迅速,飞得又快;而且它居住在高处,不必担心草丛里的杀手。的确,它是麻雀非常喜欢吃的猎物。有时,后者会在反复酝酿,从邻近的屋顶猛扑到梧桐树上,一把逮住这位正在狂热鸣叫的歌唱家;然后左一口、右一口,用不了几下就把蝉撕成碎片,将它变成雏鸟们的美食。但麻雀经常也会空手而归!因为蝉预料到麻雀会发起攻击,就把尿液射进它的眼睛,然后逃走。因此,麻雀并不是促使蝉产下那么多卵的原因。蝉的危险来自别处。这一危险,无论是在产卵期还是孵化期都同样可怕。

蝉从洞里出来两到三周以后,也就是七月中旬,就开始产卵。为了避免仅仅依靠过于偶然的运气来观察雌蝉产卵的过程,我做了一番精心的准备,以确保实验成功。我从以前的观察中得知,蝉偏爱阿福花干枯的树枝。由于这种树枝长而光滑,所以也是我最容易画的植物。而且,我刚住到这里的最初几年,曾把院子里的菊科植物换成了另一些比较容易养活的当地植物,其中就有阿福花。如今,它正好派上用场。于是我把去年的干枯树枝放在原地,等到合适的季节来临,我便每天监视着它们。

我并没有等待很长时间。从七月十五日开始,我就如愿地发现一些蝉在阿福花的枝上产卵。产卵的蝉总是独来独往。每只蝉占据一根树枝,不用担心彼此之间会有竞争,从而影响细致的产卵工作。第一只蝉产完卵离开后,才会有第二只来,其他的蝉也是如此。其实枝条上有的是地方,足够容纳所有产卵的蝉;但是每只蝉都希望轮到自己产卵的时候,能独自待在枝头。此外,它们之间没有争斗,产卵在一片和平的气氛中进行。如果某只雌蝉抵达的时候,位置已经被占了,只要这只蝉一发现自己的错误,就会立刻飞走,去别处寻找枝条。

产卵的蝉始终头朝上,它在其他情况下也是采取这个姿势。它非常专注于自己的工作,因此我观察时可以靠得很近,甚至可以用放大镜来看。它把长约一厘米的产卵管整个儿斜插入树枝。这钻孔的活儿看来并没有什么难度,因为蝉的工具非常精良。我看到蝉稍稍扭动身体,腹部顶端一胀一缩,频频颤动。它就是这样产卵的。它用钻头上的两把锉刀交替钻入树枝,动作轻柔,几乎察觉不到。产卵时没有任何特殊情况发生,蝉一动不动。从第一针刺下去到卵穴里装满卵,大约需要十分钟。

接着,蝉有条不紊地把产卵管慢慢抽出,以防止它变形。刺孔随即随着合拢的木质纤维而自动关闭;蝉则沿着直线方向接着往上爬,爬的距离与它产卵管的长度差不多。它在那里又刺一个孔,在新的卵穴里再产下十几颗卵。它就是这样从下往上阶梯状产卵的。

知道了上述情况以后,我们就能够解释蝉产卵的刺孔为什么会以如此令人赞叹的方式排列了。那些刺孔都是卵穴的入口,彼此间距几乎相等,这是因为蝉每一次都往上爬相同的距离,也就是大约一根产卵管的长度。蝉擅长飞行,但懒于爬行。当它在活树枝上吮吸树汁的时候,会迈着庄重,甚至几乎是庄严的脚步,到邻近一个阳光更加充沛的地方,这也是人们可以看到的它所做的一切。在它产卵的干树枝上,蝉保持着审慎的习惯,甚至审慎得过分,因为它所做的事情实在是太重要了。它尽量少动,移动的距离刚好使相邻的卵穴不发生重叠。蝉向上爬行的距离,由其产卵管的长度决定。

此外,如果枝条上的刺孔不多,那么这些刺孔就会排成一条直线。的确,既然同一根树枝的每个部分都是一样的,那么雌蝉产卵时有什么必要向左偏或向右偏呢?它热爱阳光,产卵前已经选好了朝向最佳的地方。它最大的乐趣是让脊背沐浴在温暖的太阳光里,只要它还在享受这种乐趣,就会非常小心地避免自己偏离给它带来快乐的方向,而去一个太阳光不能直射的地方。

但是,蝉在同一根树枝上产下它全部的卵需要很长时间。如果往一个卵穴内产卵需要十分钟,那么我有时会见到四十个卵穴排成一排,这就要六到七个小时的产卵时间。因此,在雌蝉结束产卵之前,太阳的位置会有很大的变化。在这种情况下,原先的爬行直线就会弯曲,变成螺旋状的弧线。雌蝉会跟着太阳的移动而转动,它刺孔的线路就有点像日晷的指针落在晷盘上的影子。

有很多次,当蝉沉醉在母亲的工作中、将卵一一安放到位时,会有那么一只同样长有刺孔针的不起眼的小飞蝇,跑来屠杀这些刚产下的卵。雷奥米尔也知道这种虫子。在所有被观察的树枝上,他都发现了这种飞蝇的幼虫,因此在研究之初,他对它们并不在意。但他不曾看到、也看不到这些胆大包天的掠夺者是如何行动的。这是一种小蜂科昆虫,四到五毫米长,全身乌黑,触须多节,顶端略微变粗。出鞘的刺针位于腹部下方近中央的地方,方向和身体的轴线垂直;这和某几种蜜蜂的天敌——斑腹蝇是一样的。也许这种蝉的侏儒杀手已经被编入了昆虫的分类目录,但由于我疏忽了,没有抓到它们,所以也不知道分类学家们赏赐了它什么名字。

我只知道它既安静、又鲁莽,既大胆、又不谨慎;它就在蝉的身边,而对它来说,蝉可是个庞然大物,只要它抬腿一踩,就可以把飞蝇轧扁。我曾见过三只小飞蝇同时盘剥一只倒霉的雌蝉。它们跟在蝉的身后,待在蝉的脚下,用刺针插进蝉卵,或者等待有利的时机。

蝉刚在一个卵穴里产完卵,爬到稍微高一点的地方钻下一个洞。一个强盗立刻赶到蝉刚离开的地方;它几乎就在庞然大物蝉的爪子底下,可它却毫无惧色,好像是在自己家里,完成一项值得称道的任务;它伸出刺针,刺进排成一行的蝉卵;它不是从布满碎木纤维的孔往里刺,而是通过侧面一些裂缝刺进蝉卵。由于这一部分木质几乎没有受到破坏,比较坚硬,所以飞蝇的工具运转得很缓慢。蝉有时间在上面一层卵穴里产完卵。

只要蝉一产完卵,就会有一只跟在它身后忙活的小飞蝇前来取而代之,将自己致命的种子注进蝉卵。当雌蝉清空了卵巢飞走之后,它的大多数卵穴就这样接纳了外族的卵,而这些卵将把蝉自己的卵毁掉。飞蝇的卵会抢先孵化成幼虫,取代蝉的后代,每一条幼虫占据一个卵穴,穴里的大约十二颗蝉卵就成了它的食物,把它喂得饱饱的。

哦,可怜的雌蝉,几个世纪的经历仍然没有让你吸取教训!你锐利的眼睛,应该看得见这些可怕的钻探者,它们在你身边飞舞,准备干坏事;你看见它们了,也知道它们就在你脚后,可你却无动于衷,听之任之。转过身去吧,善良憨厚的巨人,把这些微不足道的侏儒碾碎!可你永远也不会对它们做什么,你改不了自己的本能,哪怕是为了减轻一点你作为母亲所受的悲惨痛苦。

南欧熊蝉的卵呈白色,闪着象牙般的光泽,形状略长,两头尖尖,像纺纱用的梭子。卵长二点五毫米,宽零点五毫米,在穴内排成一行,彼此略有重叠。山蝉的卵要小一些,整齐地聚集在一起,形似微小的雪茄烟盒。我们主要讲一下南欧熊蝉,通过它的故事,我们可以知道其他蝉的情况。

九月还没有结束,原先闪着象牙白色光泽的蝉卵就变成了小麦的金黄色。十月初,卵的前端出现了两个明显的栗褐色小圆点,这是这小虫子正在发育的眼睛。这双几乎就可以看东西的明亮眼睛,以及圆锥形的前端,使卵看起来就像是一条没有鳍的鱼,这条鱼很小,只要有半个核桃壳大小的水池,就能在里面畅游。

差不多在同一个时候,我也经常在我家院子和附近山丘的阿福花枝上,发现蝉卵新近孵化的痕迹;它们都是忙着迁往别处的新生蝉儿搬家时留在门口的破衣烂衫。我们很快就会看到这些破衣烂衫意味着什么。

尽管我的探访勤勉而频繁,理应得到更好的结果,但我却始终没有见到蝉的幼虫从卵穴里爬出。在室内的研究也同样没有进展。两年来,我及时收集了一百多根带有蝉卵的不同植物的枝条,将它们保存在盒子、试管或瓶子里;可是没有一根树枝让我如愿以偿——看到蝉卵孵化。

雷奥米尔也曾经历过同样的失望。他说过,他用朋友们送来的蝉卵做孵化实验是如何失败的,即使他把蝉卵装进玻璃试管、再把试管放进裤兜保暖也没用。哦,可敬的大师!蝉需要的不是我们工作室温暖的庇护,也不是裤兜里那一点微不足道的热量,而是至高无上的兴奋剂——阳光的亲吻;在经历了一个已经让人瑟瑟发抖的清凉早晨之后,蝉需要秋日晴天里骤然如火一般照射的太阳,这太阳是对美好季节最后的告别。

白天强烈的阳光和夜间的寒冷形成了巨大的反差,正是在这样的环境下,我发现了蝉卵孵化的迹象;可我总是晚一步:蝉的幼虫已经离开了。最多让我偶尔碰上一只幼虫被丝线挂在它出生的树枝上,悬在空中挣扎。我还以为它被蜘蛛网缠住了呢。

最后,到了十月二十七日,我对成功已经绝望,于是把院子里的阿福花枝条统统收了起来。这些蝉产过卵的枯枝被放进了我的工作室;在彻底放弃之前,我打算再观察一次卵穴和里面的卵。那天早晨很冷,我生起了冬天里的第一把火。我把干枝条放在壁炉前的一把椅子上,根本没有想过试一试炉火的热量会对蝉卵产生什么样的效果。这些将要被我一根一根劈开的枝条就这么被随意地放在我伸手可及的地方,我也没有什么其他动机把它们放在这里。

然而,当我用放大镜观察其中一根被劈开的枝条时,原本我已不抱希望看到的孵化过程突然呈现在了我的眼前。我的这根树枝上有居民了;幼虫们十几个十几个地从卵穴里冒出来。它们的数量是如此之多,足以使我这个观察者的欲望得到满足。蝉卵刚好成熟,而壁炉中熊熊燃烧、热力逼人的火焰,则充当了野外阳光的角色。让我们赶紧抓住这意外的机遇。

在卵穴洞口被撕裂的木质纤维中间,冒出一个圆锥形的小东西,上面嵌着两颗又大又圆的黑点。从外观来看,这一定是卵的前部,它就像我刚才所说的那样,如同一条小鱼身体的前面部分。蝉卵从坑道的深处移到洞口,似乎会行走。一颗卵居然会在狭窄的通道里移动!一粒种子居然会爬行!这是不可能的,这种事从来没人见过。这是我的幻觉。我把树枝劈开,真相大白了。真正的卵混乱地搅在一起,它们并没有移动。但它们已经空了,变成了半透明的袋子,袋子的前端被撕破一个大口子。从袋子里钻出一种奇特的生物,以下就是这种生物最明显的特征。

从这个小家伙的体形、头形以及又大又黑的眼睛来看,它比卵更像是一条微型的鱼;它的腹部还有一个像鳍一样的东西,更加突出了这种相似。这类似桨的鳍状物从前肢延伸出来,而前肢则被套在一个特殊的鞘壳里,放在身后,伸直并拢。鳍状物能微微摆动,使它得以先从卵袋里出来,然后更加困难地从木质通道里出来。小家伙依靠已经相当有力的尾钩前进,而那鳍状物则略微张开,然后缩回,像杠杆一样支撑着身体前进。其余四条腿共同裹在一个外套里,完全不能行动。只有在放大镜下才能勉强看到的触须也是如此。总之,这个从蝉卵中出来的小家伙就像一只小船,并拢的两条前肢构成一支单桨,在腹部向后伸去。它的体节非常清楚,尤其是在腹部。此外,它通体光滑,没有一丝绒毛。

蝉最初的形态是如此奇特、如此出人意料,迄今为止还没有人能猜透;我该给它取个什么名字呢? 是不是应该把希腊字母混合一下,拼出一个令人憎恶的名字来? 我才不会这样做,因为我坚信对于科学来说,那些野蛮的术语只是讨厌的杂草荆棘。我就简单地把它称为"原始幼虫"吧,就像我对待芜菁、斑腹蝇和卵蜂那样。

蝉原始幼虫的形态非常适合出洞。孵化的坑道很狭窄,勉强只够一只幼虫钻出;而且,产下的卵虽然排列成行,但并非头尾相接,而是部分地重叠在一起。所以,排在最后几行的卵所孵出的幼虫,必须穿过前面已经孵化的卵蜕下后留在原地的破衣烂衫。因此,除了狭窄的坑道之外,还要考虑塞满坑道的空卵壳。

在这样的情况下,如果原始幼虫撕裂临时外皮,变成它以后的模样,那么它是不可能穿过这困难重重的行列的。它的触须碍手碍脚,长腿摊得离身体轴线很远,弯弯的钩尖也会勾住沿途的东西,这一切都不利于它迅速摆脱卵穴。而且,同一个卵穴里的卵差不多同时孵化,这要求前面的新生儿尽快离开,给后来者留出通道。所以,原始幼虫必须有一个像船一样的形态,并且很光滑,没有任何突出的东西,能够像楔子一样钻到外面。原始幼虫身体的各个部件都裹在同一个鞘壳里,紧贴着躯干,外形犹如纺织的梭子,并且还有一支可以微微摆动的单桨,这使得它担当起穿越障碍重重的通道,来到洞外的任务。

这个任务持续的时间很短。这里就有一只迁居的幼虫,露出了长着一对大眼睛的脑袋,正把洞口断裂的木纤维顶开。它越钻越出,前进的动作非常缓慢,即使用放大镜也很难看出。至少过了半个小时,这只小船才完全钻出,但尾部还和洞口连着。

一出洞口,原始幼虫越狱时穿的外套就马上裂开,小虫子从前到后把外壳蜕去,就变成了普通的幼虫,也就是雷奥米尔所知道的形态。幼虫脱下的破衣烂衫像丝线一样挂着,丝线悬空的一端散开成斗状。而幼虫的腹尾就埋在这斗里,在落地之前,它还要沐浴一下阳光,使自己更加结实,蹬蹬双腿,试试力气,在安全绳的端头懒洋洋地晃上一会儿。

　　这只被雷奥米尔称作小跳蚤的虫子,起初是白色的,接着就慢慢变成琥珀色,它就是以后要挖地洞的蝉的幼虫。它的触须很长,灵活地摆动着;腿爪的关节活动自如;前爪的弯钩一张一合,显得相对粗壮。我从未见过这样奇特的表演:这个小体操家靠尾部悬挂着整个身体,一有微风就轻轻晃动,在空中准备翻一个筋斗来到世上。这样悬挂的时间有长有短,有的幼虫大约半小时后落到地面,有的要在这带柄的壳斗挂上好几个小时,还有的甚至要等到第二天。

　　不过,不管落地是早还是迟,这小虫子都会把悬挂的绳索——也就是原始幼虫的外衣——留在原地。所以,当一个卵穴里所有的蝉卵都孵化之后,卵穴的洞口上就会长出一束又短又细的丝线,弯弯曲曲、皱皱巴巴,像干了的蛋清。每根丝线悬空的一端都散开成斗状。这些原始幼虫的遗物非常脆弱,转瞬即逝,轻轻一碰就会弄坏。微风吹过,它们就散开不见了。

　　我们还是回到幼虫身上来吧。无论早晚,它们都会落到地上,有时是不小心掉下来,有时则是自己跳下来。这只微不足道的小虫子,比一只跳蚤大不了多少,可它在掉落到坚硬的地面上时,依靠悬挂绳索,保护了自己新生儿娇嫩的肌肤。空气如同软绵绵的被絮,在里面幼虫变得更加结实。现在,它就要投入到严酷的生活中去了。

　　我隐约看到了它将要面对的无数危险。哪怕是一阵轻风,就可以让这小东西撞到坚硬无比的石头上,掉进车辙水洼的汪洋里,飘到寸草不生、饥馑弥漫的沙地中,或者落到硬得根本无法开垦的黏土地上。这样致命的地方俯拾即是;而在十月末这样一个多风和阴雨寒冷的季节里,能吹散一切的狂风也很常见。

　　这个脆弱的生命需要一块相当松软、便于钻入的土地,以便立刻躲入其中。冬天正在逼近,霜冻很快就会来临。再在地面上游荡会招致丧命的危险。幼虫必须马上钻到地下,越深越好。这是它唯一的、迫切的自救办法,但却常常无法做到。在石块、沙子或坚硬的黏土地上,这跳蚤的小爪子又能有什么样的作为呢?如果不能及时找到地下居所,小虫子很快就会死去。

　　因此,所有人都承认,幼虫出生后的第一个住所面临着太多的厄运,这是蝉的后代死亡率居高不下的重要原因。那些洗劫蝉卵的黑色小寄生虫已经向我们揭示了蝉多产的必要性;现在,寻找第一个住所的困难又向我们证明了为什么蝉妈妈每次都得产三四百颗卵，才能保证种族以一个恰当的比例延续下去。正是因为蝉会遭到大量的屠杀，所以它才大量地产卵。它通过多产的卵巢，对付了各种各样的灾难。

在下面的实验中，我至少会让蝉的幼虫不再为寻找第一个住所而困扰。我选择了灌木叶的腐蚀土，这种土非常柔软，颜色很黑，而且被我用细筛子筛过。由于泥土是深色的，因此当我想知道幼虫发生什么事的时候，可以轻而易举地找到那些金黄色的小虫子；此外，泥土柔软，完全适合幼虫柔弱的钩爪。我把泥土放进玻璃花瓶，轻轻夯实，在上面种了一小丛百里香，又撒了几颗麦粒。瓶底没有孔，虽然那样更适合百里香和麦子的生长，但我的囚徒们发现小孔后就会趁机溜走。植物们将要忍受排水系统的缺陷，但我至少可以放心，依靠放大镜和耐心，我可以找到我的虫子。再说，我会少浇一点水，只要不让它们干死就行了。

等一切安排妥当，麦粒展开它第一片叶子的时候，我在瓶子里的泥土上放了六只蝉的幼虫。这些孱弱的小虫子来回走动，迅速勘探了土层的情况；有几只想顺着瓶壁往上爬，但没有成功。它们中没有一个显出要钻到地底下的样子，以至于我都着急起来，问自己它们如此活跃、如此长久地寻找，究竟是为了什么。两个小时过去了，幼虫们依然还在游荡。

它们想要什么？是食物吗？我给了它们一些刚长出根须的小鳞茎、几片叶片、一些嫩草梗。可它们不屑一顾，继续游荡。它们似乎在寻找一个合适的地方，准备钻入。可事实上，在这块我为它们精心准备的地上，进行这样细致的勘探是没有必要的：在我眼里，整块地面都非常适合它们从事我所期待的工作。看来，这对于幼虫还不够。

在自然条件下，幼虫在附近巡视一圈是很有必要的。因为我提供的灌木叶腐蚀土非常柔软，而且经过了仔细筛滤，又被剔除了所有的硬物，在自然条件下，很难找到像这样的地方；相反，通常能找到的，都是一些粗糙坚硬的土地，幼虫细小的爪子很难凿进去。所以，它们不得不随意地四处游荡，进行一番或长或短的跋涉，才能找到合适的地点。不用说，很多幼虫在这种徒劳的寻找过程中累得筋疲力尽，一命呜呼。因而，在一块只有几寸大的地方来回探索，就成了幼虫们训练课程的一部分。虽然在我这个装备豪华的玻璃瓶里，这样的跋涉没有必要，可幼虫却不管这些，照样按照它们约定俗成的习惯行事。

最后，这些游荡者终于安静了下来。我看见它们用前爪的弯钩凿地、挖土，掘出一个像是用粗针尖钻出的洞。借助放大镜，我看见它们挥动着小小的爪子，就像挥动着锄头，把一小撮土耙到地面。才几分钟，一口井就挖好了。幼虫钻了进去，埋入土中，再也看不见了。

第二天，我把玻璃瓶里的泥土倒了出来，由于百里香和麦子根系的固定作用，泥土并没有被弄碎。我看见所有的幼虫都到了瓶底，被玻璃挡住了去路。才二十四个小时，它们就钻透了深约一分米的土地。要不是有瓶底的玻璃挡着，幼虫说不定还能钻得更深呢。

在钻土的过程中，它们肯定都碰到了那些植物的根须。它们有没有停下，在根须上插入吸管，吃一点东西呢？似乎不大可能。在花瓶底部，也爬着一些根须，可是那六只被关着的幼虫没有一只趴在上面。不过，也有可能是我刚才翻转瓶子的时候，把它们弄分开了。

很显然，在地底下，幼虫除了植物根系的汁液，没有其他食物。无论在成年时期还在幼虫时期，蝉都是以植物为食。成年的蝉喝树枝的汁液；幼虫的蝉则吮吸根须的汁液。不过，它是从什么时候开始喝第一口的呢？我还不太清楚。前面的实验似乎告诉我们，蝉刚孵化出来的幼虫更急于钻到地下，以躲避即将到来的严寒，而不是在半路遇到的甘甜汁水边驻足不前。

我把那块灌木叶腐蚀土重新装到瓶里，把六个挖掘者再次放在泥土的表面。幼虫们立刻就开始挖洞，然后消失在里面。最后，我把瓶子放到工作室的窗台上，让它接受室外天气的各种影响，不管是好天气还是坏天气。

一个月后，也就是十一月底，我又去看了一次。幼虫们一个个蜷缩在土块的底部，彼此分开。它们没有附在植物的根上；外观和大小也都没有变化，和实验开始之初我看到的样子一模一样，只是不如那时活跃了。十一月是整个严冬中最温暖的时候，可幼虫们一点儿也没长个头，这是不是意味着整个冬天，它们会一点食物都不吃呢？

另一种活泼的小昆虫——西塔尔芫菁，它们的幼虫一从卵中孵出，就在条蜂地道的洞口堆积起来，一动不动，完全不吃不喝地度过整个冬季。蝉的幼虫看来也是如此。一旦它们抵达霜冻侵袭不到的地下深处，便在自己的冬营里孤单地昏昏睡去，等到春天来临之后，才把吸管插入近旁的树根，汲取第一口甘露。

我曾经试图通过观察到的事实,来证明从前面的实验结果中做出的推断,可没有成功。四月,春回大地,我第三次把百里香翻过来,把土块捣碎,拿着放大镜细细查找。这简直是大海捞针。不过幼虫终于被找到了。但它们已经死了,可能是被冻死的,尽管我在玻璃瓶上扣了一只钟形罩;也有可能是饿死的,也许百里香不合它们的胃口。要回答这个问题困难太大,我只好放弃。

要成功地饲养蝉的幼虫,需要一层又宽又厚、足以抵挡严寒的泥土;此外,由于我不知道幼虫喜爱什么样的根系,还必须提供各种各样的植物,好让它们根据喜好自由选择。这些条件都不难做到;但是,仅仅是那一小撮黑色的腐蚀土,已经让我费了很大工夫才找到这些幼虫,如果换成至少有一立方米的土堆,我怎么还能找到那些小虫子呢?况且,就算找到了,如此勤勉的挖掘也一定已经使它们从树根上掉下来了。

我们无法观察到蝉在地下的初期生活,也不了解发育完善的幼虫的生活情况。在田里干活的时候,铲子经常会挖到这艰辛的掘洞者;但要想确确实实地看到它趴在树根上吮吸汁液,就是另外一码事了。翻地时泥土的震动会告诉它危险来临。它会抽出吸管,到某一条坑道里躲起来;等到被挖出来时,它早已停止喝水了。

但是,虽然说农民们翻地时会不可避免地打扰蝉的幼虫,不便于我们了解它们在地下的生活习性,但这至少可以让我们了解幼虫状态所持续的时间。有几个好心的农民,在三月深耕的时候,非常乐意把他们挖土时碰到的大小幼虫全都捡来送给我。这样我就收集到了几百只幼虫。根据体形大小的明显差异,它们被分为三类:大的,长着翅膀的雏形,就和出洞的幼虫一样;中等的和最小的。根据体形大小划分的每一类幼虫都有相应的年龄。再加上刚刚孵化出生的幼虫——这些微小的虫子,我的那些农民朋友肯定发现不了——我们可以推算出蝉的幼虫在地下可能要待四年。

蝉在空中的生活时间则很容易估算。我听到第一声蝉鸣是在接近夏至的时候。一个月后,音乐会达到高潮。到了九月中旬,只有很少几只晚到的蝉还在细声细气地独唱。至此,音乐会已接近尾声。由于幼虫出洞的时间有先有后,所以可以肯定,九月中旬还在歌唱的那些蝉不是和夏至时就开始歌唱的那些同时出洞的。我们取首尾两个日子之间的平均数，那么蝉在空中的寿命大概是五个星期左右。

四年的地下苦干，换来一个月在阳光下的欢乐，这就是蝉的生活。我们不要再责备成年的蝉儿发狂般地高唱凯歌了。整整四年，它在黑暗中，穿着像羊皮般坚硬的肮脏外套；整整四年，它用镐尖挖掘着泥土；终于有一天，这位满身泥浆的挖土工突然穿上了高贵的礼服，插上了能与鸟儿媲美的翅膀，陶醉在温暖中，沐浴在阳光里，享受着世上至高无上的欢愉。无论它的音钹有多响，也永远不足以颂扬如此不易、如此短暂的幸福。

螳螂的捕食

再来看另外一种南方的昆虫，它和蝉至少一样有意思，但名声却远不如蝉，因为它从不发出一点声音。如果上天也能赐给它一副音钹，使它具备出名的首要条件，加上它奇异的体形和习俗，那么它一定会让蝉这位著名的歌手黯然失色。这种昆虫在这一带被叫做"祈祷上帝之虫"，它的学名则是"螳螂①"。

科学术语和农民朴素的词汇在这里不谋而合，它们都把这奇特的生命看作是一个占卜神谕的巫婆，一个出神入化的修女。这样的比喻由来已久。早在古希腊，螳螂就被叫做"占卜师"、"先知"。乡间的农民也不难做出这样的类比，他们用形象的外表大大补充了模糊的概念。他们看见在太阳炙烤的草地上，停着一只仪表堂堂的昆虫，庄严地半立着。他们还看见它那宽大的绿色薄翼如亚麻长裙般拖在地上；它向天空举着前肢，就像人举着手臂一样，摆出一副祷告的姿势。这些已经足够了；剩下的事情会由老百姓的想象力去完成；于是，自古以来，荆棘丛里就住着这么一位占卜神谕的先知、一位诚心祷告的修女。

哦，善良幼稚的人们，你们犯了多大的错误！螳螂虔诚的神情掩藏着残酷的习性；它那祈祷的双臂其实是可怕的掠夺凶器：它们不是用来拨动念

---

① 法语中"螳螂"的学名是"Mante religieuse"，直译成汉语是"修女的披风"，所以作者才会写下面一段关于螳螂名字的评论。

珠,而是用来屠杀每一个经过它身旁的生命的。人们恐怕怎么也想不到,螳螂是直翅目食草昆虫中的一个例外①,它只吃活的猎物。在和平的昆虫居民中,它是一头猛虎、一个巨妖,埋伏着等候猎物,吞噬它们鲜嫩的肉。假如它有足够大的力气,那么加上它嗜肉的胃口、完美可怕的凶器,它一定会是田野里的霸王。"祈祷上帝之虫"也就成了穷凶极恶的吸血鬼了。

如果撇开致命的凶器不看,螳螂没有任何令人害怕之处。它甚至还不乏高雅:轻盈的体态、优雅的上衣、淡绿的体色、罗纱般的长翼。它没有会像剪刀一样张开的凶狠大颚;相反,它只有一张尖尖的小嘴,似乎是啄食用的。脖子柔韧灵活,露出于前胸之上;头可以旋转,左右灵活,上下自如。所有的昆虫中,只有螳螂能控制自己的视线,随意打量、观察;它几乎还有面部表情。

螳螂的整个身体透着安静和祥和,这与它的杀人凶器——被恰如其分地形容为"残忍锋利"的前肢——形成了强烈的反差。螳螂的髋长而有力,可以帮助它向前抛出捕兽器,变守株待兔为主动出击。捕兽器上有一些装饰,使它显得很美。在里面的一侧,髋的根部饰有一个漂亮的黑色圆点,圆点上有白色斑块,还点缀着几行精致的小珍珠。

螳螂的大腿更长,像扁平的纺锤,前半部分的内侧长着两排尖锐的锯齿。里面的一排锯齿共有十二个,长短相间,长的是黑色,短的是绿色。锯齿这么长短交错,增加了它的咬合程度,使武器更加有效。外面一排更简单,只有四个锯齿。最后,在两排锯齿的后面,还有三根刺,在所有的锯齿中是最长的。总之,螳螂的大腿是一把长着两排平行锯齿的锯子,两排锯齿之间有一个空槽,可以让小腿折叠放入。

小腿和大腿的连接处非常灵活,它也是一把双排锯,锯齿比大腿上的略小,但却更多、更密。小腿末端长着一个强壮的弯钩,钩尖的锋利程度和最好的钢针不相上下,钩下还有一道细槽,槽上有两把刀片,像修树枝的剪子。

这弯钩是一件高度完美的刺割工具,曾给我留下过火辣的回忆。捕捉螳螂时,有多少次,我被刚抓住的小虫子钩住,双手挣脱不得,只好求别人帮忙,以便从这个顽固的俘房的爪子下摆脱出来。如果在强行挣脱之前不把

---

① 现代昆虫分类学已将螳螂从直翅目中划分出来,独立成螳螂目。

刺到肉里的弯钩拔出,就会被划得一道一道的,如同被玫瑰花的刺划过一样。没有比螳螂更难对付的昆虫了。如果您想活捉它,手指就不能太用力,否则那虫子虽然不再挣扎,可也就被掐死了;但要是不用力,螳螂就会用修枝剪的尖端抓您,用针刺您,用钳子夹您,让您几乎招架不住。

休息的时候,螳螂会把捕兽器折起来,举在胸前,看上去不会伤人。于是,这虫子又成了一副祷告的模样。可一旦有猎物经过,祈祷的姿势立刻就不见了。捕兽器三个长长的部分会一下子全部张开,向远处抛出末端的弯钩,钩住猎物,然后收回,把猎物拉到两排锯齿之间。这时,钳子合拢,就像手臂弯向前臂一样;于是一切就都结束了;无论是蝗虫、蚱蜢还是更强壮的昆虫,一旦被那四排锯齿夹住,便无计可施了。绝望的扭动和挣扎都不能使可怕的凶器松开。

想要在野外跟踪研究螳螂的习性是不可能的,必须把它养在家里观察。这项工作一点都不难:只要有吃的,螳螂并不在乎自己被囚禁在钟形罩下。我给它吃上好的食物,每天更换,于是,这家伙有点乐不思蜀了。

我为我的俘虏们准备了十几个宽大的钟形金属纱网罩,就和我们饭桌上用来遮挡苍蝇的罩子一样。这些罩子被分别放在一个装满沙土的瓦罐上。瓦罐里的家当是一丛干枯的百里香和一块扁平的石块,供以后螳螂产卵之用。这些居室都被排列在我工作室的大桌子上,在一天的大部分时间里都可以被阳光晒到。我把抓来的螳螂安顿在里边,有的是独居,有的则是群居。

八月份的下半个月,我开始在干枯的草地里、荆棘丛中、小路边上看到成年螳螂。大腹便便的雌螳螂越来越多,而它们纤小的伴侣却很少见。有时,我要费好大的劲儿才能给雌螳螂配对,因为罩子里常常发生吞食侏儒雄螳螂的悲剧。这种残忍的事情我们等会儿再讲,先来讲一讲雌螳螂。

雌螳螂的胃口很大,喂养时间又长达几个月,所以喂养并不容易。我几乎每天都要给它们更新食物,可大多数都被它们不屑一顾、浅尝辄止地浪费了。我觉得,螳螂们在它们出生的荆棘丛中可要节俭得多;那里的猎物较少,它们把抓住的食物都吃个精光;而在我的网罩中,它们却挥霍无度。肥美的嫩肉经常才咬了几口,就被丢在地上,再也无人光顾。看来,它们是在借此排遣被囚的烦闷。

要应付这样的奢侈浪费,必须请求援助。我用几片面包和西瓜收买了两三个无所事事的邻居孩子,请他们早晚到附近的草地上,在他们用芦苇秸编成的小笼子里装满活蹦乱跳的蝗虫和蚱蜢。我每天也手持网兜,在花园里巡视一圈,希望能给我的囚犯们弄一点上好的野味来。

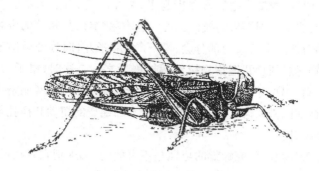

白额螽斯

这些上好的野味,是我用来试验螳螂的胆识和力量的。它们中有灰蝗虫,它的个头儿比要吃它的雌螳螂大得多;有白额螽斯,它长着强壮的大颚,我们的手指尤其要提防被它咬上;有奇怪的蚱蜢,戴着尖顶帽子;有葡萄藤距螽,它的音铙吵闹不休,肥大的肚子下暗藏大刀。除了这一群不好惹的野味拼盘,还有两个可怕的恶魔,它们是这一带体型最大的两种蜘蛛:一个是圆网丝蛛,它的肚子像一个装饰着彩花的圆盘,有一枚二十苏的硬币那么大;另一个是冠蛛,它相貌粗野,大腹便便,令人害怕。

当看到螳螂在金属罩内向所有被放到它面前的昆虫勇敢地发起进攻时,我确信,它在野外也会攻击这样的对手。在野外,它躲在草丛中,享用意外送上门来的肥美猎物;正如它在金属罩内,享用我送上的美食一样。这样危机四伏的大规模捕猎绝不是心血来潮,它已经成了螳螂的日常习惯。但这样的捕猎在罩子里不多见,因为机会很少,可能这也是件令螳螂遗憾的事。

各种各样的蝗虫、蝴蝶、蜻蜓、大苍蝇、蜜蜂以及其他一些中等个头儿的昆虫,都是螳螂锐利前爪下的猎物。总之,在我的金属罩里,勇敢的猎手从来就不会在任何对手面前退缩。灰蝗虫也好,螽斯也好,圆网蛛也好,蚱蜢也好,迟早都会被它抓住,固定在锯齿之间,继而津津有味地吃掉。这样的捕猎过程值得我们一讲。

螳螂看到肥大的蝗虫在金属罩的纱网上冒冒失失地靠近,痉挛般地惊跳起来,突然摆出骇人的架势。即使是电击也不会产生这么快的效果。螳螂的转变是如此之迅速,架势是如此之骇人,如果是一个缺乏经验的观察者,一定会立刻犹豫起来,将手缩回,生怕会有意外的危险。就连我这样经验丰富的观察者,若是心不在焉,也会大吃一惊。就好比在你毫无准备时,面前的盒子里突然弹出一个可怕的魔鬼,或者一个吓人的东西一样。

螳螂张开鞘翅,斜着甩到两边;它的翅膀完全展开,高高竖起,像两片平行的船帆,又如同耸在背上的鸡冠。它的腹部末端卷成曲棍状,先提起,再放下,猛然抖动着放松,同时还发出"扑、扑"的喘气声,让人想到火鸡开屏时的声音,又像是受惊的游蛇在吐气。

螳螂骄傲地用四条后腿支撑着身体,长长的前胸几乎直起。原先折叠在胸前的锐利前爪完全张开,交叉成十字,露出腋下的那串珍珠和中心有白斑的黑圆点。这两个圆斑有点像孔雀尾巴上的图案,还带着细腻的凸纹,它们是螳螂打仗的宝物,平时都收藏着,只有在战斗中为了威慑对方、显示自己的时候,才会从宝盒中拿出来炫耀。

螳螂一动不动地保持着这个奇怪的姿势,监视着蝗虫,它目光盯着对方,脑袋跟着对方的移动而转动。这副架势的目的很明显:螳螂要把这强大的猎物威慑住,把它吓得不敢动弹;否则,如果对手的锐气不被挫败,它就会很危险。

螳螂的目的达到了吗? 在螽斯光光的脑袋下,在蝗虫长长的面孔后,谁都不知道发生了什么。在它毫无表情的面具后面,我们看不出任何焦躁不安的迹象。

不过,有一点可以肯定,这受到威胁的虫子意识到了危险。它看到自己面前出现了一个幽灵,高举着弯钩,准备扑来;它觉得碰到了死神,尽管现在逃跑还来得及,可它却没有这样做。它擅长跳跃,可以轻而易举地跳到螳螂钩爪的远处;它有着粗壮的后腿,是跳跃的健将;可此刻,它却仍傻乎乎地待在原地,甚至还慢慢地向对手靠近。

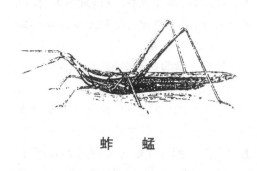

蚱　蜢

据说,小鸟看到蛇张开嘴巴,会吓得不敢动弹;它会被蛇的眼光所迷惑,忘记飞走,束手就擒。很多时候,蝗虫也是这样。现在,它已经处在摄其心魄者的控制范围内了。螳螂的两只弯钩猛砸下来,爪子抓住它,两把锯子收拢起来,紧紧将它夹住。可怜的蝗虫徒劳地挣扎着:它的大颚空咬着,绝望地向空中踢着腿。它活该倒霉。螳螂收起翅膀,这是它的战旗;它恢复到正常的姿势,开始用餐。

在进攻蚱蜢、距螽之类不如灰蝗虫或螽斯这么危险的昆虫时,螳螂摆出的幽灵般的姿势就没有那么吓人,持续时间也没那么长。它只要抛出弯钩就足够了。至于蜘蛛,螳螂只要把它们横过来抓起,就不用担心会被毒针刺到。那些普通的蝗虫,不管是在我的罩子里还是在野外,都是螳螂的家常菜,螳螂很少会对它们使用威吓手段;它只要将走进其控制范围内的冒失鬼抓住就可以了。

如果要捕捉的对手有能力进行激烈的反抗,那么螳螂就会摆出这个吓人的姿势,把对手镇住,以确保弯钩能万无一失地将其抓住。接着,它用捕兽器将士气低落、无力反抗的猎物夹住。螳螂就这样突然摆出幽灵般的可怕架势,把对手吓呆。

在这个奇特的姿势中,翅膀有着非常重要的作用。螳螂的翅膀很宽大,外侧边缘呈绿色,其他部分则无色透明。翅膀上有许多纵向的脉络,呈扇形辐射开来。另外还有很多纤细的横向脉络,与纵向脉络相交成直角,组成许多网格。当螳螂摆出幽灵般的姿势时,翅膀就张开,平行竖起,几乎相互碰到,就像白天活动的蝴蝶休息时翅膀的姿势一样。螳螂的腹部卷在两翼之间,腹尾剧烈地动着,摩擦着翅膀上的脉络网,发出类似喘息的声音,就是此前被我比作自卫的游蛇吐气的声音。我们只要用指尖迅速擦过张开的翅膀正面,就能模仿出这种奇怪的声音。

翅膀对于雄螳螂来说是必不可少的,为了交配,矮小瘦弱的它必须在荆棘丛中流浪。它的翅膀相当发达,足以帮助它飞翔;它飞翔的最远距离,大约是四五步远。这个没用的家伙吃的很少。在我的金属罩里,我很少会看到雄螳螂正在吃某一只瘦弱的蝗虫,这是最不起眼、最不会伤人的猎物。也就是说,雄螳螂不会摆出那个威慑的姿势,这姿势对于没有野心的猎手来说毫无用处。

相反,对于怀揣成熟的卵而胖得出奇的雌螳螂来说,翅膀的作用就让人费解了。由于发胖增加了体重,雌螳螂只能爬或者跑,而不能飞。那它还留着翅膀干什么呢?更何况这翅膀这么宽大,很少有哪类昆虫能与之媲美。

灰螳螂

再看一看普通螳螂的近邻灰螳螂,这个问题就显得更为迫切了。雄性灰螳螂长着翅膀,能迅速飞跃。而拖着满肚子卵的雌性灰螳螂,它的翅膀却如同发育不全的残肢,好似穿着一件奥弗涅①和萨瓦②地区的奶酪工的短燕尾服。对于从不离开干草地和碎石堆的螳螂来说,这短上衣比拖地的绮罗盛装更加合适。那碍事的翅膀,雌性灰螳螂只留下了一点,它这样做是对的。

尽管雌性的普通螳螂不飞翔,却也保留着翅膀,甚至对此还竭力夸张,这是不是显得不明智?根本不是:因为它们要捕食体形庞大的猎物。有时,它们会在潜伏的地方等来一只难以驯服的猎物。直接进攻弄不好会送了性命。必须先把这不速之客吓住,让它恐惧得不敢抵抗。出于这个目的,它便突然张开翅膀,这翅膀可怕得如同幽灵的裹尸布。因此,那宽大的翅膀虽然不能飞翔,却是捕猎的工具。但这样的计谋对于个头较小的灰螳螂来说就没有必要了,因为它们捕捉的都是一些弱小的虫子,像飞蝇、幼蝗虫等。虽然两位猎手习性相同,而且都因为体形太胖而不能飞翔,但它们的外套却是根据捕猎时埋伏的难度而度身定做的。雌性普通螳螂是强悍的女将,它会把

---

① 奥弗涅:法国中南部地名。
② 萨瓦:法国东南部地名。

翅膀张开成威风凛凛的战旗;雌性灰螳螂则是微不足道的猎鸟者,它把翅膀变作了一件小小的燕尾服。

如果一只螳螂几天没吃东西,处于极度饥饿的状态,那么它可以把个头和自己相当、甚至比自己大得多的灰蝗虫吃得干干净净,除了过于干硬的翅膀外。要把这样一个巨大的猎物吃下去,只需两个小时。这样的食肉巨妖可真是罕见。我曾看到过一两次这样的情景,我总是想:这么多食物,贪吃的螳螂哪里有这么大的肚子装得下它呢? 它又是怎样将容量必须小于容器的公理颠倒过来的? 我对螳螂的胃的高超特性赞不绝口:食物只是穿胃而过,立刻就消化、溶解、消失了。

在我的金属罩里,螳螂的日常食物是大小不一、种类各异的蝗虫。看螳螂用它锋利的前爪像钳子一样夹住蝗虫、放进嘴里细嚼慢咽,也是一件非常有趣的事情。螳螂的嘴巴又小又尖,似乎不适合大吃大喝,然而它却把整个猎物都吃了下去,只剩下翅膀,连稍微有一点肉的翅根,也被吃得干干净净。无论是蝗虫的爪子还是它坚硬的外壳,螳螂都吃。有时,螳螂会抓住蝗虫肥大的后腿根,送到嘴边,津津有味地咀嚼,露出满意的神情。对它来说,也许蝗虫鼓鼓的大腿是一块上好的肉,就好像我们眼中的羊后腿一样吧。

螳螂吃猎物的时候,是从颈部下口的。它用一只锋利的前爪把猎物拦腰抓住,用另一只按住它的头,露出头下面的颈部。它用嘴在这块没有护甲的地方搜寻,然后就一口一口地轻轻咬着,持续不断。颈部裂开了一个大口子。蝗虫渐渐不再踢腿,猎物成了一具没有知觉的尸体;这时,食肉虫子的行动便更加自由了,可以随心所欲地选择想吃的部位。

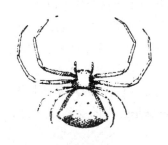

金钱蟹蛛

第一口先咬猎物的颈部,这种做法如此普遍,其中不可能没有原因。现在,就让我们稍稍离题片刻,探究一下个中的缘由吧。六月,我常常能在围墙内的薰衣草上看到两种蟹蛛。

一种身体的颜色像白缎子,腿上有着一圈圈绿色和粉红色的环,那是金钱蟹蛛;还有一种身体乌黑发亮,腹部有红圈,中间是叶形斑点,那是圆蟹蛛。这两种优雅的蜘蛛走起路来像螃蟹一样横行。它们不会织网打猎,它们那仅有的一点蛛丝是用来做茧袋、存放卵的。它们的捕猎战术，就是埋伏在花朵上，向前来采蜜的猎物发动突然袭击。

蜜蜂是它们最喜爱的美食。有好多次，我看见蟹蛛咬着战利品，要么咬住脖子，要么咬住其他随便什么部位，甚至是翅尖。反正，那只蜜蜂已经死了，垂着爪子，吐着舌头。

插入颈部的毒钩引起了我的深思；这和螳螂捕捉蝗虫的方式惊人地相似。我不禁要问：蟹蛛这么弱小，娇嫩的身上到处都是致命的弱点，它是如何抓住像蜜蜂这样的猎物的呢？蜜蜂比它大，比它敏捷，而且还有致命的毒针做武器！

攻击者和被攻击者无论在体力上还是在武器配备上都存在极大的差距，如果攻击者不用蛛网和丝线缠绕并缚住这可怕的对手，这样的搏斗是不可能的。这种反差之大，无异于绵羊冲向狼口。然而，勇敢的进攻居然发生了，而且胜利站到了弱者这一边，无数的死蜜蜂就是证明，我看见在好几个小时的时间里，蟹蛛一直在吸它们的血。相对弱小的一方可以通过自己的独门秘技来补偿不足，蟹蛛可能拥有某种办法，帮助它战胜看似无法战胜的困难。

如果站在薰衣草旁等待，可能会很长时间徒劳无功。我还是主动为决斗做一些准备工作为好。于是，我把一只蟹蛛和一束薰衣草花放进网罩，并在薰衣草上洒了几滴蜜，然后又放进去二四只活蜜蜂。

这些蜜蜂丝毫没有把可怕的邻居放在心上。它们在网罩内飞来飞去，时不时地到花上去吸两口蜜，有时离蟹蛛很近，就在不到半厘米的地方。它们似乎完全不知道危险的存在。多年的经验丝毫没有教会它们防范这个可怕的屠杀者。至于蟹蛛，它一动不动地待在蜂蜜边的花序上，张开四条长长的前爪，稍稍抬高，准备出击。

一只蜜蜂过来喝蜜了。时机来了。蟹蛛猛扑上去，用毒钩抓住这冒失鬼的翅尖，而长长的爪子则笨拙地将其勒住。几秒钟过去了，蜜蜂尽力反抗，可是攻击者在它的背上，它的针刺不到。这样的肉搏不能持续很久，否则蜜蜂会逃脱。于是，蟹蛛松开了蜜蜂的翅膀，迅猛而准确地咬住它的颈部。毒钩一旦刺入，战斗也就结束了：死亡随之而来。蜜蜂就像是被雷突然击中一样。它原来还在猛烈地扑腾，可现在只剩下跗骨还在微微颤抖，这是最后的抽搐，接着它便不动了。

　　蟹蛛依然咬着猎物的颈部，它要饱餐一顿，不是吃猎物完好无损的尸体，而是慢慢吮吸猎物的鲜血。颈部的血吸干后，它就随意换一个地方，或是腹部，或是前胸。这样就可以解释我在野外观察到的蟹蛛，为什么有时是咬着猎物的脖子，有时却咬着其他的部位。在前一种情况下，猎物刚被俘获，凶手还保持着最初的姿势；在后一种情况下，猎物已不再新鲜，蟹蛛放弃了血已被吸干的颈部伤口，转而去咬随便哪一个多汁的部位了。

　　随着猎物的鲜血逐渐干枯，这嗜血小妖不断地移动着它的毒钩，一会儿移到这里，一会儿移到那里，慢吞吞地享受着吮吸受害者鲜血所带来的快感。我曾见过这样的晚餐不间断地持续了七个小时，而且还是因为我冒昧的观察，蟹蛛才受到惊吓，放弃了猎物。被抛弃的尸体对蟹蛛来说已没有任何价值，但它依然完好如初。没有任何被咬过的痕迹，也没有明显的伤痕。蜜蜂的血被吸干了，仅此而已。

　　我的朋友猎狗布尔在世的时候，也经常咬住对手脖子上的皮，因为它必须迅速控制对手的獠牙。布尔的方法在狗类中十分常见。它张开大嘴吠叫着，吐着白沫，随时准备撕咬；要想制服对手，最谨慎的办法就是抓住它的颈部，使它动弹不得。在与蜜蜂的战斗中，蟹蛛的目的和布尔不一样。对它而言，猎物有什么可怕的呢？当然是蜇针，只要被这可怕的短剑刺中一点，就会痛苦难当。

　　可是蟹蛛毫不畏惧。它要进攻的只是猎物的颈背，只要猎物还没死，它就只攻其一点，而不会去咬其他部位。不过，它并不想模仿猎狗的战术，使对手的头动弹不得，这种战术的危险性相对较小。蟹蛛的抱负更为高远，蜜蜂闪电般的死亡就告诉了我们这一点。一旦颈部被咬，猎物就会很快死去。中枢神经遭到毒液的侵害而被破坏，最为重要的生命之火也随即熄灭。这样，一场战斗得到了避免，因为战斗拖得越久，对进攻者就越不利。蜜蜂有刺刀和蛮力，弱小的蟹蛛则深谙速杀的技巧。

　　我们把话题转回到螳螂身上。螳螂对蟹蛛熟练地制服蜜蜂、并迅速置敌于死地的技巧也颇有心得。它抓住一只强壮的蝗虫，有时是一只体格强壮的蚱蜢。最好是能太太平平地品尝这些食物，不用顾虑这些不甘任人宰割的猎物会突然惊跳挣扎。美餐一旦受到干扰，就会失去乐趣。这些昆虫反抗的主要武器是它们的后腿,这些后腿强壮有力,蹬踢起来不亚于棍棒,何况那上面还长着锯齿,如果一不小心让它擦到了螳螂那硕大的肚子,螳螂就会被开膛破肚。其他的反抗虽然危险较小,但虫子们绝望的挣扎终究不是什么容易应付的事,有什么好办法能让这些反抗统统失效呢?

把猎物一块一块地肢解,在紧要关头不失为一个可行的办法;但这方法费时太长,而且危险。螳螂找到了更好的办法。它深知颈部的生理构造。它选择从裸露的颈后发起进攻,撕咬颈部的淋巴结,从主要源头消灭了肌肉的活力;这样,猎物便无力反抗了。但它并没有立刻、彻底地瘫痪,因为粗俗的蝗虫不像蜜蜂那样纤细脆弱;但是,螳螂最初几口撕咬造成的瘫痪已经足够了。不一会儿,踢腿和挣扎渐渐平息了下来,所有反抗都告停止;野味再大,螳螂也可以安安静静地享用。

以前,我把狩猎的昆虫分为麻醉猎物的和杀害猎物的两种,这两种昆虫都深知解剖学原理,让对手生畏。如今,在杀害猎物的昆虫里,我们还要再加上两位:一位是蟹蛛,它是攻击对手颈部的专家;另一位是螳螂,为了能自由自在地吞食强大的猎物,它先撕咬对手的颈部淋巴结,使其动弹不得。

螳螂的爱情

我们刚才了解到的螳螂的一点点习性,和它的俗称给人的联想根本不符合。看到"祈祷上帝之虫"这样的名字,人们会以为它是一种平和安详、虔诚静修的昆虫,可我们看到的却是一个食肉的恶魔、一个凶恶的幽灵,啃食着被它吓瘫了的猎物的头脑。可这还不是它最可怕的地方。对待同类,螳螂的习性也极端残忍,即使在这方面声名狼藉的蜘蛛也望尘莫及。

为了减少堆在我大桌子上的钟形罩的数量,腾出一点地方,同时又能保留足够供实验用的虫子,我在同一个网罩下放进了好几只雌螳螂,最多的有十二只。这些公共居所的空间还是比较宽敞的,还有多余的地方供被关押的雌螳螂们生长发育。况且,这些雌螳螂都是大腹便便的,也不太爱走动。它们常常趴在金属网的穹顶上,要么是在一动不动地消化食物,要么是在等待有猎物经过。在野外的草丛中,它们也是这样。

同居肯定有危险。据我所知,一旦草架上没了干草,即使像驴子这样性情温顺的动物,也会互相踢打。我的那些女囚徒可没有驴子这么好说话,一旦食物不够,它们一定会暴躁起来,相互攻击。所以,我特别留心,保持罩子里有充足的蝗虫作食物,而且一天换两次。这样,即使内战爆发,也不会是因为饥荒的关系。

一开始情况还不错。罩子里的居民们和平共处,每只螳螂都抓捕走进自己控制范围的猎物来咀嚼,而不会去找邻居的麻烦。可惜好景不长。随着雌螳螂的肚子一天天隆起,卵巢内的卵串逐渐成熟,交配和产卵的时节临近了。尽管罩子里没有雄螳螂供它们争风吃醋，但雌螳螂之间还是产生了强烈的嫉妒心理。卵巢的作用更是使这群虫子堕落，唆使它们疯狂地互相残杀。于是，罩子里出现了威胁、肉搏和食肉者的盛宴，出现了那幽灵般的姿势、翅膀摩擦的声音，以及弯钩伸展、举向天空的可怕动作。即使是在灰蝗虫或白额螽斯面前，雌螳螂们摆出的敌对姿势也不见得有这样吓人。

突然，两只邻近的雌螳螂不知因为什么原因，直起身来，摆出战斗的姿势。它们的脑袋左右转动，用眼光彼此挑衅、相互谩骂。肚子摩擦着翅膀，发出"扑、扑"的声音，如同吹响了进攻的号角。如果这场决斗只是轻微的交锋，没有其他更严重的后果，那么双方折叠着的锋利前爪就会像书页一样张开，放到两侧，护住胸部。这是一个漂亮的姿势，不过没有那种决一死战的架势那么吓人。

接着，螳螂的一只弯钩突然松开伸直，抓住对手；然后以同样迅捷的速度后撤，重新摆出防守的架势。对手也作反击。这场击剑有点像两只猫儿打架。只要一只螳螂柔软的肚子上出了点血，有时甚至都没怎么受伤，它就会认输、撤退。得胜的一方便收起战旗，去别处守候伏击蝗虫了。它表面上已经重归平静，可事实上，却随时准备着重新开战。

很多时候，战斗的结局会更加惨烈。这时，螳螂会毫不留情地完全摆出决斗的姿势。锋利的前爪张开着伸向半空。可怜的战败者！对手用钳子把它夹住，立刻准备开吃，当然还是从颈部下口。这令人发指的宴席在平静中进行着，仿佛螳螂吃的只是一只蝈蝈儿。坐在席上的食客津津有味地品尝着它的姊妹，就好像在品尝某种合法的美食一样；周围的螳螂没有一个出来反对，只要一有机会，它们也会这样做。

啊，多么残忍的虫子啊！据说狼是不吃同类的。可螳螂却没有这方面的顾忌；即使周围满是它爱吃的猎物——蝗虫，它依然会把同类当做美餐。它吃同类，就像有些人有吃人肉的可怕怪癖一样。

这种怀孕期的虫子的反常行为和古怪愿望，有时会达到更加令人反感的程度。让我们来看看它们的交配吧，为了避免一个群体的成员过多从而引起混乱，我把成双成对的螳螂分别装进不同的金属罩。每一对螳螂都有自己的住所，谁都不会来打扰它们的婚礼。别忘了保持充足的食物，免得让饥饿成为螳螂的借口。

现在是八月底。瘦弱的求爱者雄螳螂认为时机已经成熟。于是它向高大的女伴频送秋波；朝它转过头去，弯着脖子，挺起胸膛。尖尖的小脸简直就是一张激情的面孔。雄螳螂就这样保持着同一个姿势，一动不动，长久地凝视着它的心上人。雌螳螂却纹丝不动，显得无动于衷。然而，求爱者得到了许可的信号，这信号的秘密我不清楚。它慢慢地靠近，突然张开痉挛般不停颤动的翅膀。那是它在表白爱情。然后，瘦小的它扑到肥妞的背上，尽量抓紧、站稳。通常，婚礼的序曲会持续很长时间。然后，交尾才真正开始，也要很长时间，有时会持续五到六个小时。

发生在这对一动不动的配偶间的事，并没有什么值得注意的。它们终于分开了，但很快便又黏在了一起，比刚才更加亲密。美人之所以看上这可怜虫，是因为后者不仅能用精子激活它卵巢中的卵，而且还是它上好美味的食物。交配的当天，应该说最晚第二天，雄螳螂就被爱侣抓住，按照惯例，先从颈部开咬，然后再条不紊、一口一口地慢慢享用，最后只剩下翅膀。这已不再是同类间闺房内的嫉妒了，而是一种反常的嗜好。

出于好奇，我想知道一只刚受过精的雌螳螂，会如何对待另一只雄螳螂。实验的结果令我震惊不已。在很多情况下，雌螳螂对异性的拥抱和婚后的美餐永不满足。当它或长或短地休息了一段时间后，无论是否已经产过卵，雌螳螂都会接受另一只雄螳螂的求爱，然后就像对待前夫那样把它吃掉。第三只雄螳螂前赴后继，完成使命后也在雌螳螂的口中消失了。第四只也逃脱不了同样的命运。在两个星期之内，我看到同一只雌螳螂竟然吃了七只雄螳螂。它委身于它们中的每一个，然后再让它们中的每一个为新婚的快乐付出生命的代价。

雌螳螂的盛宴很常见，只是程度各异，偶尔也会有一些例外。当天气炎热、电压很高的时候，这样的盛宴几乎成了普遍的规律。在这样的天气里，雌螳螂们情绪激动。在它们群居的金属罩里，它们比往常更加猛烈地彼此撕咬；而在雌雄配对单独住开的网罩里，雄螳螂在完成交配后，更会被当做普通猎物一样对待。

我为螳螂配偶之间的残忍行为找了一个借口，我对自己说：在野外，雌螳螂是不会这样做的；雄螳螂在完成使命之后，有足够的时间逃跑，远走高飞，躲开可怕的悍妇，因为在金属罩内，雄螳螂有一段时间的死缓期，有时会持续到第二天。我不清楚真正发生在野外荆棘丛里的事情,因为我仅靠偶然所见作为信息来源,不可能对生活在野外的螳螂的爱情有所了解。我只能求助于在金属罩里发生的情景,在那里,俘虏们晒着太阳,饮食丰足,住得也很宽敞,似乎没有丝毫思乡的情绪。所以,它们在网罩里的所作所为,应该会和在野外的一样。

结果,雄螳螂有一段时间就可以逃跑的这样的借口,被网罩里发生的情况驳了回来。我无意中发现了这样一对极其恐怖的螳螂,它们单独住在一个网罩里。雄螳螂为了履行它生命的职责而被雌螳螂收留,它紧紧地抱着妻子。但是,这可怜的家伙没有头,也没有脖子,连胸部也几乎没有了。雌螳螂则把头转向雄螳螂的肩膀,悠闲自得地继续啃着它温柔爱人的残存肢体。雄螳螂的这一段身体,居然还紧紧抓着妻子,继续干它的活儿!

有人曾经说过:生命诚可贵,爱情价更高。从字面上看,眼前的情景给了这句格言最好的证明。一具尸体,没有了头,被截去了一半的胸膛,居然还坚持着创造生命。只有当雌螳螂开始吃它生殖器官所在的腹部时,它才会停止工作。

在婚后吃掉情郎,把精疲力竭、已经毫无用处的侏儒当做美食,如果说这样的习俗在这种不大顾及感情的昆虫身上,或多或少还勉强可以理解,那么,在交配进行的过程中就大嚼丈夫,这是任何一个凶残的人都不敢想象的。可这样的情景被我亲眼看到了,我现在还没有从震惊中缓过神来。

雄螳螂在交配时被突然抓住,它还能逃掉、躲起来吗?当然不能。结论是:螳螂的爱情和蜘蛛的爱情一样,是一场悲剧,甚至有过之而无不及。我承认,网罩里狭小的空间有利于对雄螳螂的屠杀,但屠杀的原凶却并不在此。

也许,这是从某一个地质时期残留下的习性。在石炭纪,昆虫通过野蛮的交配展现出它们的雏形。直翅目昆虫,包括螳螂,是最早出现的昆虫之一。它们粗野、发育不全,在乔木和蕨类之间游荡,已经非常兴旺;而那时候,还没有那些发育精细的昆虫,像蝴蝶、金龟子、苍蝇、蜜蜂之类呢。在那个为了创造而急于毁灭的激情时代,昆虫的习性一点都不温柔。螳螂很可能对那古代的幽灵保留着模糊的记忆,因而继续着从前的爱情传统吧。

螳螂家族的其他成员也有这种将雄性吃掉的习惯。我很乐意把这看作是螳螂的共性。灰螳螂是那么娇小玲珑,那么宁静安详,尽管我的网罩里居民众多,可它从不找邻居的麻烦;然而,它却也抓住配偶,把它吃掉,残忍得和普通螳螂一样。我已经厌倦了四处奔走,给我饲养的雌螳螂补充必不可少的配偶了。我刚找到一只翅膀完整、轻盈敏捷的雄螳螂,把它放进网罩,它就立刻被一只不再需要帮忙的雌螳螂抓住吃掉。一旦交配的欲望得到满足,这两种雌螳螂会对雄性产生厌恶,或者说,仅把雄性看作是一个美味的猎物。

螳螂的巢

看过了螳螂残忍的爱情，我们再来看看它好的一面吧。螳螂的巢穴是一大奇观。科学术语称它为"卵鞘"。我不想滥用这些奇怪的词汇。既然人们不把燕雀的巢称做"燕雀的卵鞘"，那么为什么我非得用"卵鞘"来称螳螂的巢呢？也许这样的术语更科学；可这不关我什么事。

几乎所有朝阳的地方都有螳螂巢：石堆、木块、葡萄根、灌木枝、干草秸，甚至人类制造的东西，如砖块、破布、旧皮鞋的硬皮，等等。任何东西都可以不加区别地供螳螂筑巢，只要它表面凹凸不平，可以粘住巢的根部，并且将它牢牢地支撑住。

螳螂巢通常长度为四厘米，宽度为二厘米。颜色金黄，像麦粒一样。放在火上一烧就着，并且会散发出一股淡淡的焦丝味道。事实上，螳螂筑巢的材料跟丝差不多，只不过不是像丝那样拉长，而是凝成泡沫状的一团。如果巢筑在树枝上，那么底部就会裹住旁边的小枝，其形状随着支撑物的形状而改变；如果是筑在平面上，那么巢的底部也是平的，因为它的形状总是随支撑物而变。这时，螳螂巢呈半椭圆形，一头圆钝、一头尖细，尖细的一头甚至还经常会延伸出短短的刺来。

枝上的螳螂巢

无论哪种情况,螳螂巢的表面总是呈规则的突起。我们可以将其分成三块明显的垂直区域。中间那一块比另外两块狭窄,由成对排列的小鳞片组成,像屋顶上的瓦片那样相互重叠着。小鳞片的边缘是悬空的,留出两条微微张开的平行缝隙,孵化的小螳螂就是从那儿出来的。在一个被刚刚废弃的螳螂巢上,中间的这部分挂满了小螳螂蜕下的嫩皮,被风一吹,就轻轻摇摆,在露天的风吹雨打之下,它很快就会消失。我把这个部分叫做"出口区域",因为只有沿着这条狭长地带,利用事先安排好的出口,小螳螂才能获得自由。

这个可以容纳众多螳螂后代的大摇篮,其余部分都是不可逾越的壁垒。事实上,边上的两个区域占据了半椭圆的绝大部分,表面连接得非常好。它们由质地坚硬的物质构成,刚出生的小螳螂是如此虚弱,根本无法从那里钻出。我们只能在上面看到很多横向的细纹,那就是一层一层堆放着的螳螂的卵层。

把巢横向切开,就会看到所有的卵形成一个长长的核,非常结实,两侧盖着一层多孔的厚皮,就像一团凝固了的泡沫。核的上面竖着许多弯弯的薄片,十分密集,差不多可以活动,薄片的顶端伸到出口区域,在那里变为两行交错排列的小鳞片。

螳螂卵就被包在淡黄色的角质外壳里面。它们沿着椭圆的圆弧,分层排列,头的那一端全都朝向出口区域。通过这样的排列方向,我们就能知道小螳螂是怎么出来的了。新生儿从核的延伸部分,也就是相邻两块薄片之间的空隙中钻出来;这空隙非常狭窄,难以穿越,但小螳螂凭着它奇特的工具——这个工具我们等一会儿会谈到——还是来到了中间的那块地带。那里,在重叠的小鳞片下,每层卵都有两个出口。孵化的小螳螂一半从右门出来,另一半从左门出来。只要有卵层,螳螂巢的结构从头至尾都一样。

除非眼前就有一个螳螂巢,否则要弄清它的详细结构是很难的。现在我们就来简述一下螳螂巢的详细结构。所有卵都沿着巢的中心线层层聚集,形成海枣核的形状。核外包着一层凝固的泡沫状保护层,除了上面的中央区域之外;在中央区域里,泡沫状保护层被并排的细薄片取代。薄片悬空的一端在外面形成出口区域;在那里,它们叠成两排小鳞片,给每一层卵都留出两个出口,也就是两条很窄的缝隙。

　　我研究的重点,是要目睹筑巢的过程,并观察螳螂是如何操作,才造出这个复杂的建筑物来的。我达到了目的,但并非一帆风顺,因为螳螂总是即兴产卵,而且都是在夜深人静之时。经过多次徒劳的等待,机会终于垂青于我了。九月五日下午四点左右,一只八月二十九日受精的雌螳螂无所顾忌地在我眼皮底下产卵了。

　　在观看它工作之前,有一点要注意:我网罩里的所有螳螂巢——它们还为数不少——都无一例外地建在钟形罩的金属网纱上。我非常周到地在网罩里放了几块扁平的石头和几丛百里香,这是螳螂在野外常用的筑巢支撑物。可是这些囚徒似乎更偏爱铁丝网,因为起初柔软的建筑材料可以嵌到网眼里去,造出的巢就非常稳固。

　　在自然条件下,螳螂的巢没有任何遮蔽物;它必须经得起严冬的恶劣天气,受得了风吹雨打,霜冻雪压,而不会掉下来。正因如此,产卵的螳螂才总是选用凹凸不平的支撑物,以便巢的底部能粘牢并固定在上面。只要条件允许,螳螂一定会左挑右选,精益求精;这就是为什么它们坚持使用金属网罩的原因了。

　　这唯一一只让我观看它产卵的螳螂攀在钟形罩的穹顶附近,身体倒挂着。它完全沉浸在工作之中,我在一旁拿着放大镜仔细观察,一点也没有惊扰它。哪怕我把罩顶掀开、倾斜、倒置、转来转去,也没有使这虫子停下工作。我甚至可以用镊子夹起它长长的翅膀,以便更好地观察翅膀底下发生的事情。对此雌螳螂丝毫不放在心上。到目前为止,一切都好:雌螳螂一动不动,对我鲁莽的观察行为无动于衷。可这又能怎么样?事态并未朝着我希望的方向发展:螳螂的动作太快,使我的观察困难重重。

　　它腹部的末端总是浸在一团泡沫里,使我看不清动作的细节。这团泡沫呈灰白色,略有黏性,几乎和肥皂泡一样。泡沫刚出来的时候,我伸了一根麦秸进去,它会把麦秸轻轻地粘住。两分钟后,它就凝固起来,再也粘不住麦秸了。只要一会儿时间,泡沫就和一个旧螳螂巢一样坚硬了。

　　螳螂巢的泡沫材料主要由包含气体的小泡组成。这些气体使螳螂造出的巢比它自己的肚子大得多。尽管泡沫是在螳螂的生殖器官口出现的,但这气体却明显不是来自于昆虫,它是从空气中吸收来的。因此,螳螂主要依靠空气筑巢,而空气能出色地保护巢不受恶劣天气的侵扰。螳螂排出像毛虫丝液一样的黏性物质,这种物质立刻和外界空气混合,就形成了泡沫。

螳螂搅拌着它排出的黏液,就像我们打鸡蛋清一样,使它鼓起发泡。它的腹部末端张开一条长长的口子,就像侧面两个宽大的勺子;螳螂以快速的动作,不断地将勺子张开、合拢,搅拌着黏液,使它一排出体外就变成了泡沫。此外,在两把张开的勺子之间,我们可以隐约看到螳螂体内的器官像活塞杆一样,上上下下、来来回回;但由于这些器官都浸在不透明的泡沫团中,因此看不清它们确切在做什么。

螳螂的腹尾仍然在不停地颤抖,迅速地将它那两块裂瓣一开一合,同时像一只钟摆一样,从左摆到右,再从右摆到左。每摆一下,螳螂就在巢里产下一层卵,而巢外则多了一条横向的细纹。螳螂随着划出的弧线前进,每隔很短的时间,就突然把腹尾更多地扎进泡沫,就好像是它把什么东西插到了泡沫物质的深处。毫无疑问,它每扎一次,就产下一颗卵;然而,螳螂的动作实在太快,而且又是发生在不利于观察的环境中,所以我从来都没有看清输卵管是如何运作的。我只能根据腹尾的运动——它猛然扎进泡沫,越浸越深——来推测产卵的情况。

与此同时,黏性物质如阵雨般不断倾下,被腹部顶端的两块裂瓣搅拌成泡沫。这些泡沫被涂在卵层的侧面和巢的底部;在巢底,我看见螳螂通过腹部顶端的压力,把泡沫挤进金属罩的网眼。就这样,随着卵巢逐渐排空,海绵状的螳螂巢外壳也渐渐形成了。

由于无法直接观察,所以我猜想,在巢的核心,螳螂卵浸在一种比外壳更加匀质的环境当中,螳螂可以直接利用它的黏液,而用不着再使用勺子搅拌、使之起泡。一旦一层卵被产下,两块裂瓣就会产生泡沫,将它裹住。但是,和刚才一样,由于泡沫团的掩盖,这一切都非常难以证实。

在一个新建成的巢上,出口区域涂着一层细密多孔的材料,纯白色,无光泽,几乎和白石灰一样,和螳螂巢其余部分的灰白色形成鲜明的对比,就好像是点心师把打过的蛋清、糖和淀粉混合在一起,用来装点他的一些糕点。这层雪白的涂料很容易粉碎脱落。一旦脱落,出口区域就能清晰地被辨认出来,露出那两排边缘悬空的小薄片。恶劣的天气、肆意的风雨迟早会把这涂料一层层、一片片地剥落,这就是为什么许多旧巢上没有这层涂料的原因。

乍一看,大家可能会觉得这层雪白的涂层所使用的材料与巢其他部分的不同。螳螂是否真的使用了两种不同的材料?根本不是。首先,解剖学向我们证明材料是同一种。螳螂分泌建巢材料的器官由一些卷曲的圆柱形管子构成,它们分成两组,每组二十多根。所有管子都充满了黏稠、无色的液体,无论从哪里看,这些液体都一模一样。没有任何地方有分泌白垩色液体的迹象。

其次,带状雪白涂层的形成方式也排除了材料不一致的想法。事实上,我们看到,螳螂用尾部的两个末梢扫着泡沫团的表面,可以说它在收集泡沫中的泡沫,把它们聚拢,保留在巢的背面,使其形成一条带子,就像糖厂里的糖带。被末梢扫过后留下的,或者从尚未凝固的带子上流下来的物质,则被当做薄薄的石灰浆,摊到巢的侧面;这石灰浆里还泛着细小的泡沫,要用放大镜才能看见。在汹涌的激流中,夹着黏土的泥浆水上泛着大大的泡沫,而在这层被泥浆染黑的底层泡沫上,又零零碎碎地露出点点泡沫,泡沫呈漂亮的白色,气泡的体积很小。泡沫由于密度不同,分出了层次,在有些地方,洁白如雪的小泡沫从肮脏的泡沫中分离出来,浮到了上面。相似的情况同样也发生在螳螂筑巢的时候。两把勺子把分泌出的黏液搅拌成泡沫。泡沫中最纤细、最轻盈、因气泡最细密而显得最白的那部分,浮到了上层,在那里被尾部的末梢扫走,聚拢到巢的背面,形成雪白色的带状涂层。

到目前为止,只要我有耐心,观察还是可行的,而且能得出令人满意的结果。可当我要研究巢的中间区域那复杂的结构时,观察就无法进行了;在这个区域,螳螂在两排相互重叠的小鳞片下面,给孵化的幼虫安排了一些出口。我所能弄清楚的只有以下情况。螳螂腹部的末端从上到下长长裂开,就像一条刀口,刀口的上端基本固定不动,下端则左右摆动,打出泡沫,将卵浸没。巢中间区域的那部分工作就由固定不动的上端来完成。

我看见刀口的上端一直位于中间区域的延伸部分,浸在由尾部末梢聚拢的白色细小的泡沫里。那两束末梢一束在左,一束在右,划出了带状区域的界线。它们触摸着带状区域的两边,似乎在了解工程的进度。我很乐意把它们比作两根长长的手指,极度灵敏地指挥着艰难的建筑工程。

可是,那两行鳞片以及鳞片下遮着的出口裂缝又是怎么来的呢?我一无所知,连猜都无从猜起。这个问题还是留给别人来解答吧。

多么神奇的机械啊,它如此迅速、又如此有条不紊地排出了核中心的角质层、保护泡沫、带状中间区域的白色泡沫、卵、受精体液,同时还能造出重叠的薄片、交叉的鳞片,以及错开的缝隙!我们人类肯定会手忙脚乱的,而螳螂在做这些的时候却是多么挥洒自如!它悬在金属网上,沿着巢的轴线,纹丝不动。它对身后正在建筑的东西看都不看一眼,也不伸出爪子去帮忙。一切都会自动完成。这不是一件需要本能技巧的技术活儿,而是一项纯粹无意识的机械工作,只需工具和器官来协调安排。一个结构如此复杂的巢全来自于器官的运作,就像人类的工业用机械造出了许许多多比手工制作的更精良、更完美的东西。

如果从另一个角度来看,螳螂的巢还有更高明的地方。我们可以从中发现运用得十分巧妙的物理学保温原理。在对不透热物体的了解方面,螳螂领先于人类。

我们应该感谢美国物理学家拉姆福特①做了以下别出心裁的实验,证明了空气的导热性很差。这位著名的学者将鸡蛋打出泡沫,在泡沫里放进一块冰冻奶酪,然后放入炉中加热。很快,他就得到了一块发烫泡起的蛋饼,但饼中间的奶酪却冰冻如初。这种奇特的现象是因为裹在奶酪外面的鸡蛋泡沫含有空气的缘故。空气是绝好的隔热材料,它挡住了炉火的高温,使其传不到中间的冰冻物体那里。

那么,螳螂是如何做的呢?它和拉姆福特做的完全一样:它也搅拌黏液,以获得泡起的蛋饼,包住核中心的胚胎。当然,它的目的和拉姆福特恰恰相反;凝固的泡沫需要抵抗的是寒冷,而不是高温。但是,能抵抗高温就能抵抗寒冷;如果那位天才的物理学家把他的实验颠倒一下,就可以利用同样的泡沫保护层,将一件热的物体保存在寒冷的外壳中。

拉姆福特之所以能了解空气隔热的秘密,是得益于前人的经验积累和自己的研究。而在关于导热这个棘手的问题上,多少世纪以来,螳螂是如何领先于我们的物理学的呢?它又怎么敢用泡沫裹住卵团,将它固定在树枝或石头上,不加任何遮掩,听任严寒的侵袭呢?

---

① 拉姆福特(1753—1814):美国物理学家。

　　我家附近还有一些螳螂，也是我唯一非常了解的螳螂；它们有时也使用凝固泡沫隔热外层，有时却不使用，这取决于它们的卵是否需要过冬。雌性灰螳螂几乎没有翅膀，和普通螳螂有着明显的区别；它的巢勉强只有樱桃核那么大，外面裹着一层厚厚的泡沫外壳。为什么要这样一层泡起的外壳呢？因为灰螳螂的巢和普通螳螂的一样，需要过冬，需要在枝头、在石块上经受严冬的各种考验。

　　此外，昆虫中最为奇特的椎头螳螂，尽管它的身体和普通螳螂一样大，但筑的巢却和灰螳螂差不多小。椎头螳螂的巢非常简朴，里面没有多少巢房，相互紧挨着排成并列的三四行。虽然它的巢和前面说过的螳螂一样，也是筑在露天的树枝或石块上，但却完全没有了泡沫外壳的保护。椎头螳螂的巢没有空气隔热层，说明它的卵生活在不同的气候条件下。事实上，椎头螳螂的卵在产后不久就会孵化，那时候天气还好。既然这些卵不用忍受寒冬的肆虐，所以只要一层薄薄的外套就可以了。

　　这些保护措施是如此精巧合理，足以与拉姆福特的发泡蛋饼一较高低。它们是出自于偶然的吗？是从无数次偶然的选择中得出的办法吗？如果是的话，我们不用在荒谬的结果面前退缩，我们要承认：在偶然的盲目之中，也会有惊人的远见卓识。

　　螳螂筑巢是从圆钝的一端开始，到尖细的一端结束。尖细的那一端经常会延伸成岬角，那是螳螂的最后一滴黏液拉长时形成的。整个筑巢工程需要两个小时，中间没有片刻停顿。

　　产完卵，母亲便漠不关心地离开。我原以为它会转过头来，向婴儿的摇篮表示一下温情。谁知它丝毫没有做母亲的喜悦。巢一旦筑成，一切便与它无关。即使有蝗虫走近，甚至有一只爬上了它筑好的巢，雌螳螂对这些不速之客也毫不在意，当然，它们都很温和。但如果它们很危险，如果它们做出要撕破卵鞘的样子，雌螳螂会不会把它们赶走？它无动于衷的样子告诉我不会。从此以后，这个巢对它又有什么重要呢？它已经不再认得这个巢了。

　　我前面说过雌螳螂会多次交配，也介绍了雄螳螂总是被当做普通猎物吞吃的悲惨结局。我曾在两个星期的时间里，见到同一只雌螳螂嫁了七次。而每一次新婚，这位很容易抚慰的寡妇都会把配偶吃掉。这样的习俗决定了雌螳螂必然会多次产卵。确实,这种情况的确存在,尽管它不是普遍的规律。在我饲养的雌螳螂中,有的只筑了一个巢;有的则筑了两个一样大小的巢。最多产的螳螂筑了三个巢,前两个大小正常,第三个则比正常体积小一半。

从最多产的螳螂身上,我们可以知道螳螂的卵巢有多少卵。根据巢上的横向条纹,我们很容易数出有几层卵;而根据它是位于半椭圆的赤道部分还是两端,每一层卵的数量差别很大。我们取最大一层和最小一层卵的平均数,可以大致推算出卵的总数。就这样,我算出一个正常大小的螳螂巢大致可容纳四百颗左右的卵。那只雌螳螂筑了三个巢,其中最后一个比其他两个小一半,所以它总共产了大约一千颗卵;筑两个巢的雌螳螂产卵八百颗左右;而产卵最少的则产了三四百颗卵。总而言之,这么庞大的家族,如果不被大量精简,一定会多得令人讨厌。

相比之下,娇小的灰螳螂就小气多了。它们在我的钟形金属罩里只筑了一个巢,巢里最多也只有六十来颗卵。尽管筑巢的原理相同,而且也是建在露天,但灰螳螂和普通螳螂的巢差别还是很大。首先,灰螳螂的巢体积很小,只有十毫米长,五毫米宽;其次,是某些结构的细节不同。灰螳螂的巢背部隆起呈人字形,两侧弯曲,中线突出成脊,微微参差不齐。十二条左右的细纹,对应着相同数目的卵层,横向分布在巢的表面。没有由鳞状重叠的短薄片组成的出口区域,也没有出口处雪白的带状涂层。整个巢的表面,包括底部的支撑点,都毫无例外地裹在一层发亮的外壳中,外壳上面布满了纤细的小气泡,呈红棕色。巢的首端形状犹如弹头,尾端则被突然截断,向上延伸出一根短短的刺。卵层层排列,嵌在无孔的角质材料中,这材料就像矿石,能承受很大的压力。所有的卵形成核状,被包裹在泡沫外壳之中。和普通螳螂一样,灰螳螂也是在夜间筑巢的,这对于我们的观察非常不利。

螳螂巢体积庞大,结构奇特,建在石头上或荆棘里,非常明显,不可能不引起普罗旺斯农民的注意。的确,螳螂巢在农村很出名,当地人叫它"梯格诺";这名字甚至有着很高的声誉。但是,没有人知道它的来源。每当我告诉那些质朴的邻居,"梯格诺"就是"祈祷上帝之虫"的巢时,他们总会大吃一惊。这种无知可能是因为螳螂总在夜间产卵的缘故。这虫子在神秘的夜间筑巢时,从来没有被人撞见过,因此没有人将建筑物和建筑师联系起来,尽管这两者在农村都很有名气。

不过没关系:这奇特的东西存在着,吸引着眼球,引起了注意。因此,它应该对某种东西有好处,应该具有某种功效。在任何时候,人们都是这样推理的,他们天真地希望,在奇特的事物中找到减轻痛苦的东西。

于是,普罗旺斯的乡间药典一致把"梯格诺"吹嘘成治疗冻疮的良药。使用方法很简单:把这玩意儿切成两半,加以挤压,用流出汁水的部分擦涂患处。据说,约到必然病除。根据传统习惯,谁的手指要是长了发紫的冻疮,而且觉得瘙痒无比,就要去涂"梯格诺"。它真的能减轻症状吗?

尽管人们一致这样认为,但我在自己和家人身上试验后却没有什么效果,因此感到怀疑;那是在一八九五年,那年的冬天特别冷、特别长,我们的皮肤都深受其害。可是涂了这著名的药膏之后,谁都没有觉得手指的肿胀有所减轻;在捏碎的"梯格诺"那富有蛋白质的汁水的浸润下,谁也没有感到瘙痒有所缓和。可以相信,它对任何人都没有疗效。尽管如此,这特效药仍然美名依旧,也许只是因为药和病的名字相似的缘故吧:在普罗旺斯语中,冻疮也叫"梯格诺"。既然螳螂巢和冻疮的名字相同,那么前者的功效难道还不明显吗?名声就是这样传开的。

在我的村庄里,也许还有周围不远的地方,"梯格诺"——这里指的是螳螂巢——还被说成是治疗牙疼的神药。只要把它随身带着,就能治好牙疼。妇女们在月色皎好的夜晚把它捡来,虔诚地藏在衣橱的一角,或是把它缝进衣袋,生怕拿手帕时把它弄丢;如果邻居中有谁牙疼得厉害,她们就会把"梯格诺"相互借来借去。"把你的'梯格诺'借我用用,我疼得难受。"病人肿着脸说。另一个马上拆开口袋,递上宝贝。"你可别弄丢了,"她叮嘱道,"我就这么一个,况且现在月色又不好。"

不要嘲笑这治疗牙疼的偏方:许多堂而皇之被刊登在报纸第四版上的药方,也不见得比它有效。再说,这些农村人的天真想法,比起一些旧书来,可要逊色多了;在那些旧书里,古老的科学还在沉睡。一位被称作托马斯·穆菲医生的十六世纪英国博物学家告诉我们:在乡间迷途的孩子可以向螳螂问路。被询问的螳螂会伸出爪子,指明方向;作者还补充说,螳螂几乎从来不会弄错。在叙述这些美妙事情的时候,他还带着一种可爱的天真表情。

"这小虫子的判断力是如此神奇,当小朋友问路的时候,它会伸出爪子,给出正确的指示,几乎从不骗人。"

这位轻信的博学者究竟是从哪里听来这个故事的呢?不会是英国,因为那里没有螳螂;也不会是普罗旺斯,因为那里丝毫听不到这种幼稚的问路故事。和这位老博物学家的奇思妙想相比,我还是更愿意相信"梯格诺"那令人难以置信的功效。

螳螂的孵化

　　螳螂的卵通常在六月中旬明媚的阳光下，在将近上午十点的时候孵化。螳螂巢中央的带状区域，或者说是出口区域，是唯一供小螳螂出巢的地方。

　　在这个区域的每一片鳞片下，都可以看到一个半透明的圆块慢慢钻出，随后是两个大大的黑点，那是小螳螂的眼睛。新生儿缓缓地在薄片下滑动，露出一半身体。这是不是与成年螳螂体态相近的幼虫形态下的小螳螂呢？还不是。它只是一个过渡的形态。这小家伙的头呈乳色，圆钝形，有点浮肿，因为血液的涌动而微微地跳动着。身体的其他部分黄里带红。透过那层包裹全身的薄膜，我们可以清晰地辨认出小螳螂又黑又大的眼睛，由于覆盖着薄膜，这眼睛显得很浑浊；还可以辨认出靠在胸前的嘴巴，以及紧贴在身前、向后折起的腿脚。总的来说，除了腿脚的特征比较鲜明外，小螳螂身体的其他部分，比如圆钝的头、眼睛、腹部精细的体节，以及船体的形状，都和刚从卵中孵化出来的蝉的初始状态差不多，都是那种微型无鳍鱼的模样。

　　这又是一个例子，告诉我们有些昆虫在孵化成幼虫之前，还有一个短暂的过渡形态，其目的是帮助小虫子穿过困难重重的狭道，顺利降生；否则，它们长长的肢体一旦舒展开来，就会成为出巢时无法逾越的障碍。蝉为了从细枝上狭窄的、布满碎木纤维和空卵壳的通道里出来，孵化时身体也包着一层襁褓，就像是一艘小船，可以方便地缓缓滑动。

　　小螳螂遇到的困难和蝉类似。它也要通过曲折、狭窄的通道，从巢的深处出来，如果它那纤细的长腿舒展开来，就找不到地方容纳。它那高跷般的长腿、用于杀戮的弯钩,以及纤细的触须,待一会儿在草丛中都是极为有用的器官,但现在,它们却会妨碍小螳螂出巢,使这一过程变得极为辛苦,甚至根本不可能。因此,小螳螂出生的时候也要把自己包在褪裸里,呈船的形状。

蝉和螳螂的例子,为我们在昆虫世界这座蕴藏着无尽宝藏的矿山中,开拓了一条新的矿脉。从中我总结出一条规律,其他类似的例子随处可见,也可以证明这条规律:昆虫的幼虫并不一定直接来自于虫卵。如果新生儿在孵化的过程中会遇到一些特殊的困难,那么在真正的幼虫形态之前,会有一个过渡形态——我仍然称这一形态为"原始幼虫",它的职责是帮助无法自行解脱的小虫子降临人世。

我们继续说下去。在出口区域的鳞片之下,原始幼虫出现了。它的头部汇集着许多体液,鼓涨起来,形成一个半透明的水泡,不停地跳动着。这是小螳螂在准备蜕皮的工具。同时,它那已经露出一半的身体摇动着,一会儿前进,一会儿后缩。每摇动一次,头部的水泡就涨大一些。最后,它的前胸高高拱起,头用力向胸部弯曲,前胸上的膜就裂开了。小虫子将自己的身体不断拉扯、扭动、摇摆、弯曲、挺直。于是,腿脚从鞘壳中出来了,两根平行的长长触须同样也出来了。现在,小虫子只由一根破旧的细带子和巢连着。只要摇晃几下就能完全挣脱。

这才是真正的幼虫。留在原地的,只剩一条不成形的带子,一件褴褛的旧衣,稍有风吹,它就会像绒毛一样轻轻飘起。那就是幼虫奋力挣脱的外膜,现在已经成了一块破布。

我错过了观察灰螳螂孵化的时机。我只知道以下一些情况:在灰螳螂巢前端突出的尖角上,有一个白色无光的小点,由易碎的泡沫构成,非常脆弱。这个几乎被泡沫塞子塞住的圆孔,是灰螳螂巢的唯一出口,因为其他地方都很坚固。这个孔的作用就像普通螳螂巢上供小螳螂出生的狭长鳞片区域。小灰螳螂就是通过这个小孔,一个接一个地出巢的。我没有机会目睹它们迁徙的情景,但我在小螳螂出巢后不久,看到出口孔上挂着一束白色而不成形的外皮,那是一些非常纤细的薄膜,轻风一吹,就散开了。这薄膜是小螳螂出壳时丢弃的外壳,证明它们也曾裹在一层临时的膜中,以便于在迷宫般的巢内行动自如。所以,灰螳螂也有原始幼虫形态,包裹在狭窄的鞘壳中,有利于出巢。而它们出巢的时间是六月份。

再回过来看普通螳螂。一个巢里的卵并非同时孵化,而是分批、分群出巢的,其中间隔的时间可达两天甚至更久。位于巢尖端的卵是最后产下的,但往往最早孵化。

最后产的卵比最先产的卵孵化得早,这种时间顺序上的颠倒可能是由于螳螂巢的形状造成的。巢的尖端容易受到阳光的刺激,那里的卵比圆钝端的卵苏醒得早,因为圆钝的一端体积更大,不能很快地获得孵化所要求的热量。

尽管巢里的卵被分成一群一群,但有时孵化也会沿着整条出口区域同时进行。几百只螳螂幼虫同时出逃,这场面真可谓壮观。一只小虫子刚刚在鳞片底下露出它的黑眼睛,立刻就有许多黑眼睛纷纷出现。仿佛一只小虫子的颤动,就是一个苏醒的信号,会逐渐传递开去,使附近的虫卵很快开始孵化。几乎是一会儿工夫,巢中央的带状区域里就布满了小螳螂,闹哄哄地手舞足蹈,脱着被它挣破的衣裳。

这些灵活的小虫子只在巢上待很短的时间。它们或纷纷落下,或爬上附近的绿色植物。不到二十分钟,整个过程就结束了。公共摇篮又恢复了平静,几天后,会有另一批虫子出巢,就这样直到所有的卵全部孵化。

我能如愿地经常观看螳螂的集体出逃,有时是在我家园子的露天,我在园子向阳的地方放了很多螳螂巢,那是我在冬天闲暇的时候从各处搜寻来的;有时是在暖房,因为我天真地认为,在那里新生的小螳螂能得到更好的保护。我观看了无数次螳螂的孵化,每次都会目睹令人难忘的屠杀场面。一只大腹便便的螳螂可以产下几千颗卵;但要对付那些想把它们消灭在虫卵状态下的贪婪的吞食者,雌螳螂再怎么产也不嫌多。

蚂蚁对消灭螳螂尤其热衷。我每天都能在成排的螳螂巢上看到这些不怀好意的客人。无论我如何干预,有时甚至采取严厉的措施,都没有用,蚂蚁们的狂热丝毫不减。它们很少能在那个坚固的堡垒上打开缺口,这太难了,但是它们垂涎于巢里正在发育的娇嫩肌肉,因此等待着幼虫出巢这个最佳的时机。

尽管我每天巡视,但只要有小螳螂出现,蚂蚁们就会立刻赶到。它们抓住小螳螂的肚子,将它们从鞘壳里拉出来咬碎。这是一场悲惨的混战:柔弱的新生儿乱踢乱蹬,这是它们自卫的唯一手段;而凶恶的强盗则在嘴角叼着丰盛的战利品。顷刻之间,这场对无辜者的屠杀就告结束了。在为数众多的小螳螂中,只剩下寥寥几只偶然逃脱的幸存者。

螳螂是昆虫世界里未来的屠夫,是蝗虫在草丛中的梦魇,是可怕的食肉者,但在它刚出生的时候,却被小小的蚂蚁吞食。这个大量繁殖的巨妖,竟让蚂蚁这个侏儒限制了后代的数量。不过,这种屠杀持续的时间很短。一旦小螳螂接触到空气,一旦它的腿有了力量,就不会再受到攻击。它在蚂蚁群中昂首阔步,而后者则纷纷避让,不敢冒犯。它把锋利的前爪抱在胸前,好像拳击者准备出击的样子,那高傲的举止令蚂蚁们生畏。

另一个爱吃嫩肉的食客却不把小螳螂的威胁放在眼里。那是喜欢趴在朝阳墙壁上的小灰蜥蜴。这家伙不知怎样得到了打猎的消息,便在这里用它细细的舌尖,把从蚂蚁嘴下侥幸逃生的游荡着的小虫子一个一个地舔入口中。这一口食物虽然很小,却似乎非常鲜美,这爬行动物不停地眨着眼睛,仿佛在证实我的猜测。每吞下一只可怜的螳螂,蜥蜴的眼皮就会闭下一半,一副心满意足的样子。我赶走了这个在我眼皮底下打劫的鲁莽家伙。可它又回来了,这一次,它为自己的大胆付出了惨重的代价。如果我听之任之,它一只小螳螂都不会给我留下。

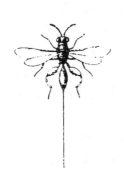

小蜂科昆虫

螳螂的天敌就这些吗?不止。还有另一个掠食者,它比蜥蜴和蚂蚁都要小,却更加可怕,而且它早已抢在那两位之前动手了。那是一种长着钻孔器的、很小膜翅目蜂科昆虫,它把卵产在螳螂刚筑好的巢里。于是,螳螂的后代遭到了和蝉同样的厄运:它们的卵被一种寄生虫侵袭并蛀空。在我收集的螳螂巢中,有许多已经被蛀空,或者已经几乎被蛀空。那小蜂科昆虫已经来过了。

我们把那些已知的和未知的杀戮者留下来的小螳螂都收集起来。这些刚孵化的幼虫体色苍白,白中泛黄。它们头部的水泡很快缩小和消失了。身体的颜色也迅速变深,不到二十四小时,就变成了浅褐色。小螳螂非常灵活,它们举起锋利的前爪,打开又合上;它们左右转动着脑袋,弯起腹部。再也没有哪种发育中的幼虫比它们更灵活了。小螳螂们在巢上推推搡搡地待了几分钟,然后四散走开,有的去了地面上,有的去了附近的植物上。

我将几十只这样的流浪儿放进金属罩里。用什么来喂养这些未来的猎手呢?毫无疑问,用猎物。但是用哪一种猎物呢?它们长得这么小,我也只能用很小的猎物喂它们。我把一根爬着绿蚜虫的玫瑰花枝给它们。蚜虫胖嘟嘟的,肉质鲜嫩,正适合我这些孱弱的客人,可它们却不屑一顾,碰也没碰一下。

于是,我换成了小苍蝇,它们都是在草地上乱晃时偶然撞到我的网兜里来的。可它们也被螳螂固执地拒绝了。我又把苍蝇的碎块挂在网罩各处。可依然没有螳螂接受这美味。也许蝗虫能吸引它们?成年螳螂是非常喜爱吃蝗虫的。经过一番枯燥乏味的搜寻,我得到了我想要的东西。这一次,菜单的内容是几只刚刚孵化的小蝗虫。尽管才刚刚孵出,可它们的个头儿已经和小螳螂差不多了。小螳螂会吃它们吗?不会:在这么小的猎物面前,它们吓得逃之夭夭了。

你们到底要吃什么呢?在你们出生的草丛里,还能碰到其他什么猎物呀?我想不出了。也许你们年幼时有特殊的食谱,也许你们是素食者?虽然这可能性极小,但我还是要试一下。可是,即使是莴苣最嫩的菜心也遭到了拒绝。同样遭到拒绝的,还有我绞尽脑汁换上的各种草木,以及滴在薰衣草花蕊上的蜜汁。我所有的尝试都失败了,小螳螂们很快就饿死了。

不过,这次失败有它的价值。它告诉我们螳螂可能吃一种过渡性的食物,只是这种食物我尚未发现。以前,研究芫菁幼虫的时候,我也碰到了很多麻烦,最后才弄清楚,这些幼虫在吃完了储存的蜜浆后,需要以蜂类的卵为最早的食物。也许,小螳螂刚出生后也需要一种特殊的食物,以便与它们孱弱的身体相适应吧。尽管它们神情果敢,但我还是无法想象这些孱弱的小虫子有能力捕猎。无论哪一种猎物,都会逃跑、挣扎、反抗,而年幼的螳螂猎手恐怕连苍蝇的翅膀轻轻扑打一下都招架不住。那么它们究竟吃什么呢?无论人们在小螳螂的食谱问题上有什么有趣的发现,我都不会感到惊讶的。

这些难伺候的傲慢家伙,还有比饿死更悲惨的命运呢。它们刚一出生,就成了蚂蚁、蜥蜴以及其他一些掠食者的猎物,它们为了等待这美味食品的孵化,已经耐心窥伺了很久。而螳螂的卵本身也不得安宁。一种小小的昆虫,用它的刺穿透螳螂巢凝固了的泡沫城墙,把自己的卵产到巢里;它在那里安顿下自己的后代,它们比螳螂的卵早熟,便将后者摧毁在萌芽的状态。螳螂的产卵是那么多,可真正孵化成幼虫的却又是那么少!一只雌螳螂能筑三个巢,可以产下一千颗左右的卵;其中只有两只螳螂能逃脱灭顶之灾,而只有一只能繁衍后代;因为,年复一年,螳螂的数量基本保持相同。

这样,便出现了一个严肃的问题:螳螂的生殖能力是逐渐获得的吗?由于蚂蚁和其他天敌大量地屠杀它的后代,它是否会在卵巢里生产出更多数量的卵,以大量的繁殖来抵消大量的屠杀?螳螂今天能产这么多卵,是否正是因为它过去已经遭到过大量地屠杀?有些人就是这么想的,他们并没有有说服力的证据,却倾向于把动物深刻的变化归结于环境的因素。

在我窗外的池塘边,长着一棵高大的樱桃树。这粗壮的大树是在偶然间在这里落地生根的,和我的祖先并没有关系;如今,它令人肃然起敬,不是因为它那质量平平的果实,而是因为它那繁茂的枝叶。四月,樱桃树简直就是一个白缎子做成的华美穹盖。花瓣从枝头飘落,仿佛是朵朵白雪,给地面铺上了一层地毯。很快,大片的樱桃就红了。噢,美丽的樱桃树,你是如此慷慨!你的果实装满了多少篮子!

与此同时,树上也是一片节日的景象。麻雀第一个得知樱桃熟了,便不分早晚地成群赶来,叽叽喳喳啄个不停;它们还叫来了邻近的朋友:翠雀、黄莺,于是大家纷至沓来,美美地享受了几个星期的口福。蝴蝶在一颗樱桃上开了个口子,然后又飞到另一颗樱桃上,吮吸着琼浆玉液。金龟子嘴里塞满了樱桃,吃饱了就睡。胡蜂和大胡蜂咬破那盛满甜浆的果实,小飞蝇则随后赶来,陶醉在这甜蜜的汁水之中。还有一条胖乎乎的蛆,干脆就在果肉里安顿了下来,心满意足地啃着多汁的房子,把自己养得又肥又壮。等它从餐桌边起身时,就会摇身一变,成为一只高雅的苍蝇。

地上,另有一批参加盛宴的客人。掉下树来的樱桃让所有的步行者都兴高采烈。到了夜晚,被鼠妇、球螋、蚂蚁和鼻涕虫嚼过的果核,全都由田鼠收集起来,宝贝似的藏进了地洞。等到冬天空闲的时候,它们会在果核上钻个洞,咀嚼里面的果仁。就这样,慷慨的樱桃树养活了无数生灵。

如果有　天这棵樱桃树想找接班人，在这繁荣和谐的环境中生生不息，那么它需要什么呢？一粒种子，仅此而已；可是，它每年产生的种子却可以用斗来计算。请问，这是为什么呢？

我们是不是可以说，原来樱桃树的果实也不多，为了应付越来越多的掠食者，它后来才逐渐变得多产起来？我们是不是还可以说，樱桃树和螳螂一样，"由于大量破坏，从而逐渐导致大量生产"？有谁会冒失地轻易得出这样的结论？樱桃树是一个把养分转化成有机物的加工厂，一个把死的东西转变成适合于生命的物质的实验室，这难道不是再明显不过了吗？当然，它生产的樱桃中有一部分是用来传宗接代的，但那只是一小部分，数量很少。如果它所有的种子都能发芽并长成大树，那么这个世界早就没有地方可以再多种一棵樱桃树了。大部分的樱桃树果实都另有用途。它们为一大群不甚灵活的生物提供了食物，就像其他植物一样，通过神秘而超凡的变化，变不可食为可食。

一种物质要成为生命的最高表现形式，必须经过缓慢而精细的转化过程。这一过程开始于一个非常微小的作坊，比如微生物体内；某一个微生物比雷电更加猛烈，将氧和氮化合成了硝酸盐，这是植物最基本的养料。物质就这样起源于虚无的边缘，在植物体内完善，在动物体内精炼，不断进化提高，最后形成构成大脑的物质。

多少个世纪以来，有多少不知名的工人，又有多少默默无闻的操作者，在开采矿藏，提炼髓质，直到制造出灵魂最奇妙的工具——大脑，哪怕这工具仅仅让我们会做"2＋2＝4"这样简单的题目！

射向空中的焰火只有达到上升的顶点，才会绽放出五颜六色、绚丽多彩的礼花，然后一切便又重归黑暗。它的烟、它的气、它的氧化物，将通过植物的渠道，重新慢慢地形成其他爆炸物质。物质就是这样转化、形成的。它们经历了一个又一个阶段，通过一次比一次精细的提炼，最终上升到了足够的高度，在那里，思想的绚丽火花在物质的媒介中迸发出来；而这些物质则被脑力所摧毁，重新回到那不知名的原始状态中，变成废旧的分子——所有生命共同的源头。

首先对有机物进行化合的是植物，其次才是动物。无论是现在还是地质时期，植物都以直接或间接的方式，成为更高等的生命的首要食物供应者。在它们的细胞作坊内，生产并加工着至少是万物皆宜的粮食。接着，动物随之而来，它们对植物的产品进行修改、完善，并传递给更高一级的生物。草被羊吃了之后变成羊肉，而羊肉被人或狼吃了之后，则变成人肉或者狼肉。

一些含有养分的细小颗粒并不能转变成各种各样的有机物，必须通过动物的加工才行，就像植物将矿物转化成有机物那样。在这些动物当中，最为多产的便是鱼——世界上最早的骨骼动物。您可以去问鳕鱼产上百万的鱼子干什么用。得到的答案是：那些鱼子的作用和山毛榉的无数果实以及橡树的无数橡栗是一样的。

鳕鱼之所以非常多产，是为了养活无数受饥挨饿的生命。它继续着它的祖先在远古时代所从事的工作；那时，自然界的有机物尚不丰富，它急于增加生命的储备，因此便慷慨地向最初的工人们提供大量的鱼子。

螳螂和鱼一样，起源于那个古老的时代。它那奇特的外形，粗野的举止无不告诉了我们这一点。如今，它那多产的卵巢又进一步作了证明。在它的身体两侧，还隐约保留着以前在蕨类植物滋生的阴暗潮湿之地疯狂繁殖所留下的痕迹。今天，它依然在为崇高的生命炼金术做着贡献，虽然很微薄，但却很实在。

我们仔细看一看它的工作吧。泥土滋养了绿草，绿草被蝗虫啃噬。螳螂把蝗虫吃掉，卵巢鼓胀起来；它产下三堆卵，大约一千颗左右。卵在孵化的时候，蚂蚁突然到来，将一巢虫卵的大部分吃掉。我们似乎把事情说颠倒了。从螳螂和蚂蚁的体形大小来看，事情的确被颠倒了；然而从它们本能的灵敏程度来看，却没有颠倒。在这方面，蚂蚁要强过螳螂很多！何况，可能发生的事情还没有结束它的循环。

在茧里尚未孵化的小蚂蚁——茧也被俗称为蚂蚁卵——是小雉鸡的食物；雉鸡和家鸡、阉鸡一样，也是家禽，但饲养的花费却很大。等它养肥之后，就被放到树林里；那些自称文明的人兴致勃勃地用枪把这些可怜的飞禽打得浑身是孔，而这些飞禽早在养雉场——或直截了当地说，在鸡窝里，就已经失去了逃生的本能。人们割开雉鸡的脖子，把它串在烤肉杆上；他们以大型围猎的排场去射杀另一种家鸡——雉鸡。我真搞不懂这荒谬的屠杀。

达拉斯贡城的达达兰①见不到猎物，就朝自己的帽子射击。我倒是宁愿像他那样。我更希望人们去猎捕——真正地猎捕另一种酷爱吃蚂蚁的动物：蚁䴕，普罗旺斯人称之为"伸舌头鸟"；之所以这样称呼，是因为它的捕猎技巧：蚁䴕把自己又黏又长的舌头横在蚂蚁队伍中间，等到上面黑压压地沾满了蚂蚁时，就猛然缩回来。依靠这样的吃法，这鸟儿到了秋天肥得不可思议；它的腹尾、翼下、肋部全是肥油，脖子上也围着一串油珠，从头顶到嘴尖也全都包着一层厚厚的油。

因此，蚁䴕烤着吃鲜美无比，我承认它小了点，最多只有云雀那么大，但像它这么小的禽鸟中没有谁的味道能比得上它。雉鸡可比它差得远了，要想使雉鸡的肉味浓烈，必须等它刚开始腐烂的时候吃。

但愿我至少为那些微不足道的昆虫说了一句公道话！每当吃过晚饭，收拾好餐桌，家里安静下来时，我的身体也暂时从生理的煎熬中解脱出来，开始四处收集思想的火花。有时，不知为什么，也不知以什么样的方式，螳螂、蝗虫、蚂蚁以及其他一些更加微小的昆虫，会为突然闪现在我脑海里的这些思想火花带来灵感。这些昆虫通过曲折的途径，以各自的方式，为思想的灯花添上了一滴油。它们的能量，经过我们祖先慢慢地加工、积蓄和传递，汇入了我们的血管，在我们疲劳的时候滋养了我们。我们是依靠它们的死而生的。

让我们来总结一下。多产的螳螂自己也制造了有机物，这有机物将被蚂蚁吸收，再将被蚁䴕吸收，最后可能被人吸收。螳螂产下一千多颗卵，只有一小部分用来繁衍后代，而大部分则尽其所能地为全体生命的野餐做了贡献。它令我们想到了一个古老的象征：咬着自己尾巴的蛇。世界就是一个首尾相接的圆：结束是为了开始，死亡是为了生存。

---

① 达达兰是法国作家都德(1840—1897)的小说《达拉斯贡城的达达兰》中的主人公，被认为是天真幼稚、夸口吹牛的典型。

绿蝈蝈儿

现在正值七月中旬。天文学上的酷热才刚刚开始；可实际上，炎炎夏日来得比日历翻得快，高温天气已经持续几个星期了。

今晚村里庆祝国庆。顽童们围绕愉悦的篝火欢欣雀跃，火焰的光辉映射在教堂的钟楼上；几支焰火一飞冲天，在鼓声"咚咚"的伴奏下，平添了几分隆重气氛；这时，我独自一人，在昏暗的一角，趁着夏夜九点相对凉爽，静听起这田野节庆的音乐会——亦是收获节庆的音乐会来；比起此刻在村子广场上的欢庆，比起那烟花的火药、点燃的篝火、纸折的灯笼，更不用提那烧酒，这里的音乐会更加出色。简单而至美，宁静而至强。

时间不早了，蝉儿也停止了鸣叫。整个白天，它们都沉醉在阳光与炎热之中，卖力地演奏着交响乐。夜幕降临，它们该歇息了，可好梦却时常被打断。从梧桐树浓密的枝叶中，突然传出尖锐而短促的叫声，仿佛带着恐惧。这是蝉儿发出的绝望哀号。它在安睡中遭到了夜间的狂热猎手——绿蝈蝈的偷袭。绿蝈蝈猛扑上前，将蝉拦腰捉住，开膛破肚，一掏而空。紧接着音乐盛宴而来的，便是屠戮。

我从未见过欢庆国庆的最高形式——隆香的阅兵仪式，以后也不会，但并不因此而十分遗憾。报纸会告诉我足够的消息，会为我画出阅兵地点的草图。

从草图上我仿佛看到，树林中到处都是阴森森的红十字，旁边注着"军用救护车"、"民用救护车"。这意味着将有断骨要重接，有中暑要医治，或许还有死亡要哀悼。这都在意料之中，是列入计划的。

就连在这里，在我平时那么宁静的村庄里也是如此。我敢把手放在篝火上打赌，要是没有几场斗殴——这是欢庆日子必备的佐料，节日是不会结束的。似乎要想好好品味快乐，就非得加上一点痛苦的辛辣佐料不可。

让我们远离喧嚣，细细倾听、冥想吧。当被开膛的蝉儿尖声抱怨时，梧桐树上的庆典仍在继续，只不过换了乐队。现在演奏的是夜间音乐家。就在杀戮现场附近，绿荫丛中，敏锐的耳朵总能够察觉到蝈蝈儿们的窃窃私语。这声音类似于滑轮的声响，不引人注意，又好像干燥的薄膜摩擦发出的隐约沙沙声。在这暗哑而持续的低音伴奏下，不时响起一声极其急促而尖厉、近乎于金属撞击的清脆声响。这就是蝈蝈儿们的歌唱与朗诵，各段间夹着寂静。余下的便都是伴唱了。

尽管音乐会得到了低音的伴奏，而且我家附近就有十来位演奏者，但它仍然很细微，相当细微。乐声不够强烈。我的老鼓膜并不总能捕捉到这细微的乐声。不过，我所能听到的零星片段极其柔和，与这苍茫夜色的静谧实在是再协调不过了。我的绿蝈蝈儿宝贝，要是你的琴拉得再嘹亮些，你就能成为比嘶哑的蝉更加受人欢迎的演奏高手了，而在北方，人们却让你占用了蝉的名字和声誉。

不过，你却永远也比不上你的邻居铃蟾，那和蔼地敲着铃铛的蟾蜍。当你在梧桐树上丁当作响时，它则在树底向四周发出丁零零的叫声。它是我家两栖类居民中最小的成员，却也是最敢于远行冒险的。

当我借着傍晚最后一缕苍茫的日光，在花园里徘徊沉思时，有多少次和它不期而遇呀！有一样东西翻着筋斗从我脚边逃走了。是被风吹动的一片枯叶吗？不，那是在朝圣路上被我打扰的可爱铃蟾。它匆忙地躲在一块石头下、一堆泥土后或是一丛青草中，待惊魂稍定，便又赶紧重新奏起那清亮的铃音来。

在这举国欢庆的日子里，大约有十多只铃蟾在我四周竞相欢唱。我家门前有一些花盆，紧密地排成几行，形成了一个门厅；大部分铃蟾就蜷缩在这些花盆之间。每一只都有它自己的调儿，一成不变，有的略微低沉，有的更加尖锐，但都非常短促、清晰，声声入耳，纯净美妙。

铃蟾们的节奏既缓慢，又富有韵律，它们似乎反复吟唱着同样的经文。

这只叫了一声"克鲁克";那只嗓子细,回应了一声"克里克";第三只是乐队的男高音,它补上一声"克洛克"。如此这般,周而复始,永不停歇,好似节日村庄里的排钟:"克鲁克,克里克,克洛克"——"克鲁克,克里克,克洛克"。

这支两栖类动物的合唱团让我想起了一种琴。那时我六岁,耳朵刚开始对神奇的声响有反应,这琴便是我的向往之物。拿一组长短不一的玻璃片,固定在两条绷紧的布带上便成了琴。把一只软木塞扎在铁丝末端,就成了打击棒。只要想象一下,一个新手随意地敲击着琴键,乱七八糟地奏出八度音、不和协音、反和弦音,您就会对铃蟾们反复诵祷的经文有一个清晰的概念了。

作为歌曲,这经文没头没尾;但作为纯净的声音,它实在是动听极了。大自然音乐会上的所有音乐都莫不如此。在那里,我们的耳朵能听到超凡脱俗的声音,变得更加细腻,从而获得声音现实之外的次序感,这是美的第一要素。

然而,这些从一个隐秘角落传向另一个隐秘角落的柔和铃声,其实是求爱的清唱剧,是雄铃蟾对雌铃蟾的隐秘召唤。音乐会之后发生了什么,我们即使得不到其他信息,也能猜得出来;但我们却无法预见这婚礼奇特的结尾。事实上,有一天,铃蟾父亲——在这里,它可是真正崇高意义上的"一家之父"——离开了自己的藏身之处,而且变得面目全非了。

它把自己的孩子裹在后腿四周,就这样带着一串胡椒籽大小的蛙卵搬家了。这鼓鼓囊囊的包袱围着腿肚,裹着大腿,像褡裢一样压在背上,使它完全变了模样。

不堪重负的铃蟾步履艰难,连跳都跳不起来,它要去哪里呢?它,满腔柔情,要去孩子们的母亲不愿去的地方;它要去附近的沼泽地,那里的水很温暖,是蝌蚪孵化和成活必不可少的。在石头下的阴湿处,围绕在雄铃蟾腿脚周围的蛙卵成熟了;而喜欢阴暗干燥的雄铃蟾,此时却不得不面对潮湿和阳光。它一小段一小段地前进着,劳累使它的肺都充血了。沼泽也许还很远;那又有什么关系:意志坚定的朝圣者会找到它的。

它来到了沼泽边。虽然它不喜欢洗澡,可毫不迟疑地纵身跳进水里,刹那间,那串蛙卵随着它双腿的摩擦而散开。就这样,蛙卵处在了适合孵化的环境当中。接下来的事就会自然而然地完成了。铃蟾爸爸的潜水任务一完成,就迫不及待地往家里赶,回到干燥的环境中去。它刚转身,黑色的小蝌蚪就孵化出来了,活蹦乱跳着。它们就等着进入水中的这一刻,好让自己冲破卵壁。

在七月暮色里歌唱的音乐家中,只有一位能与铃蟾的和谐铃声相媲美,只是它的音调会变化。它就是角鸮,或者叫小公爵,它是一种优雅的夜间猛禽,长着一对金色的圆眼睛。因为额头上竖着的两条羽毛小角,所以这一带的人都叫它"长角的猫头鹰"。它的歌声嘹亮,仅用这歌声就足以充满寂静的夜空,可是却单调得让人心烦。这鸟可以一连几个小时对着月亮,以雷打不动的节奏有规律地唱出"绰——绰——"的乐曲。

这时,人们的欢庆声把 只角鸮从广场边的梧桐树上赶跑了,它来到我这里请求接待。只听它在近旁的柏树顶上啼叫。从那里,它那整齐划一的乐段显出蝈蝈儿和铃蟾们的演奏零乱模糊,并用自己的歌声压倒了所有的抒情曲。

与角鸮轻柔的乐声形成对比的,是不时从另一处传来的类似猫叫的声响。这是帕拉斯·雅典娜①的沉思之鸟——普通猫头鹰的呼唤。它整个白天都蜷缩在橄榄树的空洞里,当夜幕降临时,就出发开始自己的长途旅行。它蜿蜒曲折地飞行着,如同荡秋千一般左右摆动着,从附近的地方来到我家园子的老松树上。在那里,它用类似猫叫的不和谐音加入了音乐会,只是由于相隔较远,它的声音稍显轻柔。

在这些嘈杂的表演者当中,绿蝈蝈儿的丁当声实在是太细微了;我只能在稍稍安静一点的时候,听到它一丝微弱的声响。它的发声器官只是一个带刮板的小小扬琴;而其他家伙们则得天独厚地有肺这个风箱,能吹出一股震荡的气流来。因此,在它们之间就没有什么可比较的了。还是回到昆虫上来吧。

有一种昆虫,虽然体形更小,发声器官也简单得与蝈蝈儿不相上下,但它在演唱抒情夜曲方面,却远远胜过了蝈蝈儿。它就是苍白细瘦的意大利蟋蟀。它纤弱得让人不敢捉它,生怕把它给捏扁了。当萤火虫亮起蓝色的

---

① 帕拉斯:希腊女神,司艺术、科学等。雅典娜以她的名字作外号。

尾灯来增添节日气氛时，它们就在四面八方的迷迭香上合奏。

这位演奏家纤细的身体主要由一对云母片般细薄而闪亮的大翅膀组成。它用这对干燥的翅膀发出尖厉的鸣叫，嘹亮得足以压倒蟾蜍们单调忧郁的歌曲。这鸣叫听起来就像是普通黑蟋蟀的歌声，只是音色更加响亮，颤音更加丰富。一些人把意大利蟋蟀和普通黑蟋蟀混淆起来，这是免不了的，因为他们不知道真正的蟋蟀只在春天做一回合唱队员，而在这酷暑的日子里，它们其实早就不见了。在普通蟋蟀那优雅的小提琴演奏之后，是另一种更加优雅、值得专门研究的琴声。我们会在适当的时候再来谈论它。

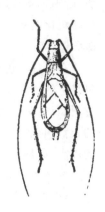

意大利蟋蟀

假如我们只谈论那些演唱精英的话，那么今晚音乐晚会上的主要合唱队员都到齐了：角鸮表演着忧伤的独唱，铃蟾用钟声演奏着奏鸣曲，意大利蟋蟀弹拨着小提琴的琴弦，绿蝈蝈儿仿佛在敲击着一个小小的三角铁。

今天，我们用更多的喧闹而不是信仰，来欢庆新的时代，这个新时代在政治上是以攻克巴士底狱的日子为标志；然而，这些小生物却超然于尘世之外，欢庆着太阳的节日。它们歌唱着生命的愉悦，欢呼着酷暑的如火骄阳。

对它们来说，人类和他们反复无常的喜好又有什么重要？几年之后，我们噼里啪啦的爆竹声又会为谁、为什么、为哪种想法而响起？能回答这些问题的人是敏锐的。世道在变化，并给我们带来意外。洋洋自得的烟火在夜空中绽放着火花，只因为那些昨日受到憎恶的人今天摇身变成了偶像。而明天，它将又会为另一个人升上天。

一两个世纪以后，除了博学者之外，还有谁会谈起攻克巴士底狱吗？令人怀疑。人们会有其他的喜悦，也会有其他的烦恼。

再看更远的未来。一切迹象似乎都表明，随着自身的日益进步，将来终有一天，人类会灭亡，被过度的所谓"文明"所扼杀。人过分热切地想成为神，却不能像动物一样享有恬静平和的长寿；人类将会消失，而小铃蟾们则将继续和蝈蝈儿、角鸮还有其他小动物一起，吟唱它们的经文。在人类出现之前，它们就已经在这星球上歌唱；在人类消失之后，它们仍将继续歌唱，欢庆亘古不变的事物，歌颂太阳炽热的光辉。

我们不要在这节日上再多耽搁了，还是重新做一个博物学家，在动物的秘密中求得知识吧。在我家附近的居民中，绿蝈蝈儿似乎并不多见。去年，我虽然打算研究这种蚱蜢，却捕虫无果；只得求助于一位守林人，托他为我从拉嘉德高原弄来了两对儿；那里是一个寒冷的地带，万杜山上已经爬满了山毛榉。

幸运之神爱捉弄坚持不懈的人，向他微笑。去年四寻无着的绿蝈蝈儿，今夏却几乎成了唾手可得的东西。我不用走出窄小的花园围墙，几乎要多少就能捉到多少。夜间，我听见它们在四处的矮树丛中低吟。要抓住这意外的良机，也许今后不会再有了。

从六月份起，我捉到了足够数量的成对的绿蝈蝈儿，便把它们安置在一个钟形金属网下，并在瓦钵上铺了细沙做底。说真的，这昆虫可真漂亮，全身呈浅绿色，另有两条白色的带子沿着身体两侧。它的身材得天独厚，修长匀称，大大的双翼薄似轻纱，是蚱蜢类昆虫中最优雅的。我被自己的俘虏给迷住了。它们会告诉我什么呢？让我们拭目以待。现在的当务之急是给它们喂食；这一次我遇到了与喂养螽斯时同样的麻烦。根据直翅科昆虫通常在草地上咀嚼反刍的饮食习惯，我给这些囚徒喂莴苣叶子。它们吃是吃，但少得可怜，似乎不屑张嘴。很快我就意识到：和我打交道的并不是纯粹的素食主义者。它们还需要其他食物，显然是肉类食物。但又是什么肉类食物呢？一次偶然的机会，我幸运地得到了答案。

黎明时分，我正在家门前徘徊沉思，突然有一样东西从身旁的梧桐树上掉落下来，还伴着尖锐的叽喳声。我疾步上前一看，一只蝈蝈儿正在吞吃一只陷入绝境的蝉的肚肠。无论蝉儿怎么呻吟，怎么挣扎，都无济于事，蝈蝈儿毫不放松，它将头探入腹中，一小口一小口地将肚肠拖出来吃掉。

我知道了：攻击是在这棵梧桐树上发生的，当时正是清晨时分，蝉儿还在休息；这倒霉蛋被活生生地剖开了肚皮，在挣扎当中，攻击者与被攻击者抱成一团，一齐掉落在地。此后，我又几次三番地观看了类似的屠杀。

我甚至曾经目睹过蝈蝈儿追捕蝉的情景，它勇气百倍，而蝉则惊慌失措，飞行着逃窜。这就好像是雀鹰在高空中追捕云雀一样。不过，这靠掠夺为生的鸟儿却及不上蝈蝈儿,它追捕的对象比自己弱小;相反,蝈蝈儿攻击的却是一个身材比自己大得多,而且更加强壮有力的巨人。可是,这场力量悬殊的肉搏结果却是毫无疑问的。凭着它强有力的大颚和锋利的钳子,蝈蝈儿很少失手,大多能将俘虏开膛破肚,而后者则手无寸铁,只能一边尖叫,一边扭动身体。

捕蝉的关键是要将它制住,这在夜里蝉儿睡着的时候简直是轻而易举。只要被夜间巡逻的凶残的蝈蝈儿遇到,蝉儿都会悲惨地死去。这就是为什么在夜深人静、昆虫的音钹早已停止的时候,树梢上会时而传来惊恐的叫声。那是某只一身淡绿的强盗刚刚逮住了睡梦中的蝉。

就这样,我为那些寄宿在我家的蝈蝈儿们找到了菜单:我用蝉来喂养它们。它们实在是太喜欢这食物了,两三个星期后,钟形罩里的沙地变成了一个停尸场,堆满了蝉的脑袋、掏空了的胸腔、拔下的翅膀以及残肢断腿。只有蝉的肚子几乎被全部吃掉。看来,这是最好的部位,虽然肉不多,但味美至极。

事实上,正是在这个部位的嗉囊中,蝉储存着它用尖嘴从嫩树皮中吸取的甜汁糖浆。蝈蝈儿是不是因为这种甜食才对蝉的这个部位情有独钟呢?可能就是如此。

我想丰富一下食谱,便给蝈蝈儿们喂一些甜甜的水果,几片梨子,几粒葡萄,几块甜瓜。这些它们都吃得津津有味。绿蝈蝈儿就像英国人,酷爱涂着果酱的带血牛排。也许这就是为什么它一捉住蝉,就破开那鼓囊囊的肚子,以获取里面混着甜酱的肉。

并不是在所有地方都能吃得到糖拌蝉肉的。虽然北方地区有很多绿蝈蝈儿,它们却找不到这里它们酷爱的美食。因此,它们应该还有其他的食物来源。

为了证实这一点,我给蝈蝈儿喂食一些绒毛金龟,这种夏季出现的昆虫和春天的鳃角金龟有些相似。蝈蝈儿们毫不犹豫地接受了这种鞘翅目昆虫,吃得只剩下鞘翅、头和腿脚。漂亮而丰满的松树鳃角金龟也遭到了同样的下场,第二天我再去看时,这肥美的猎物已经被一群肢解好手吃得肚子里空空如也了。

这些例子告诉了我们足够的信息:蝈蝈儿酷爱吃昆虫,尤其是那些没有坚硬盔甲保护的昆虫;它们偏好肉食,但并不像螳螂那样除了野味之外什么都不接受。蝉儿的屠夫知道用一些素食来平衡膳食。在吃完血肉之后,它还佐以水果的甜果肉,甚至于实在没有什么好吃的时候,也吃一些草叶。

即便如此,绿蝈蝈儿之间仍然存在着同类相残的现象。虽然我的确不曾在我的蝈蝈儿笼里看到它们像螳螂那样频繁地做出捕杀情敌、吞食爱人的野蛮行为,但一旦有几只孱弱的蝈蝈儿死去,活着的必然会吞吃它们的尸体,就如同对待普通猎物一般。即使在食物并不短缺的情况下,蝈蝈儿们也会吃去世的同伴。此外,所有挎着马刀的昆虫都不同程度地具有拿自己受伤的同伴果腹的习性。

除了这个细节外,蝈蝈儿们在我的金属罩下生活得非常平和。它们之间从没有发生过严重的纷争。最多为了食物稍有对立。我刚放下一片梨,一只蝈蝈儿就立即跳了上去。它不愿同伴分享,便对任何靠近想咬上美美一口的蝈蝈儿都拳打脚踢,将它们赶得远远的。自私自利四处可见。吃饱喝足了之后,它才让位给另一只。这一次轮到后者不能容忍其他蝈蝈来分享了。就这样一只一只,整个罩子里的蝈蝈儿都来轮流就餐。嗉囊盛满之后,蝈蝈儿们就用颚尖抓抓脚心,再用脚蘸了唾液擦亮额头与眼睛;接着,它们有的抓住纱网,有的卧在沙上,做出沉思的样子,悠然自得地消化着食物。它们一天中的大部分时间都在休息,尤其是最炎热的时节。

夜里,太阳落山之后,才是蝈蝈儿们开始兴奋的时刻。大约九点,热闹的气氛达到了高潮。它们会突然纵身一跃,攀上钟形罩的圆顶,再以同样匆忙的方式下来,接着再跳上去。它们吵吵闹闹地来回跳动;在罩子里的环形道上跑呀,跳呀,遇到美味就品尝,但并不逗留。

雄蝈蝈儿们有的在这儿,有的在那儿,在一旁鸣叫着,用触须挑逗路过的雌蝈蝈儿。未来的母亲们半举着马刀,神情庄重地漫步着。对于这些焦躁而狂热的雄蝈蝈儿来说,现在的头等大事就是交尾。只要是内行,是绝对不会看走眼的。

这也是我观察主要的主题。我之所以让蝈蝈儿住进我的罩子,主要目的就是想看一看,白面螽斯向我们展示的奇特婚俗究竟具有多大的普遍性。我的愿望得到了满足,但并不充分,因为这些事情总在深夜进行,使得我无法观察到婚礼的最后一幕。交尾总是发生在深夜或大清早。

　　我看到的仅仅是没完没了的婚礼前奏。热恋中的蝈蝈儿们面对面，甚至额头顶着额头，长时间地用它们柔软的触须相互触碰、探询。就像是两个对手心平气和地拿着花剑交叉来又交叉去一样。雄蝈蝈儿还不时地鸣叫几声，短促地拉几下琴弓，然后就不做声了，也许是因为太激动而无法继续下去。十一点敲响的时候，可爱的表白仍然还没有结束。困意袭来，我只得满心遗憾地撇下了这对蝈蝈儿。

　　第二天早晨，雌蝈蝈儿的产卵管下垂着一个奇特的东西，这东西螽斯也有，并且曾经让我们十分惊讶。这是一个乳白色卵泡，大概有大豌豆那么大，依稀分成为数不多的蛋形囊。蝈蝈儿行走时，那玩意儿轻轻擦着地面，还沾上了一些沙砾。

　　螽斯妈妈交尾结束后的盛宴此时以最为令人恶心的方式再度上演了。两个小时过后，卵泡空了，这时蝈蝈儿就开始一块一块吃起卵泡来；它反复咀嚼那黏稠的块状物，最后全部吞进了肚中。不到半天工夫，这乳白色的重物就不见了，被雌蝈蝈儿津津有味地吃得一点不剩。

　　继螽斯之后，这种难以想象的习俗未经多大改动，又发生在了蝈蝈儿的身上，它就像是来自于另一个星球，与地球上的习俗大相径庭。作为地球上最老的物种之一，蚱蜢类昆虫的世界是多么与众不同！我们有理由认为这些奇怪的习俗是整个蚂蚱族群的普遍规律。再看一看另一种佩着马刀的昆虫吧。

　　我选择了距螽，这种昆虫只要用梨片和生菜叶子就能轻松饲养。它们的交尾在七八月间进行。

　　雄距螽在一旁鸣叫。它拉琴的动作充满激情，而且节奏鲜明，以至于自己整个身体都震动了起来。接着，它就默不作声了。呼唤情人的雄距螽与被呼唤的雌距螽庄重地迈着缓慢的步子，渐渐相互靠近。它们面面相对，默默无言，一动不动，触须软软地摇摆着，前腿笨拙地抬起，似乎隔一段时间就相互握握手。它们就这样平静地窃窃私语了几个小时。它们在互相倾诉什么？彼此许下了什么诺言？这互送的秋波又意味着什么？

　　但时机还没有到。它们分开了，发生了争执，各奔东西。不过赌气的时间并不长。它们又重归于好了。深情款款的表白又再度开始，但并不比上一次成功。最终，直到第三天，我才观察到准备工作的尾声。根据蟋蟀的惯例，雄虫审慎地倒退着钻到它女伴的身下，在后面展开身体，朝天躺着，紧紧抓住它的支撑杆——产卵管。交尾就这样完成了。

交尾之后，雌距螽产出一个巨大的卵袋，就像是颗粒很大的乳白色覆盆子，它的颜色和形态让人联想到一包蜗牛卵。这种现象我曾在螽斯身上看到过一次，但没有这么明显；绿蝈蝈儿的玩意儿也是这样子。卵袋中间有一条浅沟，将整个袋子分成对称的两串，每一串有七八个小球。位于产卵管底部左右的两个结节比其他的更加透明，并有一个鲜橘红色的核。整个精子袋由一个大肉茎固定着，肉茎由透明的黏结物构成。

卵袋一就位，身体乍时瘦扁了的雄距螽便溜到一片梨上，恢复体力去了，它的英勇壮举实在是消耗精力。雌距螽则显得没精打采，带着些许尴尬，一边在钟形罩上细步闲逛，一边把那巨大重负——那颗有它肚子一半大小的"覆盆子"微微提起。

两三个小时就这样过去了。接着，雌距螽将身体蜷曲成环形，用大颚的尖端从乳头形状的卵袋上咬下一小块来，当然，它不会把卵袋弄破，造成渗漏。它剥下卵袋表层的细小碎片，咀嚼很长时间后再吞进肚里。整个下午，雌距螽都在一小块一小块地细嚼慢咽。第二天，覆盆子整个不见了，已经在夜里被完完全全吞掉了。

有几次交尾的尾声却并没有这么迅速，尤其不像这样令人反感。我记录着一只距螽，它在地上拖着卵袋，时不时地咬上一口。地面凹凸不平，高高低低，最近才刚刚用刀尖犁过。如同覆盆子一样的卵袋上沾着沙砾和土块，使重量明显增加了许多，可看起来这只虫子并没有在意。

有时，这种运输十分艰难，卵袋会沾上一块土块，抖也抖不掉。尽管距螽拼命想把卵袋去掉，可是却无法将它与产卵管的悬挂点分开，这表明卵袋连接得还是相当牢固的。

整个晚上，距螽心事重重，漫无目的地闲逛着，有时在铁丝网上，有时在地面上。更多的时候，它停下脚步，一动不动地待着。卵袋有些瘪了，但瘪得并不明显。距螽再也没有像开始时那样大口地啃食卵袋，即使它剥去的那一小部分也仅仅是卵袋的表层。

第二天，一切照旧。第三天也没有任何变化，只是卵袋更加干瘪，而那两个橘红色的结节则几乎仍然与开始时一样鲜艳。最终，在经过四十八小时的粘连之后，距螽自己没有费什么力，卵袋就自动脱落了。

卵袋里的东西已被清空，变得干枯褶皱、面目全非，它被抛弃在路边，迟早会成为蚂蚁的战利品。我曾看见在其他时候，距螽对这块美食是如此的喜爱，可现在它却为什么弃之不顾了呢？也许这新婚的菜肴上沾了太多的沙土，吃起来碜牙。

另一种蚱蜢类昆虫——镰刀树螽，佩着状似镰刀的土耳其短弯刀，使我在研究的烦恼之余稍微得到一些补偿。有好几次，我碰巧看到它弯刀的底部长有繁殖的器具，但苦于条件不足，无法做完整的观察。这个繁殖器具就像一个卵状的半透明长颈瓶，约有三四毫米长，由一条水晶丝吊着，开口的细颈与鼓起的部分差不多一样长。这虫子并不碰它，只是任其在那里自然失去水分，逐步干枯①。

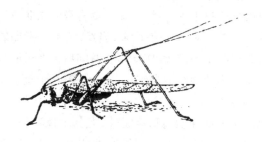

镰刀树螽

就此收笔吧。这五个形态各异的昆虫——螽斯、阿尔卑斯距螽、蝈蝈儿、距螽和镰刀树螽——的例子，证明蚱蜢和蜈蚣、章鱼一样，是远古习性的典型代表，它为我们保留了远古时代奇特繁殖行为的珍贵标本。

---

① 在本书中对这个奇妙的主题做详细解释似乎有点不合时宜，因为本书并不能够完全自由地谈论解剖学和生理学。这些解释读者们可以在我于一八九六年发表的《博物学年鉴》中关于蚱蜢的研究里读到。——作者原注

蟋蟀的洞穴和卵

    住在草地上的田间蟋蟀几乎与蝉一般鼎鼎大名。作为少数几种享有盛名的经典昆虫之一,它的荣誉来自于自己的歌声和住宅。盛名之下,唯有一点美中不足:善于让动物说话的寓言大师拉封丹,只让它说了不到两行台词,这可是个令人遗憾的疏忽。

    大师在一篇寓言里向我们讲述了一只野兔的故事:野兔看到自己耳朵的影子,想到那些嚼舌头的动物可能会把它诬陷成角,便心生恐惧,因为那时候被别人说头上长角就可能招来灾祸①。于是这谨小慎微的动物收拾好行装,准备离开。它说:

> 别了,蟋蟀邻居,我要离开这里;
> 我的耳朵也终将会被说成是角。

蟋蟀回答:

> 这是角? 您当我是傻瓜!
> 这是上帝创造的耳朵。

---

  ① 寓言中,狮子被一只长角的动物所伤,为了消除隐患,它要驱逐所有长角的动物。

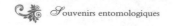

野兔仍然固执地说：

> 有人会把它们说成是角的。

这便是蟋蟀的全部台词。拉封丹没让它再多说几句，真可惜！这短短两行堪称点睛之笔，已经勾勒出了蟋蟀的宽厚。当然，它不是傻瓜；它的大脑袋完全可以想出精彩的话说。可无论怎样，野兔匆匆告辞也许也没有错。当中伤在身后纠缠时，最好的办法就是溜之大吉。

弗罗里安①就另一个主题用更多的笔墨描写了蟋蟀；可在他的笔下，蟋蟀根本没有了老实人的激情！在他的寓言《蟋蟀》中，有遍野鲜花、万里碧空，也有纨绔子弟和自然女士，但最后内容索然无味，空有华丽辞藻，却言而无物。他的寓言缺少真实、淳朴和一点风趣，这可是作品不可或缺的调料。

此外，他把蟋蟀说成是不满现状、心中绝望、整日怨天尤人的家伙，这想法是多么稀奇古怪！经常与蟋蟀打交道的人都知道，事实正好相反，它对自己的天分和洞穴心满意足。就如寓言家让蟋蟀在蝴蝶潦倒不堪之后所说的那样：

> 我将多么深爱我深居简出的地方！
> 想过幸福生活，就要把自己隐藏！

相比之下，我觉得那位佚名朋友的作品更有力、更真实；我要把此前那篇用普罗旺斯语写的寓言《蝉与蚂蚁》归功于他。我要请他原谅我再次不经他的许可，便将他的作品在这里变成铅字，去承受名誉的风险。寓言如下：

蟋　蟀

动物们的故事对我们讲，

---

① 弗罗里安（1755—1794）：法国作家，著有作品《寓言集》。

从前有只蟋蟀貌似贫民。

一天正在门口晒着太阳，

看见一只蝴蝶相貌娉婷。

那蝴蝶长着长长的尾巴，

打扮得如此美丽和娇艳，

身着成排的蓝色新月牙，

还有黑绶带和金色斑点。①

隐士对蝴蝶说："飞吧飞吧，

你就成天在花丛中翔翱，

但你的那些玫瑰和菊花，

哪比得上我朴素的城堡。"

蟋蟀的话不由你不信服，

雷雨一来蝴蝶跌进水潭。

丝绒的翅膀被烂泥玷污，

蝴蝶身经磨难疲惫不堪。

外面电闪雷鸣震耳欲聋，

蟋蟀稳坐家中毫不吃惊。

哪管下雨刮风雷声隆隆，

它悠然自得照常把曲鸣。

"克哩，克哩——"

朋友切忌在尘世里徘徊，

不要被鲜花快乐迷了眼；

只有那幽静深远的陋宅，

才让我们永不泪水涟涟。

　　从这篇寓言里，我认出了蟋蟀。我仿佛看到它在地洞门口，卷曲着触须，腹部对着阴凉的土地，脊背朝着阳光。它可不妒忌蝴蝶，相反还有点可

---

① 我这位朋友的描写总是很精确，要是我没弄错的话，他在这里说的是金凤蝶。——作者原注

怜蝴蝶,就如同拥有临街房屋的小资产者,望见门前经过一个装束华丽招摇却无家可归的路人,习惯地露出一丝嘲讽的怜悯一样。它并不自怨自艾,相反对自己的住所和小提琴十分满意。它是一个名副其实的哲人,看透了万事的浮华,远离寻欢作乐者的尘世喧嚣,独享朴实隐居住所的好处。

是的,蟋蟀大致就是这样,但这些描述远远不够,没能给人留下深刻持久的印象。自拉封丹将它遗忘的那一刻起,蟋蟀就静静等待着,而且还将长时间地等待下去,等着人们必要的只字片语让它的功德得到承认。

对于我这个博物学家来说,这两篇寓言的主要特点——要不是我只有搁置在冷杉木板上的那几本零散不全的书籍,这些特点在别处应该也能找到——毫无疑问是地洞,它是所有寓意的源头。弗罗里安谈到了蟋蟀深深的隐居之所;另一位佚名的寓言家则赞扬了那质朴的乡间小城堡。因此,蟋蟀吸引外界注意的地方,就是它的住所,甚至连通常不关心现实的诗人的注意也被吸引了。

事实上,在这方面,蟋蟀的确超乎寻常。在众多昆虫当中,唯有它在成年之后拥有自己的固定住所,而且是依靠它自己的技能建造的。寒冷季节来临时,其他昆虫大部分都躲入地下,蜷缩在某一个临时的居所里,这个居所得来全不费力,弃之也就毫不可惜。还有许多昆虫为了生儿育女,创造了不少奇观:有棉布袋子、叶子小篮,还有水泥小塔。

一些依靠猎物为生的昆虫幼虫长期住在固定的陷阱里,等着猎物上门。比如虎岬,它先挖一个垂直的井,再用自己扁平的古铜色头顶将井口盖住。只要有谁敢贸然踏上这危机四伏的天桥,井口的活动踏板就会立即翻转,在路过者的脚下塌陷,而后者便失足落进坑里,不见了。

蚁蛉则在沙土里挖一个漏斗形的陷阱,陷阱的斜坡非常松动,蚂蚁在斜坡上滑下后,躲在漏斗底部的猎手就会用头颈作投石器,投掷大量的飞石将它击毙。但这些避难所、巢穴或捕猎的陷阱都是临时的。

家园经过辛勤劳动建造起来后,蟋蟀便安居其中,无论是在欢乐无边的春季还是艰难严酷的冬季,它都不再搬迁。这是一座真正的乡间小城堡,只为自己的清闲安宁而建造,而不是为了狩猎或育儿,这样的住所只有蟋蟀才拥有。在某个阳光照耀的草坡上,有一处隐修之士的居所,它的主人就是蟋蟀。当其他昆虫流离失所、风餐露宿，只能随便躲在一片干裂的树皮、一张枯叶或是一块顽石底下避风遮雨时，只有蟋蟀依靠它得天独厚的优点，有着固定的居所。

住所是个大问题，它先是由蟋蟀和兔子，最后是由人类解决的。我家附近的那些狐狸洞和獾子洞，大部分由表面坑坑洼洼的岩洞天然形成。只要稍加修整，这陋室就算完工了。兔子比它们聪明，它自己建造家园，假如当地没有天然地道能让它不费力就住下来，它就在自己觉得适当的地方挖掘一条。

相比所有这些动物，蟋蟀更胜一筹。它对随便发现的住处不屑一顾，总是自己选择居所的地点，不但地面清洁，而且朝向良好。它不利用天然洞穴，那既不方便又粗糙；而是亲自挖掘它的山间小屋，从门口一直挖到最里面的房间。

在造房子的技巧方面，能优于蟋蟀的，我看只有人类了；但即使是人类，在懂得拌和砂浆、粘连碎石之前，在知道揉捏黏土、涂抹到树枝搭成的窝棚上之前，难道不也曾与野兽争抢过岩石下的居所和地洞吗？

天赋的本能究竟是怎样分配的呢？眼前这只最不起眼的昆虫，对居住之道却精通无比。它有自己的家，许多比它更加开化的动物都不具备这种长处；它拥有安静的隐居之所，这是舒适生活的首要条件，在它的周围，没有一种动物能定居下来。只有人类才能与它匹敌。

蟋蟀的这种天赋是从何而来的呢？是它的特殊工具所赐的吗？不：蟋蟀并不是超群的挖掘高手；要是看到它的工具是多么软弱，我们甚至会对它的成果感到有点吃惊。

那么，这种天赋是由于它的表皮特别娇嫩、需要保护而产生的吗？不。在与它相近的种类中，一些昆虫的表皮更加娇嫩，却也不惧怕在露天下生活。

难道这是由蟋蟀的身体构造而自发形成的一种倾向、由机体内部的冲动而决定的一种天分吗？不。我家附近有另外三种蟋蟀（双斑蟋蟀、独居蟋蟀、波尔多蟋蟀），它们无论在外观、体色，还是结构上都与田间蟋蟀十分接近，粗看很容易与之混淆。双斑蟋蟀的个头儿和田间蟋蟀一样大，甚至更大，独居蟋蟀大约只有它的一半大，波尔多蟋蟀则更小。但是，不管这些忠实的仿制品和田间蟋蟀有多么像,它们没有一个会挖掘洞穴。双斑蟋蟀居住在潮湿地带腐烂的草堆中;独居蟋蟀流连于园丁铁铲翻起的干燥土块的裂缝中;而波尔多蟋蟀则无所畏惧地钻进我们家中,每到八九月份,便在某个阴暗凉爽的角落里低声吟唱。

我不用再说下去了:我们提出的每一个问题最终得到的答案都是"不"。尽管一些昆虫各方面的构造都极其相近,但建房的本能在这些昆虫身上展现,在另一些身上却不见踪影,从来不把个中的原因告诉我们。本能对工具的依赖实在太少,甚至任何通过解剖得到的资料都无法解释,更不用说对它做预测了。刚才提到的四种蟋蟀几乎完全相同,却只有一种通晓挖洞的技能,这个例子进一步肯定了我们已经拥有的众多证据;它们令人震惊地证明,我们对本能的起源是多么无知。

有谁不认识蟋蟀的住所呢?又有谁孩提时代在草地上嬉戏时,不曾在这独居者的小屋前驻足?无论您的脚步多轻,它都已经听见您在走近,于是猛然一退,钻到隐蔽所的深处去了。当您来到小城堡的门前时,那里已是空空荡荡了。

人人都知道如何让这消失的隐居者重新现身。拿一根草秆伸进地洞轻轻拨动。虫儿对上面发生的事感到吃惊,被挠得痒了,便从秘密居所里爬了上来;它在门厅里犹豫片刻,摆动细长的触须打探情况;最后它出现在阳光里,离开了洞穴,这一来捉它简直易如反掌,因为发生的事情已足以把它可怜的脑袋搞糊涂了。假如第一次被它逃脱,它就会变得更加多疑,对草秆的逗弄不再理睬,这时用一杯水把地洞淹没,就能把这顽固分子赶出来。

啊,将蟋蟀装进笼中,用莴苣叶喂养的美好时代,儿童在草径边天真地围捕蟋蟀的情景,当我搜索洞穴、为我的钟形网罩寻找研究对象时,我仿佛又看到你们;此时,在我眼前你们又是多么地鲜活:我的小伙伴——年幼的小保尔已经是使用稻草的能手了,他和执拗的蟋蟀进行了很长时间耐心和机智的对峙之后,突然一跃而起,挥舞着合拢的手掌,激动地叫道:"我捉到了!捉到了!"赶快到锥形小纸包里去吧,小蟋蟀。你会受到悉心的疼爱,不过你得告诉我们一些事情,让我们先看看你的家。

蟋蟀的家位于青草丛中的斜坡上,阳光充足,便于雨水快速排泄。这是一条倾斜的坑道,几乎只有手指一般粗,根据地形不同或蜿蜒或笔直,长度最多是一拃。

按照惯例，洞口有一小撮绿草，虫儿外出四下啃吃草叶时也不会去碰它，因为这撮草半遮住洞口，既当屋檐遮风挡雨，又在入口处投下一道隐秘的阴影。洞穴的入口略微倾斜，被精心耙平和清扫过，略微往里延伸。当四周一片宁静时，蟋蟀就待在这观景台上，拉响它的琴弓。

屋内并不奢华，泥土墙壁，但不粗糙。蟋蟀有很长的空余时间来平整令它不快的坑洼。走道尽头就是卧室，这是一间凹进墙里的房间，没有其他出口，墙壁比洞穴的其他部分更加光滑，面积也略微大一些。总之，住宅十分简朴，极其整洁，一点也不潮湿，符合公认的卫生标准。此外，鉴于蟋蟀简陋的挖掘工具，这洞穴可称得上工程浩大，简直是名副其实的神话中独眼巨人的坑道。让我们试着观察挖掘工程，并想办法知道洞穴动工的时间。为此，我们必须从卵的阶段开始观察。

想观察蟋蟀产卵，不用费力做什么准备工作，只要有一点耐心就足够了。布封①称耐心是一种天赋，我在这点上适可而止，把它称为观察者的特殊美德。四月份，最晚五月份，把蟋蟀成双成对地分别放进垫好土的花盆里。食物是一片时常更新的莴苣叶。盆口盖上玻璃片，以防蟋蟀逃跑。

这种设施非常粗陋，必要时可以用更好的网罩——钟形金属罩——加以辅助，它让我们知道了一些十分有趣的情况。我们过一会再详细描述。现在，我们来观察产卵的过程吧，我们必须精神集中，以免错过关键时刻。

六月的第一个星期，我的频频访问开始有了令人满意的结果。我发现雌蟋蟀一动不动，产卵管垂直地插进土里。它对我这个不速之客的来访毫不介意，在原地待了很久。最后，它抽出产卵管，稍稍抹去一点钻孔的痕迹，歇息片刻之后，就闲逛着到别处重新产卵了。它这儿产一点，那儿产一点，足迹遍布它所能到达的整个空间。这重复的动作就同螽斯向我们展示过的那样，只是更加缓慢而已。二十四小时后，产卵似乎结束了。但保险起见，我又等待了两天。

接着，我开始翻花盆里的土。那些卵呈稻草黄色，是一些两头圆、长约三毫米的圆柱体。它们之间各不相连，垂直排列在土中；所产的卵每次数量

---

① 布封（1707—1788）：法国博物学家和作家。

不同,有多有少,它们排列得相对较近。我在整个花盆大约两厘米深处的土层中都找到了卵。虽然用放大镜对土块进行观察十分困难,但我还是尽我所能,估计出每一只雌蟋蟀可产五六百只卵。这样庞大的家族不久以后肯定会经历一场严厉的淘汰。

蟋蟀卵是一个奇妙的小机械。孵化之后,卵壳像个白色不透明的套子,顶端有一个规则的圆形小孔开口,边缘连着一顶小帽作为盖子。它并不是在新生儿的推挤或剪切下随便裂开的,而是沿着预先准备好的一条最不坚固的裂缝自行打开的。最好还是看看这奇妙的孵化过程。

卵产下约两个星期之后,上端颜色变暗,出现了两个黑红色的大圆点。在这两点上方很近的部位,圆柱体的顶端,则出现了一个细微的环形突起。这是孵化时要裂开的缝正在形成。不久,卵开始变得透明,使我们能看到里面的小家伙细微的孵化过程。现在是应该倍加注意、更加频繁地进行观察的时候,尤其是在早晨。

幸运眷顾那些有耐心的人,我的坚持不懈也因此得到了回报。在经过了极其精细的变化之后,一条极易断裂的缝隙沿着那环形突起形成了;顺着这条环状突起,卵的顶端在幼虫额头的推顶下裂开,就像一个可爱的小香水瓶盖一样被掀开,落在一旁。蟋蟀钻了出来,如同从魔法盒子里冒出来的小魔鬼一般。

它走了,可卵壳仍然留在那里,鼓起、光滑、完好无损,呈纯白色,开口处挂着小帽卵盖。新生幼鸟的喙末特意生成一个小硬瘤,能猛烈地撞开鸟蛋壳;蟋蟀的卵则有更高级的机制,会如同小象牙套一般打开。只要小蟋蟀用额头一推,就足以让卵壳的铰链打开了。

在一年中最美好的光景的激化下,蟋蟀卵的孵化速度快得简直可以与食粪虫相媲美,根本不会对观察者的耐心构成任何考验。夏至还没到,被我盖在玻璃板下供研究之用的十对蟋蟀都已经儿女成群了。由此可以推测,卵的形态大概可以保持十多天的时间。

我刚才说,小蟋蟀是从象牙小套打开的盖子中爬出的。其实这种说法并不完全准确。从卵的出口处出来的,是裹在襁褓中的小家伙,它被一片薄鞘裹着,模样还很难辨认。我早就料到会有这个襁褓——这新生儿的小衣服,因为我在研究螽斯时就做出过同样的推测。

我想，蟋蟀出生在地下。它也长着细长的触须和夸张的长腿，这些附属器官对于它脱壳而出是一种障碍。因此它必须拥有一片为出壳而准备的膜。

从原则上说，我的推测是十分准确的，但只有一半得到了证实。其实，蟋蟀出生时拥有的是一种暂时的形态；它根本不使用这薄膜向上爬出壳外，甚至在卵壳的出口处就将这破衣烂衫脱去了。

这种例外是由于什么情况而产生的呢？理由可能如下：在孵化之前，蟋蟀卵在地下只待了很短的时间，而螽斯却长达八个月。除了极少数例外，前者的孵化季节都是干旱气候，它们藏身在一层干燥呈粉状、毫无阻力的薄土中；相反，后者所处的上层则经过秋雨和冬雨的长期敲打，变得非常硬实，对脱壳而出的幼虫肯定会造成重重困难。

此外，蟋蟀与螽斯相比，身材更矮小、更粗壮，长腿跷得也没有那么高。这似乎就是二者脱壳方法不同的原因所在。螽斯出生在被雨水打湿的深土之下，因此需要一件帮助它解放自己的外套；而蟋蟀却可以用不着这外套，因为它个子较小，出生时离地面更近，孵化时只需穿过一层粉状松散的泥土就可以了。

那么，蟋蟀破壳后就立刻在盖口脱去的襁褓有什么用途呢？对于这个问题，我用另一个问题来回答：蟋蟀鞘翅下有两片发育不全的白色残肢，这两片翅膀的雏形后来变成了巨大发声器，它们又有什么用处呢？它们既微不足道，又如此脆弱，对蟋蟀肯定一点用处也没有，就像悬在狗脚掌后一动不动的拇指对狗来说也毫无用处一样。

有时候，人们为了保持对称，会在住家的墙上画一些假窗户，与真窗户两两相对。这是秩序对事物的要求，它是构成美的至高无上的条件。同样，生命中也有对称，也有对总体原型的重复。当生命消除一种器官，不再使用它时，仍然会留下它的痕迹，以维持基本的构成。

狗退化的拇指证明它的脚掌有五个趾头，这是高等动物的特征之一；蟋蟀那发育不全的翅膀则证明它原则上应当是善于飞行的；它在卵壳的开口处蜕皮，是所有出生在地下的蝗虫类昆虫对襁褓的模糊回忆，它们要想艰难地脱壳而出，就少不了这襁褓。这些器官都是为了追求对称而保留下来的无用之物，是一条已经毫无用处、却仍未被废除的法则的残存痕迹。

　　小蟋蟀的体色很淡,近乎于白色,它一脱去薄膜,就努力与覆盖在头顶上的泥土搏斗。它用上颚拱,用后腿把那些一点都不坚固的粉状障碍物扫开,踢到身后。现在它到达地面了。迎接它的有愉人的阳光,也有各生命体的利害冲突所带来的死亡危机;而它是如此脆弱,几乎只有跳蚤大小。二十四小时之后,它的颜色变深,成了漂亮的小黑皮,那种乌黑的色泽足以与成年蟋蟀相媲美。刚出生时的浅淡体色,如今只留下一个白色的圆环围绕着胸膛,让人想起幼儿学走路时绕在身上的布带。

　　小蟋蟀很警觉,长长的触须一边抖动一边探测着四周;它小跑着,飞跃着一蹦一跳,等它将来发胖之后可就跃不起来了。这时的小蟋蟀胃也特别娇嫩。该喂它什么食物呢? 我不知道。我给它吃成虫酷爱的莴苣嫩叶。它不屑一顾,要不就是它每一口都咬得太小,我没有发现。

　　短短几天的时间里,这十个蟋蟀家庭让我深感养家之苦。我该拿这五六千只小蟋蟀怎么办呢? 它们的确是一群优雅漂亮的昆虫,可是我对它们所需要的照顾一无所知,无法进行喂养。我给你们自由吧,温柔的小动物们,我把你们托付给至高无上的养育者——大自然母亲。

　　我就这么做了。我把这群蟋蟀放到院子围墙里的最佳地点,这儿放一些,那儿放一些。如果它们都能苗壮成长,那么明年,我家的门前将会有一场多么盛大的音乐会啊! 但事实却不是如此:未来的交响乐很可能只是一片寂静,因为母亲的多产将会导致严酷淘汰就要来临了。我们唯一能预料到的,就是在这场大屠杀之后,将只有几对蟋蟀能幸存下来。

　　正如我们在研究螳螂时所看到的那样,第一批赶来争夺这些天赐美食的狂热掠夺者是灰色的小蜥蜴和蚂蚁。我担心有蚂蚁这可耻的窃贼在,我花园里的小蟋蟀最后会被吃得一只不剩。它会抓住那些可怜的小家伙,将它们开膛破肚,发狂地嚼碎。

　　啊! 这魔鬼般的虫子! 亏我们还把它当做第一流的昆虫呢! 书本对它歌功颂德,从来不吝惜溢美之辞;博物学家对它崇敬有加,每天都在扩大它的声望;无论是动物还是人类,在诸多为自己树碑立传的办法中,最有效的莫过于做坏事,可真是这么回事。

　　没有人会理会食粪虫和埋葬虫这些难能可贵的清洁者;但大家都知道生性嗜血的库蚊,性情暴躁、好斗,还有长着毒针的胡蜂,还有无恶不作的坏蛋蚂蚁;在南方的村庄里,蚂蚁把住宅的房梁逐渐蛀空,使它们岌岌可危,那股疯狂的劲头就像它在啃噬无花果一般。我不用多费唇舌,每个人都可以在人类的史料中找出相同的例子来:做好事的默默无闻,恶贯满盈的却备受歌颂。

蚂蚁和其他终结者制造的这场屠杀实在是惨烈,原先在围墙里那样人丁兴旺的蟋蟀,现在已经少得无法让我的研究继续下去了。我只得到院子外面去了解情况。

八月,我在枯叶堆中,或者没有被酷暑完全烤焦草地的小绿洲里,发现了初步长成的小蟋蟀,它们的身体如成虫一般漆黑,已经没有刚出生时白腰带的痕迹了。它居无定所。一片枯叶、一块扁平的石头就足以遮身,有了这些帐篷,蟋蟀游牧者就不用担心将在哪儿歇息了。

这种四处流浪的生活一直持续到仲秋。这时,黄翅膀的飞蝗泥蜂便开始追杀到处闲逛而易于捕捉的蟋蟀,并将它们大量地储存在地下。那些从蚂蚁口中幸存下来的蟋蟀又遭屠戮。假如它们在通常造窝期之前的几个星期就挖出一个固定的居所,就能逃脱掠夺者的毒手。可这些洗劫的受害者却从未考虑过,它们历经了几个世纪的洗礼,却没有吸取任何教训。尽管它们的身体已经足够强壮,可以挖掘一个自保的巢穴,但它们仍顽固地坚守着远古的习俗,长期流浪,哪怕种族的最后一只蟋蟀命丧飞蝗泥蜂的刀下,也在所不惜。

直到十月底,当第一批寒潮来临时,蟋蟀的地洞才刚刚开工。从我对金属罩下的昆虫的观察来看,这项工程十分简单。罩子里的挖掘工作从来不在露天下进行,总有一片枯萎的莴苣叶子作掩护,那是供应给它们的食物里余下的,代替了原本掩护地洞不可缺少的草叶帘子。

蟋蟀矿工用前腿刨着土;用钳子般的上颚夹出大颗石砾来。我瞧见它用带有两排锯齿的有力后腿踩踏着土地;我还看见它一边倒退,一边耙地,把无用的泥土扫出,摊成一个斜面。这便是它造房的全部工艺了。

工程起初进展相当迅速。罩下的泥土易于挖掘,只需两个小时的工作,挖掘者就消失在地下了。它时不时地返回出口,仍然是一边倒退、一边扫土。假如它一时感到劳累,便会在尚未完成的家门口稍稍休息,头露出洞外,触须无力地抖动着,接着便又返回洞里,继续用钳子和耙子完成工程。

不久,休息的时间越来越长,我的观察也因此松懈了。

　　最紧迫的部分已经完工了。这居所有两寸深,眼下已经够用了。余下的工程需要很长时间来完成,蟋蟀利用空余时间每天挖一点,随着严寒季节的来临和房主体形的增大,洞穴将被越挖越深、越挖越大。即使在冬季,只要气候温暖,当阳光在地洞口微笑,就经常能看到蟋蟀将废沙土推出洞来,这说明它还在修缮并挖掘洞穴。在欢天喜地的春天里,蟋蟀对住宅的保养工作仍在继续进行,房主将不停地翻修、完善,直到去世。

　　四月刚过,蟋蟀的歌声就响起了,最初还是谨慎的独唱,不久就成了大型的交响乐,每一片草丛里都有一位演奏者。我很乐意地将蟋蟀排在万物复苏的合唱家的首位。在我们这里的灌木丛中,此时正值百里香与薰衣草怒放的时节;蟋蟀的合唱伙伴是羽冠百灵鸟,它犹如一支充满诗情画意的焰火,一飞冲天,喉咙里饱含着音符,躲在高高的云里,向田野撒下柔和的抒情旋律。蟋蟀则在地上,与百灵鸟遥相呼应,反复吟唱。这歌声有些单调,缺乏技巧;但这单纯与万物重生时质朴的愉悦是多么吻合!这是对复苏的赞歌,是萌发的种子和初长的草叶都能听懂的哈利路亚圣歌。在这个二重唱组合里,谁能得到胜利者的棕榈枝呢?我会将它授予蟋蟀。它们以数量众多与歌声连贯而取胜。百灵鸟终将噤声,只有海蓝色的薰衣草田,在阳光下轻摆着"香炉",散发出樟脑的香气,接受着蟋蟀这平凡的演唱者庄重的欢庆歌声。

蟋蟀的歌声和交尾

现在,解剖学突然介入进来,对蟋蟀说:"把你演奏音乐的器官给我们看看。"——这器官就像所有真正有价值的事物一样,其实很简单;它的基本原理和蝗虫类昆虫相同:带锯齿的琴弓和振动的薄膜。

蟋蟀的右鞘翅交叠在左鞘翅上,几乎将后者全部覆盖住,除了裹住两侧的皱襞之外。这与绿蝈蝈儿、螽斯、距螽以及它们的近亲向我们展示的刚好相反:蟋蟀是右撇子,其余的则都是左撇了。

两片鞘翅的结构相同。认识了其中的一片,就等于认识了另一片。现在让我们来描述一下右侧的鞘翅。它几乎平直地贴在背上,侧面突然以直角斜落,布满了倾斜平行细脉的翼端将腹部裹住。背板上有着粗壮的深黑色脉络,整体构成了一幅复杂而又奇异的图案,看起来仿佛是用阿拉伯文字写成的天书。

透过光看去,除了两大片相连的区域外,鞘翅呈极淡的棕红色。这两片相连的区域中,一片较大,靠前呈三角形;另一片较小,靠后呈椭圆形。每一片都由一条粗壮的脉络围着,表面有轻微的皱纹。较大的一片上还有四五条用于加固的人字形条纹;较小的一片上则只有一条拱形的条纹。这两片区域就是蚱蜢类昆虫的镜膜,是它们的发声部位。事实上,这些部位的膜是透明的,比其他部位更薄,尽管带有一点儿被烟熏过的颜色。

靠前的那小部分很光滑,带一抹淡淡的棕红,后端是两片相互平行的弯曲翅脉,翅脉之间略微向下凹陷,排列着五六条黑色的短小褶皱,犹如一架微小梯子的横档。左鞘翅完全是右鞘翅的翻版。这些褶皱是起摩擦作用的翅脉，通过增加琴弓的接触点，使震动的强度更高。

在朝下的那一面，阶梯状褶皱凹陷处两边的翅脉中，有一条翅脉构成了锯齿状的长条。这就是琴弓。我一数，上面大约有一百五十个锯齿，或者说是一百五十个有着完美几何结构的三角棱柱。

真是漂亮的发声工具，比螽斯的高明许多。琴弓上的一百五十个三棱柱与另一片鞘翅上的阶梯发生摩擦，使那四把扬琴同时发生振动，下面的两把直接受摩擦而振动发声，上面的两把则由于摩擦工具的振动而发声。因此，这乐声是多么洪亮！螽斯只有一片微不足道的镜膜，发出的声响只能传出几步之外；而蟋蟀则有四片振动器，能将小曲传出几百米开外。

蟋蟀的声音嘹亮得足以与蝉一较高低，但没有蝉鸣那令人不悦的嘶哑声。更难能可贵的是，它得天独厚地知道如何使歌声抑扬顿挫。我们说过，蟋蟀的两片鞘翅沿着体侧各自延伸，形成一片巨大的折边。这就是它的制震器，能随着折边下垂的程度不同而改变声音的强度，同时还能随着折边与柔软腹部接触面积大小的改变，使歌声时而低沉，时而嘹亮。

两片鞘翅完全相同，这值得我们注意。我很明白上面那根琴弓以及它所振动的四片发声器的用途，但下面那根琴弓，也就是左鞘翅上的那根琴弓，又有什么用呢？它不靠在任何东西上，尽管齿条的锯齿与右鞘翅琴弓的锯齿同样精细，但因缺乏接触点而无法摩擦发声。除非将发声器的两片鞘翅上下颠倒，将本来居下的改而居上，否则它毫无用处。

如果将两片鞘翅上下颠倒，那么发声器的完美对称就会再一次建立必要的发声机制，这么一来，小虫儿大概就可以使用目前闲置着的锯条琴弓进行演奏。蟋蟀下面的那根琴弓放到了上面，应该能照样拉奏，而且唱出与平时一样的歌声来。

这种替换能够实现吗？蟋蟀能交替使用两把琴弓，让它们轮流歇息，好让歌声长久地持续下去吗？另外，是不是有那么一些一直使用左鞘翅歌唱的蟋蟀呢？

鉴于两片鞘翅严格对称，我想这种可能性还是有的。然而，观察结果却恰恰相反。我从来没有发现过一只不符合常规的蟋蟀。我仔细观察了许多蟋蟀，它们无一例外地全都是右鞘翅叠在左鞘翅上。

让我们试着介入,用人为的方法来实现自然条件下不可能的事吧。我用镊子将两片鞘翅上下颠倒过来,当然,我没有用蛮力,也没有造成扭伤;只要手脚麻利,再加上耐心,要做到这一点并不难。事成了。一切顺利。蟋蟀的肩膀没有脱臼,翅膀膜也没有折伤。即使正常情况下,这两片翅膀也不会摆得更好了。

发声器颠倒了之后,蟋蟀还会歌唱吗?我几乎就是这样希望的,因为从表面上看,结论应该是肯定的。但不久我就意识到自己错了。小虫在安静了片刻之后,感到了因鞘翅颠倒而造成的不适,便开始努力,并将发声器变回原状。我重施故技,但仍是白费工夫:蟋蟀的执拗战胜了我的顽固。颠倒的鞘翅总能重新回到它们原来的位置。这条路是行不通了。

在蟋蟀鞘翅刚生成的时候就改变它们的位置,是不是能取得更好的结果呢?现在它们的翅膀膜已经僵硬,不会再接受任何改变。褶皱已经形成。应该在一开始就对鞘翅进行改变。那崭新的器官仍然具有可塑性,假如在刚形成的时候就颠倒它们的位置,那么我们会得到什么结果?这值得一试。

为此,我去拜访蟋蟀幼虫,并等待着它蜕变时刻的到来,这一时刻就如同幼虫的再生。它未来的翅膀和鞘翅形成四片小小的衣角,无论从形状、短小程度,还是开叉方式,都让人想到奥弗涅①干酪制造者穿的短小上衣。如果我不想错过时机,就得全身心投入。终于,我等到了蟋蟀幼虫蜕皮的机会。五月的头几天里,上午近十一点时,一只幼虫在我眼皮底下丢弃了它的粗布烂衫。刚完成蜕变的小蟋蟀全身棕红,只有鞘翅与翅膀呈现出一种美丽的白色。

翅膀与鞘翅刚脱壳而出时,只是些短小、褶皱而发育不全的残肢。翅膀几乎原封不动地停留在这种初级状态之中。而鞘翅则渐渐变大、张开、铺展开来;鞘翅的内侧边缘在同一个平面、同一个高度上向前伸展,缓慢得简直难以察觉。没有任何迹象表明哪一片鞘翅将覆盖在另一片上。现在,两片鞘翅的边缘相互碰到了。再过一会儿,右鞘翅就将盖在左鞘翅上。动手的时刻到了。

我用一片稻草叶子轻柔地将交叠的顺序颠倒过来,将左鞘翅的边缘叠

---

① 法国旧省,位于法国中南部。

在右鞘翅的边缘上。小虫儿稍微抗争了一下,捣乱了我的安排。我又尽可能小心地再将其颠倒过来,因为我担心碰伤了它的鞘翅,这器官娇嫩得如同是从一页纤细潮湿的纸上裁出来的。终于,大功告成了:左鞘翅向前伸展,盖到了右鞘翅上,不过还只是一点点,几乎只有一毫米。顺其自然吧:从此事情会自然发展的。

事情进展的果然尽如人意。左鞘翅一直往前伸展,最终将右鞘翅完全覆盖了。将近下午三点的时候,蟋蟀的体色由红转黑,但鞘翅仍然是白色。再过两个小时,它们就将会有正常的体色了。

事成了。鞘翅在人为的安排下发育成熟;它们按照我的意愿伸展、成形、长大、变硬;可以说,它们是以一种颠倒的重叠顺序诞生的。在这种情况下,蟋蟀成了左撇子。它会永远这样下去吗?我认为会的,而且到了第二天、第三天,我的希望更加强烈,因为鞘翅没有丝毫问题,一直维持着它们不同平常的重叠方式。我料想,不久就能看到这位艺术家用它家人一直闲置的琴弓演奏乐曲了。为了目睹蟋蟀初试小提琴的情景,我对它的观察更是加倍集中了。

第三天,新手初次登台。首先传来几声短暂刺耳的声响,如同发生故障的机器重新将齿轮位置调整好发出的噪声一般。接着,歌声便以惯常的音调和节奏响起来了。

掩起你的脸吧,愚蠢的试验者,你对自己用稻草叶所做的伎俩太过自信了!你以为创造了一个另类的演奏家:其实你一无所获。蟋蟀挫败了你的诡计:它用右琴弓演奏,而且将永远这样演奏下去。它付出了痛苦的努力,为此它那位置颠倒、但已成熟变硬的肩膀也脱臼了;尽管看起来模子已经定型,可它还是把应当在上的鞘翅摆在了上面,把应当在下的鞘翅摆在了下面。你想用那点可怜的科学造出一个左撇子,它却取笑你的那些手段,重新长成了右撇子。

弗兰克林为左手留下了一段雄辩的辩护词,他认为左手应当和它的姐妹右手一样,值得精心培养。如果有两只同样灵巧的手相助,那该有多大的好处啊!能这样当然好,可是,除了几个罕见的例子以外,要使两只手在力量与灵活程度上完全相同,这可能吗?

"不。"蟋蟀这样回答:左侧有天生的弱点,那是一种协调方面的缺陷,习惯和教育能在某种程度上纠正这种缺陷，但永远无法让它彻底消失。左鞘翅自出生起就经过人为的纠正，被定型、加固在右鞘翅上，可是当昆虫想歌唱时，它却依然回归下方。要找到造成这种天生弱点的原因，我们得靠胚胎学来解释。

我的失败证明，即使借助于人力，左鞘翅也无法拉响它的琴弓。可左鞘翅上的锯条在精度上一点也不逊于右鞘翅，它的存在又有什么用呢？我可以借口说这是对称的需要，或者说这是对原始图纸的复制；我在解释小蟋蟀为什么要在卵壳口蜕皮的时候，因为找不到更好的理由，也曾这样说过。但是，我更情愿承认，这种说法只是一个貌似过得去的解释，一个好听却不能解决问题的圈套。

也许，螽斯、蝈蝈儿和其他蚱蜢类昆虫都会跑来，给我们看它们的鞘翅，有的上面只有琴弓，有的则只有镜膜，它们会对我们说："为什么我们的近亲蟋蟀要对称，而对我们这些蚱蜢类昆虫却是这样不对称呢？"对于它们的异议，我们没有一个可行的回答。让我们承认自己的无知，谦逊地说一声"不知道"吧。一只小虫的翅膀，就足以将我们无比伟大的理论逼至墙角，无处遁形了。

关于乐器我们已经谈得够多了；现在来听听音乐吧。蟋蟀从来不在家里演奏，而是在门口和煦的阳光下欢唱。它的鞘翅抬高，形成两个斜面，相互之间只有一部分重叠着，发出"克哩克哩"的声音，还带着柔和的颤音。这歌声饱满、洪亮、抑扬顿挫、绵绵不绝。整个春天，蟋蟀就这样独居一处，自得其乐。隐士首先为自己歌唱。它对生活充满热情，赞美拜访它的太阳、养育它的青草以及为它遮风挡雨的宁静住所。歌颂生活的美好，是它拉响琴弓的首要原因。

这位独居者也为女邻居们歌唱。关于蟋蟀的婚礼，假如我们能在它们不处于囚禁的混乱状态下对其细节进行观察，那么请相信，这将是一场奇异的景象。可是，在这里寻求这样的机会是白费工夫，因为这虫儿实在太胆小了。我们只能等待。这样的机会将来能等到吗？此刻，还是满足于可能发生的情况和网罩向我们展示的事实吧。

雌雄蟋蟀各居一处，而且二者都极其喜欢待在家里。该由哪一位移动大驾呢？求爱者会去找自己追求的姑娘吗？或者是被追求的姑娘到求爱者家里来？如果在交尾期，声音是相距甚远的住所之间唯一的向导，那么就应该是不能发声的雌蟋蟀到发出声响的雄蟋蟀那里去。但是，为了维护礼节，同时也为了使我的想法符合被囚的虫儿们告诉我的情形，我猜想，雄蟋蟀一定有特殊的方法，能将自己引向默不作声的雌蟋蟀。

雌雄蟋蟀之间的会面是何时，又是如何进行的呢？我猜想，一切都应发生在傍晚暮色的掩护之下，在美人儿家门口铺满沙土的斜坡上，那里是它宫殿门前的主院。

这个大约二十步远的夜间旅程，对雄蟋蟀来说却是一次重大行动。它平时足不出户，对地形学一窍不通，在经历了如此的长途跋涉之后，怎么能找得到自己的住所呢？看来，它重返家园是不可能了。我担心它因此颠沛流离，无家可归。它没有时间、也缺乏勇气去重新挖一个新地洞来保护自己，只能悲惨地死去，成为夜里四处巡游的蟾蜍口中的美食。夜访雌蟋蟀使它失去了住所，也害死了它。但这对它又有何妨，它已经完成雄蟋蟀的使命了。

以上就是我把旷野上可能发生的情况和网罩下的事实结合起来，设想出的事件全貌。我的钟形罩下有好几对蟋蟀。通常情况下，这些囚犯都不再挖掘住所。漫长的期待和挖掘的时刻已经过去了。蟋蟀们在网罩里四处游荡，根本不为居无定所而担心；它们只要蜷缩在一片莴苣叶子下就可以了。

只要交尾期的好斗本性不发，通常网罩下同住的蟋蟀都能和平相处。不过，求偶者之间时有争吵发生，虽然激烈，但后果并不严重。两名情敌奋起对峙，相互啃咬对方的头颅，这是它们的坚固头盔，能抵挡对方的虎钳；它们扭打翻滚，跌倒爬起，然后分开。战败者尽快溜之大吉；胜利者则唱起华美的曲调，以此羞辱对方；然后，它降低声调，围着它追求的姑娘团团转。

它把自己扮成顺从的美男子。它手指一钩，把一条触须拉到大颚下，卷曲起来，涂上唾液作为化妆品。它那长着尖刺、佩着红饰带的长长后腿，时而焦躁地跺着，时而空舷着蹶子。激动的情绪使它发不出声。鞘翅虽然迅速地震动着，却再也不能鸣响，或者只发出一阵杂乱无章的摩擦声。

这爱的表白却一无所获。雌蟋蟀跑着躲藏到一片莴苣叶子的深处。不过，它将帘子拉开一条缝，向外张望，同时也希望被对方看见。

"她向柳树逃去;但在躲藏之前,却希望自己被看见。"①

两千年前的牧歌这样动人地描绘道。情人间神圣的打情骂俏,真是到处都一样啊!

歌声再度响起,时而沉寂下来,时而传出低低的颤音。加拉泰②——我指的是雌蟋蟀——被求爱者如此的激情所打动,从藏身处走了出来。雄蟋蟀迎上前去,猛然掉了个头,背朝着雌蟋蟀,腹部抵在地上。它倒退着,好几次试图钻到雌蟋蟀的身下。这奇异的倒退举动终于完成了。慢点,小家伙,慢点! 你只要紧贴着地,小心谨慎,就能钻进去。成功了。两只蟋蟀配成了对。一个只有大头针针头那么大小的精子托,被挂在了原地。来年草地上就会有它们俩的蟋蟀宝宝了。

紧接着就是产卵。这时,在网罩下成双成对的同居生活经常引起家庭纷争。父亲遭到毒打而致残;它的小提琴也被砸得破烂不堪。在我的网罩之外,在旷野之中,被残害的雄蟋蟀可以逃跑;它显然要逃跑,这是情有可原的。

蟋蟀母亲对孩子的父亲突然变得凶狠起来,就连平时最温和的也是如此,这种现象实在引人深思。刚才还是情郎的雄蟋蟀,此刻一旦落入美人的口中,很快就会被吃掉;在最后几次会面中,雄蟋蟀必定是拖着残肢断腿、破烂鞘翅才脱身的。蝗虫和蟋蟀——这些从古老世界里残存下来的代表——告诉我们,作为生命原始机械中次要的齿轮,雄性应当在短时间内消失,腾出空间来给真正的繁衍者和真正的辛勤劳作者——母亲。

此后,在更高级的生物当中,有时甚至在昆虫当中,父亲会挑起合作抚养子女的担子,这可是再好不过了:这对子女们来说有百利而无一弊。但蟋蟀还没有进步到这个程度,它们仍然忠诚地保持着远古的传统。因此,昨夜还是梦中情人,转眼间成了令人憎恶的东西,遭到虐待,甚至被开膛吃掉。

即使雄蟋蟀能从脾气暴躁的女伴身边逃开,它也不再有用,不久就将死去,为生活所扼杀。六月里,我的雄蟋蟀俘虏们全都死去了,有些是自然死亡,有些则是暴毙。雌蟋蟀在刚刚孵化出来的孩子们中间还将多活一些时

---

① 古罗马诗人维吉尔的《牧歌》中的诗句。
② 加拉泰:上文所引古罗马诗人维吉尔的《牧歌》诗句中的女主角。

日。但假如它们过的都是单身生活,情况就会大不一样:雄蟋蟀们会特别长寿。这就是事实。

据说酷爱音乐的希腊人常在笼中饲养蝉,以便更好地享受它们的歌声。对此我根本不相信。首先,蝉的鸣叫十分刺耳,假如长时间地听它在附近吟唱,那么只要耳朵稍稍敏感一点,就会觉得是一种酷刑。以希腊人那训练有素的听觉,除了倾听从远处旷野传来的合奏之外,是不可能单从这嘶哑的蝉鸣中得到愉悦的。

其次,将蝉捕来饲养是绝对不可能的,除非在网罩下放进一整棵橄榄树或梧桐树,而如果那样,网罩就不方便放在窗台上了。况且这虫子喜好高飞,只要在狭窄的网罩里待上一天,就会百无聊赖而死。

人们是不是把蟋蟀和蝉混为一谈了,就像把绿蝈蝈儿和蝉混起来一样呢?对蟋蟀来说这可是好极了。它能够非常快乐地忍受囚禁生活:它深居简出的喜好让它生来就习惯这样的生活方式。在一个比拳头大不了多少的笼子里,只要有人每天喂它生菜叶子,它就能开心地生活,并不停地轻声歌唱。雅典的顽童们养在可爱的小笼子里、挂在窗格上的,难道不正是蟋蟀吗?

继他们之后,普罗旺斯乃至整个法国南部的人们,都保留了这个爱好。在城里,对于孩子们来说,拥有一只蟋蟀可以说是如获至宝。小虫儿受到百般疼爱,它用乡间质朴欢乐的小曲和孩子谈心。它的死也会令全家人哀伤一阵。

于是,这些遭到幽禁而被迫过单身生活的隐士成了老寿星。草地上的同胞早已归西,但它们却仍然精神矍铄,一直歌唱到九月。它们多活了三个月,这段时间很长,使它们成年期的生命延长了一倍。

这种长寿的原因是显而易见的。没有什么比生活更加折磨人了。自由的蟋蟀们精神十足地在它们的芳邻身边消耗了自己的精力储备;它们越是热情地消耗自己,生命就消逝得越快。而那些被禁锢着的蟋蟀则过着恬静的日子,它们被迫放弃了消耗过大的快乐,换来的却是更多的生存时日。由于没有完成作为雄蟋蟀的最后使命,它们就一直执拗地活着,直到生命的最后一刻。

至于我家附近的另外三种蟋蟀,我对它们粗略地研究了一下,没有得到什么有趣的结果。它们没有固定居所,也没有地洞,从一个临时隐蔽所游荡到另一个临时隐蔽所,有时是在枯草堆下,有时是在干裂的土缝中。这三种蟋蟀的发声器与田间蟋蟀的大致相同,只在细节上有一些小小的差别。它们的歌声也很相似,除了响亮程度以外。波尔多蟋蟀是蟋蟀家族中最小的,它常在我家门前的黄杨树下歌唱。它还会冒险一直闯到厨房的阴暗角落,但它的歌声十分微弱,只有极其灵敏的耳朵才能捕捉到,并且辨认出这虫儿蜷缩的角落。

我们这儿没有家蟋蟀,它是面包店和乡村民宅的常客。我们村子里房屋烟囱石板下的缝隙的确是静悄悄的,不过,作为补偿,在夏天的夜里,乡间到处都回响着北方难得一听的迷人旋律。春天,阳光明媚的时刻,交响乐团的成员是田间蟋蟀;夏日,静谧的夜里,则是树蟋,或称意大利蟋蟀。这两种蟋蟀一种在白天,另一种在夜间歌唱,瓜分了这美好的季节。前者歌唱的时节刚结束,后者的小夜曲就忙不迭地拉响了。

意大利蟋蟀没有黑色礼服,也没有整个蟋蟀类所特有的臃肿外表。相反,它纤长、娇弱,体色很浅,近乎白色,这与它夜间活动的习性十分适合。捉在指间,你都担心会把它捏扁。它在各种小灌木或高高的草叶上,过着

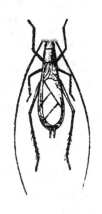

意大利蟋蟀

高空生活,很少下到地面。从七月到十月,在宁静而炎热的夏夜里,它的歌声是高雅的合奏,从日落开始,一直持续大半夜。

在这里,这歌声人人都耳熟能详,因为即使是最小的荆棘丛都有它自己的蟋蟀交响乐团。有时,甚至在谷仓里都能听到它的乐声,这是小虫儿迷了路,和草料一起入了仓。可是,这种浅色蟋蟀的习性实在神秘,没有人确切知道这小夜曲的来历,以至于有些人把它归到了普通蟋蟀的名下,这真是大错特错——在这个时节,普通蟋蟀还很小,不会唱歌。

意大利蟋蟀的歌声是"各哩——依——依,各哩——依——依",徐缓而轻柔,轻微的颤音更是平添了一分表现力。只要一入耳,你就会猜到它的振动膜是多么薄、多么宽。假如无人打扰,这小虫就会稳坐树叶下面,丝毫不改变它的乐声;但只要稍有响动,演奏家就会改用腹语。您刚才还听到它

在这儿歌唱，近在眼前，可突然之间，它仿佛已在二十步开外，继续着它的小曲，乐声随着距离的增加显得喑哑了。

您追上前去，当然是一无所获。声音来自原来的地方。这还不算。这时，声音一会儿从左边传来，一会儿从右边传来，一会儿又从后面传来。真是一点准儿也没有，完全无法依靠听力找到小虫儿振翅歌唱的地点。要想捕捉到这歌手，必须借助灯笼的光线，而且要非常耐心和细致。我就是这样捕获了几只，并放进网罩研究，它们告诉了我它们是利用什么高超的手段，巧妙地误导我们的耳朵的；这也是我目前所知道的仅有的一切。

意大利蟋蟀的每片鞘翅都是由宽大、干燥、半透明的翅膜组成的，薄得如同洋葱白色的膜，而且整块都可以振动。它们的形状如同一段圆弧，上端逐渐变窄。这段圆弧沿着一条粗壮的纵向翅脉折叠成直角，向下延伸，形成翅边，当小虫儿休息的时候，这段翅边就包裹着它的腹部。

右鞘翅重叠在左鞘翅上方。它内缘朝下的一面，接近鞘翅根基的地方，有一块老茧，由此向外放射出五条翅脉，两条朝上，两条朝下，第五条几乎横贯鞘翅；最后的这一条翅脉呈淡棕红色，它就是最基本的器官，即琴弓，这一点可以通过翅脉上横向刻着的细致锯齿得到证实。鞘翅的其他部分还有几条较小的翅脉，它们不是摩擦发声器的组成部分，而是起到让翅膜展开的作用。

左鞘翅，或者说是位于下方的鞘翅，与右鞘翅结构相同，唯一的区别就是琴弓、老茧以及由此辐射出的翅脉，现在是位于左鞘翅朝上的一面。此外，我还发现，左右这两把琴弓彼此斜向交叉着。

当蟋蟀以最为饱满的音量放声歌唱时，两片鞘翅高高抬起，如同宽阔的薄纱风帆，它们之间仅有内侧彼此触及。两把琴弓的锯齿斜着相互啮合，它们摩擦着，使两片绷紧的翅膜振动，发出声响。

琴弓有时在相对鞘翅的粗糙老茧上摩擦，有时则在相对鞘翅那四条光滑的辐射状翅脉的一条上摩擦，声音的变化可能就是这样产生的。同时，这也部分地解释了这胆小的昆虫警觉时，为什么会给人以歌声时而从这儿、时而从那儿、时而又从别处传来的幻觉。

声音或弱或强、或嘹亮或沉闷，从而使人产生距离的幻觉，这是腹语者的主要技巧；此外，这一幻觉的产生还另有一个原因，轻而易举就能发现。

要发出嘹亮的声音,鞘翅就会被举到最高;而要发出沉闷的声音,它们就会或多或少地被放低。在鞘翅放低时,鞘翅外侧的翅边或多或少地往下,压在昆虫柔软的腹部上,这就减少了振动的面积,从而减弱了声音。

用手指轻触一个丁当作响的玻璃杯,就能把响亮的丁当声变为沉闷而不清晰的声响,让人觉得似乎从远处传来。灰白色的意大利蟋蟀也了解这个声学上的奥秘。它将振动片的边缘压在柔软的腹部上,以此将搜寻自己的人引上歧途。我们的乐器有各自的制振器、弱音器;意大利蟋蟀的制振器足以与它们媲美,但结构更加简单,效果更加完美。

田间蟋蟀和与它同属的昆虫们一样,也将鞘翅的边缘或高或低地靠在腹部,从而达到弱音器的功效;但它们谁都没能使用这种方法制造出意大利蟋蟀那般令人迷惑的效果。

只要我们脚下发出一点点声响,就会遇到各种各样出乎意料的点滴小事,其原因就在于意大利蟋蟀制造出的距离幻觉;除此之外,它的歌声纯净,还伴有柔和的颤音。在八月静谧的夜里,我还从来没有听到过其他虫儿能比它唱得更加优雅,更加清澈。有多少次,在温柔寂静的月光下,我席地而卧,对着一丛迷迭香,倾听着荒石园里醉人的音乐!

夜间,园子里的蟋蟀数不胜数。每一簇红花怒放的岩蔷薇、每一束薰衣草,都有它自己的合唱队员。那些葱郁茂盛的野草莓树和笃蓐香都成了一个个乐队。蟋蟀们从一丛灌木到另一丛灌木,以可爱清脆的嗓音一问一答;更确切地说,它们并不关心别人的曲调旋律,只是在独自为自己歌唱,欢庆着种种快乐。

天空中,在我的头顶上,天鹅星座在银河里长长地伸着大十字架;地面上,环绕我四周的,是虫儿连绵不断的交响乐。这些小东西诉说着自己的欢乐,让我忘记了星星的表演。我们对这些注视着我们的天眼一无所知,它们宁静而冷淡,一闪一闪地,就如同人在眨眼。

科学告诉我们它们的距离、速度、质量和体积;科学以巨大的数量将我们压倒,又以广阔的面积使我们目瞪口呆,却丝毫无法触动我们的心弦。这是为什么?因为它缺乏一个大秘密,那就是生命的秘密。天空中有什么?那些恒星又在温暖着什么?理性告诉我们,天空中受恒星温暖的,是一些和我们相似的世界;在那些土地上,生命无穷无尽地嬗变进化着。这是多么美妙的宇宙观啊，但这仅仅是一种纯粹的观念而已，并不是以显而易见的事实为基础，而事实恰恰是至高无上、而人人可及的证据。可能的事，或极有可能的事，都不是显然的；只有显然的事才无法抗拒、不容质疑。

噢，我的蟋蟀们，在你们的陪伴下，我却感到了生命的悸动，它是我们这块土地的灵魂；这也是为什么对待天鹅星座，我只是漫不经心地瞥上一眼，而对待迷迭香丛中你们的小夜曲，我却是全神贯注。一点点有生命的、能感受欢乐与痛苦的黏液，远比大量的无机物质有意义得多。

蝗虫的角色和发声器

"孩子们,准备好,明天太阳开始曝晒之前,我们去捉蝗虫。"我临睡前的这个通知让一家人兴奋不已。我的小伙伴们,他们在梦中看见了什么呢?蓝色的、红色的翅膀,突然像扇子一般展开;长着锯齿的天蓝或粉红色长腿,在我们的指间扑腾;粗粗的后腿犹如弹簧,蝗虫靠着它一跃而起,就像是埋伏在草丛中的矮人用投射器投出的弹丸一样。

孩子们在睡眠的柔和魔灯中看到的,我有时也会梦见。生命以同样的天真抚慰着我们的童年与老年。

如果有那么一种狩猎,既不杀戮,也没有危险,而且老幼皆宜,那一定是捕捉蝗虫了。啊!这样的狩猎给我们带来了多少美好的早晨!黑莓变黑成熟的时刻又是多么令人愉快,我的小帮手们能在灌木丛里四处顺手摘上一些!在长着被太阳烤焦的零星硬草的山坡上远足,这又是多么让人难忘!我的脑海里保留着这些回忆,我的孩子们也将把它们铭记在心。

小保尔腿脚灵便,手快眼尖。他搜寻着四季常开的花簇,蚱蜢圆锥形糖块般的脑袋就在那儿认真严肃地沉思着;他查看着灌木丛,从那里有时会突然跳出一只胖胖的灰蝗虫,就像受到惊吓而飞起的雏鸟一般。猎手起初箭步如飞,可现在却只能目瞪口呆地停下步子,眼睁睁地看着这家伙像云雀一样远远逃走,他失望极了。下一次他一定会更加幸运。要是不捉住几只这种漂亮的家伙,我们是不会回家的。

玛丽-波利娜比保尔年幼,她耐心地寻找着长着粉红色翅膀、胭脂红后腿的意大利蝗虫；但她最心仪的还是另一种擅长跳跃的小虫儿，它的衣着最为优雅。这受到小女孩青睐的蝗虫在脊背根部装饰着四根白色的斜线，绘出了一个圣安德烈十字架①。它的制服上点缀着几块铜绿色的斑点，就像是古钱币上的绿锈。玛丽-波利娜举着小手，轻轻靠近，随时准备将它扑住。啪！抓住了。她赶快用一个圆锥形的纸包迎接这位新俘虏，这小虫头对着纸袋口，纵身一跳，就跃进了纸漏斗。

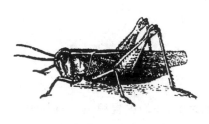

意大利蝗虫

就这样，圆锥形纸包一个接一个地鼓了起来，盒子里也住满了蝗虫。在太阳开始发威之前，我们已经收获颇丰，这些品种各异的研究对象将被养在网罩里，如果我们善于询问，它们或许会告诉我们一些什么。回家吧。我们并没有费什么力，却被蝗虫造就成了三个幸福的人。

我对寄宿者们提的第一个问题是："你们在田野里扮演着什么样的角色？"我知道，你们的名声通常很不好；书本把你们当做害虫。你们该不该受这种指责呢？我斗胆提出质疑，当然，这质疑不针对那些在东方和非洲泛滥成灾的可怕毁灭者。

你们都受到了这些饕餮之徒恶名的连累，可在我看来，你们的功远大于过。据我所知，这一带的农夫可从来没有抱怨过你们。他们能指控你们造成了什么损害呢？

你们吃的是连绵羊都不喜欢的坚硬而难啃的草尖；比起种植的肥美牧草，你们更偏爱稀疏的草地；你们在贫瘠的土地上觅食，在那里，除了你们之外没有其他动物能找到食物；你们赖以存活的食物，唯有借助你们强健的胃才能被消化和利用。

再说，当你们光顾田野时，唯一能吸引你们的东西——麦苗，也早已成熟结实，收割完毕。即便你们偶然闯进园子觅一点食，也不是什么滔天大罪，只不过是咬破几片生菜叶子而已。

① 圣安德烈：十二使徒之一，耶稣的第一个弟子。圣安德烈十字架呈 X 状。

以一方萝卜地为标准来衡量事物的重要性,这是一种令人不快的方法,它只注意到毫无意义的细节,而忘了最重要的东西。目光短浅的人为了保住十来个干李子,便能扰乱整个宇宙的秩序。要是让这种人去处理蝗虫,他们只能是采取灭绝的方法。

幸而,这样的事情不是、也永远不会是目光短浅的人有权来管的。大家可以想一想,假如蝗虫仅仅因为被指控窃取了田里的零星作物而消失了,那将会给我们带来什么后果。

九、十月份,一个孩子用两根长长的芦苇秆,将一群火鸡赶到山顶草场。这群火鸡在那里缓步游荡,嘴里发出"咕噜—咕噜"的叫声;草场在太阳的烤晒下干燥而光秃,最多有一两根枝叶破烂的矢牛菊顶着它们最后儿个绒球。这些鸟儿在这片沙漠般的荒地上做什么呢?这里到处弥漫着饥荒的气氛。

它们来这里是为了养肥自己,长出结实美味的肉来,以便为圣诞节的传统餐桌添光加彩。不过请问,它们吃什么呢?吃蝗虫,火鸡们这儿扑几只,那儿捉几只,美滋滋地把嗉囊填得鼓鼓囊囊的。圣诞夜人们吃得那样欢的肥美烤火鸡,有一部分就是靠这秋天里不费分毫而且美味异常的天赐美食喂养、发育而成的。

珠鸡在农场周围游荡,发出拉锯般的吱嘎声,这家禽如此热衷地寻找的是什么呢?当然是谷粒,不过首要的还是蝗虫。蝗虫会为它腋窝下加上一层脂肪,让它的肉更添滋味。

让我们深受其益的母鸡,对蝗虫的偏爱也不浅。它深知这种美食能刺激繁殖能力,让自己更能下蛋。于是,当它被放养在野外时,母鸡便会带着小鸡到山顶的荒草地上去,教它们如何敏捷地一口把蝗虫美食吞下肚去。总之,只要是能随意游荡的家禽,就得感谢蝗虫为它们补充了高品质的食品。

除了我们的家禽以外,就完全是另外一回事了。如果您是一个猎人,并且喜欢法国南方山区的名产红胸斑山鹑的美味,那么请您将刚打下来的鸟儿的嗉囊剖开看看。您会发现饱受诬蔑的蝗虫做出贡献的绝好证明。十只山鹑中有九只嗉囊里都或多或少地塞满了蝗虫。山鹑酷爱蝗虫,只要能捕到它们,它宁可不吃种籽。假如全年都有这种鲜香、营养、高热量的食物,山鹨几乎会忘记还有谷粒能吃。

现在让我们来看看受到图塞内尔如此热情称颂的候鸟吧。它们中首屈一指的是普罗旺斯白尾鸟——鹏鸟，到了九月就肥硕无比，串起来烤着吃十分可口。

我猎鸟的时候，总要记录下它们嗉囊和砂囊里的食物，以了解它们的饮食习惯。鹏鸟的菜单如下：首先是蝗虫；然后是种类繁多的鞘翅科昆虫，如象虫、沙潜、叶甲、龟甲、步甲，等等；排第三位的是蜘蛛、赤马陆、鼠妇；最后还有小蜗牛，此外它还极少地吃一点血红色欧亚茱萸和树莓的浆果。

什么小个儿的野味都有一点，看得出，它随便找到什么食物都吃。只在食物短缺、实在没有更好的东西可吃时，这种食虫鸟才吃浆果。在我记下的四十八个案例中，只有三例吃植物的情况，而且量都很小。鹏鸟最常吃、而且吃得最多的是蝗虫，它专挑那些个头儿最小的虫子，不至于咽不下去。

其他的一些小型候鸟也是如此，秋天来时，它们在普罗旺斯稍作停留，在尾部储存一些脂肪，为即将进行的长途跋涉作准备。它们都把蝗虫当做绝顶的美食、营养丰富的干粮；所有的小候鸟都在荒地与休闲田里争先恐后地啄食那些欢蹦乱跳的虫儿——这将是它们飞行的力量源泉。蝗虫真是秋季旅行的鸟儿们天赐的佳肴。

至于人类，对这种食物也并非不屑一顾。多玛将军曾在他的《大沙漠》一书中引用了一位阿拉伯作家的一段话：

"蝈蝈儿[1]是人类和骆驼很好的食粮。不管是新鲜蝗虫还是贮存的蝗虫，将它们的腿、翅膀和头摘除后，可以烤或煮，和着古斯古斯[2]吃。

"将蝗虫在太阳下晒干，研磨成粉，加入牛奶或揉入面粉，可以和油脂或黄油、盐一同煮食。

"骆驼很爱吃蝗虫。把它们叠放在两层煤炭之间的大洞里，烤干或煮熟后给骆驼吃。黑人也是这样食用蝗虫的。

---

① 更准确地说是蝗虫，不要把它与佩刀的真蝈蝈儿混淆起来。——作者原注
② 北非一种用麦粉团加佐料做的菜。

"梅丽昂①请求真主赐予她不带血的肉食,真主便给了她蝗虫。

"人们把蝗虫作为礼物送给先知穆罕默德的妻子们,她们就把蝗虫装在篮子里送给其他女人。

"一天,有人问欧麦尔②哈里发是否允许食用蝗虫,哈里发回答:'我真想有满满一篮子的蝗虫吃。'

"从所有这些事例中可以得出这样的结论,毫无疑问,出于真主的恩典,蝗虫被作为食物赐予了人类。"

我没有那位阿拉伯博物学家走得那么远,吃蝗虫需要有极其强健的胃,这可不是人人都有的。但是我可以说,蝗虫是上天赐予千千万万鸟类的食物。这一点我所观察过的那一长串砂囊可以证明。

其他还有一些动物,尤其是爬行动物,对蝗虫也崇尚有加。普罗旺斯小女孩害怕的拉萨多,即眼状斑蜥蜴,它喜欢躲在被骄阳晒得犹如烘箱的乱石堆里,我在它那圆溜溜的肚子里也发现了蝗虫。我还有很多次在无意中发现,这墙壁上的灰色小蜥蜴用尖尖的嘴巴叼着一只蝗虫的残骸,这是它窥伺良久才捕到的战利品。

只要天赐良机,鱼儿也会好好享用一番蝗虫。这昆虫蹦跳时并没有固定的目标。它就像一块不经计算就被投出的飞石,松开的弹簧随意将它弹到哪里,它就落到哪里。假如降落点恰好在水里,鱼儿就会立即上前将落水者吞进肚子。不过,这样的贪嘴有时却是致命的,因为垂钓的渔夫会在鱼钩上挂上蝗虫,作为特别诱人的鱼饵。

即使不再列举以这种小虫为食的动物的例子,我也已经十分清楚蝗虫很高的价值了,它一环接一环地把干瘪的禾本科植物变为美味佳肴,转送给最奢侈的食客——人类享用。为此,我很乐意像那位阿拉伯作家那样说:"出于真主的恩典,蝗虫被作为食物赐予了人类。"

只有一点让我感到犹豫:那就是直接吃蝗虫。如果是间接食用蝗虫,比如吃以蝗虫为食的山鹑、小火鸡,还有其他许多动物,那么没有人会不对蝗

---

① 即圣母玛利亚。——作者原注
② 欧麦尔(约583—644):伊斯兰第二任哈里发。

虫大加赞赏。但如果是直接吃,蝗虫真的那么令人厌恶吗?

欧麦尔这个强大的哈里发、焚毁了亚历山大图书馆的野蛮人可不这样认为。他的胃和脑子一样粗野,他声称能将一篮子蝗虫当做美味吃下去。

早在他之前,还有其他人对吃蝗虫心满意足,但他们是为了过审慎的俭朴生活。身披棕色驼毛粗呢袍的施洗约翰[1],或称施洗约哈斯,这位希律王[2]时代传播好消息的先驱和民众的伟大鼓动者,在沙漠中就是靠蝗虫和野蜂蜜为生的。"吃的是蝗虫和野蜂蜜",《马太福音》这样告诉我们。

我吃过野蜂蜜,尽管是从石蜂的蜜罐里找来的。它的滋味完全可以接受。接下来就要看沙漠里的蚱蜢类昆虫,也就是蝗虫了。小的时候,我像所有孩子一样,曾经生嚼过蝗虫的大腿。那也挺有滋味的。今天,让我们提高一个档次,来尝尝欧麦尔和施洗约翰吃过的菜肴吧。

我捉来一些肥大的蝗虫,按照那位阿拉伯作家的指点,撒上盐在黄油里十分简单地炸了一下。晚饭时,我们全家老小一同分享了这道奇异的炸制菜肴。大家对哈里发的佳肴评价并不差,比亚里士多德吹嘘的蝉好吃多了。有点螯虾的味道,还带有烤螃蟹的香味;要不是因为壳太硬,而壳里可吃的肉太少,我几乎要说它好吃了,不过我也没有以后再吃的欲望。

就这样,我受博物学家的好奇心的诱使,吃了两次古代菜肴,一次是蝉,一次是蝗虫。不过两种昆虫都没有让我特别喜欢。应该把这些东西留给下颌强壮的黑人,或者像著名的哈里发一样的大胃王。

不过,我们那娇生惯养的胃并没有削弱蝗虫的优点。这些吃草的小虫在制造食物的工厂里扮演着举足轻重的角色。它们成群结队,大量繁殖,在贫瘠的土地啃噬着,将无法利用的东西转变为可以食用的物质,供给成千上万的消费者食用;其中首先就是鸟儿,而人类则常常以鸟儿为食。

生物世界不可避免地要受到果腹需要的刺激,因此任何事情都比不上获得食物重要。为了能在食堂里占有一席之地,每只动物都要付出最大部分的活力、技巧、辛劳、计谋和争斗;一次普通的宴席本应是一种快乐的享受,可对许多动物来说却是一种折磨。人类远没有摆脱饿汉相争的种种苦

---

① 施洗约翰:《圣经》中的人物,犹太先知。
② 希律王(公元前73年—公元前4年):犹太国王。

难。相反,这些苦难出现得如此频繁,唉! 人类尝尽了个中的苦。

人类如此富有创造力,能最终摆脱这种磨难吗? 科学对我们说,能。化学向我们承诺,在不久的将来,食物问题将得到解决。它的姐妹学科——物理学为它铺设了前进的道路。目前,物理学已经在考虑如何让太阳更有效地工作了;太阳这个大懒汉自以为让葡萄变甜、让麦穗变黄,就不欠我们什么了。物理学会把太阳的热量储存起来,把太阳光线汇聚起来,然后引向我们需要的地方,为我们所用。

有了这些能量储备,我们能让炉灶生火,让齿轮转动,让捣槌搅拌,让锉板粉碎,让压辊碾磨;受恶劣天气限制而耗费巨大的农业劳动将机械化操作,成本不高,但产量保证。

这时,拥有许多奇妙反应的化学就将参与进来。它会为我们制造出所有类型的食物,将它们浓缩为精华,可以完全被吸收,而且几乎没有污秽的残渣。面包将成为一粒药丸,牛排将化为一滴肉冻。地里的农活——这种蛮荒时代的苦刑——将成为记忆,只有历史学家才会谈起。最后一只羊和最后一头牛将被做成标本,就像从西伯利亚冰川里掘出的猛犸一般,送进博物馆陈列起来。

终将有一天,牲畜、谷子、水果、蔬菜,所有这些老古董都会消失。据说进步就是要这样;化学反应的蒸馏釜也是如此断言的,它不可一世地认为,世上没有什么事情是不可能的。

对于这种食物的黄金时代,我感到深深的怀疑。如果是要获得某种新的毒物,科学在这方面的创造力确实令人畏惧。我们数量众多的实验室就是制造毒药的车间。如果是要发明一种蒸馏器,用土豆来制造大量的烧酒,把我们都变成一群昏头昏脑的白痴,工业的行动手段也是无穷无尽的。

但是,要依靠人工的方法获得一口简简单单、却真正富有营养的食物,那却是另外一回事了。无论如何,蒸馏釜也焖不出这样的东西来。毫无疑问,以后也不会有更好的结果。有机物是唯一真正的食品,是实验室无法化合出来的。生命才是造出有机物的化学家。

因此,我们应当明智地将农业和牲畜保留下来。让动物和植物的耐心劳动来为我们准备食物吧;不要轻信粗野的工厂;还是要信任那些细致的方法,尤其是蝗虫的肚子,是它齐心协力制造出了圣诞大餐上的小火鸡。蝗虫的肚子里有的是食谱，是蒸馏釜嫉妒一辈子也无法效仿的。

这种集聚细微营养颗粒、养活了一群饥民的小昆虫，会演奏一种音乐来表达心中的快乐。让我们来看一只正在休息的蝗虫，它沉浸在幸福之中，一边消化食物，一边沐浴着阳光。它的琴弓突然发出声响，反复了三四次，中间伴有短暂的停歇，就这样蝗虫唱起了歌曲。它用粗壮的后腿在腹部两侧弹拨，时而用这条，时而用那条，时而两条并用。

不过演奏效果甚微，蝗虫的歌声如此之轻，我必须借助小保尔的耳朵，才能确认它的确发出了声响，就像是针尖在纸上划过发出的声音。这就是蝗虫的歌，几乎是静寂无声。

对蝗虫那简陋的乐器，我们也不能期望过高。它与蚱蜢类昆虫向我们显示的完全不同：没有带锯齿的琴弓，没有如扬琴般紧绷和振动的翅膜。

让我们以意大利蝗虫为例，其他会唱歌的蝗虫的发声器都与它的相同。它的后腿上下都呈流线形。此外，每一面上都有两根竖长粗壮的肋条。在这两根最主要的肋条之间，阶梯状地排列着一系列小肋条，组成了人字形的条纹；无论是从外面看还是从里面看，这些肋条都同样突出，同样清晰明显。除了这两面完全一样之外，更让我惊奇的是，这些肋条都很光滑。最后，鞘翅的下部边缘，也就是后腿作为琴弓弹拨的翅膀边缘，也没有什么特殊之处。那里可以看到和鞘翅膜其他部位同样的粗壮翅脉，但没有任何粗糙的锉板，也没有任何锯齿。

这种简陋的发声器能发出什么样的声音呢？仅仅是轻擦一张干皱的薄膜所发出的声音。而为了发出这微乎其微的声响，蝗虫猛烈地颤抖着，将它的腿抬高、放下，并且对自己的成果心满意足。它就像我们感觉满意时摩擦双手一样，摩擦着自己的腹部两侧，却并不是为了发出声响。这是它表达自己生活快乐的方式。

当天空略有云翳、太阳时隐时现的时候，让我们来观察蝗虫吧。云间透出一缕阳光。蝗虫立刻开始摩擦后腿，阳光越是温暖，摩擦就越激烈。它的曲子都很简短，但只要太阳照着，新的小曲就不断。阴影回来了。歌声戛然而止，直到下一次阳光出现时才再次响起，这歌声仍然伴随着身体的短促颤抖。事情很明白了：这是爱好阳光的蝗虫表示自己安乐惬意的简单方式。饱食一顿之后，再沐浴在阳光之下，这时的蝗虫就会兴高采烈。

蚱　蜢

但并不是所有的蝗虫都用摩擦来表示快乐的。长鼻蝗虫长着不成比例的细长后腿，即使有最暖和的阳光的轻抚，它仍旧闷闷不乐，一声不响。我从没见过它的后腿像拉琴般地擦状；虽然它的腿那样长，可除了跳跃之外，就再没有其他用途了。

也许同样出于有一双过长的后腿，胖胖的灰蝗虫也不会发声，不过它有自己独特的方式来表达快乐。这巨人经常到我的院子里来拜访，哪怕是隆冬季节。当天气平静，阳光和煦时，我会发现它在迷迭香丛中，展开翅膀飞快地扑打几十分钟，似乎准备腾空而起。虽然它拍打的速度极快，但翅膀旋转的声音实在太轻，几乎无法察觉。

还有一些蝗虫在这方面更加不及，步行蝗虫就是如此，它是生活在万杜山顶的阿尔卑斯距螽的伙伴。阿尔卑斯地区的帕罗草就像给大地铺上了一张张银色的地毯，而这位步行者就漫步其间；此外，这位身穿短礼服的跳跃者还是安德罗萨思花的常客，这种小花像周围的雪一般洁白，粉红色的芽微笑着；步行蝗虫的颜色也如同这花圃中的植物一样清新。

在高山地区，阳光较少被浓雾遮挡，这使步行蝗虫有了一件既优雅又简洁的礼服。它的背光滑如缎，浅棕色；腹部呈黄色；粗壮的大腿下部是珊瑚红色；后腿则是极为美丽的天蓝色，前端还佩戴着一枚象牙镯子。不过，由于这优雅的昆虫无法摆脱幼虫的形态，所以它仍然穿着短装。

它的鞘翅像两片粗糙的西服下摆，相距很远，长度几乎不超过腹部的第一节；两片翅膀更加短小，似乎尚未发育齐全。所有这些只能勉强遮住腰以上裸露的地方。第一次见到它的人一定会把它当做幼虫。他搞错了。这已经是一只成年蝗虫,完全成熟,可以交尾了。这昆虫直到生命的尽头,都一直穿着这身轻薄的小衣。

是不是因为这身剪裁得如此精打细算的短小上衣,步行蝗虫才不会唱歌的呢?它的后腿非常粗壮,可以当琴弓;但它没有凸出的鞘翅边缘,作为摩擦时的发音空间。如果说其他蝗虫发出的声音很小,那么它则是完全发不出声音。即使我周围人的耳朵再灵敏、再竭尽全力地认真听,都没有用;喂养了三个月,步行蝗虫却连最细微的响声也没有发出。这默不作声的虫子一定有其他方法来表达快乐、召唤伴侣。可到底是什么方法呢?我一无所知。

我也不知道究竟是出于什么原因,这种昆虫没有飞行器官,一直是一个笨重的步行者,而它那些同住在山区草地上的近亲却个个都是飞行能手。它拥有鞘翅与翅膀的萌芽,这是卵赋予幼虫的;可它却不想让这些萌芽发育并加以利用。它一直蹦蹦跳跳的,除此之外再无雄心壮志;只要能步行,像命名学所称呼的那样做一只步行蝗虫,它就心满意足了;尽管看起来它完全可以拥有翅膀——这更加高级的运动机制。

快速地飞越白雪皑皑的山谷,从一个山脊到达另一个山脊;轻易地从一片被啃过的草场飞向另一片还未开发的草场;难道这些好处都微不足道吗?显然不是。其他蝗虫,尤其是居住在山顶的同胞们,都拥有双翅,而且对此十分满意。为什么步行蝗虫不效仿它们呢?从套里抽出那包裹在残肢中的闲置翅膀,这会使它获益匪浅,可它却根本没有这样做。这是为什么呢?

有人回答我说:"是因为进化停止了。"就算是这样吧。生命在工程进行到一半时突然止住了脚步;昆虫将工程规划书带在身上,却没有达到这规划书所规定的最终模样。这个答案看起来非常有学问,可事实上并不是一个答案。问题以另一种形式出现了:为什么进化会停止呢?

幼虫出生时,带着成年后飞翔的希望。作为这美好未来的保证,它背着四个套子,里面沉睡着珍贵的翅膀萌芽。一切都按照正常进化的需要准备就绪。可接下来,机体并没有实现它许下的诺言;它食言了,没有给成年蝗虫飞翔的翅膀,而是无用的服饰。

是否应该把这光秃秃没有翅膀的事实归咎于山区艰苦的生活条件呢?不能。那些居住在同样草地上的跳跃昆虫,都能在幼虫翅膀萌芽的基础上,最终发育出飞行的翅膀来。

有人向我们断言：出于需要，动物们经过反复试验，不断进化，最终获得了某种器官；在各种创造因素中，只有动物的需要得到了承认。比如蝗虫，特别是我看到在万杜山的圆形山顶上飞来飞去的蝗虫，本应该就是这么进化的。经过几个世纪的默默努力和酝酿，它们完全可以从幼虫那精打细算的衣服下摆中，发育出鞘翅和翅膀来。

好极了，赫赫有名的大师们。那么请告诉我，是什么原因促使步行蝗虫没有超越自己飞行器的粗糙雏形呢？在这漫漫的几个世纪当中，它肯定也受到了飞行需要的刺激；当它在岩石中间艰难地爬滚时，也会感到要是能借助飞行来摆脱重力的束缚该有多好；它的机体所作的一切尝试，都在努力使它拥有更好的命运，但却仍然无法让那萌芽状态的翅膀舒展开来。

按照你们的理论，在需要、饮食、气候、习惯等条件都相同的情况下，一些蝗虫成功地进化了，能够飞行，而另一些却失败了，仍然是笨重的步行者。如果这不是拿好听的话来搪塞我，就是完全弄错了事实的真相，我才不会接受这样的解释。还是一无所知更好，这样就不会对任何现象先入为主了。

让我们暂且把这种在进化过程中落后了的蝗虫搁在一边。和它的同类相比，步行蝗虫不知为何落后了一个阶段。在机体的发育中，有后退、有停滞，也有飞跃，我们对此充满好奇，却无法了解。面对捉摸不透的物种起源问题，最好还是低头认输，不去谈它。

🌿 蝗虫的产卵

我们的蝗虫会干些什么呢？要从本领来说,真没有什么。它们以炼金术士的身份存在于这个世界上,在曲颈甑般的肚子里对物质进行变化、提炼,用于制造更加高级的产物。当我在引人冥想的深夜里,坐在炉火边写关于蝗虫角色的这些笔记时,我根本不会断言它们对唤醒思想做出什么贡献,而思想是事物的魔镜。它们活在世上,就是为了尽量繁衍,不断壮大,这便是这种被指定用来制造食物的昆虫的至上法则。

乍看起来,除了那些有时使非洲陷入饥荒的种族之外,蝗虫并不引人注目。这些咀嚼者的食量很小,对于我钟形罩下的全部住客而言,一片莴苣叶子就绰绰有余了。但说到繁殖,就是另外一回事了,值得我们驻足观察一番。

不过,我们不要期望在蝗虫身上看到蚱蜢类昆虫反常的婚配行为。虽然两者的身体结构十分相似,但我们现在所处的是一个风俗习性完全不同的世界。在蝗虫这个和平的种群中,关于交尾的一切都是合情合理的,没有任何骇人听闻的事情发生,和昆虫世界常见的礼仪相去不远。看到过它们交尾时如痴如醉状态的人都承认:在没有开化的直翅目昆虫放纵自己发情期的荒唐行为这方面,蝗虫不及蚱蜢。因此,关于这个永远是淫秽的话题,我没有什么特别的东西可说。对此我十分释然。那么就跳过这个话题,直接谈谈蝗虫的产卵吧。

将近八月底,临近中午的时候,让我们来仔细观察意大利蝗虫,这是我家附近最狂热的跳跃昆虫。它身材矮小,踢腿有力,穿着短短的鞘翅,勉强盖住整个腹部。大部分意大利蝗虫的外衣都偏棕红色,点缀着棕色的斑点。一些更加优雅的虫子,前胸有一条白色的滚边,一直延伸到头部和鞘翅。翅膀的根部呈玫瑰红,其余部分则是透明的;后胫节呈酒红色。

在阳光的爱抚下,蝗虫母亲选择了钟形罩的边缘作为合适的产卵地点,因为钟形罩的网纱可以根据需要为它提供支撑点。它慢慢用力,将肚子作为圆钝的探测头,垂直插入沙中,直到完全消失。由于缺少钻孔工具,肚子插入沙土的过程十分艰难,时断时续;终于,坚忍不拔是弱者的强大杠杆,依靠它,蝗虫母亲终于达到了目的。

蓝翅蝗虫

现在蝗虫母亲的身体有一半插在沙里,安顿好了。它的上身微微抖动,伴着有规律的间歇,这显然是因为输卵管在用力排卵的缘故。它的后颈表现出一阵阵搏动,使头部一起一落地轻轻跳动着。产妇十分专注于排卵,它除了头部在摆动以外,那只有上半部分还看得见的身体纹丝不动。这时,经常会有一只雄蝗虫来到近前,与蝗虫母亲相比它简直就是一个侏儒,它好奇地长时间看着雌蝗虫分娩。有时,也会有几只雌蝗虫来当观众,它们把自己胖胖的面孔对着分娩中的同胞,似乎对正在发生的事情很感兴趣,也许它们在想:"不久就要轮到我了。"

蝗虫母亲一动不动地待了四十多分钟以后,突然猛地脱身而出,跳向远处。它对产下的卵看都不看一眼,也不扫扫沙土将产卵的洞口遮住。不过,无论好坏,洞口会由于沙土的自然流动而闭合。不过,这种做法实在太草率、太缺乏母性的关爱了!蝗虫妈妈真不是慈母的典范。

其他蝗虫可不会如此毫无牵挂地将它们的卵抛弃。普通的黑条蓝翅蝗虫便是一个例子;吉尔发现的黑面蝗虫也一样。黑面蝗虫这个名字不够生动,它应该反映出昆虫外衣上的孔雀石绿点子,或是前胸上的白十字。

这两种昆虫在产卵时所采取的姿势与意大利蝗虫相同。肚子垂直埋入地下;其余身体的一部分被成堆的坍塌物遮掩。它们同样一动不动地待了半个多小时;同样轻轻地抖动着头部,表明在地下的那部分身体正在用力。

最终,两名产妇起身了。它们用高高抬起的后腿扫了一些沙子,遮住产卵的洞口,并飞快地用脚踏实。它们天蓝色或粉红色的胫骨如冰雹般快速砸下,间或还用脚跟把需要填塞的开口处踏实,这场面倒也不乏优美。就这样,在轻快活泼的踩踏下,安放虫卵的入口被封好并隐藏起来了。卵坑消失了,没有一丁点痕迹,任何心怀鬼胎之徒单靠肉眼是无法找到的。

这还没完。那两台泥土夯实机的马达是粗壮后腿,它们不停地抬高放低,摩擦着鞘翅的边缘。经琴弓这一拉动,便产生出细微的唧唧声,如同虫子沐浴在阳光下宁静午休时的愉快歌唱。

母鸡用欢快的歌声来庆祝刚产下的鸡蛋:它向周围的世界宣布着自己做母亲的欢乐。雌蝗虫在许多情况下也是如此。它用自己微不足道的刮板,庄严地庆祝孩子们的诞生。它说:"我把未来的珍宝放在地下了;我把一筐将要取代我的胚胎托付给伟大的孵化器了。"

在短短的时间里,产卵的地点就恢复了原来的样子。于是,母亲离开了那里,吃几口绿叶恢复一下体力,准备重新开始。

灰蝗虫是我们这一带最大的蝗虫,它的体型可以与非洲蝗虫抗衡,但它们的习性不像非洲蝗虫那样会带来灾难。灰蝗虫个性平和,生活朴素,丝毫不损害地里的庄稼。它在囚禁状态下也非常易于观察,因此我们了解到了一些情况。

灰蝗虫的产卵时间大约在四月底,就在不久前,耗时颇多的交尾刚刚结束。雌灰蝗虫与其他蝗虫产妇一样,在肚子的顶端不同程度地配备着四个短短的挖掘器,它们成对地排列着,状如带钩的爪子。上面的那对更加粗壮,钩爪朝上;下面的那对小一些,钩爪朝下。这些钩爪如同小爪子,爪尖又黑又硬;此外,爪子凹陷的一面有点像勺子。这就是打孔的工具——蝗虫的鹤嘴镐与钻头。

产妇把自己长长的肚子弯曲起来,垂直于身体的轴心。它用四个钻头咬住地面,翻起一些干燥的土壤;接着,它以极其缓慢的动作,把肚子插进土里,似乎并不用力,也没有任何摆动以表明工程的艰辛。

这虫子一动不动,聚精会神。打孔器即使钻进松软的土层,也不会如此悄然无声。探测头好像在钻一块黄油,而事实上,它穿越的却是坚硬而又结实的地面。

假如可能的话,看一看这钻孔工具——四钻头的螺旋钻——如何运作,倒是一件有趣的事;可惜这些都发生在神秘的地下。没有一星半点废土冒出来,也没有任何迹象表明工程正在地下进行。渐渐地,肚子轻轻地钻了下去,就像我们的手指插进一团柔软的黏土一般。

四个钻头应该打开了通道,将泥土碾成了粉末,肚子将碎土推到旁边,然后压实,就像园丁用挖洞的小手铲夯土一样。

放置虫卵的最佳地点并非总能在第一次挖掘时遇到。我看到这只雌蝗虫将整个肚子钻进土中,连续打了五个洞,还没有找到合适的地点。那些被认为不符合要求的洞都被遗弃了,还保持着刚挖好的样子。它们都是垂直的圆柱形,直径如一支粗铅笔,内壁光滑得令人吃惊。就算是用手摇钻也钻不出更好的洞来。洞的深度与昆虫腹部的环节最大限度伸长时的长度相同。

第六次试钻时,雌蝗虫认为找到了合适的地点。于是,产卵便开始了。但是,没有任何外部迹象表明产卵正在进行,蝗虫母亲纹丝不动,肚子完全没入土中,这使得它支在地面上的长长的双翅有了些褶皱,并且还分了开来。产卵的过程持续了整整一个小时。

终于,它的肚子逐渐升了上来。现在它快要接近地表,可以供我们观察了。它的排卵管口不断地抖动着,分泌出一种起泡的黏液,形成了奶白色的泡沫。这与螳螂用泡沫包裹它的卵差不多。

泡沫物质在卵洞的入口处形成一个圆形突起,它突得很明显,呈白色,在灰色的土地背景下格外醒目。起初,这个突起柔软而黏稠,可很快就变硬了。蝗虫母亲完成这个突起的封盖后便离开了,不再照顾产下的卵,几天之后,它又要到别处去产卵。

有时,产卵结束后,最后的泡沫状黏稠物并没有达到地面的高度;它只是停在洞的半中间,不久便被塌陷的沙土覆盖了。这么一来,外面就没有任何痕迹可以表明产卵的地点了。

尽管我的俘虏们不分大小,都扫出一层沙土掩盖卵洞的入口,可在我全神贯注的监视下,它们并没有能瞒过我的好奇心。我知道每一只蝗虫掩埋盛卵小桶的确切地点。现在该去看看它们了。

我用刀尖在沙土中挖上三四厘米,就能很轻易地找到这些盛卵的小桶。根据蝗虫的种类不同,小桶的形状各异,但基本构造是相同的,都是一个由泡沫凝固变硬而成的囊,这泡沫和螳螂用来做窝的泡沫一样。黏结在表面的沙粒给卵囊包上了一层粗糙的外壳。

这层粗糙的外壳和保护墙并不是雌蝗虫劳动的直接成果。矿物质外壳是由于分泌物的渗透而产生的。这分泌物随着卵排出来,起初是半液态的黏稠物。卵洞的四壁将其吸收以后,就迅速变硬,形成了坚硬的外壳,无须借助任何特殊的工艺。

卵囊里没有任何特殊的东西,仅有泡沫和卵而已。卵只占据了囊的底部,它们浸在泡沫外皮中,倾斜而有序地挤放在囊里。

囊的上半部分时大时小,全部由松弛而脆弱的泡沫构成。鉴于它在幼虫孵化时所起的作用,我将它命名为"上升通道"。最后还有一点值得注意:所有的外壳几乎都是垂直插在土里的,顶部基本与地面齐平。

现在让我们逐个地详细看看网罩下的产卵情况吧。

灰蝗虫的卵囊是一个长六厘米、直径八毫米的圆柱体。它的顶端高出地面时,便鼓起呈圆形突出状。其余部分粗细相同。虫卵是黄灰色的,长长的呈纺锤形。它们斜放着浸在泡沫里,几乎仅占卵囊全长的六分之一左右。卵囊余下的部分是纤细易碎的白色泡沫,外面包裹着土粒。虫卵的数量并不多,大约三十多枚:但蝗虫母亲能产好几次卵。

黑面蝗虫的卵囊形似略微弯曲的圆柱体,下端浑圆,顶端陡然切断。其长度可达三四厘米,直径五毫米。虫卵的数量有二十多枚,色泽橙红,上面装饰着细致的斑点,组成一张好看的网。包裹着它们的泡沫并不多;但在这堆卵的上方竖着一根长长的泡沫柱,纤细、透明,很容易被渗透。

蓝翅蝗虫的卵囊像一个胖胖的逗号,鼓起的一端在下,纤细的一端在上。卵也放在蒸馏釜状隆起的卵囊底部,同样为数不多,最多三十余枚,色泽是鲜艳的橙红色,但表面没有斑点。卵囊的上面有一根圆锥形的弯曲柱头。

高山之友步行蝗虫采用的是平原居民蓝翅蝗虫的产卵方式。它的作品也像一个错误写就的逗号，尾巴朝上。虫卵约为二十多枚，呈深红棕色，装饰着由凹陷斑点组成的纤细花边，十分精美。当我们拿着放大镜，反复端详这些意想不到的优雅花纹时，不由得惊讶不已。美的印记无处不在，甚至是一只受上天冷落而无法飞翔的蝗虫，它那不起眼的卵壳上也有美的痕迹。

意大利蝗虫首先将自己的卵放进一只小桶中，就在要给这个容器封口时，它突然醒悟了过来：少了一件重要的东西——上升通道。于是，在小桶顶端似乎应该完工并封口的地方，突然出现了一个收口，它便改变了工作的进程，使卵囊延伸出一个附件，里面按惯例装着泡沫。这样，卵囊就成了两层楼的居所；从外面看，那条深缝将上下两层之间的界线划分得非常明显。下层呈卵形，堆积着虫卵，上层收细，像逗号的小尾巴，完全由泡沫构成。两层之间由一条几乎畅通的峡谷连接。

蝗虫的技艺中肯定还包括其他虫卵保护箱；它能用不同的建筑物来保护虫卵，有的简单些，有的复杂高深些，但都值得我们去关注。与未知世界相比，我们知道得实在太少了。不过没有关系：网罩向我们展示的情景，已经足够让我们了解卵囊的总体构造了。接下来，就要了解这个作品的制作过程，了解下面的虫卵仓库和上面的泡沫小塔是怎样建成的。

直接观察是行不通的。假如有人想挖去沙土，让正在产卵的肚子露出来，那么产妇一定会因为我们的放肆骚扰而跳向远处，我们只能一无所获。幸好，这一带最奇怪的蝗虫向我们揭开了它们的秘密。这就是长鼻蝗虫，在蝗虫家族中，它是继灰蝗虫之后体型最大的一员。

虽然长鼻蝗虫不如灰蝗虫那么大，可它身材苗条，尤其是体形独特，比后者不知胜出多少！在我们这里被太阳烤焦的草地上，再没有其他昆虫能用它那样的弹簧长腿进行跳跃了。那是怎样的后腿啊，多么不同寻常的腿，多长的高跷啊！比整个虫子的身体都长。

可是跳跃的结果却与这双夸张的长腿一点也不相称。小虫子笨拙地在葡萄藤附近长着稀疏青草的沙地上溜达；它似乎因为高跷反应迟缓而有些不自在。由于跳跃工具过长，其作用反而受到了削弱，小虫跳得有些笨拙，划出短短的抛物线。只有当它一旦飞起来时，距离才比较远，这都得仰仗它那双超群的翅膀。

再看，多么奇怪的头呀！这是一个拉长的锥体，如一个圆锥形小糖块，尖端朝天,正因为这样,这昆虫才赢得了一个奇怪的修饰语:"长鼻"。在这个头脑壳的顶上,闪烁着一对卵形的大眼睛,竖着两条扁平尖细的触须,就像是短剑的刀刃。这对短剑是收集信息的器官。长鼻蝗虫的肘猛然一撑,便将触须压低,用它的顶端来探测自己关注的东西,或准备大嚼一顿的那块食物。

除了异乎寻常的身材之外,这长脚的昆虫还有一个特点,使之成为不同于众的蝗虫。普通蝗虫是一种温和的种群,它们之间相安无事,即使被饥饿所迫也不例外。然而,长鼻蝗虫却有一点蚱蜢类昆虫同类相残的习性。在我的网罩下,食物非常丰富,因此它变换着食谱,怡然自得地从生菜吃到野味。当吃厌了绿叶之后,它便肆无忌惮地啃起体弱的同伴来。

这就可以告诉我们蝗虫产卵方式的研究对象。在我的网罩中,也许是由于囚禁生活的无聊造成的反常现象,它从来不曾将卵产在地下。我总是看到它在露天下、甚至爬在高处产卵[①]。十月的头几天里,这昆虫攀附在钟形罩的网纱上,非常缓慢地产出卵来,它先是排出一股细腻的泡沫,这泡沫立刻凝固成一条圆柱形的粗绳,上面有许多结节,并随意地弯曲着。整个排卵需要大约一个小时。接着,排出的卵囊掉落在地上随便什么地方,对此产妇根本不关心,它再也不去管这卵囊了。

排出的卵囊每次形状都不相同,这奇形怪状的东西先是稻草黄色,接着颜色变深,到了第二天就成了铁锈色。卵囊的前面一部分,即先排出的那部分,通常只由泡沫构成;只有最后排出的那部分卵囊有繁殖作用,里面有二十余枚琥珀色的卵浸没在泡沫中。这些卵两头圆钝,呈纺锤形,长约八九毫米。

无繁殖能力的那一部分卵囊至少与另一部分大小相等,它告诉我们,产生泡沫的器官先于排卵管运行,并且和后者同时工作。

长鼻蝗虫究竟通过什么样的机制,使排出的黏稠物起泡,先变成多孔的柱子,再变成包裹虫卵的褥子的呢?它一定知道螳螂的产卵方法,后者借助形似小勺的排卵口,像打蛋白一样地让黏液成为起泡的蛋液;但对于蝗虫来说,这道起泡的工序是在体内进行的,体外没有任何迹象能显示这道工序。

---

① 体形肥胖的灰蝗虫有时也会出现同样的反常举动。——作者原注

黏液一出现在露天,便已经是泡沫状的了。

在螳螂的建筑物——这如此复杂的杰作里,并没有某一种特殊的才能在根据螳螂母亲的要求起作用。精美绝伦的盛卵箱完全只依靠工具的作用,纯粹是机体构造的产物。长鼻蝗虫更是如此,当它排出那粗如猪血香肠的卵囊时,它只不过是一台机器。一切都是自然进行的。

其他蝗虫也一样。它们把卵储藏在泡沫桶里,并将泡沫延长,形成一条上升通道,这并不靠什么技巧。蝗虫母亲把肚子埋在沙中,同时排出卵和发泡的蛋白。所有这一切都只是依靠各个器官机制相互配合、自动进行的:泡沫材料被排出体外后,便自动凝结,再粘上一层沙土防护墙;在卵囊的中央和底部,卵有规则地被储藏着,在卵囊的上端,则竖着一根脆弱的泡沫柱了。

长鼻蝗虫和灰蝗虫的幼虫孵化较早。八月份,发黄的草地上已经蹦跳着灰蝗虫的孩子们了;十月还未过去,人们就能经常在草丛中看见长着圆锥形脑袋的幼虫了。但是,其他大部分蝗虫的卵壳都要过冬,等到春回大地时才能孵化。它们埋在地下不深处,土质呈粉状,而且比较松,假如能一直保持这个样子,那么幼虫破土而出将不会有任何阻碍;可是,一场场冬雨将土地分得结结实实,把它变成了一块坚硬的平板。哪怕幼虫只在两寸深的地下孵化,它们怎样才能穿破这层地皮,从下面爬上来呢?母亲的技巧虽然盲目,却已为此做好了准备。

蝗虫出生时,头顶上并不是粗糙的沙粒和坚硬的泥土,而是一条垂直的通道,它牢固的砌面将所有困难都拒之于外;这条通道由一丁点质地脆弱的泡沫保护着;它还是一条上升通道,将新生儿引到离地面很近的地方。到了那里之后,还剩一个重大的障碍——厚度为一指之宽的土层需要穿越。

所以,破土而出的过程大部分都不费吹灰之力,这得归功于盛卵小桶最终的那个附件。我想观察地下幼虫迁徙的过程,便用玻璃管做试验。如果我把卵囊中将幼虫解放出来的附件去掉,那么几乎所有的新生儿都会在一寸厚的土层下面因精疲力竭而死去。而如果我让它们的巢穴保持得完好无损,让那条上升通道通向上方,它们便能爬上地面。虽然这只是机体结构的机械产物,没有任何蝗虫的智力参与,但必须承认,蝗虫的建筑物设计得非常好。

小蝗虫在上升通道的帮助下到达地面附近后,是怎样最终获得自由的呢？它还要穿过厚度约为一指之宽的土层，对于这些新生的躯体来说，这是一项十分艰巨的工作。

在春末这样适宜的时节，我将一些卵囊放在玻璃管中培养，只要有足够的耐心，它们就会告诉我答案。最能满足我好奇心的是蓝翅蝗虫。六月底，我看到一些蓝翅蝗虫正在艰苦地从事追寻自由的工作。

这小虫子刚从卵里孵出来时是白色的，带着一些浅棕红的色晕。为了尽量不阻碍自己蠕动前进，它出生时就像木乃伊，也就是说像蚱蜢类昆虫的幼虫一样，临时穿着一件盔甲，将触角、触须和腿脚紧贴在胸部与腹部。它的头深深地弯着。粗大的后腿和其他腿脚并列排着，这些腿脚折叠着，还没有成形，就像上身一样短。上路之后，它的腿脚稍微伸展了一些；两条后腿伸成直线，为挖掘工作提供一个支点。

蝗虫的挖掘工具和蚱蜢类昆虫相同，位于后颈。那里有一个泡囊，一会儿鼓起，一会儿瘪下，就像机器的活塞那样规则地颤动并撞击着障碍物。这个位于头部的小小泡囊，是如此娇嫩，却要与燧石相斗。看到这团黏液泡囊在同矿石的斗争中筋疲力尽，我不由产生了怜悯之心。于是，我上前帮助那可怜的小家伙，将它要穿越的土层打湿了一些。

虽然有了我的帮助，这项工程还是十分艰巨，我看到，整整一个小时，这不知疲倦的小虫才勉强前进了一毫米。这是多么艰苦的劳动啊！可怜的小家伙，你要怎样坚持不懈地用后颈撞击、用腰部扭动，才能在这薄薄的土层中开出一条通道来。而我刚才还用一滴仁慈的水将土打湿，让它变软呢！

这小虫子收效甚微的努力足以说明：投奔光明是一项浩大的工程，如果没有蝗虫母亲留下的杰作——上升通道，那么大部分幼虫都会死去。

蚱蜢类昆虫有着同样的工具，可是出土却更加困难，这是事实。它们的卵毫无保护地直接埋在土中，没有预先准备好的出口通道。因此，这些毫无远见的昆虫死亡率也很高：孵化迁徙的时候，肯定有大批幼虫死亡。

这就说明了为什么蚱蜢类昆虫数量相对较少，而蝗虫却极为众多。不过，这两种昆虫各自的产卵量相差并不很大。事实上，蝗虫并不只限于产一个盛有二十多枚卵的卵囊，它会在土里埋上两个、三个，甚至更多，这样，卵的总数就和螽斯、蝈蝈儿以及其他昆虫差不多了。如果那些蝗虫的食用者们高兴地看到这小虫子如此兴盛，而同样多产但缺乏创造力的蚱蜢类昆虫却在衰亡,那么,这难道不应该归功于那卓越的发明——出十小塔吗?

另外,还要补充一下,蝗虫的幼虫一连几天都在艰难地用头部的挖掘器奋力拼搏。终于,它爬出了地面。如此辛劳之后,它稍作休息,恢复一下。接着,在囊泡颤动的推挤下,临时盔甲突然裂开了。于是,这身破衣烂衫便被后腿退到了后面,小蝗虫的后腿是最后从盔甲中摆脱出来的。大功告成了:小虫儿获得了自由,它的体色仍然很浅,但幼虫的外形已经形成。

此前一直伸得笔直的后腿,现在立刻恢复了通常的姿势;小腿弯在粗壮的大腿下方,弹簧已经准备就绪,可以使用了。现在它动了。蝗虫,小蝗虫,进入了大千世界,第一次跳了起来。我给了它一小块指甲大小的莴苣。它不要,在开始吃食之前,它需要晒一会儿太阳,让自己成熟一点。

蝗虫的最后一次蜕皮

　　我刚刚目睹了一件令人激动的事：蝗虫的最后一次蜕皮，成年蝗虫从幼虫的外壳中脱身而出。真是奇妙。我的观察对象是灰蝗虫，它是蝗虫中的巨人，九月份葡萄收获时节，它经常出没在葡萄园里。由于它的身体像一个手指那么长，因此它比任何一种蝗虫都更适合于观察。

　　幼虫的体形肥胖，因此并不优雅，只是完美成虫的一个粗糙雏形，通常呈浅绿色；但有时也有蓝绿色、暗黄色、棕红色的幼虫，甚至还有与成虫一样披着相同灰色外衣的。它们前胸呈明显的流线形，有小圆齿，上面布满了细小的白色斑点和瘤状的突起物。后腿如成虫一样强壮有力，粗大的大腿上镶着红色饰带，而长长的小腿两面则生有锯齿。

　　鞘翅的长度虽然不久以后就能大大超过腹部，但在眼下还只是一双不起眼的三角形翼端，上部边缘紧靠在背上，延续着前胸的流线形。它的纤维状两端翘起，如同尖尖的挡雨檐。这两片小小的衣角似乎因为要节省布料而被可笑地剪裁过，只能刚好遮住昆虫脊背根部的裸露部分。鞘翅下面是两条细瘦的带子，这是翅膀的萌芽，比鞘翅还要小。

　　总之，未来壮观而又纤长的双翅，现在还只是节省过度而显得可笑的破衣烂衫。从这些可怜的套子里将会钻出什么来呢？是优雅宽大、令人叹为观止的翅膀。

　　让我们来仔细观察事情的经过吧。当昆虫感到自己已经成熟、即将蜕变时，就用后腿和中腿抓住钟形罩的丝网。前腿弯曲着交叉在胸前，没有任何支撑作用,整只昆虫倒挂着,背脊朝下。三角形的翼端——也就是鞘翅的鞘——张开尖顶,向两侧分开;两片狭窄的薄片——即翅膀的原型——在暴露的区间中心竖起来,并略微分岔。就这样,蜕皮的姿势就摆好了,而且保持着必要的稳定。

首先要做的是让旧外套裂开。前胸后面的尖端下方交替胀缩着,造成搏动。同样的动作在后颈前端,而且很有可能也在整个将要裂开的外壳下进行。关节相连处的膜十分细薄,使得我们可以在这些裸露的部位看到这一点;但是,前胸的护甲遮住了中间部分,我们看不到那里的变化。

昆虫的血液在那里波浪般地涌动着。血液上涌仿佛液压打桩机在猛击。昆虫的机体集中能量,促使血液产生推力,并注入这些部位;外壳受到牵拉,最终沿着一条最为脆弱的缝隙裂开,这条缝隙是生命通过微妙的预测早已准备好的。缝隙沿着前胸,准确地在流线体上裂开,就像是在两个对称部分之间的焊接缝上裂开一样。这外壳的其他部位都牢不可破,唯独在这个比其他地方都脆弱的中点上裂开。裂缝略微向后延伸,往下一直到翅膀连接处之间;向头部则一直延伸到触须的根部,并在那里向左右分出一条短小的枝杈。

沿着这条缺口,昆虫的背部裸露出来了,它既柔软,又苍白,带有一点点灰色。它缓缓地鼓起,并且越来越呈现出隆起的状态。现在它完全从壳中露出来了。

头也跟着从面具里抽了出来,那面具还留在原位,连最细微的部分都完好无损,但那双玻璃般的眼睛不再往外张望,显得有些奇怪。触须的外鞘没有丝毫皱纹,也没有任何变动,仍然保留着它们自然的位置,悬挂在这张毫无生气、变得半透明的脸上。

可见,触须在从如此狭窄、包裹得既紧又精确的外鞘摆脱出来时,没有受到任何阻碍,因此外鞘既没有翻转过来,也没有变形,连皱纹都没有。被包裹着的触须和外壳同样大小,同样多节,可它却轻而易举地从中摆脱出来,却丝毫没有对节状的外壳造成破坏;就如同一件光滑而笔直的东西从宽度合适的鞘里滑落出来一样。这种脱壳的机理在此后蝗虫后腿蜕皮时表现得更为惊人。

现在轮到前腿和中腿蜕去它们的臂铠和手甲了,它们同样没有造成一丁点细小的裂缝，没有一丝褶皱，也没有丝毫改变外壳的自然位置。现在，昆虫只靠长长的后腿上的小爪子将自己固定在钟形罩的穹顶上。它头朝下，垂直地悬着，只要我碰一下网罩，它就会像钟摆一样地左右摇摆起来。它的支点是四个细小的杆秤钩子。

要是它们松开，脱了钩，蝗虫就完了，除了在空中，它是无法在其他地方展开那巨大的翅膀的。但这些钩子抓得很紧：生命在离开它们之前，已经让它们变得硬直牢固，足以毫不动摇地支持即将进行的一系列脱皮动作。

现在，鞘翅和翅膀出现了。它们是四块狭小的破布片，上面隐约有些条纹状的沟，看起来就像是用混凝纸浆搓成的细绳头，长度几乎还不到最终长成之后的四分之一。

它们柔软极了，在自身重力的作用下，沿着躯体的两侧垂下来，与正常的方向相反。它们自由的那一端本应该向后，可如今却朝着虫子倒挂着的头部。在一片肉质草叶中，有四片小叶被暴雨打得耷拉了下来，小蝗虫未来的飞行器官现在就是这副可怜巴巴的样子。

为了让事情按要求达到尽善尽美的程度，还必须做一番深入的工作。这项隐秘的工作甚至可以说已经在充分进行了：这就是用黏液加固，将不成样子的外壳塑造成形。可是，从外面看，还没有任何迹象表明这神秘的实验室里正在进行什么工作。里面的一切似乎都毫无生气。

此时，后腿脱离了外壳。粗壮的大腿露出来了，朝里的那一面呈浅粉红色，不久之后就成了鲜艳的胭脂红彩带。蜕皮过程很轻松，因为有粗壮的后腿为细长的骨头开道。

可小腿却不同了。蝗虫成年后，它的整条小腿上都竖着两排锋利而坚硬的小刺。此外，小腿的下端还有四根强有力的马刺。这可是货真价实的锯子，而且有两排平行的锯齿，这些锯齿极为有力，要不是小了一些，真可以与采石工人的大锯相媲美。

幼虫的小腿也有相同的构造，因此，等待蜕皮的小腿被裹在外形同样粗野的鞘里。每一根马刺都被套在另一根一模一样的马刺中，每一个锯齿都被嵌在另一个相似的锯齿槽中。这模子是如此精密，即使用刷子涂一层清漆来代替蜕下的壳，也不会贴得这么紧密。

然而这条胫骨锯子从那又窄又长的外鞘中抽出时，却连一点钩破的痕迹也没有。要不是我看了又看,实在无法相信我的眼睛:被抛弃的小腿护甲整个表面完好无损。无论是末端的马刺还是那两排小刺,都没有在精细的模子上留下任何刮痕。那层细薄的外套只要我一吹就会破,可这条锯子却将它完整地保存了下来;尖利的耙子从中滑出来,没有造成任何抓痕。

这样的结果真是出乎我的意料。由于外壳长满了刺,我原以为小腿蜕皮时,外壳会像死皮一样变成鳞片纷纷掉下来,或者受到摩擦而脱落。可事实超出了我的预料。真是太意外了!

马刺和小刺从膜一般细薄的模子里脱了出来,毫不撕扯,毫无困难,要知道这些刺会让蝗虫的小腿变成锯子,能将嫩木头锯断;而脱下来的破衣烂衫仍然留在原地,小爪子挂在钟形罩的圆顶上,没有丝毫折皱和裂痕。即使用放大镜也看不出任何猛然用力留下的痕迹。外壳在蜕皮之前是什么样子,在蜕皮后还是什么样子。那片充作护腿甲的死皮薄膜,连最微小的细节也与活生生的小腿一模一样。

要是有人要我们将一把锯子从紧紧裹着它的薄膜套中拉出来,同时又不能撕破一丁点套子,我们肯定会抱之以一阵大笑,因为这显然是不可能的事。可是生命却对这些不可能嗤之以鼻;假如需要,它会有办法实现看似荒唐的事。这是蝗虫的腿告诉我们的。

假如这把胫骨锯子像离鞘之后那么坚硬,那么在脱离这个贴得紧紧的套子时,必定会将它扯得粉碎,否则它是无法出来的。于是,新的困难又出现了,因为小腿护甲是唯一的悬挂带,它必须完好无损,才能为蝗虫提供坚固的支点,直到蜕皮全部完成。

这只正在寻求解放的腿脚还不能行走;过一会儿它会坚硬起来,但现在还很软弱。它很柔软,非常容易弯曲。当我将罩子倾斜时,可以看到它已经蜕了皮的那部分在重力的影响下,随着我的意愿弯曲。即使是细长条的弹性橡胶也没有它柔软。但它变硬的速度也很快,只要过几分钟,就能达到必需的硬度。

再往前,被套子遮住的那部分小腿一定更加柔软,极具韧性,甚至几乎可以说是流动性,这使它差不多能够像液体一样,通过那些极其艰难的过道。

小腿已经有了锯条的齿状结构,但是一点都不像以后那么尖利。事实上,我用小刀的刀尖可以将小腿的一部分外皮剥去,让小针尖从它们的尖角模子里脱出来。这些针尖是尖刺的雏形和萌芽,很柔软,只要稍微受到一点外力便会弯曲,但阻碍一消失就又会恢复原状。

这些小针在从套子里脱出来的时候是向后倒伏的;随着小腿慢慢脱出,它们便竖起来变硬了。事实上,我正在目睹的并不是简单地将护腿丢弃、从盔甲里露出已经成形的小腿的过程,而是一个诞生的过程,其速度之快,让我们感到吃惊和困惑。

鳌虾的鳌钳差不多也是以这种方式蜕皮的,但远不及蝗虫那般精确,它不过是从石头般坚硬的旧外套中将两个软软的手指脱出来。

终于,蝗虫的长腿抽出来了。它们懒洋洋地弯曲在大腿的骨沟里,静静地成熟。肚子也蜕皮了。那精细的外皮出现了折痕和揉皱,向上退去,肚子的上端目前还在外壳里,但这状态只会持续一小段时间。除了这一点之外,蝗虫全身都露出来了。

它垂直地悬挂着,头朝下,被已经空空如也的护腿甲的小爪子吊着。在整个细心而漫长的工作中,这四个小钩一直没有脱落,因为蜕皮的过程是十分细致而谨慎的。

昆虫一动不动,身体的后部还被它的破衣烂衫固定着。它的肚子异乎寻常地突起,看来是被体内储存的可重组的体液撑大的;过一会儿,蝗虫伸展翅膀和鞘翅的时候,将用得上这些体液。现在蝗虫正在休息,从疲劳中恢复过来。二十分钟就这样在等待中过去了。

接着,悬挂着的昆虫背脊一用力,便立起来,用前跗节抓住自己头顶上挂着的旧壳。从来没有哪一个双脚钩住高空秋千倒挂的杂技演员,在直立起来时展现过如此强劲的腰力。这个壮举一完成,余下的便不费吹灰之力了。

这昆虫用爪子抓住支撑物,向上爬了一点,碰到了钟形罩的纱网,这相当于蝗虫在田野中蜕皮时所常用的矮灌木。它用四条前腿将自己固定在纱网上。这时,肚子的末端已经完全解放;随着最后一次摇摆造成的晃动,脱下的皮便一下子掉到了地上。

旧壳的掉落让我很感兴趣,它使我想起蝉蜕下的壳在冬天里顶着寒风,顽强地悬在小树杈上不掉下来。蝗虫蜕变的方式与蝉基本相同。可蝗虫给自己找的悬挂点为什么会如此不结实呢？

身体拔出的过程似乎会把一切全都震落，只要这个过程没有完成，那些小钩就一直会紧紧地钩着；可拔出动作一完成，即使只是轻轻一摇，它们也会被震下来。由此可以看出，外壳的平衡极不稳定，这又一次表明，蝗虫是多么细致而精确地从外套中抽身出来的。

由于没有更好的术语，我刚才用了"拔出"这个词。事实并不完全是这样。"拔出"这个词意味着剧烈的用力；但其实蝗虫并没有剧烈用力，因为外壳的平衡极不稳定。如果它因用力过猛而掉下来，那么它就完了。它将会在地上丁死，或者至少它的飞行器官无法展开，始终是一堆可怜的破布。蝗虫不是把自己拔出来的，而是十分精巧地从外套中滑出来的。简直就像是一根柔和的弹簧把它弹出来一样。

让我们再回过头来看看鞘翅和翅膀吧。它们脱出外鞘之后，没有明显的变化，仍然是一些长着竖细条纹的残肢，几乎可以说是小绳头。它们要花三个多小时才能展开，这个步骤要到蜕皮的最后一刻才会发生，这时昆虫已经完全裸露，并且恢复了正常的姿势。

我们刚才看到蝗虫转过身来，头朝上。这个直立的动作足以将鞘翅和翅膀恢复到正常的位置。此前，它们极其柔软，受重力的作用弯曲着，悬空的一端下垂，朝着昆虫倒挂的头部。现在，它们同样在重力的作用下纠正了姿势，恢复了正常的方向。它们再也不像小花瓣似的弯曲着，方向也不再颠倒，但这丝毫没有改变它们那不起眼的外形。

翅膀完全展开的时候像一把折扇。一束粗壮的翅脉呈辐射状纵贯其上，为开合自如的翅膀提供了构架。翅脉之间，无数的小十字方格层层叠叠，使整个翅膀变成了一张矩形网眼的网络。粗糙的鞘翅面积较小，上面也是同样的方格状网眼结构。

而现在，无论翅膀还是鞘翅都还是小绳头的形状，上面根本看不到网眼组织。看到的仅限于一些褶皱和弯弯曲曲的小沟，表明这些残肢实际上是经过巧妙折叠，体积被压缩至最小的织物构成的包裹。

翅膀是从肩部开始展开的。那里最初什么细节也看不清，不久便出现了一块半透明的区域，上面有优雅清晰的网格。这块区域逐渐增大，速度慢得连用放大镜都难以看出来；与此同时，末端不成形的凸起则在变小。我的目光一直盯着正在展开的凸起和已经展开的薄纱这两部分的交界处：可我什么也没看到，就像在浅浅的一小摊清水中什么也看不到一样。不过让我们稍作等待，那方格织物就会清晰地展现在眼前。

假如仅仅根据这个初步的观察，我们会认为是一种可生成器官的体液突然凝固，结成了网状的翅脉；我们会认为自己所面对的是一种结晶现象，它发生得如此之快，就如同显微镜下载玻片上的盐迅速融化一般。可是，其实不然：事情不应该是这样的。生命在进行创造时，并不是这样突如其来的。

我拔下一片发育到一半的翅膀，用显微镜的强大镜头对准它。这一回，我心满意足了。我看到，在那个似乎正在逐步编织网格的两部分的交界处，的确存在着网格。我清楚地辨认出已经相当粗壮的竖翅脉；还看到横穿翅脉的十字方格，当然它们还很苍白，而且没有什么起伏。我展开翅膀末端凸起部分的几片碎片，在那里发现了翅膀的一切。

有一点已经得到证实。翅膀此时并不是织布机上依靠生育能源带动梭子编制出来的织物；它已经是一块完整的织物了。它要完全成形，只需展开变硬即可，就像衣服需要喷浆的熨斗烫一烫一样。

经过三个多小时，翅膀终于完全展开了。翅膀和鞘翅竖在蝗虫背上，像一片巨大的羽翼，有时是透明的，有时是嫩绿色的，就和蝉的翅膀最初的时候一样。当想到它们开始时不起眼的小包裹的样子，我们不由对它们如今展开得如此宽大而赞叹不已。这么多的翅膜是怎么放进这样小的空间里去的呢？

童话故事说有一粒大麻籽装着一位公主所有的衣物。这里还有另一粒更令人惊讶的大麻籽。故事里的籽从发芽、生长到最终产出衣服行装所需要的麻，花去了许多年的时间；而蝗虫的大麻籽却在短短的时间里便产生出了宽大华丽的羽翼。

这个美丽的盔顶饰竖起四片平展的翅膀，慢慢变硬，并且开始有了颜色。第二天，这颜色就达到了所需的标准。这时，翅膀第一次折起呈扇子状，平放在它们应该放的地方；鞘翅也把外侧的边缘收起，如檐槽一般搭在腹部的两侧。蜕变完成了。大个子蝗虫只需沐浴在幸福的阳光里，逐渐坚硬起来，并且把外衣的灰色晒得更深一些。就让它沉浸在欢乐中吧，我们再回到前面去看看。

蝗虫的护胸甲沿着中心的流线形曲线裂开后不久，四片残肢便从它们的外鞘中抽了出来，正如我们刚才看到的那样，这四片鞘翅和翅膀已经有了翅脉的网络，虽然这网络还不完备，但至少从无数细节的总体上来看已经确定了。要把这些可怜的小包裹展开，并把它们变成宽大的羽翼，只需那像压力泵一般工作的机体组织，在已经准备好的小槽中注入为这一刻而储存着的体液就行了，这时是最为艰苦的时刻。管道系统事先已经铺好，涓涓细流被注射进去，使翅膀展开。

但是，当四片薄纱还被包裹在它们的套中时，它们是什么样子的呢？幼虫馒刀般的翅膀和二角形的小翅膀是不是模了？反复的褶皱以及起伏不平的线条是不是根据自身的形状来塑造模子里装着的东西、并织出未来鞘翅与翅膀的网络呢？

假如我们眼前就放着一个真正的模子，那么思维就可以暂停一下、休息片刻了。我们会想：模子注出的东西与模子的中空部分相吻合，这实在再简单不过了。但是，思维的这种休息只不过是表面上的，因为这一回轮到模子来问我们：它本身所要求的错综复杂的结构是从哪里来的呢？我们还是不要追溯得那么遥远。对我们来说，这一切都是那么扑朔迷离。还是让我们局限于可以观察到的事实吧。

我把一片幼虫的小翅膀放在放大镜下观察，它已经发育，可以蜕变了。我看到一束呈扇形辐射的粗壮翅脉。在这些翅脉之间，穿插有其他苍白而纤细的翅脉。最后，还有许多极短的横线，它们更加细微，呈人字形弯曲。所有这些构成了完整的翅膀组织。

这就是未来鞘翅的简陋雏形；它与成熟后的器官是多么不同啊！作为翅膀构架的翅脉，其辐射分布完全不同；根据由横向翅脉组成的网络，根本看不出以后的复杂结构。简陋的雏形之后，将是无比的复杂；紧接着粗糙而来的，是十足的完美。小舌状的翅膀和它变化的最终产物——翅膀——之间的差异也是如此。

当我们眼前同时放着准备阶段和最终阶段的实物时，事实就显而易见了：幼虫的小翅膀并不是一个模子，它并不简单地按照自己的模样加工材料，并根据中空部分的式样塑造鞘翅。

不，我们期待的翅膜此时并不像一个小包一样被裹在里面，这个包裹一打开，便会以其宽阔而无比复杂的翅膀让我们大吃一惊。或者更确切地说，这片薄膜被裹在里面，但它仍处于虚拟的状态。在成为真正的翅膀之前，它只是虚幻的、不存在的，但它有能力变化。它在小包里，就好像橡树被包在橡树的果实中一般。

无论是镘刀似的小翅膀还是小鞘翅，它们活动端的边缘四周都有一个细致的半透明小球。在高倍放大镜下，我们能看到小球里有几条模糊的轮廓线条，这就是未来的花边雏形。也许这小球就是生命使其材料演化的工地。除此之外，就再也看不清其他什么了，再也没有什么能让人预感到那神奇的网络，这网络上每一个网眼的形状和位置都将以极高的精确度被确定下来。

要使可生成器官的材料具有薄状的形状，并构成错综复杂的脉序迷宫，自然需要比模子更好、更高级的结构。在这个结构里有一张示范图、一份想象的施工说明书，给每一个微粒都规定了精确的位置。在材料还没有开始变化时，它的形状已经在虚拟中被勾画出来了，供塑性液流流通的渠道也已经安排好。建筑用的碎石根据建筑师构想的施工图堆砌起来；它们先在想象中堆砌组合，然后才真正地被堆砌组合起来。

同样，蝗虫的翅膀——从一个不起眼的外鞘中摆脱出来的华丽花边，向我们讲述了另一位建筑师，生命就是根据它绘制的蓝图去造物的。

生命的诞生方式无穷无尽，有许多比蝗虫的蜕变更为精妙的奇迹值得我们去思考；但总的说来，这些奇迹都被时间的羽翼遮掩，不为人们所看见。时间的流逝缓慢而神秘，假如我们的思想缺乏恒心和耐心，那么时间就会向我们隐藏那些最让人震惊的场面。眼下，蝗虫的蜕变却异乎寻常，这个过程完成得如此之快，使我们不得不集中注意力，哪怕在自己踌躇不决的时候。

假如有人希望不经过枯燥无味的等待，便能目睹生命是如何以超乎想象的灵巧来造物的，那么他只要去找葡萄藤上的大蝗虫就行了。这昆虫会向他展示隐藏在种子发芽、叶子舒展、花朵成形等生命变化后面的秘密，这些秘密由于生命变化的速度极慢，都不为我们好奇的眼睛所看见。我们觉察不到草叶的生长，但却能够清楚地看到蝗虫鞘翅与翅膀的生长。

仅仅几个小时的时间，大麻籽就成了精美绝伦的布料，面对如此卓越的魔术,不由您不目瞪口呆。啊！当生命游走的梭子为蝗虫——这微不足道的昆虫中的一员——编织起双翼时,它是一名自豪的艺术家。普林尼就曾经这样说蝗虫:"*In his tam parvis, fere nullis, quoe vis, quoe sapientia, quant inextricabilis perfectio*!"①

老博物学家这一回说的可真好！让我们和他一起重复这句话:"葡萄藤上的蝗虫刚才在它微不足道的角落里向我们展示的,是多么强大、智慧、复杂而完美的生命啊!"我曾听说过一位博学的研究者,他认为生命不过是物理力和化学力的冲突,他殚精竭虑地希望有一天能通过人工的方式获得可生成器官的物质,即官方术语所谓的"原生质"。假如我有这种能力,我会立即满足这位雄心勃勃的学者的愿望。

好吧,就算您成功了:您完完全全地为得到"原生质"做了准备。经过您的深思熟虑、深入研究,在您细致入微的关心和永恒持久的耐心之下,您终于如愿了。您用机器提取出一种蛋白质黏液,但它极易腐烂,几天后便会发出恶臭;总之,它就是一钱不值。您要用这东西做什么呢?

您会用它来生成器官吗?您要赋予它一个活物的构架吗?你是不是要用注射器将它注射到两片不会搏动的薄片中,以此获得哪怕只是区区一只小飞虫的翅膀呢?

蝗虫大致就是以这种方式行事的。它将"原生质"注入它小翅膀的两层薄片中,"原生质"之所以在里面形成了鞘翅,是因为它得到了我先前提到的想象中原型的指引。在穿越迷宫的路途中,它受到了施工说明书的支配,而这份说明书早在开工以前就已经存在,甚至比材料本身的出现还早。

您的注射器的针头上有这样一个协调形状的原型、这样一个事先存在的调节器吗?

——没有。

——那么,您就丢了您那提取物吧。生命是永远不会从这堆化学垃圾中诞生出来的。

---

① 这句话是拉丁语,具体内容在正文下一段有汉语翻译。

🌸 大孔雀蝶

这真是一个令人难忘的夜晚。我要称之为大孔雀蝶之夜。有谁不知道这种美丽的蝴蝶呢？它是全欧洲最大的蝴蝶，穿着栗色的天鹅绒外衣，系着白色的毛皮领带。它的翅膀上散布着灰色和棕色的斑点，中间有一条浅色的之字形条纹穿过，四周镶着一圈烟白色的边，翅膀中央有个圆圆的斑点，就像是一只眼珠乌黑的大眼睛，闪着彩虹般多彩的光芒，黑色、白色、栗色、鸡冠红等颜色呈弧形组合在一起，千变万化。

大孔雀蝶的毛虫同样惹人注目，它们的身体隐约呈黄色，上面稀疏地环绕着黑色的纤毛，体节末端嵌着一颗颗蓝绿色的珍珠。它们的茧呈棕色，非常粗壮，出口呈漏斗状，十分奇特，就像是渔夫的渔篓，通常紧紧地贴在老巴旦杏树根部的树皮上。毛虫就是以这种树的叶子为食的。

五月六日上午，就在我实验室的桌子上，一只雌性的大孔雀蝶在我眼前破茧而出。尽管它刚从茧里孵化，身上还是湿漉漉的，可我还是立刻把它关进了钟形金属网罩。当时，我还没有任何关于大孔雀蝶的研究计划。之所以把它关起来，只是出于观察者的习惯，因为我总是很关心以后可能会发生什么事情。

幸好我这样做了。晚上九点左右，一家人正要睡觉，突然我隔壁的房间里传来一阵嘈杂的声音。小保尔半裸着身体，来来回回地跑着、跳着、跺着脚，还弄翻了椅子，一副惊恐万状的样子。我听见他在叫我："快来呀，快来看这些蝴蝶，跟鸟一样大的蝴蝶！房间里到处都是！"

我赶忙跑过去。孩子的兴奋和夸张的呼喊不是没有道理。我的居所遭到了前所未有的入侵，入侵者是一大群巨大的蝴蝶。其中有四只已经被保尔抓住关进了鸟笼，其余的则成群结队地在天花板上飞舞。

看到这番情景，我想起了早上被我关起来的那只雌蝴蝶。"穿好衣服，孩子，"我对儿子说，"别管鸟笼了，跟我走。我们去看稀奇的事儿。"

我们下楼，直奔我的工作室，它在住宅的右侧。经过厨房时，我碰到了女仆，她也被眼前发生的奇观惊呆了。她用围裙扑打着那些大蝴蝶，起初，她还以为那是蝙蝠呢。

看来，大孔雀蝶已经占领了我住宅的各个角落。它们是被那只囚禁着的雌蝴蝶招来的，现在不知道楼上那囚犯身边是怎样的一番情景。幸好，工作间的两扇窗户中有一扇开着。道路畅通无阻。

我们拿着蜡烛，走进那个工作间。眼前的景象叫人终生难忘。大蝴蝶们围着金属罩飞舞、停顿、飞走、飞回，时而冲上天花板，时而再飞下来，发出轻柔的噼啪声。它们扑向我们手中的蜡烛，用翅膀将烛火扑灭；它们还飞到我们肩上，钩住我们的衣服，擦过我们的脸。整个房间就像是巫师的巢穴，到处都是旋转纷飞的蝙蝠。为了壮胆，小保尔将我的手抓得比平时更紧了。

这些蝴蝶有多少只呢？人约二十来只。加上那些迷失在厨房里、孩子们的卧室里以及住宅其他房间里的蝴蝶，总共将近有四十只。我刚才说，这是一个令人难以忘怀的大孔雀蝶之夜。那四十多位情郎不知怎么得到了消息，从四面八方赶来，殷勤地向今天早上在我那神秘的工作室出生的婚龄淑女表示爱意。

今天我们就不再打扰这群求婚者了。刚才，烛火已经烧伤了一些冒冒失失撞上来的蝴蝶，把它们略微烤成了焦黄色。明天，我们事先准备好实验的问题，再继续研究吧。

现在，我们先要清理场地；然后谈一谈在我观察的这八天里，每一次都会发生的同样的事情。蝴蝶们总是在黑夜降临之后，八点到十点之间，一个个地陆续飞来。暴风雨即将来临，天空中乌云密布，一片漆黑，哪怕是在露天，在花园里没有树木遮挡的地方，也是伸手不见五指。

除了黑暗之外，来访者还必须克服进屋前所遇到的重重困难。我家的房子掩映在一片高大的梧桐树下；要进去必须先经过一条两侧长满茂密丁香和蔷薇的小径；房子前面还种着一排松柏，以阻挡夏季干旱而强烈的西北风。最后，在离门几步远的地方，另有一道小灌木丛形成的壁垒。大孔雀蝶必须在黑暗中穿过这些杂乱的树枝，迂回转折，才能最终到达它们朝拜的圣地。

在这样的情况下，连猫头鹰也不敢贸然离穴。可大孔雀蝶长着复眼，比猫头鹰的大眼睛装备更加精良，因此它毫不犹豫，勇往直前，来往穿梭，却没有一点磕磕碰碰。它对自己的蜿蜒飞行控制自如，尽管一路上困难重重，但当它到达目的地的时候，仍然精神抖擞，大大的翅膀完好无损，没有一点擦痕。对它来说，黑暗无异于光明。

即使我们认为大孔雀蝶可以看到普通视网膜所不可及的某些视野范围，这种超乎寻常的视力也不能成为它隔着一段距离获得消息并飞来的原因。遥远的距离和中间的种种阻挡，使大孔雀蝶根本不可能看见工作室里的雌蝴蝶。

而且，除非光的折射造成迷路——但在这里并没有折射的现象存在——，否则，大孔雀蝶应该直奔它所见到的东西，因为光线所指的方向非常清楚。但事实上，大孔雀蝶有时却会弄错，并不是弄错大方向，而是弄错吸引它前去的事件所发生的确切地点。我前面说过，孩子们的房间在我工作室的对面，而工作室才是来访者真正的目的地；但在我手持烛火进入孩子们的房间之前，里面已经满是大孔雀蝶了。那些家伙肯定是接受了错误的信息。厨房里同样也有许多迟疑的蝴蝶；可能是因为厨房里明亮的灯光，对于那些夜间活动的昆虫来说，实在是一种不可抗拒的诱惑，足以让它们偏离目标。

那么，让我们只考虑那些黑暗的地方吧。那里，迷路的蝴蝶并不少见。在它们的目的地附近，我几乎到处都能找到迷途者。因此，尽管被囚的雌蝴蝶在工作室里，但并非所有的蝴蝶都从那扇开着的窗飞进去，而那扇窗离金属罩就几步远，是最直接、最准确的通道。一些蝴蝶从楼下进来，在前厅里游荡，最多到达楼梯，而楼梯是一条死路，因为它的尽头是一扇关着的门。

如果大孔雀蝶是通过某种光线的辐射——无论这种辐射人体是否能感觉得到——来获得信息的，那么这些前来参加婚庆的客人会直奔目的地；然而，从观察到的情况来看，事实并不是这样。一定有什么其他的东西在远处向它们发出信号,把它们引到确切的地点附近,然后让它们通过模糊的寻找和迟疑做出最后的发现。我们的听觉和嗅觉差不多也是以同样的方式给我们信息的,当我们需要精确地找到声源或味源的位置时,听觉和味觉只能大致地为我们指引方向。

处于发情期的大孔雀蝶在黑夜里长途跋涉,它的感知器官究竟是什么呢? 有人猜想是触须;事实上,雄大孔雀蝶似乎就在用它那宽大的、毛状的扁平触须,探寻着四周的空间。这些华美的羽毛,仅仅是简单的装饰呢,还是同时能帮助那些热恋中的大孔雀蝶感知气息、为它们指引方向? 要通过实验得出结论很容易。我们就做一个实验吧。

发生入侵的第二天,我在工作室里发现了前一天晚上的八只来客。它们一动不动地趴在那扇关着的窗户的横档上。其余的蝴蝶在昨晚十点左右舞会结束时,都从进来时的那条路——也就是那扇日夜开着的窗户——飞走了。这八只坚持留下来的蝴蝶,正是我做实验所需要的。

我用一把小剪刀把这些蝴蝶的触须齐根剪断,但丝毫没有碰到它们身上的其他部位。这些被截去触须的伤员似乎根本没有把手术当一回事儿。它们全都纹丝不动,几乎连翅膀也没有扑腾一下。情况非常理想:伤口并无大碍。没有一只被剪去触须的蝴蝶因疼痛而发狂,它们只会更好地符合我的意图。一整天过去了,它们全都安静地待在窗户的横档上。

接下来还有另外几件事要做。特别是必须给雌蝴蝶换一个地方,被截去触须的雄蝴蝶在做夜间飞行时,不能让雌蝴蝶处在它们的眼皮底下,以便保证实验结果的真实性。于是,我将钟形罩连同被关在里面的雌蝴蝶一起搬到了别处;我将罩子放在门廊底下的地上,住宅的另一边,那儿离工作室约有五十多米。

夜幕降临了,我最后一次去探视那八位伤员。其中的六只已经通过开着的窗户飞走了;剩下的两只虽然还在,却都掉在了地板上,如果我把它们的身体翻过来,它们都已经没有力气再翻回去了。它们精疲力竭、奄奄一息。这可不是手术的过错。即使我没有剪去它们的触须,它们照样也会这样迅速地衰老。

另外六只蝴蝶精力相对充沛,已经离开了。它们会回到昨晚吸引它们的诱饵身边去吗? 没有了触须,它们还能找到那只钟形罩吗? 那只钟形罩

已经被挪到了别处，离原先的位置很远。

钟形罩被淹没在黑暗之中，几乎是在露天。我时不时提着灯笼和网兜去那里看看。来访的雄蝴蝶被我捉住，经过辨认、分类，然后立刻释放到隔壁的房间里，那房间的门是关着的。这种逐渐排除的方法使我能对蝴蝶的数量做出准确的计算，不用担心同一只蝴蝶会被重复统计。此外，那间临时牢房空空荡荡，十分宽敞，丝毫不会损伤被囚的蝴蝶，在那里它们会安静地休息，并且有足够的空间。在以后的实验中，我也将采取同样的预防措施。

十点半，再也没有新的来访者了。这次实验宣告结束。我总共抓了二十五只雄蝴蝶，其中只有一只没有触须。在昨天接受手术的蝴蝶当中，有六只有足够的体力离开我的工作室，回到野外；而它们中只有一只重新飞回了钟形罩。这个结果并不丰硕，不能令我放心，我既不敢肯定也不敢否定触须的导向作用。我必须做一个规模更大的实验。

第二天早上，我去探访了昨晚抓住的囚犯。看到的景象并不怎么令人振奋。许多蝴蝶都掉在了地上，毫无生气。如果用手指去捉，一些蝴蝶只能勉强露出生命的迹象。对于这些瘫痪的蝴蝶，我能抱什么希望呢？不过还是试一试吧。也许当跳爱情圆舞曲的时刻来临时，它们又会变得生机勃勃。

那二十四只新被抓住的大孔雀蝶接受了触须切除手术。原先那只被剪掉触须的蝴蝶不在其中，它已经濒临死亡，至少也已经差不多濒临死亡了。最后，在这一天剩下的时间里，监狱的房门大开。谁爱出去就出去，谁有能力就回来参加晚上的婚庆。为了使离开的蝴蝶们接受寻找实验，我又移动了钟形罩的位置，它原先就在门前，是雄蝴蝶的必经之路。现在，我把它放到住宅另一侧底楼的一个房间里。当然，到达这个房间的道路也是畅通无阻的。

在二十四只被切除触须的蝴蝶中，只有十六只飞到了屋外。其余的八只筋疲力尽，不久就会在原地死去。而在这十六只离开的蝴蝶中，会有多少只晚上飞回钟形罩边呢？一只也没有。那天晚上，我只抓到七只蝴蝶，全都是新来的，全都戴着漂亮的羽翼。这个结果似乎证明，切除触须是一件比较严重的事情。可我还不想下结论：因为还存在一个疑点，非常重要的疑点。

刚被人残酷地割去耳朵的小狗穆菲拉尔说："我现在的样子多好看！我仍然敢出现在其他狗的面前！"我的大孔雀蝶们是否也能有穆菲拉尔大

师这样的感知呢？一旦失去了华美的羽饰,它们还敢出现在其他竞争者的面前,向雌蝴蝶稍稍表露一下爱意吗？它们没有来,究竟是因为自惭形秽呢,还是由于失去了导向的器官？或是因为它们等待得太久,短暂的热情已经消逝,它们筋疲力尽了？实验会告诉我们答案。

第四个晚上,我又抓到十四只雄蝴蝶,全都是新来的,它们先后被关到一个房间里,将在那里度过黑夜。第二天,趁它们白天静止不动的时候,我稍稍剪去了它们腹部中央的一些绒毛。剪掉这一点点绒毛不会给这些虫子带来丝毫不便,因为这些丝线般的绒毛很容易再长出来;这样做也不会使蝴蝶们失去任何寻找钟形罩所必需的器官。对于被剪去绒毛的蝴蝶来说,这不算什么;而对于我来说,这是重新来访的大孔雀蝶的真正标记。

这一次,没有一只蝴蝶身体衰弱、不能起飞。到了夜晚,十四只被剃去绒毛的蝴蝶全部飞回了野外。当然,钟形罩的位置又被换过了。在两个小时的时间里,我总共捉到二十只蝴蝶,其中只有两只被剪过绒毛,仅此而已。至于前天被剪去触须的那些蝴蝶,则一只也没有出现。它们的婚期已经过了,结束了。

十四只被剪去绒毛的蝴蝶,只有两只飞回来。另外十二只同样装备着所谓的导向器官,也就是羽饰一般的触须,可它们为什么会缺席呢？还有,为什么经过一个夜晚的囚禁之后,几乎总会有大批的蝴蝶变得虚弱衰竭呢？我只想得出一个答案:大孔雀蝶们被强烈的交配欲望折磨得精疲力竭。

为了它生命的唯一目标——结婚,大孔雀蝶有着非凡的天赋。它可以长途跋涉、穿越黑暗、排除万难,去发现自己的心上人。它有两三个晚上、几个小时的时间,来寻找爱人并与之嬉戏。但如果它没能抓住机遇,那么一切就都完了:精确的指南针会出故障,明亮的导航灯也会失色。这样活着还有什么意思呢！于是,它清心寡欲地退居一隅,就此长眠不醒,把幻想和苦难一同结束。

大孔雀蝶只是为了繁衍后代才以蝴蝶的形态出现的。它从不进食。许多其他种类的蝴蝶都是快乐的食客,它们在花丛中来回穿梭,展开螺旋形的吸管,插进甜蜜的花冠;而大孔雀蝶却是无与伦比的禁食者,它彻底摆脱了胃的奴役,根本不需要进食。口腔器官只是一个简单的雏形、无用的摆设,而不是真正可以用来吃饭的工具。没有一口花蜜会进到它的胃里:如果它的生命不因此而特别短暂，那么这倒真是一个了不起的特长。油灯需要油才能发光。大孔雀蝶放弃了它的"灯油"，但同时也放弃了长寿。它的生命只有两三个晚上，刚好够它和配偶相遇相识，仅此而已：大孔雀蝶也算享受过生活了。

那些被剪去了触须的蝴蝶没有再飞回来，这意味着什么呢？是不是意味着没有了触须，它们就无法找到钟形罩、找到在罩内等待它们的雌蝴蝶了？绝对不是。它们和那些被剪去绒毛的蝴蝶一样，接受了有害于身体的手术但丝毫没有受到损伤，它们的不归意味着生命走到了尽头。无论这些虫子的肢体是否受到伤害，它们都由于年龄的关系而不再有用，因而它们的缺席不说明任何有价值的问题。由于没有必要的时间进行实验，我们无法知道大孔雀蝶触须的作用。这作用以前是一个谜，以后也仍将是一个谜。

被关在钟形罩里的雌性大孔雀蝶存活了八天。每天晚上，它都根据我的意愿，在住宅的这里或那里，为我引来一大群数量不定的访客。我用网兜一一捉住它们，然后立刻关进一个门窗紧闭的房间，让它们在那里过夜。第二天，我给它们做上标记，至少是在它们的胸部剪掉一点绒毛。

这八天晚上飞来的大孔雀蝶总数达到了一百五十只；一想到今后两年里要如何辛苦地寻找，才能获得继续这项研究所必需的材料，一百五十这个数目就令我张口结舌。虽然大孔雀蝶的茧在我家附近并非找不到，但至少是非常罕见，因为毛虫赖以生存的老巴旦杏树在我们这里寥寥无几。我花了两个冬天的时间，把这些衰老的树木全部查了一遍，仔细翻看了树干的根部和盖着树根的坚硬草皮，这些草皮犹如给老巴旦杏树穿上了鞋子；可是多少次我都是空手而归！可见，这一百五十只大孔雀蝶全都来自远方，很远的地方，也许方圆两公里以外或更远的地方。它们怎么会知道我工作室里发生的事情的呢？

在远距离信息传递中，有三种元素能够被感知：光、声音和气味。在大孔雀蝶的例子中，能否说传递信息的元素是视觉呢？如果说，来访者们越过打开的窗户后，引导它们的是视觉，这无可非议。但在此前，在陌生的屋外，说大孔雀蝶有神奇而锐利的眼睛，能看到墙后的东西，这就不够了；还必须承认它拥有灵敏的视觉，可以在几公里远的距离之外完成这样的奇迹。这都是些荒谬的说法，根本不值得讨论，我们还是谈谈其他东西吧。

声音同样也与信息传递无关。那只大腹便便的雌虫虽然能从如此遥远的地方唤来情郎，可它却非常安静，即使最敏锐的耳朵也听不到它的声音。也许它会有内心的颤动、爱情的战栗，可以借助极为灵敏的麦克风听见，严格地说，这是可能的；但是请别忘记，来访者们是隔着遥远的距离、在几千米之外得到信息的。在这种情况下，我们就不必考虑声音了。否则，就等于是在要求寂静让周围的虫子们激动起来。

剩下的还有气味。在我们的感觉领域里，某种散发气味的物体，比其他任何东西都能更好地大致解释，为什么大孔雀蝶会赶来、并在经过迟疑之后才能找到吸引它们的诱饵。是不是真的存在某种类似于被我们称为气味的物质呢？这种物质极为细微，我们绝对感觉不到，却能为那些嗅觉比我们更加灵敏的昆虫所感知。我们有必要做一个实验，十分简单的实验。只要将这种气味盖住，用另一种更强烈、更耐久的气味压制住它，让这种强烈耐久的气味来主宰嗅觉。极为强烈的气味可以压制微弱的气味。

我事先在雄大孔雀蝶晚上将要抵达的那个房间里撒上樟脑。又在被关在钟形罩里的雌蝴蝶身边放了一只装满樟脑的小圆盘。雄蝴蝶来访时，只要一进房门，就能闻到一股强烈的煤气厂的气味。叮我的伎俩没有奏效。大孔雀蝶和往常一样到来；它们进入房间，穿过弥漫着柏油味的空气，准确无误地飞向钟形罩，就好像在没有干扰气味的环境下一样。

我对气味的信心动摇了。况且，我也不可能继续实验了。第九天，经过一番徒劳的等待，我的囚犯死了，临死前在钟形罩的网纱上产下一堆不曾受精的卵。由于没有了实验对象，我在明年之前都将无事可干。

这一次，我将会精心准备，大量储存，以便随心所欲地重复那些已经做过的实验，以及那些我打算做的实验。干活吧，别拖拉了。

夏天，我以每条一个苏①的价格购买了一些大孔雀蝶的毛虫。这笔买卖把邻居的几个小孩——我的供应者们乐坏了。每到星期四，他们做完了可怕的动词变位练习，漫山遍野地玩耍，会时不时找到一条肥壮的毛虫，挂在小棍子的顶端给我带来。这些可怜的孩子不敢碰那毛虫；当他们看到我

———————————

① 法国旧辅币，二十个苏相当于一法郎。

用手指抓起它，就像他们抓起熟悉的蚕一样时，全都惊得目瞪口呆。

我用巴旦杏树的枝叶喂这些毛虫，没过几天，它们就为我结出了漂亮的茧子。冬天，我又到喂养这些毛虫的大树底下不懈搜寻，以补充茧的储备。一些对我的实验感兴趣的朋友也来助我一臂之力。我不辞辛劳，四处奔走，讨价还价，还在荆棘丛里擦破了皮；终于，我拥有了一大批各种各样的大孔雀蝶的茧，其中有十二只特别大、特别重，我就此推断里面是雌蝴蝶。

可是，一场挫折在等待着我。五月来临，这个月的天气变幻莫测，将我的种种准备化为乌有，给我带来很多烦恼。冬天又卷土重来。强劲的西北风呼啸着，撕碎了梧桐的新叶，将它们撒得满地都是。天气寒冷得如同十二月份。人们不得不重新燃起夜晚的炉火，穿上刚刚脱下的冬衣。

我的大孔雀蝶们也饱尝艰辛。它们孵化得很迟，而且孵出的都是些迟钝麻木的蝴蝶。雌蝴蝶们在钟形罩里等待着，根据它们出生的顺序，今天是这只，明天是那只；可是在罩子的周围，来自外面的雄蝴蝶却很少，甚至没有。然而，附近并不是没有雄蝴蝶，因为那些被我收集的长着大片羽饰的雄蝴蝶，一旦孵化出来、经过辨认，便立刻会被放到花园里去。可无论是远处还是附近的蝴蝶，来这里的都很少，而且没有一点激情。它们进来一会儿，然后就消失了，一去不返。恋人们都非常冷淡。

也许低温与提供信息的气味散发物是相悖的吧；炎热会使它增强，而寒冷则使它削弱，就像普通气味的情况一样。这一年的工夫是白费了。唉！这种实验受制于某一短暂季节的反复和变换，是多么艰难呀！

我开始了第三次试验。我饲养幼虫，漫山遍野地收集虫茧。五月来临时，我已经有了足够数量的虫茧。这一次，气候宜人，完全合乎我的心意。我又看到大量雄蝴蝶涌来的场面，这场面和刚开始蝴蝶入侵我家的时候一模一样，当时让我感到如此地震惊，并促使我开始进行这一实验。

每天晚上，雄蝴蝶们成群结队地赶来，有时十二只，有时二十只，有时更多。而大腹便便的主妇雌蝴蝶，则抓着钟形罩的金属网。它一动不动，甚至连翅膀也不抖一下。它好像对周围发生的一切漠不关心。也没有任何气味，我们家鼻子最灵敏的人都没有闻到什么；此外，在被我叫来参加观察的家人当中，即使是听觉最敏锐的人也没有听见任何声响。雌蝴蝶纹丝不动，屏息凝神地等待着。

雄蝴蝶三三两两，或者更多地扑向钟形罩的圆顶，在那里飞来飞去，不停地振动着翅膀，用翅尖拍打着圆顶。情敌们之间没有争斗，也没有吃醋，它们只是想方设法进入钟形罩。当它们对徒劳的尝试厌倦之后，便飞开了，加入到旋风般舞蹈着的蝶群之中。有几只灰心丧气的蝴蝶通过打开的窗户逃之夭夭，但很快就有新的来访者代替它们；在钟形罩的圆顶上，直到晚上十点，雄蝴蝶不断地重复着接近雌蝴蝶的尝试，它们一会儿就会感到厌倦，但很快又会重新开始。

每天晚上，钟形罩的位置都会被移动。我将它时而放在北面，时而放在南面；时而放在住宅右侧的底楼或二楼，时而放在住宅左侧五十米开外的远处；时而放在露天，时而又放在一个偏僻的房间。这些搬迁都非常突然，连研究人员或许都会被弄得晕头转向，却根本难不倒大孔雀蝶。我想欺骗它们，可这不啻是在浪费时间和心计。

对于地点的记忆在这里不起作用。比如，前一天夜里，雌蝴蝶被安置在住宅的某一个房间；那些戴着羽饰的雄蝴蝶就到这个房间里飞上两个多小时，有的甚至还在那里过夜。而第二天，当夕阳西下，我给钟形罩挪动位置时，所有的雄蝴蝶都已经在屋外了。尽管雄蝴蝶的寿命很短，但那些最新来的雄蝴蝶还是有能力做第二次，甚至是第三次的夜间远行的。那么，这些朝生暮死的情场老手首先会飞到哪里去呢？

它们知道前一天夜里约会的准确地点。人们会认为它们先是在记忆的引导下回到那里；发现那里一无所有之后，就飞到别处继续搜寻。然而，事实和我料想的恰恰相反，并非如前面所述。没有一只雄蝴蝶再次出现在昨夜门庭若市的约会地点，甚至没有一只在那里做短暂停留。尽管它们事先没有从记忆那里得到任何信息，但昨夜的约会地点现在却冷冷清清。一个比记忆更可靠的向导把它们召唤到了别处。

到目前为止，雌性大孔雀蝶一直暴露在金属网罩里。那些在黑夜里目光敏锐的来访者，可以凭着我们分辨不出的微弱光线看到它。但如果我把它关到一个不透明的容器里，结果又会怎样呢？不同质地的容器，是否能使传递信息的气味自由传播，或将其阻隔呢？

今天，物理学为我们制造出了依靠电磁波来传达的无线电报。在这方面，大孔雀蝶会不会比我们领先一步呢？为了让周围的同类激动起来，为了通知几公里以外的求爱者，刚刚孵化的雌蝴蝶会不会拥有一种我们已知或未知的电波或磁波呢？这些波可能会被一些屏障所阻隔，却也能通过另一些屏障。总之，它会不会以自己的方式，使用着某种无线电报呢？我看这不无可能；昆虫都习惯于这些不可思议的发明创造。

于是，我把雌蝴蝶关进各种材料的盒子里。有白铁皮的、木头的，还有硬纸板的。所有盒子都严严实实，并用含油的胶泥封固。我还用了一只玻璃钟形罩，罩子被放在一块玻璃窗的绝缘支撑物上。

在这样严格封闭的条件下，不管宁静柔和的夜色多么惹人喜爱，雄蝴蝶是不可能再飞来的，哪怕是一只都不可能。不管盒子的材料是金属的还是玻璃的，是木头的还是硬纸板的，它们都绝对密封，对传达信息的气味构成了不可逾越的障碍。

有着两指之宽厚度的棉花层，也能起到同样的效果。我把雌蝴蝶放进一只大口瓶，在瓶口用绳子扎了一层棉花充当瓶盖。这足以让附近的雄蝴蝶对我工作室里的秘密一无所知了。没有一只雄蝴蝶前来。

相反，如果我们使用关得不严、微微打开的盒子，再把它们藏进抽屉或衣橱里，即使在这样加倍隐蔽的情况下，仍然会有大批雄蝴蝶前来，数量和飞向桌子上金属网罩的雄蝴蝶差不多。我清楚地记得有一天晚上，我把雌蝴蝶关进一只帽盒，藏到壁橱里，并将壁橱的门关上。雄蝴蝶们来到门前，用翅膀笃笃地撞门，想进去。这些路过的朝圣者穿过田野，不知来自何处，但它们对橱门后面盒子里的东西却一清二楚。

这样看来，任何类似于无线电报的信息传递手段，都是不能令人接受的解释，因为只要出现一道屏障，无论它的传导性能还是不好，都会立刻阻断雌蝴蝶发出的信号。要想让信号传出去，并且传得远，有一个必不可少的条件：那就是关押雌蝴蝶的容器必须不完全密封，容器内外的空气必须可以相互流通。这又把我们引向了气味的可能性上面，而这一可能性已经在我前面的樟脑实验中被否定了。

我的大孔雀蝶茧子已经用完，可问题还是没有解决。要不要在第四年继续实验？我决定放弃，原因如下：大孔雀蝶的婚礼总是在夜间举行，如果我想跟踪观察它的行为习性，会非常困难。殷勤的求爱者无需灯光就能抵达目的地,而人类微弱的视力却使我在夜间不能离开灯光。我至少得点上一支蜡烛,而烛火却经常会被盘旋纷飞的蝶群扑灭。灯笼倒是可以帮我避免烛火熄灭的情况,但它的光线太暗,又有一圈大大的阴影,根本不适合我这个细致的观察者,因为我不但要观察,而且要观察得清楚。

不仅如此。灯光会使雄蝴蝶们偏离目标,让它们忘记正事,如果它持续太久,会使晚会的成功大打折扣。雄蝴蝶一进门,就会发狂似的直奔火光,从而烧坏身上的绒毛;这样一来,因烧伤而惊慌失措的它们,就无法提供可靠的证据了。即使它们没有被烧到,而是被火光外的玻璃罩隔着,它们也会停在火光边,一动不动,仿佛着了魔一般。

一天晚上,雌蝴蝶被放在餐厅的饭桌上,正对着打开的窗口。餐厅的天花板上亮着一盏汽油灯,灯上装有宽大的白色搪瓷反光罩。在飞来的雄蝴蝶当中,有两只停在钟形罩的圆顶上,向被囚的雌蝴蝶大献殷情;另外七只则在路过时向雌蝴蝶致了一下意,就匆匆冲着灯飞去。它们围着灯转了一会儿,接着便似乎沉醉在乳白色锥面所发出的灿烂光辉之中,停在反光罩下,一动不动了。孩子们已经想动手去捉。"让它们去吧,"我说,"让它们去。我们要显得好客一点,别打扰这些来光明圣龛的朝圣者。"

整个晚上,这七只雄蝴蝶都一动未动。第二天,它们还在那里。醉人的灯光让它们把甜蜜的爱情忘得一干二净。

大孔雀蝶对光亮如此痴迷,使我不可能进行精确而持久的观察,因为观察者需要灯光。所以,我放弃了大孔雀蝶及其夜间的婚礼。我需要一种生活习惯完全不同的蝴蝶,它必须和大孔雀蝶一样,在实施恋爱幽会的壮举时灵活能干,但这幽会应该在白天进行。

在对符合上述条件的实验对象继续进行观察之前,我们暂时撇开事情发展的时间顺序,谈谈一只新来的蝴蝶吧,它是我在结束了对大孔雀蝶的研究之后飞来的。那是一只小孔雀蝶。

有人不知从哪儿给我带来一只非常漂亮的茧子,上面每隔一段距离就裹着一层宽大的白色丝套。丝套上有许多不规则的褶皱,从丝套里可以轻而易举地抽出一个茧来,茧的形状和大孔雀蝶的差不多,但体积却小很多。

丝套的前端是用疏密不一的小树枝编成的网格,可以阻止入侵,同时又让茧的主人自如地出来;这让我一看就知道里面是夜间活动的大孔雀蝶的同类;因为这丝套带着编织者的标记。

果然,三月底,圣枝主日①那一天的上午,那只带有树枝网格的茧子给了我一只雌性的小孔雀蝶;它一出茧,就被我关进了工作室的钟形金属网罩里。我打开窗户,以便让这件事情在野外传开;同时,也给那些可能前来的雄蝴蝶一条自由出入的通道。被囚的雌蝴蝶趴在网罩上,整整一个星期都纹丝不动。

我的这位囚徒非常漂亮,它穿着带有波纹的棕色天鹅绒外衣,颈上围着白色的毛皮围巾,上方的翅膀尖端点缀着胭脂红的斑点;四只大眼睛里,黑色、白色、红色和黄褐色四种颜色如同心的新月般聚在一起。这打扮几乎和大孔雀蝶如出一辙,只是颜色更加鲜艳。这种身材和装束都极为美丽的蝴蝶,我一生中只见到过三四次。而它的茧我只是在不久以前才见到。至于雄性的小孔雀蝶,我还从未见过。只是从书本上得知,它们比雌小孔雀蝶小一半,颜色更鲜艳、更花哨,下方的两瓣翅膀呈橙黄色。

这优雅的陌生人、这戴着美丽羽饰却又不为我所知的雄蝴蝶,在我们这一带似乎十分罕见;这一回,它们会不会光临呢?它们在遥远的树篱之中,会不会知道我工作室的桌子上有一只正值婚龄的雌蝴蝶在等着它们呢?对此我有信心,而结果也在意料之中。它们来了,来得甚至比我料想得还要快。

中午,全家人都在吃饭,只有小保尔因为关心可能发生的事情,迟迟没来。突然,他一脸春风地跑了进来。一只漂亮的蝴蝶在他手指中间扑腾着翅膀,它是在工作室对面飞舞的时候被当场抓住的。保尔把它拿给我看,并用目光询问着我。

"哎呀!"我说,"这正是我们要等的朝圣者。大家折起餐巾,去看看发生了什么事吧。午饭过一会儿再吃。"

---

① 基督教节日,复活节的前一个星期日,纪念耶稣进入耶路撒冷时受到人们挥舞棕榈枝夹道欢迎。

小孔雀蝶,雌性

眼前的奇异景象让我们忘记了吃饭。在雌蝴蝶魔法般的召唤下,插着漂亮羽饰的雄蝴蝶纷纷赶来,准时得不可思议。它们曲折地飞着,一只接一只地飞来。所有这些雄蝴蝶都来自北面。这个细节很重要。自猛烈的寒流归来至今,时间只过去了一个星期。北风依然呼啸着,如同暴风雨即将来临,这对贸然开放的巴旦杏花是致命的。这是一场无情的风暴,通常也是春天来临的前奏。今天,温度突然回升了,但北风依然在刮。

在这第一场观察中,所有奔向雌性囚犯的雄蝴蝶都是从北面飞进花园的;它们顺着风向而来;没有一只逆风而行。如果指引它们的是某种和人类相似的嗅觉感官,如果它们是通过散布在空气中的气味微粒来辨别方向,那么它们应该从相反的方向抵达。如果它们是从南面飞来,我们可以认为是风把气味刮去,向它们传递了信息;可它们却来自北面,在这横扫天空的西北风盛行的季节,我们怎么可能再假设它们在远距离之外嗅到被我们称为气味的东西呢?气味微粒的走向与风向相反,所以气味传递信息的假设是不可接受的。

来访的雄蝴蝶们沐浴在明媚的阳光下,在工作室前来来回回地飞了两个小时。大多数蝴蝶长时间地寻找着,探测着高墙,贴着地面飞行。看到它们如此犹豫,人们会以为它们遇到了麻烦,找不到吸引它们前来的诱饵所处的确切地点。它们长途跋涉,没有发生差错;然而到了近处,却似乎失去了精确的指向。不过,它们迟早会飞进屋里,向被囚的雌蝴蝶致意的,但它们不会久留。两个小时后,一切都结束了。总共飞来了十只小孔雀蝶。

在整整一个星期的时间里,每天中午,太阳最强烈的时候,都会有雄蝴蝶飞来,只是数量越来越少。总共将近有四十只。我觉得重复这样的实验不再有必要,因为它们对我已知的情况不会带来任何新的补充。我只注意到两个现象:第一,小孔雀蝶是在白天活动,也就是说,它在中午太阳最强烈的时候庆祝婚礼。它需要充足的阳光。虽然大孔雀蝶无论在成虫的体型上,还是在毛虫的技艺上,都和小孔雀蝶非常相似,但它却恰恰相反,需要深夜的黑暗。谁要是有能力,就来解释两者在习俗上的这种奇特差异吧。第二,强烈的气流从反方向将可能传递信息的气味微粒一扫而光,却并没有像我们的物理学所设想的那样,阻止雄蝴蝶逆着气味到达目的地。

我想继续观察,就需要一种在白天举行婚礼的蝴蝶,但不是小孔雀蝶,因为它来得太晚了,我已经没有任何问题需要它来解答。我需要另一种蝴蝶,随便哪一种,只要它在婚礼上灵活敏捷就行。我能得到这样的蝴蝶吗?

小条纹蝶

能,我能得到,事实上我已经得到了。我家经常有一个七岁的男孩来卖萝卜和番茄,他长着一张机灵的面孔,并不是天天洗脸,光着脚丫,破破烂烂的短裤用一条带子系着。这天早晨,他提着菜篮来到我家。他收下那几个苏的菜钱,放在手心里一个一个地数过,那可是他妈妈翘首期盼的钱。数完后,他从口袋里掏出一样东西,那是前一天他在割兔草时,在篱笆边发现的。

"这个,"他一边说,一边把东西递给我,"这个,您要吗?""是的,当然要。再去找一些来,越多越好,我答应星期天带你去玩旋转木马。在此之前,我的朋友,这两个苏给你。把它们分开放,别和菜钱混起来,向你妈妈报账时就不会弄错了。"这个头发蓬乱的小家伙对这笔巨款非常满意,他答应好好干,似乎已经隐约看到了一大笔财富在等着他。

他走了之后,我仔细查看那东西。物有所值。那是一只非常漂亮的茧子,钝圆形,有点像蚕茧,很坚固,呈浅黄褐色。根据从书本上学来的零星知识,我几乎确定这是橡树蛾的茧。如果真是这样,那就是个意外的收获了。这样我就可以继续研究,也许还能把对大孔雀蝶的初步了解补充齐全。

事实上,橡树蛾是蝶蛾类中的经典;没有一本昆虫论著不谈及它婚礼时的壮举。据说,只要一只被俘的雌蛾刚刚孵化,哪怕它是被关在一个房间,甚至是一个隐蔽的盒子里,远离田野,置身于喧嚣的城市,这个消息仍然会传到树林里、草地上的有关昆虫那里。雄蝴蝶们在不可思议的罗盘指引下,从遥远的田野赶来;它们直奔那只盒子,侧耳聆听,来回盘旋。

这些神奇的事情我都是从书本上看来的;而真的亲眼看见,或亲身经历,则完全是另一回事。付出的那两个苏到底会给我带来怎样的收获呢?从那茧子里会钻出一只著名的橡树蛾来吗?

让我们用它的另一个名字——小条纹蝶来称呼它吧。这个别出心裁的名字来自于雄蝴蝶的外衣:这外衣有点像僧侣的浅红色长袍,只是质地不再是棕色的粗呢,而是上好的天鹅绒,上面有浅色的横向条纹,前面的两瓣翅膀上还长着像眼睛一样的小白点。

小条纹蝶在这一带不是常见的蝴蝶,如果您一时心血来潮,带上网兜外出,并不一定能抓得到它。我在这里住了二十多年,但从来不曾在村庄周围,特别是在我那个僻静的花园里,见到过它。不错,我不是一个狂热的猎手;我对那些供人收集的死昆虫毫无兴趣;我要的是活的昆虫,是那些正在发挥才能的昆虫。不过,虽然我没有收集者的狂热,但对于令田野生机盎然的每一种昆虫却都很关注。要是我遇到一只身材和装束都如此出众的小条纹蝶,是绝对不会让它逃脱的。

那个给我小条纹蝶茧的孩子曾得到我玩旋转木马的许诺,但尽管诱惑如此之大,他后来却再也没有找到过第二个茧。三年里,我发动了所有朋友和邻居,尤其是那些在荆棘丛中目光敏锐、手脚麻利的年轻人;我自己也经常在枯叶堆下、乱石丛中,以及空洞的树干里搜寻,可一切都是枉费心机:这珍贵的茧子始终找不到。这一切都说明小条纹蝶在我们这个地区非常稀少。一旦时机成熟,我们就将会看到这个细节的重要性。

正如我所猜想的那样,这独一无二的茧正是那种著名的蝴蝶的。八月二十日,从茧里孵化出一只雌性小条纹蝶,它大腹便便,穿着和雄蝴蝶一样的外衣,只是袍子的颜色更加淡雅,呈米黄色。我把它关进钟形金属网罩,放在工作室中央的大桌子上,四周堆满了书、瓶子、瓦罐、盒子、试管和其他器械。这个地方大家已经很熟悉了,大孔雀蝶也曾囚居在这里。工作室的两扇窗户都朝着花园,阳光通过窗户照亮了整个房间。一扇窗户关着,另一扇则不分昼夜地开着。两扇窗户相距四五米,小条纹蝶就被安置在它们中间,处于半明半暗之中。

这天剩下的时间以及第二天,没有发生任何值得一提的事。被囚的小条纹蝶用前爪抓着网罩,趴在朝阳的一面,一动不动。它的翅膀没有丝毫摇摆,触须也没有丝毫抖动。当初大孔雀蝶也是这样。

小条纹蝶妈妈日益成熟,细嫩的肌肉也变得结实起来。它通过某一种不为我们的科学所知晓的变化,孕育着不可抗拒的诱饵,将求爱者从四面八方吸引过来。在它那大腹便便的体内究竟发生了什么事?那里到底完成了什么样的蜕变,会在以后的几天里引起周围天翻地覆的变化?如果能弄清这蝴蝶的奥秘,那我们就能前进一大步。

第三天,蝴蝶新娘准备就绪。婚庆轰轰烈烈地展开了。当时我正在花园里,对实验的成功心灰意冷,因为它拖得实在太久了;下午三点左右,天气炎热,阳光灿烂,我突然看到一大群蝴蝶在敞开的窗洞前盘旋。

这就是前来拜访美人的求爱者。它们有的飞出屋外,有的飞进房间,还有的停在墙上休息,好像因长途旅行而筋疲力尽似的。我隐约看见有一些蝴蝶越过高墙,越过柏树林的屏障,正从远处飞来。它们来自四面八方,但数量却在逐渐减少。我错过了婚庆开始的场面,此刻,来宾们已经差不多到齐了。

去工作室的楼上看看吧。我又看到了大孔雀蝶在夜间让我初次见到的那令人眼花缭乱的景象,而且这一次是在大白天,我没有漏掉任何一个细节。工作室里盘旋着一片雄性小条纹蝶,我在这混乱飞舞着的蝶群中尽量辨认,用眼睛估算出大约有六十多只。一些蝴蝶围着钟形罩绕了几圈后,飞到了窗外,不过很快又飞了回来,继续盘旋。那些最性急的则停在罩子上,用脚爪相互骚扰推搡,希望抢一个好地方。在罩子里边,被囚的雌蝴蝶将大肚子垂在网纱上,尤动于衷地等待着。面对这纷乱的嘈杂,它没有一丝兴奋的表情。

小条纹蝶

无论是飞出去还是飞回来,是趴在罩子上坚持不懈还是在房间里翩翩起舞,雄蝴蝶们在三个多小时的时间里疯狂地喧闹着。但是,太阳开始西沉,气温慢慢降低,蝴蝶们的热情也随之减退。很多蝴蝶都飞走了,一去不返。剩下的那些找一个地方停下,为明天的狂欢养精蓄锐;

它们像大孔雀蝶一样,停在关着的那扇窗的横档上。今天的婚庆到此结束。明天肯定还将继续,因为由于金属网的阻隔,婚庆的目的并未达到。

然而,令我困窘的是,婚庆在第二天并没能继续,而且是因为我的过错。当天晚上,有人送给我一只螳螂,由于它长得出奇地小,因而十分惹人注目。我一心想着下午发生的事,有些心不在焉,匆忙中把这只噬肉的虫子关进了小条纹蝶的钟形罩。我根本没想过这样的共居会造成什么恶果。螳螂是那么瘦小,而蝴蝶则是如此肥壮!因此我没有任何担心。

啊!我对这种长着铁钳的昆虫的屠杀狂热了解得太差了!第二天,我既苦涩、又惊讶地发现,瘦小的螳螂正在吞食肥大的蝴蝶。蝴蝶的头和胸部以上的部分已经不见了。多么可怕的昆虫啊!你给我带来了莫大的痛苦!别了,我的研究,我那彻夜想象筹划的研究!整整三年,我都将因为没有实验对象而无法继续观察。

但愿厄运没有使我们忘掉刚刚获得的一点微薄的成果。在一次婚庆中,就来了大约六十只雄蝴蝶。鉴于小条纹蝶非常罕见,再想到我和我的助手们搜寻了几年都一直徒劳无果,六十只这个数目不禁令我们目瞪口呆。在一只雌蝴蝶的引诱下,原先不见踪影的雄蝴蝶突然变得这么多。

它们来自哪里呢?不用说,肯定是来自四面八方的遥远地方。我对这一带作了长期的勘探,对每一丛荆棘、每一堆石头都了如指掌,我可以确认这里绝对没有小条纹蝶。要在我的工作室里聚集起那么一大群来,非得需要整个地区这儿那儿的蝴蝶们的帮助,至于它们来自方圆多远的地方,我就不敢说了。

三年过去了,经过朝思暮想,好运终于让我得到两只小条纹蝶的茧子。八月中旬,在相隔几天的时间里,从两只茧中分别孵化出一只雌性小条纹蝶,这使我得以变换和重复我的实验。

我很快就重新进行了那些曾在大孔雀蝶身上做过,并且已经得到肯定答案的实验。在聪明灵巧方面,白天朝圣的小条纹蝶并不比夜间朝圣的大孔雀蝶差。它们识破了我所有的诡计。无论钟形金属罩被安置在住所的哪个地方,它们都能径直飞向被关在那里的雌蝴蝶;它们还能找到藏在壁橱里的雌蝴蝶;也能猜出后者被关的某一只盒子,只要这只盒子没有被盖死。但是,如果盒子盖得很严实,那么雄蝴蝶就会失去信息,不会前来。到目前为止,实验结果仅仅是大孔雀蝶的所作所为的重复而已。

在关死的盒子里,空气不能和外界流通,雄蝴蝶因而对隐居的雌蝴蝶一无所知。即使把盒子放在窗口显而易见的地方,也没有一只雄蝴蝶飞来。于是,关于气味的想法又愈发迫切地在我的脑海里产生了,这气味无法通过金属、木头、硬纸板、玻璃等材料构成的阻隔而传播。

关于这个问题,夜间活动的大孔雀蝶并没有受到樟脑的干扰;我原以为樟脑的气味浓烈,会盖住雌蝴蝶的气味,因为后者极其微弱,人类的嗅觉根本觉察不到。现在,我要在小条纹蝶身上做同样的试验。这次,我把我药箱里所有能散发香味或恶臭的东西,都一股脑儿地用了上去。

我放置了十几只小碟子,一部分放在关押雌性小条纹蝶的钟形罩里面,另一部分放在钟形罩的四周,围成一圈。这些碟子有的盛着樟脑,有的盛着宽叶薰衣草精油,有的盛着石油,还有的盛着散发着臭鸡蛋味的硫化物。我已经尽我所能了,除非把这个囚犯熏死。这些东西早上就布置好了,为的是等雄蝴蝶受召唤而来时,房间里可以彻底弥漫着这些气味。

下午,我的工作室成了讨厌的配药间,洋溢着薰衣草沁人心肺的芳香和硫化物刺鼻的恶臭。别忘了,这个房间里还熏着其他许多气味呢:煤气、烟草、香水、石油、发臭的化学物,这些气味混合起来,能不能让雄性小条纹蝶迷失方向呢?

根本不能。三个小时中,蝴蝶们像往常一样蜂拥而至。它们飞向钟形罩;我特意用一块厚布把罩了遮得严严实实,以增加寻找的难度。蝴蝶们飞进来,没有发现任何东西,沉浸在奇怪的气味里,而原先任何细微的气味都被覆盖掉了;可是它们依然飞向被关着的雌蝴蝶,想方设法钻进厚布的褶子里面,同雌蝴蝶相会。我的计谋没有成功。

这次失败的结果确证无疑,它重复了先前我在大孔雀蝶身上用樟脑所做的试验结果;照理说,我应该放弃气味物质指引雄蝴蝶接受召唤、参加婚礼的结论。但我没有这样做,那是因为我偶然观察到一个情况。有时,意外和偶然常常会给我们带来惊喜,为我们指出一直苦苦追寻的真理之路。

一天下午,我想知道当雄蝴蝶们进屋之后,视觉是否会在它们寻找雌蝴蝶的过程中起作用;于是,我把雌蝴蝶放进了一个玻璃罩,让它栖息在一小段带着枯叶的橡树枝上。玻璃罩被放在桌上,正对着打开的窗户。这样一来,雄蝴蝶一进屋,就肯定会看到雌蝴蝶,因为它在它们的必经之路上。雌蝴蝶在金属罩里一只铺着细沙的瓦罐中度过了前一个夜晚和今天的上午,现在这只瓦罐妨碍了我的手脚。于是我随手将它放到了房间另一边的地板上,一个光线半明半暗的角落里。那里距窗户十几步远。

继这些准备工作之后发生的事情使我完全没有了头绪。来访的雄蝴蝶没有一只在玻璃罩前停留,而在光天化日之下,玻璃罩里的雌蝴蝶一眼就能看见。雄蝴蝶们无动于衷地飞过,既不对它看上一眼,也不探究一下情况。它们全都飞到了房间的另一头,飞到了我放置瓦罐和金属罩的昏暗角落。

它们落在金属网罩的圆顶上,长时间地探寻着,扑打着翅膀,还时不时地相互打闹一番。整个下午,直到太阳落山,空空如也的金属罩周围一直都喧嚣不堪,就好像雌蝴蝶真的在里面一样。终于,雄蝴蝶飞走了,但并非全部。一些顽固的雄蝴蝶仍不想离开,似乎有一股魔力把它们牢牢地吸引住了。

这实在是一个奇怪的结果:我的雄蝴蝶们飞到了一个空无一物的地方,并在那里停留,虽然视觉反复地向它们提供着信息,但都没能阻止它们;它们从玻璃罩旁经过,飞来飞去时一定能看到罩子里的雌蝴蝶,可连停都不停一下。它们被诱饵弄得神魂颠倒,却置真正的情人于不顾。

它们到底受了什么的骗呢?昨天晚上和今天上午,雌蝴蝶都待在金属网罩里,时而吊在纱网上,时而伏在瓦罐的沙土上。它所碰过的东西,特别是它那大肚子所碰过的东西,在经过了长时间的接触之后,一定渗透了某种气味。这气味就是它的诱饵、它的春药;也是使小条纹蝶的世界天翻地覆的原因。沙土能把这气味保持一段时间,将其散发到四周。

所以,是嗅觉在指引小条纹蝶,并从远处向它们传递信息。雄蝴蝶们受到嗅觉的控制,便不再考虑视觉提供的情报;它们经过囚禁着美人的玻璃监狱,却对其不加理睬;它们奔向网罩,奔向沙土,那里渗透着神奇的气味;它们来到这空空如也的地方,魔法师雌蝴蝶早已无影无踪,只留下它在此居住时的气味。

无法抗拒的春药需要一定的时间才能配制出来。我想它应该是一种气味,慢慢地散发着,将雌蝴蝶一动不动的大肚子所接触过的东西彻底渗透。虽然玻璃罩被完全放在桌子上,或更有甚者,被完全放在玻璃板上,但罩子内外的空气流通远远不够;无论实验持续多久,只要雄蝴蝶嗅不到任何气味,就不会前来。目前,我不能把气味无法穿过某种屏障的事实作为雄蝴蝶不来的理由,因为即使我用三个垫块将玻璃罩垫高,使它和底座之间留有一段空隙,从而保证罩子内外空气的自由流通,雄蝴蝶一开始仍然不会马上飞来,虽然房间里的雄蝴蝶有很多。但是,如果再等上半个小时左右,盛有雌性精油的蒸馏器就能开始发挥作用了,来访者就又会像以往一样纷至沓来。

掌握了这些令人豁然开朗的资料之后,我便可以进行各种各样的实验,而所有这些实验的结论都大同小异。早上,我把雌蝴蝶关进金属网罩,让它停在和先前一样的一小段橡树枝上。它在那里一动不动,像死了一般,待了很长时间,整个身体埋在一堆叶子中间,而那堆叶子肯定已浸满了它的气味。当访客的时间临近时,我取出满是雌蝴蝶气味的树枝,将它放在离窗口不远的一把椅子上。同时,我让雌蝴蝶留在金属罩里,放在房间正中的桌子上,位置十分显眼。

雄蝴蝶们来了,先是一只,接着是两只、三只,一会儿就变成了五只、六只。它们进进出出,上上下下,来来去去,始终在窗户附近飞舞,而在窗户的不远处,就是那把放着橡树枝的椅了。没有一只蝴蝶飞向前面几步路远的大桌子,尽管雌蝴蝶在那里的网罩下等着它们。很明显,雄蝴蝶们在犹豫、在寻找。

终于,它们找到了。找到了什么?就是那段橡树枝,那张大肚子雌蝴蝶上午曾经躺过的华床。雄蝴蝶们飞快地扑腾着翅膀,停到叶子上面;它们上上下下地搜寻、探索,将树叶抬起、移动,以至于那段轻巧的树枝最终掉到了地上。但蝴蝶们在树叶之间的探索仍然继续着。在它们翅膀的撞击和脚爪的拍打下,小树枝现在就像是在地上奔跑,仿佛是被小猫的爪子抽打着的一团皱纸。

当小树枝连同它的搜寻队伍一同远去的时候,突然来了两个新的访客。在它们的必经之路上,放着那把椅子,而那根带着树叶的小橡树枝,刚才就在那把椅子上。两只小条纹蝶停了下来,在先前覆盖着树枝的地方热切地寻找着。然而,不管是先来的还是后到的雄蝴蝶,它们真正的寻找对象却就在这儿,在不远的金属网罩里,我甚至还没有把这网罩遮盖起来。可是谁也没有注意它。在地上,雄蝴蝶们继续推搡着早上雌蝴蝶睡过的那张床;而在椅子上,它们则继续探测着先前放床的那个位置。夕阳西下,回家的时候到了。再说,撩拨情欲的气味也在逐渐减弱和挥发。来访者们纷纷离开,再也没有新的蝴蝶飞来。明天再见吧。

接下去的实验告诉我,任何材料,不管是什么,都可以替代那根偶然给予我启发的、带有树叶的橡树枝。我提前一些时候将雌蝴蝶放在某一张床上,这张床有时是呢或者法兰绒做的,有时是棉絮或者纸做的;我甚至还将它放在如行军床一般坚硬的木头、玻璃、大理石或金属上。所有这些东西,在和雌蝴蝶接触了一段时间之后,都会对雄蝴蝶产生强大的吸引力,丝毫不比雌蝴蝶本身的吸引力逊色。只是各种物体根据质地的不同,保持吸引力的时间也有长有短。时间最长的是棉絮、法兰绒、尘土、沙土以及一些多孔的物体。相反,金属、大理石、玻璃则会很快失效。最后,雌蝴蝶停留过的所有东西,都能通过接触,将其吸引力传播到别处。这就是为什么橡树枝掉到地上以后,仍会有雄蝴蝶朝椅子飞来。

让我们使用某种效果最好的材料——比如法兰绒——做雌蝴蝶的床,我们将会看到十分有趣的情况。我在一根长试管或一个刚好能通过一只蝴蝶的短颈大口瓶里放进一块法兰绒,在这块法兰绒上小条纹蝶母亲曾经停留了整整一个上午。来访的雄蝴蝶们飞进了容器,在里面挣扎,再也飞不出来了。我为它们设了一个陷阱,可以将它们大量杀死在里面。现在,让我们把这些可怜的昆虫释放出来,再取出那块法兰绒,将它秘密地藏进一个密封的盒子里。那些冒失的雄蝴蝶又回到试管边上,钻进了圈套。这次吸引它们的是法兰绒留在玻璃上的气味。

我们的假设得到了确认。为了吸引周围的雄蝴蝶来参加婚礼,在远距离之外向它们传递信息并为它们指引方向,正值婚龄的雌蝴蝶会散发出一种气味,这气味极其细微,人类的嗅觉感觉不到。即使把鼻子贴在雌蝴蝶的身上,我周围的人——哪怕是嗅觉尚未迟钝的年轻人——都没有闻出任何气味。

雌蝴蝶曾经栖息过一段时间的物体,都会轻而易举地沾上它的气味;而一旦沾上之后,只要这些气味还没有挥发尽,有关物体就会像雌蝴蝶本身一样,成为对雄蝴蝶极具吸引力的中心。

但是,没有任何看得见的东西显示着这个诱饵的存在。在一张雌蝴蝶刚刚停留过的纸的周围，围绕着一大群心急火燎的雄蝴蝶，但纸上却没有任何痕迹，也没有任何水渍；纸的表面和在它沾上气味之前一样，干干净净。

诱饵的制备过程相当缓慢，而且需要积累一段时间，才能充分发挥效力。如果把雌蝴蝶从栖息物上拿开，放到别处，它就会暂时失去对雄蝴蝶的吸引力，变得十分冷淡；而它所栖息的物体，却因长时间和它接触而沾上了它的气味，成为雄蝴蝶们的目标。不过，雌蝴蝶的吸引力很快就会恢复，被暂时遗忘的它不久就能重掌大权。

根据蝴蝶种类的不同，传送信息的气味出现的时间也有早有晚。刚孵化出的雌蝴蝶需要一段时间的成熟期，才能拥有自己的气味蒸馏器。有时，雌大孔雀蝶早上孵化，当晚就能引来雄蝴蝶；但通常它们都要等到第二天，也就是经过四十多个小时的准备之后，才能做到这一点。雌小条纹蝶把它们的招引活动推得更迟；它的结婚预告通常是在等待了两三天之后才发出的。

现在，我们暂时回过头来，谈谈触须那尚未明确的作用吧。雄性小条纹蝶和它在追逐雌性时的匹敌者——大孔雀蝶一样，长着华美的触须。我们能把这叠成页状的触须看做是指引方向的指南针吗？于是，我又开始了先前曾经做过的截肢试验，但对实验的结果并不十分注重。被截去触须的蝴蝶一只都没有飞回来。但我们并不急着下结论。大孔雀蝶的实验告诉我们，它们不飞回来是别有原因的，比截去触须更为重要的原因。

此外，有一种名叫苜蓿蛾的小蝶蛾，与小条纹蝶很像，也长着华美的触须，它向我们提出了一个令人十分尴尬的问题。苜蓿蛾在我家周围很常见；我甚至能在花园里找到它的茧。但它的茧很容易同小条纹蝶的茧混淆起来。由于这两种茧非常相似，我曾经上过一次当。我本指望从六只茧里孵出六只小条纹蝶，不料八月底的时候，孵出的却是六只其他种类的雌蝴蝶。尽管我家附近毫无疑问地存在有戴着漂亮羽饰的雄蝴蝶，但在这六只出生在我家的蝴蝶妈妈身边，从来就没有出现过一只雄蝴蝶。

如果宽大的羽状触须真的是远距离接受信息的器官，那么，为什么我那些长着华丽触须的雄苜蓿蛾邻居没被告知发生在我工作室里的事情呢？为什么它们有漂亮的羽饰，却对某些事情无动于衷，而类似的事情可以让另一种小蝶蛾成群结队地赶来呢？这再次表明：器官并不决定能力。尽管有些昆虫长着类似的器官，但它们有的具有某种能力，有的却没有。

胡　　蜂

九月里，我在小儿子保尔的陪伴下外出散步，他有很好的眼力，纯真而又专注，还未受到杂念的干扰，这一切都能帮我很大的忙。我用目光在小径边搜寻着。在二十步开外的地方，我的小伙伴刚刚发现有什么东西正从地面冒出来，然后升高远去，一会儿一个，一会儿又是一个，迅速得就像离弦之箭，似乎草地上有一个小小的火山口，正在喷出东西来。"胡蜂窝，"保尔叫起来，"有个胡蜂窝，准没错！"

我们小心翼翼地靠近，生怕惊动营房里那些野蛮的士兵。果然是个胡蜂窝。蜂窝前厅的圆形入口有拇指一般大，在那里，胡蜂们行色匆匆，来来往往，擦肩而过。要是靠得太近，这些暴躁的兵痞子就会发起攻击，让我们难受好一阵子。一想到这些，嘶！我不由得打了一个寒战。既然有一些信息我们不知道——而这些信息可能会让我们付出惨痛的代价——那么就让我们了解一下现场的情况吧。等天黑后我们再来，那时候整个胡蜂军团都已经从田野里归来了。

征讨胡蜂窝，如果不加小心，是要付出一定代价的。四分之一升汽油、一根一拃①长的芦苇、一大团事先揉过的黏土，这就是我的工具。根据我在以往几次小小的胜利中总结出的经验，这些工具是最简单的，也是最好的。

在这里必须采用窒息的方法，它没有其他一些超出我财力范围的方法

---

① 古时长度单位。张开手掌后大拇指和小指两端的距离。

昂贵。当好心肠的雷奥米尔想把一窝活胡蜂放在玻璃罩下以观察它们的生活习性时,他有那么一帮自告奋勇的跟班;这些人对被蜇的活儿早已是身经百战,再加上可观的报酬的引诱,因此乐意用自己的皮肤来满足科学家的要求。而我呢,却得用自己的皮肤来冒险,因此在掏这个觊觎已久的胡蜂窝之前,我得考虑周全。我事先必须把窝里的住户闷死,正所谓死胡蜂不蜇人。这种做法很残酷,但绝对安全。

征讨胡蜂

此外,我不需要重复大师观察过的、而且观察得已经如此之好的事情。我的目标仅限于了解一些细节,要做到这一点,只需很少的几只幸存者供我观察就足够了。只要适当减少窒息药液的剂量,我绝对能捉到几只幸存的胡蜂。

我偏好汽油,因为它价格低廉,而且不像二硫化碳那么致命。只要将汽油放入胡蜂窝所在的洞就行了。蜂窝的前厅约一拃长,差不多与地平线平行,直通地下。将液体直接倒进这地下坑道的入口是一种愚蠢的行为,这会在挖掘时造成一连串的麻烦。有限的汽油在到达目的地之前,就会被土壤吸收;第二天,挖掘者以为毫无危险,但他将会铲出一大群愤怒的胡蜂来。

那段芦苇就是为了预防这种不测而准备的。它被插进坑道以后,就成了密封的管道,能把液体一滴不漏地送进洞穴。再加一个漏斗,就能迅速地把液体全部注进去。接着,再用带来的那一大块黏土把胡蜂住处的入口大面积封死;黏土得事先揉好,因为蜂窝附近经常是没有水可以用的。接下来就顺其自然了。

夜里九点左右,我和保尔将工具装进手提袋,手里提着灯笼,要去实施上述几个步骤了。此刻,天气宜人,还有点儿微微的月光。农庄里,犬吠声遥相呼应;橄榄树上,猫头鹰啼声呜呜;灌木丛中,意大利蟋蟀轻声合唱。我们父子俩闲谈着昆虫,年轻人渴求知识,频频发问,老年人则尽其所能,努力回答。捕捉胡蜂的夜晚是多么美妙,它补偿了我们丧失的睡眠,也让我们忘记了可能遭遇的蜇刺之苦。

我们到了。最棘手的环节是将芦苇秆插进蜂窝的前厅。从这一间警卫房里,可能会冲出一些卫兵,直扑那只因不熟悉坑道的方向而犹豫不决的手。我们料到可能会有这种危险,于是两个人中的一个望风,用手绢将可能冒出来的胡蜂赶跑。再说,如果在忍受了肿痛和奇痒之后就能实现某种想法的话,那么这个代价并不算太大。

这次,行动没有受到任何阻碍。导管被安置就位了;它将瓶中的液体引入了地洞。只听到地下的居民发出气势汹汹的沙沙声。我们赶紧用和好的黏土封住出口,再赶紧用鞋跟补上三两脚,把封口踩实。大功告成。十一点的钟声敲响,我们回去睡觉吧。

黄边胡蜂

清晨时分,我们带着铁锹和铲子,再次回到蜂窝前。有许多胡蜂由于晚归而夜宿田间,正当我们要开始挖掘时,它们归巢了。不过早晨的凉意使它们不那么好斗,只需挥几下手绢,就能让它们离得远远的。不过,在太阳开始曝晒之前,我们还是赶快工作吧。

留在原地的芦苇秆指明了蜂窝前厅入口的方向,我们在它的前面挖了一条壕沟,宽度足以让我们能够完全自如地作业。接着,我们谨慎地一小片一小片挖掘,垂直的那一面泥土逐渐被挖掉了。这样挖着,终于在大约半米深的地方,我们看到一个完好无损的胡蜂窝,悬挂在一个宽敞洞穴的拱顶上。

这蜂窝真是一个杰作。它大小如普通南瓜,四周完全没有粘连物,只有在蜂窝的顶部,各种植物的根茎,特别是狗牙草的根深深扎入洞壁,将蜂窝牢牢地固定在洞顶上。只要地底的土质松软、成分统一,可以让胡蜂们挖掘出规则的形状来,那么蜂窝就会是圆球形的。而在布满石块的土层中,圆球会随着遇到的障碍物而改变形状,有的地方变形多一些,有的则少一些。

在纸质建筑和地下洞壁之间，总有一条一掌宽的缝隙。这是供那些建筑者随意通行的大道，它们总是在不断地对建筑加以扩大并巩固。那儿延伸出一条小径，是胡蜂城与外界的唯一联系。在蜂窝下方，闲置的空间更大。它呈圆形，像一只宽大的盆，这样，胡蜂们就可以在蜂窝底部的蜂房上不断增添新的蜂房层，从而使蜂窝的整个外层也随之扩大。这一片形似锅底的空间同时还是胡蜂的垃圾场，里面堆积着蜂窝里落下的无数废弃物。

洞穴宽大的空间不由让人产生疑问：是胡蜂们自己挖出这个地洞的吗？关于这一点，答案是毫无疑问的：这样标准与宽阔的洞穴可是不会平白存在的。最初，创建蜂窝的蜂后独自工作时，完全有可能为了图快，而利用某一个偶然发现的藏身所，本来可能是鼹鼠挖掘的；至于后来的洞穴，那个巨大的地下室，胡蜂们是完全靠它们自己挖的。那么清理出来的杂物——那些边长可达半米的土块又到哪里去了呢？

蚂蚁习惯在自己的家门口把清理出的杂物堆成圆锥形小丘。要是胡蜂也有堆积的习惯，那么用它挖出的成百升甚至更多的土，早就不知堆成多大的山了！可事实远非如此；在它的门前没有一点杂物，干干净净。它是怎么处理那么大的土块的呢？

不少性情温和的昆虫给出了答案，观察它们容易极了。看看一只石蜂是如何疏通自己准备利用的旧巢穴的；再观察一只切叶蜂是如何打扫蚯蚓的走道，以便堆放几袋叶片的。这些昆虫牙里咬着细小的垃圾——通常是一片丝质的挂毯碎片或一颗土壤的颗粒，热情激昂地猛然一跃，飞至远处将携带的微不足道的垃圾抛掉。它们旋即一个一百八十度的大转身，回到工地，再次衔着垃圾腾空飞向远处；这种飞行的结果与付出的努力完全不成比例。似乎这些小昆虫担心，如果只用腿脚清扫垃圾微粒，仍然会造成现场的堵塞；它非要振翅高飞，把那些细琐的废物抛到远处不可。

胡蜂也是用同样的方法工作的。成千的胡蜂一起挖掘着地下室，并根据需要将它不断扩大。它们每一只都用上颚衔着自己的一小块土出去，飞到远处，再将携带着的土块抛掉，有的近些，有的远些，遍布四面八方。挖出的土块就这样四散在广阔的土地上，不会留下明显的痕迹。

胡蜂窝的建筑材料是一种薄薄的有弹性的灰色纸，上面分布着浅色环形带状条纹，条纹的颜色根据使用的木质不同而变化。要是根据普通胡蜂的习惯,使用一张单层纸片,那么蜂窝的抗寒能力就不怎么样。但是,正如热气球大师懂得利用球体层层相套而形成的空气层来保存热量一样,常见的胡蜂对热学原理的通晓程度并不差,它能通过其他途径达到相同的效果。它用纸浆造出一张张大大的鱼鳞状薄片,将它们像瓦片一样松松垮垮地重叠成许多层。所有这些薄片就像一块绒布,既厚实又多孔,充满了静止的空气。在温暖的季节里,这样建成的庇护所一定会非常热,能达到北非那儿的温度。

在胡蜂行会中,首屈一指的黄边胡蜂素以精力旺盛、骁勇善战而闻名,它筑巢的时候也同样采用圆球形构造,利用隔层中间的空气保温的原理。在柳树洞或废弃阁楼的某个角落里,黄边胡蜂造出一个金黄色的硬纸板包,上有环状条纹,非常易碎,由许多木质碎片黏结而成。它的蜂窝呈球形,外壳由大块凸起的鳞状薄片组成,就像焊接起来的瓦片,层层叠叠,各层之间留有很大空隙,可以使空气在那里滞留下来。

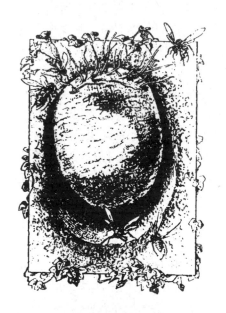

普通胡蜂的蜂窝

胡蜂许多科学的行为都符合我们的物理学与几何学原理:它在保暖工艺方面超越了我们,使用空气这种隔热体来防止热量的丢失,蜂窝外围采用表面积最小、但容积却最大的形状,蜂房选用最节省空间与建材的六边形柱体结构。有人说,胡蜂是在不断改进之后才自行构思出这种建筑物的。我却无法相信,因为我亲眼看到整整一窝胡蜂都因为我的诡计而全军覆没,而它们只要有那么一丁点思考能力,就能很容易地挫败我的计谋。

这些高明的建筑师会在微不足道的困难面前束手无策,它们的愚蠢使我们非常惊讶。除了日常工作之外,它们完全没有逐步改进蜂窝所需要的清醒头脑。一些实验向我证明了这一点,让我们来看看下面这个简单易行的实验。

机缘巧合,普通胡蜂在我家院子的围墙里安了家。蜂窝就建在一条小径边。家里没有一个人敢冒险在它的附近走动;这样做很可能会招来危险。必须把这些吓唬孩子的坏邻居赶走。同时,我也要利用这个大好机会来做实验,因为实验器具都是些玻璃制品,不可能在野外使用,否则很快就会被淘气的孩子们打破而报废的。

我所说的器具只是一个化学实验用的钟形大玻璃罩而已。趁夜幕降临,胡蜂归了巢,我把地面整平之后,将钟形罩扣在蜂窝的洞口上。第二天胡蜂去上工,但却飞不出罩子,这时它们会在罩子边缘的地下挖掘一条通道吗?这些能挖掘出宽敞洞穴的勇士们,它们是否能知道只需一段短短的地下通道,就能给它们带来自由呢?这就是问题的所在。

第二天,强烈的阳光射在玻璃罩上。上工的胡蜂们从地底下蜂拥而出,迫不及待地要出发去觅食。它们撞在透明的罩壁上,摔落在地,然后重新飞起来,胡乱地盘旋着,拥挤不堪。有一些胡蜂因为狂舞乱跳而疲惫不堪,就落到地面,顽固而漫无目的地乱爬,最后回到窝里去了。随着阳光越来越炙热,又来了另一批胡蜂,接替了前一批。但是,我们注意到,没有一只用脚去刨那可恶的钟形罩下面的土。这种逃跑方式大大超出了胡蜂的智力范围。

有几只在外面过夜的胡蜂,现在从野地里回来了。它们绕着钟形罩飞了又飞;终于,其中一只犹豫了良久,决定在罩底掘地。其他胡蜂急忙过来帮忙。一条通道毫不费力地挖好了。胡蜂们都进了通道。我随它们去。当所有的迟归者都回到了巢穴中,我就用泥土把通道口封住。从罩子里面看去,这个洞或许可以作为出口,我想给囚徒们一个机会,让它们自己挖掘逃生的隧道。

就算胡蜂的智力再怎么低下,逃脱的可能性现在也应该很大了。我心想,由于刚刚获得的经验,那些迟归者会给其他的胡蜂做一个示范;它们会把在围墙脚下挖掘的办法传授给其他胡蜂。

可我太高估这些挖掘者了。既没有示范,也没有传授经验。钟形罩里的胡蜂丝毫没有对使迟归者顺利进去的方法做任何尝试。整群的胡蜂在罩里的炙热环境中盘旋着,却束手无策。日子一天天过去,由于饥饿与高温,它们挣扎着,大批地死去。一个星期过后,已经没有一只存活的了。地上的尸体堆成了山。由于无法在自己的习惯中创新,胡蜂城就这样毁灭了。

　　这种愚蠢的行为使我想起奥都本①讲述的野火鸡的故事。在一些黍米粒的引诱下，野火鸡们通过一段短短的地下通道，进入一个由栅栏围成的牢笼里。大快朵颐之后，它们想走了；牢笼中心的通道口仍然大开着，但对于这群愚蠢的家伙来说，利用来时的通道出去，实在是太过高深的计策。通道里很暗，日光透过栅栏照射进来。于是这些鸟儿们便贴着栅栏无休止地团团打转，直到设下陷阱的猎人到来，拧断它们的脖子。

　　我们家中有一种捕捉苍蝇的巧妙陷阱。把一个开口向下的长颈大肚玻璃瓶放置在三个矮支架上。瓶里放一些肥皂水，水在开口处的周围形成一个环形湖。把一块糖放在开口处作为诱饵。苍蝇飞来了。刚开始，它们看到日光来自上方，就垂直往上飞进了陷阱；在瓶里，它们反复撞在玻璃壁上直至筋疲力尽。最后所有苍蝇都淹死了，因为它们不懂这个基本的道理：哪里进来，哪里出去。

　　玻璃罩里的胡蜂也是如此：它们知道如何进去，却不知道怎样出来。当它们从地洞里出来时，是往亮处飞的。它们在那透明的监狱里找到了光线，就算达到了目的。有障碍物妨碍它们飞行，没错；但不要紧，只要罩子里充满了光线，就足以欺骗那些囚犯了；尽管与玻璃的反复冲撞在不断提醒着它们，可它们仍然固执己见，毫无其他尝试，只是朝着更远处的明亮天空冲去。

　　从野地里回来的胡蜂就不一样了。它们从亮处飞向暗处。此外，在没有实验者干扰的自然条件下，雨水冲刷或行人踩踏带来的泥砂有时也会堵塞它们巢穴的洞口。在这种情况下，突然归巢的胡蜂免不了要做这些事情：它们四处搜索，清扫泥砂，加以挖掘，最终找到入洞的通道。这种透过泥土对家的嗅觉，这种急于挖掘出家门的迫切愿望，是胡蜂与生俱来的能力，是上天赋予这个种群的财富，以便它们在日常的意外事件中保护自己。这儿完全不需要通过思考而产生策略：自从世界上有胡蜂以来，泥土堵塞洞口已经是司空见惯的事了。只要挖土就能进去。

　　在钟形玻璃罩脚下，情况没有任何改变。从地形上说，胡蜂对蜂窝的位置非常了解，但无法直接进入。怎么办呢？犹豫片刻之后，它们就依照古老的惯例，挖掘、清扫，问题就解决了。总之，胡蜂懂得怎样排除某些障碍回

---

　　① 　奥都本(1785—1851)：法裔美籍博物学家、画家。

巢,因为它的行为符合在类似情况下的解决办法,完全不需要它愚昧的头脑进行新的思考。

可是,虽然遇到的困难完全一模一样,但它却不知道如何出来。就像美国博物学家所说的火鸡一样,它在这个问题上迷失了:认识到进来时正确的入口,也就是出去时正确的出口。由于迫不及待地想离开,胡蜂与火鸡一样,在日光下绝望地挣扎着,直至精疲力竭,但两者却都没有注意到地下通道,这是一条轻而易举的自由之路。它们之所以都没有想到,是因为这需要稍微多一点思考,需要抑制住当时向日光逃跑的冲动。胡蜂与火鸡就这样死去了,而不是用过去的经验来指导今天的行动,哪怕只要对以往的策略稍做改动就行。

我们赞扬胡蜂,因为它发明了圆形蜂窝和六边形蜂房,也就是说,在节约空间和材料的问题上,它们可以和我们的几何学家相媲美;我们把空气隔热层的杰出发现归功于胡蜂的创造,因为我们的物理学家也不一定能发明比这更精巧的隔热垫。但这些杰出的发明也许只是出自于如此不开化的脑袋,连把入口当作出口都不懂!我难以相信,如此奇迹居然是受这样的蠢材启发想出的。这样的艺术应当有更加高深的渊源。

现在,让我们打开蜂窝厚厚的外壳。蜂窝的内部由许多布满蜂房的巢脾和巢盘占据着,它们水平地排列着,相互之间由坚实的支柱连接。巢脾和巢盘的数量并不固定。季尾的时候可达十多层甚至更多。蜂房的开口在巢脾和巢盘的下方。在这奇异的世界里,幼蜂们生长着,昏睡着,倒立着接受喂养。

出于喂养幼虫的需要,各层巢脾和巢盘之间都由空余的空间分开,并由支柱固定着。在这里,工蜂们来来往往,马不停蹄地照顾着幼蜂。蜂巢外壳与巢脾的立柱之间,有许多活动侧门,便于四处穿行。最后,在外壳的侧面,开着胡蜂城的城门,比起整个建筑来它算不上富丽堂皇,只是毫不起眼地淹没在围墙的鳞片结构之中。门的正对面,就是蜂窝通往外界的地下前厅。

下层巢脾中的蜂房比上层的大,它们用于培育雌蜂与雄蜂;而上层的蜂房供体形较小的无性工蜂使用。起初,胡蜂社群需要大量的工蜂,就是那些完全沉湎于工作的单身汉,它们将蜂窝不断扩大,让它成为欣欣向荣的胡蜂城。接下来,又该为城市的下一代而操心。于是建造了更加宽敞的蜂房,一部分给雄蜂，一部分给雌蜂。根据我下面将要给出的数据，雌雄胡蜂约占总数的三分之一。

另外需要注意的是，在一些上了年头的胡蜂窝里，上层蜂房的隔墙一直被蛀蚀到了根部，成了只剩下地基的废墟。当胡蜂社群拥有了充足的劳动力，只需通过雌雄蜂的增长来补充数量时，这些窄小的房间就没有用了，于是就被铲平，那些纸质的墙壁被重新转化为纸浆，用于建造雌雄胡蜂更大的育婴房。这些被拆毁的蜂房与来自外界的材料一起，被用于建设更大、更新的蜂房；也许，它们也被用来为蜂窝的外壳增添一些鳞片。当家里有可以利用的材料时，吝惜时间的胡蜂是不会不遗余力地到远处去开采的。它也像我们一样，知道以旧翻新。

一个完整蜂窝里，有数以千计的蜂房。这里以我的一个统计为例。巢脾被按照年份的顺序排列：因此，年份最老的巢脾位于最高的顶层，是 1 号；最新的同时也是最低的巢脾是 10 号。

巢脾自上而下排序	直径（厘米）	蜂房数（个）
1 号	10	300
2 号	16	600
3 号	20	2 000
4 号	24	2 200
5 号	25	2 300
6 号	26	1 300
7 号	24	1 200
8 号	23	1 000
9 号	20	700
10 号	13	300
总计		11 900

当然,这个表格所反映的只是大概的统计数据。不同蜂窝的蜂房数目差别很大,没有精确的数字。每一层巢脾中,蜂房的计数大约精确到一百。虽然数字的弹性如此之大,但我的统计结果与雷奥米尔的还是不谋而合。他在一个有十五层巢脾的蜂窝中,数出了一万六千个蜂房。这位大师还补充说:一个只有一万间蜂房的蜂窝每年可产出三万多只胡蜂,因为这些相互依托的蜂房恐怕没有一间不曾养育过三只幼蜂。

统计数据说是三万只。但当严酷的冬季到来后,这一大群胡蜂会怎样呢?我会知道的。现在是十二月,已经有了霜冻,不过还不很严重。我发现了一个蜂窝。这归功于为我提供鼹鼠的老实人,我的菜地歉收,他只收几个钱,就为我提供他种出的菜。虽然与胡蜂为邻给他带来了麻烦,但为了我,他还是在他菜园的菜花中间保留了那个蜂窝,使我可以随时去看它。

时机到了。事先要实施的汽油窒息法这时已经没有必要了:冬季的严寒应该平息了胡蜂的狂暴。它们冻僵后变得温和了,打扰它们时,我只要稍加小心就可以免遭报复。于是,一天清晨,在凝结着霜冻的草丛间,我用铁锹挖了一条沟,将蜂窝包围起来。工程如我所愿地进行着,没有什么风吹草动。就这样,那个蜂窝呈现在我眼前,悬挂在地洞的拱顶上。

在圆盆形的洞底,躺着不少胡蜂的尸体,还有一些奄奄一息的;多得可以一把一把地抓起来。这些胡蜂似乎知道自己时日不多,就离开了巢穴,任自己坠入洞中的地下墓穴。这些死者也有可能是被健康的胡蜂丢入洞底的。纸制的圣殿可不能被尸体给玷污了。

在地下洞穴的露天洞口,同样堆积着大量的死胡蜂。它们是自己爬出来死在那里的吗?还是活着的胡蜂为了卫生起见而把它们搬出来的?我宁愿相信这是一种匆忙的葬礼。奄奄一息的家伙,腿脚还能动弹,却已被抓住一条腿,拖到陈尸场去了。寒冷的黑夜会将它送上西天。胡蜂这种野蛮的葬礼和它其他一些野蛮行径是相符合的,我们以后就会谈到。

在蜂窝里面和外面的墓地里,横七竖八地躺着三种胡蜂的尸体。其中以无性别的工蜂最多,其次是雄蜂。这两类胡蜂死去是很正常的事,它们的使命已经结束了。但是,死去的也有腹部两侧装满了卵、即将成为母亲的雌蜂。幸运的是,蜂窝还没有成为一座空城。透过一条缝隙,我看到窝里蜂群攒动,用来完成我的计划绰绰有余。我把蜂巢带回家,安置停当,就能安然

自得地在家里观察一阵子了。

胡蜂窝拆开后更加便于观察。我把支柱切断,将巢脾一层一层分开,然后重新堆放起来,再为它们找了一大片外壳作为屋顶。胡蜂们又在家里重新定居了下来,但是数量有限,以免由于数量过多而引起混乱。我丢弃了其他的胡蜂,只留下最健壮的。我研究的主要对象——雌蜂大约有一百只左右。在这个时节,冻得半死不活的蜂群平静多了,不会给筛选和转巢工作带来危险。我只要有一些镊子就行了。整个蜂窝被放置在一个大罐里,上面罩着一张钟形金属网。接下来只需日复一日地注意里面发生的事就行了。

当严酷的冬季来临时,导致蜂窝里的蜂群数量减少的原因可能有两个:饥饿和严寒。冬季里,胡蜂的食物匮乏,它的主要粮食——甜水果没有了。最终,虽然身居地下的避难所里,这些饥民还是被霜冻结了性命。情况真是这样吗?我们拭目以待。

装胡蜂的罐子在我的房间里,冬季里的每一天,那儿都燃着火苗,给我取暖,也给我的昆虫们取暖。那里从来都不结冰,一天的大部分时间都能晒到太阳。这温暖的避难所排除了因为寒冷而减员的可能。这里也没有饥荒的威胁。金属罩下放着满满一小盅蜂蜜,还有几颗葡萄,是我从保存在稻草里的最后几串葡萄上摘的,用以丰富食物的种类。有了这样的食物储备,蜂群的减员就不会是由饥荒引起的了。

这些准备措施完成之后,事情刚开始进展得还不坏。夜间,胡蜂蜷缩在巢脾中间,当太阳照射到钟形罩上时,它们就出来,沐浴在日光下,相互簇拥着。随后,它们又活跃起来,一会儿爬上拱顶,懒洋洋地闲逛;一会儿又爬下来,畅饮蜂蜜,啃啃葡萄。工蜂们腾空而起,翩翩盘旋着聚集在金属网下;顶着长角的雄蜂们卷曲着触须,一副愉快活泼的样子;雌蜂们则显得更加臃肿,不参与这些嬉闹。

一个星期过去了。虽然胡蜂光顾食堂的时间很短,但这似乎也表明它们生活得还比较安逸。可是现在,死亡开始侵袭整个蜂群,而且没有任何明显的原因。一只工蜂在阳光里,一动不动地附在一片巢脾的斜坡上。它身上毫无不适的征兆。突然,它掉落下来,仰面朝天,腹部抽搐了一阵,腿脚蹬了几下,然后就停止了活动:它死了。

雌蜂这边也引起了我的恐慌。我恰巧看到一只雌蜂从蜂窝里滑了出来，仰面朝天，腿脚活动着就像打哈欠伸懒腰的样子，肚子剧烈地抽动，一阵痉挛之后，就一动不动了。我以为它死了，可其实不然。它晒了一会儿太阳之后，如同服下了最滋补的补药，又恢复了常态，回到巢脾中去了。但重获新生的雌蜂并没有就此安然无恙。下午，它又再次发作，这一回它完全失去了活力，蹬腿归天了。

哪怕只死了一只胡蜂，死亡终归是一件严重的事情，应当引起我们的深思。日复一日，我既好奇又激动地观察着我那些昆虫临终前的日子。其中有一个细节特别令我震惊：那些工蜂突然猝死。它们来到巢脾表面，任自己滑落，仰面掉在地上，再也爬不起来，似乎被雷电击中了一般。它们的生命走到了尽头：它们是被年龄这无法逃避的毒剂夺取生命的。当发条松开最后一圈的时候，机械就停止运转了。

然而，那些在胡蜂城里最晚出生的雌蜂，则根本不受衰老的折磨，相反，它们的生命才刚开始。它们有着年轻的活力；因此，当冬天的烦恼来临时，它们还能抵御一阵，而年老的工蜂们则会突然猝死。

雄蜂也一样，只要它们的任务还没有完成，就也能坚持得不错。我的罩子里就有几只雄蜂，一直精力充沛，敏捷灵活。我看到它们向女伴接近示爱，但并不强求。雌蜂温和地用腿将它们推开。这会儿已不再是令人陶醉的交尾期了。这些晚了一步的家伙错过了合适的时机；它们将毫无用处地死去。

离死期不远的雌蜂变得懒于梳洗，因此很容易将它们和其他雌蜂区分开来。它们的背上沾满了灰尘。而那些健康的雌蜂在蜜碗边恢复体力之后，就会安顿在阳光里，不断地为自己的身体掸灰。它们神经质地轻轻伸长后腿，不停地刷洗翅膀和腹部；前腿则一遍又一遍地扫过头部和胸部。因此，它们那黑黄相间的外套保养得很好，总是泛着美丽的光芒。而那些病恹恹的雌蜂，一点也不操心打理自己的卫生状况，只是一动不动地待在阳光里，或者无精打采地闲荡。它们已经放弃了，不再为自己洗刷了。

懒于梳洗可不是好兆头。果然，两三天之后，满身尘垢的雌蜂最后一次步出蜂窝，到屋顶上再享受一次阳光；接着，它那无力的腿脚松开了攀附物，轻轻地倒在地上，就再也不起来了。它不想死在自己深爱的纸屋里，根据胡蜂的规则，那里必须保持绝对清洁。

假如那些有着疯狂洁癖的工蜂还在,就会抓住这行动不便的雌蜂,把它拖到蜂窝外面去。但作为严冬的第一批受害者,它们已经不在了,于是那些垂死的雌蜂只好自己举行葬礼,任自己落到地下洞穴底部的尸体堆中。卫生是胡蜂大量群居的必备条件,为了保证卫生,这些坚忍的胡蜂拒绝死在自己的住所里,或是巢脾之间。即使是最后的幸存者,临死前还保持着这种对死在家里的反感。对于它们来说,不管蜂群的数目减少到什么程度,这条法则是不可废除的。任何死尸都必须远离幼蜂的寝室。

日子一天天过去,尽管房间里气温宜人,还有那盅蜂蜜可供健壮的胡蜂吸食,但我罩子里的胡蜂数量仍然在减少。圣诞节前,我只余下了十来只雌蜂。一月六日,一个下雪的日子,最后一只雌蜂也死了。

带走我整个胡蜂群生命的死神是从哪里来的呢?我对胡蜂的照顾,避免了在通常情况下可能会引起死亡的原因。它们以葡萄和蜂蜜维持体力,没有受到饥荒的威胁;它们靠我家的火炉取暖,也没有受到寒冷的侵袭;它们几乎每天都愉悦地沐浴在阳光里,安居在自己的蜂窝中,根本没有思乡恋家之苦。那么它们到底是因何而死的呢?

我能理解为什么雄蜂会消失,因为它们不再有用:交尾已经完成,蜂卵也已受精。对于工蜂的去世,我的解释不那么有力,因为春天再度来临时,它们将会为新领地的建设带来很大的帮助。而对于雌蜂的死,我则是完全不能理解。我原本有近一百只雌蜂,却没有一只能熬过新年的头几天。它们十月或十一月刚破茧而出时,显现出年轻所特有的活力;它们是蜂窝的未来,但这未来母亲的神圣特征也没能拯救它们。它们同体弱无用的雄蜂和积劳成疾的工蜂一样,死去了。

不要把胡蜂的死归罪于钟形罩内的囚禁生活。田野里,同样的事情也在发生着。我在十二月末观察那些蜂窝时,也看到了蜂群大量死亡的情况。雌蜂的死亡几率与其他胡蜂几乎相同。

这是预料之中的。我不知道出生于同一蜂窝的雌蜂数目有多少。但是,蜂群墓穴里成堆的雌蜂尸体告诉我,它们大概数以百计或数以千计。只需一只雌蜂就能建立起拥有三万居民的胡蜂城。假如每一只雌蜂都繁衍后代,那将是怎样的灾难啊!胡蜂们将称霸乡间。

万物的法则决定了胡蜂中的大多数必将死去,但死因并不是某一场突发的传染病或者恶劣的气候,而是一种无法抗拒的命运,这命运以一种狂热促使胡蜂繁衍,也以同样的狂热去摧毁胡蜂。由此产生了一个问题:既然只要有一只雌蜂以这样或那样的方式活下来,就能保障整个种族的延续,那么为什么一个蜂窝里还需要这么多准母亲呢? 为什么是一群雌蜂而不是一只? 为什么要有这么多牺牲者? 这真是一个让人困惑的问题,我们的理解力无法找到答案。

胡 蜂(续)

现在要讲一讲胡蜂们在冬季来临时所遇到的最为严酷的困苦。此前，工蜂们一直是非常温柔的保姆，但当它们感到体力逐渐衰竭时，便成了凶恶的终结者。它们想："不要留下孤儿，我们死后就没有人照顾它们了。把它们全都杀了吧，不管是晚熟的卵还是幼虫。与其让它们受饥荒的煎熬，还不如让它们暴死。"

于是对无辜者的屠杀开始了。幼虫们被揪着颈部的皮，粗暴地拽出蜂房，拖出蜂窝，丢进地洞底部的垃圾场；而娇弱的蜂卵则被剖开嚼碎。我能否亲眼看见胡蜂城的悲剧结局呢？我并不指望能看到所有的恐怖场面，这种奢望远远超过了我的条件所及；但至少可以看到某些场面吧？试试看吧。

十月里，我把一些在窒息中幸存下来的蜂窝碎块放在钟形罩下。如果我减少汽油的剂量，就能很容易地抓到不少胡蜂；它们暂时昏迷过去，使我能毫无危险地进行捕捉；而一旦到了露天下面，胡蜂们马上就能从昏迷中苏醒过来。此外，值得注意的是，即使我放了大剂量的汽油，足以杀死所有成虫，幼虫们仍会安然无恙。它们只有一个消化食物的肚子，因而当身体结构精细的成虫们死去的时候，它们却能抵挡。一切顺利，我用这种方式在钟形罩里安置下一部分蜂窝，里面有大量的蜂卵和幼虫，此外还有一百多只工蜂作为仆人。

为了便于观察，我将巢脾逐层分离，依次排开，蜂房的开口翻转朝上。这种摆放方式与正常的方向相反，但似乎一点也没有妨碍我的俘虏们，它们很快就从骚乱中恢复过来，重新开始干活儿，就像没有发生过任何异常情况似的。我放了一片木质柔软的小木板，以便它们想建造蜂窝时使用。最后，我在一条纸带上抹了蜂蜜供它们食用，并且每天更新。胡蜂们的地洞用扣着金属网罩的大瓦罐代替。此外还有一个用硬纸板做成的圆顶，当胡蜂们需要在黑暗中工作时就把它扣在网罩上，而当我需要光亮观察胡蜂时，也可以把它拿掉。

朝夕之间，工作又开始了。工蜂们既照顾幼虫，又建造蜂窝。建筑工人们在胡蜂最为密集的一块巢脾周围建起一道围墙。它们是不是想重建家园，筑一层新的外壳来代替已消失的围墙呢？从工程的进展来看，似乎不是。它们只是在继续被我那可怕的汽油瓶与铲子打断的工程。它们用纸鳞片建起了仅能遮盖巢脾三分之一的拱顶，大概是为了与原来完整的蜂窝外壳相连。由此可见，它们并不是在重建，而只是在继续建造。

然而，这样搭起的帐篷状外壳只能遮蔽巢脾很少的一部分。不过这并不是因为缺乏建材。首先，胡蜂们有那块小木板，在我看来，上面可以刮出优质的木浆。但是胡蜂们并没有动它。也许是我不了解胡蜂造纸的秘密，选错了材料。

比起那些要付出昂贵代价开发的原材料，胡蜂们更喜欢使用被废弃的旧蜂房。因为旧蜂房已经有了纤维毡子，只需将它们再变回纸浆就行了。胡蜂只要花费一点点唾液，再用大颚稍加捣碎，就能生产出一种优质纸浆。就这样，没有住户的房间逐渐被推倒、蚕食，直至完全铲平。胡蜂利用旧蜂房建起一个床顶华盖状的外壳。如果需要，也可以用这种方法建造新的蜂房。这样，我们关于建在铲平蜂房上的新楼层所做的猜测就得到了肯定：胡蜂们懂得以旧翻新。

比起盖屋顶的工程来，幼虫的喂养更值得观察。那些粗暴剑客摇身一变，成了温柔的保姆，那情景真让人百看不厌。营房变成了托儿所。为了抚育幼虫，工蜂们是多么无微不至，多么投入！我们来看看其中一位忙碌的保姆。只见它嗉囊里盛满了蜜，在一间蜂房前停下来；它低头探进开口处，似乎是在沉思；接着，它用触须末端试探着隐居在屋里的幼虫。幼虫醒来了，打了个哈欠，好像雏鸟迎接叼着食物归巢的母亲。

过了一会儿，醒来的幼虫轻轻摇晃着脑袋，它还看不见，只能依靠触觉来寻找带给它的蜜浆。两张嘴对上了,一滴蜜汁从保姆嘴里流进幼儿嘴里。眼下喂这一点已经够了。该去喂其他幼虫了。于是胡蜂离开,到别处去继续它的工作。

而幼虫则细细地舔了一会儿脖子下端。喂食的时候,那里有一个突出的围嘴,如同一个临时的甲状腺肿块,像碗一样接住了从嘴唇间流出的蜜汁。幼虫咽下那一大滴蜜汁后,又舔干净滴落在自己甲状腺肿块上的残渍,这才吃完了饭。接着,那个肿块消失了,幼虫微微往房间里缩了缩,就回到甜甜的睡眠状态中去了。

为了更进一步观察这种奇特的进食方式,我临时捉来几只强壮的大胡蜂幼虫,并把它们依次插进充当育婴房的纸套中。这样包进褓褓之后,胖娃娃们准备就绪,只等我亲自喂养它们的时候进行观察了。

在我小的时候,人们习惯用手指拍打要喂养的麻雀初生的尾羽。这时小麻雀马上会张开嘴打哈欠,准备接受喂食。我以为这种从鸟类那里获得的经验永远是适用的。哪里知道,要引起大胡蜂幼虫的食欲,事先根本就不需要这种低等的兴奋方法:只要轻触它的小窝,它就会打哈欠。这幸福的小生命有一个随时能接受喂食的胃。

我用一小截麦秆蘸了一滴蜜,将甜美的食物送进幼虫的上颚之间。这些蜜汁一口喝不完。于是幼虫挺起胸腔,生出肿块来接住滴下的多余蜜汁。等到它将直接送入嘴里的一勺吞下之后,才慢悠悠地将肿块上的食物一口一口吃完。当什么东西都不剩,连盘子也被舔了个底朝天后,肿块就消失了,幼虫也重新静止不动。有了这个既能在突然之间隆起、又能在突然之间消失的临时肿块,幼虫进食时下巴下面就如同搁了一张小桌子:它无需别人帮忙,就能独自把小点心吃完。

我罩子里喂养的胡蜂幼虫是头朝上的,从它们嘴唇间流出的食物都积聚在甲状腺肿块上。但它们在蜂窝中被正常喂养的时候,是头朝下的。如果采取这种姿势,幼虫胸口突出的肿块还有用处吗?对此我坚信不疑。

幼虫只需将头轻轻一扭,就能轻松地将一部分过于丰盛的食物盛进它突起的围嘴,由于食物的黏性,它可以附着在围嘴里面。再说,没有任何证据表明保姆不会亲自把多出的食物放在围嘴上。无论在嘴的上方还是下方,无论是正放还是倒放,这个胸前的碗总能依靠食物自身的黏性发挥作用。这个临时碟子缩短了喂食的时间,让幼虫从容地进食,不用狼吞虎咽。

在罩子里,我的胡蜂以蜂蜜为食,当它们的嗉囊盛满了蜜之后,还会喂给幼虫们吃。保姆和幼儿们似乎对这样的饮食制度都很满意。但我知道它们也经常吃野味。本书的第一卷中曾经描述过普通胡蜂如何捕捉尾蛆蝇,以及大胡蜂如何捕捉家蜂。猎物一旦被捉住,尤其是大个儿的双翅目昆虫,马上就会被肢解:头、双翅、腿脚、腹部,这些少肉的部位都被剪下。只余下多肉的胸部。战利品被当场剁成肉酱,做成小丸,运回蜂窝做幼虫的大餐。

既然这样,除了蜂蜜,我们再加一点野味吧。我在钟形罩里放了几只尾蛆蝇。起先,新来者并没有遭遇什么不幸。这些好动的双翅目昆虫总是振翅飞舞,嗡嗡作响,撞在网纱上,但它们没有引起很大的反响。胡蜂对它们视若无睹。如果有一只尾蛆蝇距胡蜂太近,后者则会威胁地稍稍扬起头。无须其他举动,尾蛆蝇便溜了。

然而,在涂了蜂蜜的纸袋附近,事态就严峻得多了。那个食堂是胡蜂们经常光顾的地方。假如有一只在远处嫉妒地张望的尾蛆蝇打算接近,那么正在进餐的胡蜂中就会有一只离开群体,直冲向这个胆大妄为的家伙,扯住它的一条腿,让它滚蛋。只有当双翅目昆虫极不谨慎、踩到巢脾时,它和胡蜂的遭遇才可能造成最为严重的结果。这时,胡蜂们会群起攻击这可怜的家伙,拳打脚踢将它掀翻在地,拖将出去,这时尾蛆蝇要么被打得一瘸一拐,要么已经被结果了小命。在胡蜂眼里,死尸是受到鄙视的。

我反复试了几次,但总是无功而返,我没能看到过去发生在紫菀花丛里的情景:在那里,胡蜂捉住尾蛆蝇,并把它剁成肉酱,作为幼虫的食物。也许这种滋补的肉食只在某些条件下才会被分给幼虫食用,而我的罩子里也许恰恰缺乏这些条件;或者还有一种可能——我更倾向于这种想法——蜂蜜被认为是比肉食更好的食物。对我的俘虏们而言,蜂蜜很充裕,而且每天都有新鲜的供应。幼虫们对这种饮食很满意,因而苍蝇串烤便遭到了唾弃。

但在秋末,野地里甜水果数量日渐稀少,由于缺少甜果肉,胡蜂不得不接受肉食。对于它们来说,尾蛆蝇的肉丸子可能只不过是二流的食物。我提供的野味被拒绝,似乎就证明了这一点。

现在轮到马蜂了。可它那典型的蜂类体型和外衣丝毫也没有让胡蜂折服。如果它胆敢接近胡蜂们正在吸食的蜂蜜,只要一被认出,就立刻会像尾蛆蝇那样，遭到斥责。此外，双方都不会使用螫针：这种餐桌上的纷争没有必要拔刀相向。马蜂更加弱小，而且觉得不自在，便会离开。不过它还是会回来的，这个家伙十分固执，这么一来就餐者们最后只好由它在旁边入座，这可是尾蛆蝇很少能有的好运。不过胡蜂的这种忍耐并不长久：假如马蜂冒险在巢脾上游荡，就足以引起胡蜂的勃然大怒，甚至给这不速之客招来杀身之祸。不，闯入胡蜂家可没有好下场，即使陌生人穿着同样的外衣，有着同样的本领，几乎是胡蜂的同类，结果也一样。

现在让我们试试熊蜂。这是一只雄性熊蜂，个头很小，穿着棕红色的外衣。这个可怜的小家伙每次接近某一只胡蜂，都会受到恐吓与责骂，不过也就仅此而已。但这冒失鬼竟然从纱网的高处径直落在一片巢脾上，落在忙于家务的胡蜂保姆中间。我瞪大眼睛，注视着这幕悲剧的发展。果然，一只工蜂抓住熊蜂的脖子，在它胸口上猛扎了一刀。熊蜂像伸懒腰打哈欠一样地抽动了几下腿脚，

马　　蜂

然后便死去了。另有两只胡蜂过来，协助凶手将死尸拖了出去。我们还是要重复这一点：闯入胡蜂家可没有好下场，即使这是一个意外，而且没有恶意，结果也是如此。

下面，我们再来看几个胡蜂粗暴接待外来者的例子。我并不刻意选择受刑者，只是利用那些偶然得到的昆虫。我家门前的蔷薇树为我提供了一些三节叶蜂的幼虫，它们形似毛虫。我把其中的一只放在正忙碌着照看蜂房的胡蜂中间。保姆们看到这条身上带着黑点的绿色恶龙是多么惊讶啊。它们靠近了一点，然后又跑开，如此反复了多次。其中一只胡蜂勇敢地上前，突然咬住蠕虫，咬得它鲜血直流。其他胡蜂纷纷效仿，上前撕咬，然后又用力将这伤员拖出去。恶龙努力抵抗着，一会儿用前足、一会儿用后足勾住巢脾。虽然幼虫算不上是一副很重的担子，但它的钩爪像铁锚似的牢牢抓住巢脾，搏斗起来更是不可战胜。但在胡蜂的多次攻击下，蠕虫受伤过重，被拽离了巢脾，鲜血淋漓地拖进了垃圾场。胡蜂们足足用了两个小时，才把它赶出家门。

对三节叶蜂的幼虫，胡蜂们并没有使用螯针，只要一经使用，任何抵抗都会马上结束。也许胡蜂觉得这只可怜的蠕虫并不值得它们用武器来解决。用带毒的匕首迅速置敌于死地的方法似乎只是在某些关键时刻才使用。熊蜂和马蜂是这样死的；一条天使鱼天牛的幼虫也将以这种方式死去，它刚被从一棵枯死的樱桃树树皮下抓出来。

我把它扔在一片巢脾上。这怪物拼命扭动着身体，它一落下就惊动了胡蜂们。它们五六只一齐上阵，先是咬，再用螯针刺。两分钟过后，身中数针的蠕虫已经动弹不得了。不过，要把这巨大的死尸往外拖就不那么容易了：它太重，实在是太重了。胡蜂们会怎么做呢？由于无法移动这蠕虫，它们就在现场吃了它，更确切些说是吸它的血，将它榨干。一个小时之后，干瘪下来的蠕虫尸体重量减轻了，就这样，巨大的尸体被拖出了墙外。

我接下来的记录不过是在重复相同的结果。假如陌生人和胡蜂保持一定距离，那么无论它属于哪个种群，穿什么衣服，习性如何，都能被容忍。假如它靠近一些，胡蜂就会威胁地警告它，让它逃开。假如它靠近那摊蜂蜜，而此时食堂已经被胡蜂们占据，那么这胆大妄为的家伙很少不会遭到一顿痛打，被赶出宴席。到此为止，胡蜂只要以拳脚相加就足够了，这并不会造成什么严重的后果。但倘若这陌生人不幸进入了蜂窝，那它就完蛋了，要么身中无数螯针，至少也得被胡蜂用上颚的尖钩开膛破肚。而它的尸首则会被扔到胡蜂城堡底下的垃圾堆中。

胡蜂的幼虫们受到严密的看护，不怕任何来犯者入侵，它们还被喂以香甜的蜂蜜，这美味甚至让它们忘记了苍蝇肉丸；这些幼虫在我的罩子里蓬勃生长，当然，并不是所有的幼虫都这样。就像在其他地方，胡蜂窝里也有一些羸弱的幼虫夭折了。

我看到那些体弱多病的幼虫拒绝进食，渐渐消瘦下去。对此保姆们发现得比我更快。它们低下头来，用触须为饱受折磨的幼虫诊断病情，并判定它已经无药可救。于是，它们便毫不留情地将那些被病痛折磨得浑身发黑、奄奄一息的垂死者拽出蜂房，拖出蜂窝。在野蛮的胡蜂共和国里，体弱只是一种腐臭病，为了避免这种疾病传染开去，应当尽快摆脱它。

病人遇到这些残酷的保健医生是多么痛苦啊！任何体弱多病的幼虫都会被驱逐出去，扔进地下墓穴，成为守候在那里的蛆虫的食物。假如我插手其中,情况还会变得更加残酷。我从蜂房里捉出几只身体健康的幼虫与蛹,将它们放在巢脾的表面。要是在蜂房里,这些蛹会在丝织的圆顶下逐渐成长,而幼虫们也会受到极其温柔的喂养;可一旦离开了蜂房,这些娇弱的生命只不过是讨厌的累赘和毫无价值的包袱。它们会被残忍地拉扯出去,开膛破肚,甚至偶尔也会被吃掉。同类相食的盛宴之后,残骸便会运到蜂窝外面。总之,幼虫和蛹一旦裸露在外,即使得到帮助,也无法回到它们的摇篮里,最终将被保姆扼杀。

这时,罩子里所有的幼虫表皮都很光滑,胖乎乎的,这表明它们很健康。十一月的第一场寒潮来临了。工蜂们不再那么卖力地建造,很少光顾那摊蜂蜜,给幼虫喂食也不那么勤快了。幼虫们饿得直张嘴,可它们迟迟得不到照顾,甚至可以说完全被忽视了。保姆中间发生了严重的混乱。它们对幼虫的态度从过去的忠心耿耿变成了漠不关心,不久就将变成强烈的反感。这种无法持续下去的照顾又有什么用呢?眼看着饥荒步步逼近,亲爱的虫宝宝们看来要悲惨地死去了。

果然,工蜂们突然开始撕咬生长缓慢的幼虫,今天这几只,明天那几只,再接着是其他的。它们就像对待陌生人或死去的躯体一样,把幼虫们拽出蜂房;它们野蛮地拉扯着,撕裂着,把所有这些可怜幼虫的血肉之躯抛进坟场。

工蜂——这些高超建筑的建造者还能继续苟延残喘一段时间。但最终随着严寒的到来,它们的死期也到了。十一月还没有过去,我的罩子里已经连一只活胡蜂也没有了。在地下,对晚熟幼虫的最后屠杀也是以这种方式展开的,只是规模更大。

每天,胡蜂窝底部的坟场都要接收从上面扔下来的尸体和垂死者,包括衰弱的幼虫和意外遭难的成虫。这种向坟场大量倾倒尸体的现象,在胡蜂繁荣兴旺的季节里极少出现,但随着恶劣气候的接近,就变得越来越频繁了。当大批处决晚熟幼虫的时刻到来时,尤其是当胡蜂窝最终崩溃的时刻到来时,成年胡蜂——雄蜂、雌蜂、工蜂——成千地死去,坟场里每天都会像天上掉下天赐食物那样,落下大量的胡蜂尸体。

接着,食客们便成群结队地来了,刚开始它们只是稍微吃一些,但这只是为了以后的欢宴着想。从十一月底开始,地下洞穴的底部就成了客流涌动的旅馆,双翅目昆虫的蠕虫占据了绝大多数,它们是胡蜂窝的掘墓人。我在那里发现了大量蜂蚜蝇的幼虫,单凭这昆虫的名气,就应该单独为它写上一章。我还发现了用尖尖的脑袋拱着尸体腹部的小蠕虫,它光溜溜的,身体洁白而尖细,个头儿比绿蝇的蠕虫小。它正和另一条蠕虫一道乱翻一气,那条蠕虫更小,呈棕色,披着长刺的粗布裤子。我还看到一条蠕虫侏儒,它先弯曲成圆拱形,再伸直,如同奶酪里的蠕虫一样拱来拱去。

所有的虫子都忘情地分解、肢解、掏空胡蜂的尸体,甚至在二月来临的时候,它们还来不及缩进蛹壳里。在温暖的地下洞穴中,没有恶劣天气的影响,温度是如此宜人,食物是如此丰盛!为什么要如此匆忙呢?这些怡然自得的虫儿指望在自己的外壳变得像小酒桶一般坚硬之前,吞下这成堆的食物。它们在宴会上流连忘返,连我都把它们遗忘在饲养昆虫的大口瓶里,也再讲不出什么关于它们的故事了。

在堆放鼹鼠与游蛇尸体的悬空公共坟场里,我有时能看到个头儿最大的隐翅虫——颌颚隐翅虫,它路过时会在腐尸堆的下面停留片刻,接着便再度起程,到别处去继续忙它自己的事情。胡蜂坟场也有一些短鞘翅昆虫时常光顾。我常看到的是长着红色鞘翅的利第尤斯费吉度斯隐翅虫。但它可不是什么临时住客,而是来安家落户的,因为成年隐翅虫是带着幼虫一同来的。我也看到了鼠妇和属于赤马陆类的千足虫,它们都是些低级消费者,很可能以死尸的腐殖土为食。

我要特别提及一种典型的食虫小兽,那就是最小的哺乳动物——鼩鼱,它的体形比小鼠还要小。当蜂窝濒临崩溃时,胡蜂们感觉不适,它们那好斗易怒的性格也平静了许多,于是那些长着尖嘴的客人就溜进了胡蜂的家。只消 · 对鼩鼱,就可以使成群奄奄一息的胡蜂在转眼间变成一堆残渣,接着,蛆虫会将它们完全清除干净。

此外,连蜂窝的残骸也必须毁灭。一只平庸的白色衣蛾,一只很小的棕红色鞘翅科隐翅虫,还有一条身披鳞状金色绒衫的二星毛皮蠹幼虫,它们一齐蛀断了巢脾的地板,蜂窝便轰然倒下了。几撮灰土,几片破烂的灰纸,这就是春回大地时,胡蜂城与它的三万居民留下的所有遗迹。

黑腹狼蛛

蜘蛛的名声不好：在很多人眼里，它是个讨厌的坏家伙，人人见了都会立刻将它踩死。对于这种草率的看法，我作为观察者是反对的，因为蜘蛛手艺高超、善于织网、巧于捕猎，并且有着悲惨的爱情和极为有趣的生活习性。是的，蜘蛛很值得研究，即使这不是出于科学方面的考虑。不过，据说蜘蛛有毒，这便成了它的罪行，成了它招致人类反感的首要原因。如果有毒是指这小虫子长着一对獠牙，能迅速将抓住的小猎物置于死地，那么，蜘蛛的确是有毒的；但是，伤害一个人和毒死一只小飞虫毕竟有着天壤之别。不论蜘蛛的毒液能怎样迅雷不及掩耳地把缠在致命蛛网上的昆虫毒死，它对我们人类来说却没有什么危险，还不如一只库蚊蜇得疼呢。至少在我们地区，大多数蜘蛛都是如此。

不过，有一些蜘蛛还是很可怕的；首先就是令科西嘉农民闻风丧胆的红带蜘蛛。我曾经见过它在农田的犁沟里安营扎寨、吐丝织网，并勇敢地扑向比它大得多的昆虫；我也曾经欣赏过它那点缀着胭脂红点的黑绒外衣；我还特别听说过它那些令人不安的斑斑劣迹。在阿雅克肖和博尼法乔①一带，红带蜘蛛的咬伤据说非常危险，有时甚至会致命。乡下人都是这样说的，对

---

①　阿雅克肖和博尼法乔均为城市名，前者是科西嘉岛的首府，位于该岛的西海岸；后者则位于该岛的南端。

此连医生都不敢否认。而在离阿维尼翁①不远的皮若一带,收割者们谈到死神般的球腹蛛,便会哗然色变;这种蜘蛛最早是莱昂·杜福尔②在加泰罗尼亚③的山上发现的;据收割者们说,一旦被它咬伤,后果极其严重。在意大利,人们则把狼蛛说得十分可怕,被它蜇过的人会全身痉挛、狂舞乱跳。据说,想要治好"狼蛛病"——被这种意大利蜘蛛蜇过后所得的病就叫"狼蛛病"——只能求助于音乐,这是唯一的良药。有人记下了一些特殊的曲调,治这种病最为有效。还有专门用于治疗的舞谱和音乐。我们不也有节奏强烈、蹦蹦跳跳的塔兰泰拉舞④吗?也许这种舞蹈就是从卡拉布里亚⑤农民的治疗方法中流传下来的。

红带蜘蛛

对于这些奇闻,我们是应该当真呢,还是一笑置之?我所见甚少,不敢妄断。不过,没有任何证据说身体虚弱或敏感的人在被狼蛛蜇了之后不会产生神经紊乱,而音乐则能减轻这种紊乱;同样,也没有任何证据说剧烈舞蹈所导致的大量出汗不会减少致病的毒素,从而减轻病情。所以,我没有一笑置之,而是仔细思考,当卡拉布里亚的农民对我讲他们那里的狼蛛时,当皮若的收割者对我讲他们那里的死神球腹蛛时,当科西嘉的耕作者对我讲他们那里的红带蜘蛛时,我询问他们了。看来,这些蜘蛛以及其他一些蜘蛛同它们的可怕名声是名实相符,或至少是部分名实相符的。

关于这个问题,我们这个地区最为强壮的蜘蛛——黑腹狼蛛,等一会儿

---

① 阿维尼翁:法国城市,位于法国南方的普罗旺斯地区。

② 莱昂·杜福尔(1787—1875):瑞士博物学家。

③ 加泰罗尼亚:地区名,位于西班牙东北部,与法国的普罗旺斯地区接壤。

④ 意大利南部的民间舞蹈,节奏极快。"塔兰泰拉"和"塔兰图拉"(法语中"狼蛛"的音译)的发音极为相似,故作者会将两者联系到一起。

⑤ 卡拉布里亚:意大利南部地名。

将会引起我们的思考。我谈的不是什么医学问题,我最关心的只是昆虫;但由于毒獠牙在蜘蛛捕猎的过程中扮演着重要的角色,我要附带谈谈它的作用。我要谈的主题是:狼蛛的习性、它如何埋伏、它的诡计、它如何杀死猎物。我要用莱昂·杜福尔的一段话作为开场白,这段话曾在过去给了我愉快的享受,它对促进今天我和昆虫之间的密切关系也不无影响。朗德①的这位学者跟我们谈的是普通狼蛛以及他在西班牙观察到的卡拉布里亚狼蛛:

球腹蛛

"狼蛛理想的住所是干旱、没有农作物、向阳的开阔地。平时,至少在成年后,它们会住在自己挖掘的地下坑道里,那里既狭窄又肮脏。坑道呈圆柱形,直径通常为一寸,挖在地下一尺多深的地方;但它们并不垂直。这些羊肠坑道的居民证明自己不仅是灵巧的猎手,也是能干的工程师。它们不仅要建造一间在地下深处的陋室,用来躲避敌人的追捕,还要在那儿设立瞭望站,以便侦察猎物,像离弦之箭扑向它们。狼蛛考虑得很周到:地下坑道起先是垂直的;但在离地面五六寸的地方折成一个钝角,形成一段水平的拐角;然后重新变成垂直。正是在这个坑道的起点,狼蛛像警惕的哨兵一样躲着,目不转睛地注视着门口的动向;同样也是在那里,我在捕捉它们的时候看到了那钻石般发亮的眼睛,就好像黑夜中的猫眼一样,闪闪发光。

"坑道的洞口上通常有一段管子,那是狼蛛自己用各种材料建造的。它是一座名副其实的建筑物,超出地面一寸,直径有时达两寸,比坑道本身还要宽。管子的这种结构似乎是灵巧的蜘蛛精心计算的结果,以便它在捕捉猎物时能更好地施展开手脚。管子的材料主要是干木块,由黏土粘合,非常巧妙地相互重叠,形成一个内部空心的圆柱形笔直脚手架。圆柱的内壁贴着一层蜘蛛用它的丝织成的保护层,一直延伸到整个坑道的内部,使这管形建筑,或者叫突出的堡垒更加坚固。不难想象这个制作得如此巧妙的保护层是多么有用,它既可以防止坑道塌方或变形,又可保持清洁,还便于狼

---

① 朗德:法国西南部地区名,靠大西洋。

蛛的爪子攀爬堡垒。

普通狼蛛

"我曾含糊地说过,坑道上并不一定都有这样的堡垒;事实上,我经常看到一些狼蛛窝的洞,上面没有任何管子的痕迹,这或许是因为恶劣的天气把原有的管子摧毁了,或许是因为狼蛛并不总能找到合适的建筑材料,也或许是因为只有在狼蛛达到了发育成年的最后阶段,也就是当它的身体和智力处于发展完善的状态时,它那建筑师的才能才可能被激发出来。

"不过可以肯定的是,这样的管子,这种突出在狼蛛住所上面的堡垒,我曾多次看到;它们有某一些石蛾的鞘那么大。蜘蛛之所以建起它,主要有以下几个目的:防止居室被洪水淹没,防止异物被风吹落堵住洞口;最后,狼蛛还把这管子用做陷阱,为它自己要捕食的苍蝇和其他昆虫提供一个突起的地方,让它们歇脚。有谁能把这位机智勇敢的猎手所使用的诡计全部都说清楚呢?

"现在,让我们来说说狼蛛精彩有趣的捕猎行为。五六月份是捕猎的最佳季节。我第一次发现这种蜘蛛的洞穴,看到这虫子停在住宅的二楼,也就是前面我所说的拐角处,便断定这洞穴里住着狼蛛;当时,我认为只要猛力进攻、拼命追捕,就一定能抓住它。我花了好几个小时,用一把一尺长、两寸宽的刀子把地道打开,可还是没有见到狼蛛。我又在其他洞穴挖了几次,都没有成功。看来,要达到目的,我必须用十字镐来挖;可是这儿离有人家的地方太远了。我不得不改变进攻方法,采用计谋。就像人们所说的,急中生智。

"我的办法是拿一根顶端长着小穗的麦秸冒充诱饵,在狼蛛洞口轻轻地摩擦晃动。很快我就发现狼蛛的注意力和胃口被吊起来了。在这诱饵的吸引下,它迈着审慎的步伐向小穗靠近。我把小穗往洞外拉了拉,不让狼蛛有时间思考;狼蛛经常纵身一跃,跳出洞穴,而我则急忙把洞口堵住。狼蛛离开了洞穴,显得惊慌失措,在我的追捕下非常笨拙,最终被我逼进锥形纸袋,我立刻把纸袋封住。

"有时,狼蛛会猜到这是圈套,或者也许是因为肚子不太饿,它会非常谨慎,一动不动,和洞口保持一小段距离,它觉得不应该越过这道门槛。它的耐心令我感到厌倦。于是,我采取了一个战术:在看清羊肠坑道的走向和狼蛛的位置之后,我用力将一把刀刃斜插进洞穴,从后面突然袭击狼蛛,同时挡住洞穴,切断这虫子的退路。这个办法十拿九稳,尤其是在石块不多的地方。在这种紧急情况下,受惊的狼蛛要么离开洞穴,仓皇出逃;要么固执地紧贴着刀刃,一动不动。这时,我便猛地用力把刀刃翻转过来,把泥土和狼蛛一起抛到远处,然后捉住狼蛛。用这种办法,我一小时最多能捉到十五六只狼蛛。

"有时候,狼蛛彻底识破了我的圈套;当我把小穗伸进它窝里转动时,我不无惊讶地发现,它带着一种蔑视的神情玩弄着小穗,然后用脚将它推开,根本用不着它自己走到小屋的深处。

"巴格利维①的报告中谈到:普伊②的农民捕捉狼蛛时,也是拿一根麦秸在狼蛛的洞口模仿昆虫的嗡嗡叫声。他说:

"'我们那儿的农民要捕捉狼蛛时,便来到它的洞口,拿一根细麦秸模仿蜂鸣声,凶恶的狼蛛以为来了苍蝇或是别的什么昆虫,便从洞里跳了出来,被设下陷阱的农民逮个正着。'

"狼蛛的外表乍看上去令人生厌,特别是当人们想到被它刺伤后所面临的危险;可是,这看似野蛮的虫子其实还是很容易被驯服的,正如我曾多次经历过的那样。

"一八一二年五月七日,我在西班牙巴伦西亚③的时候,完好无损地捉住了一只身材魁梧的雄性狼蛛,我把它关进玻璃瓶,用纸把瓶口封住,再在纸瓶盖的中央开了一个带护板的小口子。我在瓶底粘了一个锥形纸袋,供狼蛛平时居住。然后,我把这个玻璃瓶放在卧室的桌子上,以便能经常看到它。狼蛛很快就适应了囚居生活,到头来对一切都非常熟悉,甚至经常爬到

---

① 巴格利维(1668—1707):意大利医生,医学博士和哲学博士。
② 普伊:意大利南部地区名。
③ 巴伦西亚:西班牙地区名。

我的手指上，把我喂给它的活苍蝇取走。大多数蜘蛛在用大颚上的獠牙给予猎物致命一击之后，都仅仅满足于吮吸猎物的头，可狼蛛却不是，它把猎物整个身体碾碎，再用触须把肉一块块地送进嘴里；最后它扔掉捣碎的外皮，把它们扫得离住所远远的。

"用餐完毕，它很少会忘记梳洗，会用前爪把触须和大颚里里外外地刷干净；然后，便又摆出一副庄重的样子，一动不动。每天晚上和夜间是它的散步时间。这时，我常常可以听到它抓纸袋的声音。它的这些习惯证实了我曾在别处提出过的观点：大部分蜘蛛和猫一样，白天和黑夜都能看得见。

"六月二十八日，我的狼蛛蜕皮了。这是它最后一次蜕皮，所以并没有明显改变它身体的颜色和大小。七月十四日，我有事离开巴伦西亚，直到二十三日才回去。在这段时间里，狼蛛不吃不喝，不过我回来时发觉它的身体还不错。八月二十日，我又再次离开它九天，我的囚犯同样又不吃不喝地度过了这段时间，身体并没有受到影响。十月一日，我第三次弃狼蛛于不顾，也不给它留吃的。同月二十一日，我来到离巴伦西亚二十里的地方，打算在那里住下；我派了一个仆人去把狼蛛取回来。可我非常遗憾地被告知，它已经不在玻璃瓶里了。这只狼蛛后来的命运如何，我一无所知。

"在结束这段关于狼蛛的观察之前，我想简短地描述一下这些虫子之间一次奇特的战斗。一天，我捉到了很多狼蛛，可谓战绩辉煌，于是我挑选了两只强壮的成年雄性狼蛛，把它们放进同一只大口瓶里，期待着观赏一场殊死搏斗。起初，它们绕着角斗场走了好几圈，企图逃跑；可不久，它们便摆出了角斗的架势，仿佛是听到了什么信号似的。我惊讶地发现，它们彼此拉开距离，庄严地用后腿支撑起身体，向对方亮出胸前的盾牌。它们就这样对峙了两分钟，也许它们在用眼光挑衅对方——不过这一点我是无法看见的；然后，只见它们同时扑向对方，腿脚缠绕在一起，打得难解难分，双方都企图用大颚的獠牙刺中对方。也许是打累了，也许是达成了什么协议，战斗突然停了下来；双方暂时休战片刻，两位角斗士各自分开了一点，又再次摆出威胁的姿势。这情形令我想起，猫在它们的奇特打斗时，也会暂时停止战斗。不过狼蛛很快又重新开战，而且战斗比原先更加激烈。起初势均力敌的两位角斗士，终于有一位被击败，头部遭到了致命的一蜇，成了胜利者的食物，被后者撕碎，填进了肚子。这场奇特的战斗之后，获胜的那只狼蛛被我养了好几个星期才死去。"

朗德的学者刚才向我们讲述了普通狼蛛的生活习性,我们这个地区没有这种蜘蛛,但是有和它相似的黑腹狼蛛,或者叫纳博讷①狼蛛。黑腹狼蛛的身材只有前者的一半大,身体朝下的那一面,尤其是肚子下面,装饰着黑色丝绒,腹部有棕色的人字形条纹,爪上画着灰色和白色的圆环。它们理想的住所是干旱多石、在太阳炙烤下百里香茂盛的地方。在我的荒石园实验室里,有二十多个黑腹狼蛛的地洞。每次经过,我都会向它们的陋室深处瞟上一眼,只见那里闪亮着四只大眼睛,就像钻石一样,那是隐居者们的四只望远镜。它们另外还有四只眼睛,可是太小,在这样的深度看不见。

纳博讷狼蛛

如果想看到更多的狼蛛,我只需走出家门,到几百步开外的邻近高地上去就行了,那儿曾经是一片绿荫蔽日的森林,而今却是一片孤寂荒凉,只有蝗虫觅食,白鹂在石头间飞来飞去。这片森林是被金钱给毁掉的。由于葡萄酒能带来很大的收益,人们就毁掉森林来种植葡萄。可发生了瘤蚜虫害,葡萄根都烂了,而以前的绿色高地也成了不毛之地,只有几簇生命力顽强的禾本植物长在乱石中间。不过,这块干旱多石的地方却成了狼蛛的乐园;如果需要,我只要一个小时,就能在很小的范围里找到上百个狼蛛窝。

狼蛛窝都是些深约一尺的井,先是垂直的,然后弯成拐角。平均直径为一寸。井口上竖着一个栅栏,用稻草、各种细枝,甚至大小如榛子一般的石子围成。这一切都用蛛丝固定着。通常,狼蛛仅仅是把邻近草地上的枯叶收拢起来,再用吐丝器吐出蛛丝,将枯叶固定住,而不会将它们从树枝上扯下来;同样,与使用木头框架结构相比,狼蛛经常更喜欢使用小石子砌造。栅栏的材质取决于狼蛛能在工地附近找到什么材料。它其实别无选择:不管是什么材料,离得近的就是好材料。

---

① 纳博讷:法国地名,位于西南部,濒临地中海,靠近西班牙。

　　根据不同的建筑材料,工程所需的时间或长或短,建成的防御围墙也各不相同。围墙的高度不一样,有的是高约一寸的小塔,有的只是微微凸起一点。不过无论哪种围墙,其组成部分都由蛛丝牢牢固定,宽度也跟地道一样,是地道的延长部分。地下城堡的直径和地面上突出的堡垒相同,洞口的小塔也没有留出空闲的平台,就像供意大利狼蛛舒展手脚的那样。黑腹狼蛛的作品仅仅是一口井,上面直接搭着一个井栏。

　　如果是同质的泥地,那么狼蛛窝的形状就不会受到限制,是一个圆柱形的管子;但如果那个是多石的地方,窝的形状就要取决于挖掘的要求了。在这种情况下,狼蛛的居室常常是一个粗糙的洞穴,弯弯曲曲,洞壁上还时不时地突出一块石头,那是挖掘时从石块边上绕过的缘故。但无论狼蛛的洞窝是规则的还是不规则的,都会被涂上一层厚厚的蛛丝,以防止坍塌,并在需要迅速出洞时便于攀爬。

　　巴格利维用他幼稚的拉丁语教我们捕捉狼蛛的方法。于是我成了他所说的"设陷阱的农民",在狼蛛的洞口晃动小穗,模仿蜜蜂嗡嗡的叫声,以吸引它的注意力,让它以为抓住了猎物,纵身跳出洞来。可是没有成功。狼蛛确实离开了它深藏的房间,在垂直地道里悄悄向上爬了一点,想看看洞口是什么在叫;不过这狡猾的虫子很快就识破了我的陷阱,爬到一半便停住不动了。然后,一有风吹草动,它便重新下到地道的拐角里,消失得无影无踪。

　　如果莱昂·杜福尔的方法在我所处的条件下可以采用,那么它可能会更加有效。当狼蛛停在上一层,全神贯注于小穗时,将一把刀迅速地横插进土里,切断狼蛛的退路;只要土质允许,这种战术十拿九稳。可惜我这里不行,在这里这么做无异于把刀插入凝灰岩。

　　我只能另求他法。有两个办法获得了成功,我把它们推荐给未来的狼蛛猎人们。我把一根麦秸尽可能深地插入狼蛛窝里,麦秸穗粒饱满,狼蛛正好能咬住。然后我晃动诱饵,将它转来转去。狼蛛被这陌生的东西碰到,它想自卫,便一口将小穗咬住。我的手指感觉到一丝细微的反抗,说明这虫子中计了,它用獠牙咬住了麦秸的顶端。于是我慢慢地、小心翼翼地把麦秸往外拉;而狼蛛则用脚顶住洞壁往下拉。它上来了、接近了。当它来到垂直的通道时,我就尽量躲起来;因为它要是看到我,就会立刻丢掉诱饵,逃回洞底。就这样,我逐渐把它一直拉到洞口。最艰难的时刻来临了。如果我继续慢慢地拉，狼蛛就会感觉到自己被引出了洞，它会立刻返回。用这种方法将这生性多疑的虫子引出洞口是行不通的。所以，当它在地面出现时，我便以迅雷不及掩耳之势猛力一拉。狼蛛对这突如其来的致命招数大为意外，还来不及松口，就被扔到离洞口几寸开外的地方，整个身子仍然挂在小穗上。这下要抓住它就易如反掌了。一旦离开了洞穴，狼蛛便惊恐万状，吓得连逃跑都不会了。只需片刻工夫，我就用麦秸将它赶到了锥形纸袋里。

要把咬住小穗诱饵的狼蛛拉到洞口，需要一定的耐心。下面的方法更加快捷。我抓来一些活的熊蜂，把其中的一只装进一个细颈小瓶，瓶口的大小恰好可以塞住狼蛛的洞口；我将装着诱饵的瓶子翻过来，卡在洞口。那只健壮的膜翅目昆虫先是在玻璃牢房里又飞又叫，接着发现了一个跟它的家极为相似的洞穴，于是毫不犹豫地钻了进去。这下它可惨了：熊蜂下去的时候，狼蛛正好上来，它们在垂直的地道中相逢。我听到一阵丧歌：那是熊蜂在抗议狼蛛对它的迎接。片刻之后，是突然的死寂。我拿开玻璃瓶，用长柄钳伸进洞里，夹出熊蜂，只见它一动不动，吻管耷拉着，已经死了。刚才发生了多么骇人的悲剧啊。狼蛛不愿放弃如此丰盛的战利品，也跟了上来。猎物和猎人都到了洞口。有时，多疑的狼蛛会再折回去；可是只需把熊蜂放在洞口，甚至离洞口几寸远的地方，就能看到狼蛛再次出现，离开它的堡垒，大着胆子来取它的猎物。时机到了：我用手指或一块石头封住洞口，于是一切就像巴格利维所说的那样："狼蛛被设下圈套的农民抓住了。"我还要补充一句："在熊蜂的帮助下。"

这些捕猎的方法并不完全是为了抓到几只狼蛛；我并不怎么想在玻璃瓶中饲养这种小虫子。我关心的是另一个问题。我猜想，狼蛛是一个热忱的猎人，它只依靠打猎为生，而且从不考虑为后代储备食物；捕来的猎物全都供它自己食用。它不是麻醉师，不会巧妙地想办法使猎物苟延残喘，使其新鲜地保持几个星期；它是个杀手，将野味当场吃掉。它不会有条不紊地采取解剖的办法，摧毁猎物的运动能力而不剥夺其生命，而是尽可能快地将猎物完全杀死，以免受到攻击的猎物反戈一击。

此外，它的猎物可能很强壮，并不一定是最温和的。对于这个埋伏在小塔里的勇敢猎人，应当给它一个力量相配的猎物。长着有力大颚的大蝗虫、性情暴躁的胡蜂、蜜蜂、熊蜂以及其他揣着有毒匕首的昆虫，经常会中狼蛛的埋伏。决斗双方的武器几乎势均力敌。对付狼蛛的毒獠牙,胡蜂有毒螯针。两个强盗中谁会占上风呢?双方会展开殊死肉搏。狼蛛没有任何其他防御手段,既没有绳索来捆绑猎物,也没有罗网来制服它。当圆网蛛看到一只虫子被它的垂直大网缠住时,会赶紧过去,向俘虏抛出一大片丝带做的绳索,使它无法进行任何反抗。等到把猎物牢牢地捆住之后,圆网蛛便小心翼翼地用有毒的獠牙在猎物身上蜇一针,然后退到一边,等待垂死者的痉挛慢慢平息下来;这时它才回去享用猎物。在这种情况下,圆网蛛绝对不会有任何危险。但对于狼蛛来说,捕猎更要依靠运气。除了獠牙和勇气,它没有别的武器;它必须扑向危险的猎物,灵巧地制服对方,施展自己的速杀才华,以迅雷不及掩耳之势击倒对手。

土熊蜂

"迅雷不及掩耳"这个词真是用得恰到好处:我从狼蛛的死亡之窝里拉出来的熊蜂充分证明了这一点。熊蜂那被我称为丧歌的鸣叫一结束,我就立刻把钳子伸进洞里,可还是迟了,我拉出的总是死掉的虫子,吻管下垂,两腿松软。只有还略微颤动几下的腿脚,表明它们才刚刚咽气。熊蜂是在瞬间丧命的。每次我从那可怕的屠宰场拉出一只新的牺牲品时,总会对这样的瞬间死亡震惊不已。

可是,搏斗双方的力量其实不相上下:我挑选的总是最大的熊蜂(长颊熊蜂)。而且双方的武器也同样厉害;熊蜂的毒螯针完全可以和狼蛛的獠牙一试高低。在我看来,前者的蜇刺和后者的咬伤同样可怕。可为什么每次都是狼蛛获胜?而且它总能速战速决、毫发无伤呢?它肯定有极为巧妙的战术。它的毒液再厉害,我也不相信只要在受害者身上随便什么部位轻轻一蜇,就能如此迅速地把对手解决。就连令人闻风丧胆的响尾蛇,都无法这样快地杀死猎物,它需要几个小时,而狼蛛却连一秒钟都不用。可见,与其说是毒液的毒性在起作用,不如说是狼蛛所咬中的部位相当致命,从而使猎物如此迅速地丧命。

这个部位在哪儿呢?用熊蜂做试验是无法得到答案的。因为熊蜂钻进了狼蛛洞,谋杀是在远离我视线的地方发生的。此外,狼蛛的武器实在太小,用放大镜在熊蜂的尸体上找不出任何伤口。所以必须直接看到两个对手格斗的过程。有好几次,我都试着把狼蛛和熊蜂关在同一个玻璃瓶中,可两只虫子互相逃避,它们都在担心自己被捉的事。我把它们关在一起整整二十四个小时,双方谁也没有挑起争斗。它们更关心的不是进攻对方,而是自己被囚禁的事实,它们在等待时机,似乎对对手漠不关心。实验屡试屡败。我把熊蜂换成蜜蜂和胡蜂,实验成功了,可谋杀发生在夜里,我什么都没有看到。等到天亮,我看到的膜翅目昆虫早已成了狼蛛颚下的碎块。如果猎物很弱小,狼蛛会把这口美食留到夜晚安静的时候享用;如果猎物能够反抗,那么狼蛛不会在囚居的情况下去攻击它。囚犯对自己处境的担忧,淡化了它作为猎人的热情。

广口瓶竞技场可以使两位角斗者各自退居一方,在敬畏对手的同时,也为对手所敬畏。现在我们把竞技场缩小,把围墙改短。我把熊蜂和狼蛛一同放进一根试管,试管的底部只能容纳一只昆虫。于是爆发了一场激战,可后果却并不严重。如果熊蜂在试管底部,它就朝天仰卧,尽量用腿脚将狼蛛顶开。我没见到它拔剑出鞘。而狼蛛则用它的长腿抓住整个试管的墙壁,在光滑的管壁上微微爬起,尽量远

长颊熊蜂

离对手。它在那里纹丝不动,静观局面的发展;而这局面很快就会被好动的熊蜂搅乱。如果熊蜂在上面,狼蛛就收起长腿,护住身体,与对手保持一定距离。总之,除了它们发生接触时会有一点小小的混战,就再没什么可值得注意了。在狭窄的试管里和在宽敞的瓶底一样,都没有发生你死我活的格斗。狼蛛离了窝,就变得胆小如鼠,顽固地拒绝任何战斗;而熊蜂即使再傻,也不会冒然发起进攻。于是,我只好放弃了在书房里进行的实验。

狼蛛只有在自己的城堡里才会斗志昂扬。所以,我必须到狼蛛窝的现场去,把决斗送到它的家门口。只是熊蜂会钻进地洞,使我看不到它的末日,因此必须另外换一个对手,一种没有钻地爱好的昆虫。这个季节,在我的花园里,一串红的花上面有许多紫木蜂,它是我们这个地区最强壮、个头最大的膜翅目昆虫之一,身着黑绒外衣,舞着薄纱般的紫红翅膀。紫木蜂的

体型比熊蜂大,约有一寸来长。它的蜇刺很厉害,被蜇的地方会肿疼很久。对此我记得很清楚,因为我曾经付出过惨重的代价。如果能让狼蛛接受它的话,紫木蜂绝对算得上是一个势均力敌的对手。我将一些紫木蜂一个一个地装在体积不大,但瓶颈很宽的瓶里,这些瓶子就像我用熊蜂做诱饵捕捉狼蛛时所说的那样,恰好能卡住狼蛛窝的洞口。

紫木蜂

我送上的猎物绝对有威慑力,所以我挑选的狼蛛也是最强壮、最勇敢、饿得最厉害的。我把带有小穗的麦秸伸进洞里,如果狼蛛立即跑来,如果它体格强壮,如果它勇敢地上到洞口,它就会被选上参加比武;否则,它就被淘汰。我把装有诱饵紫木蜂的瓶子翻过来,卡在一只被选中的狼蛛的家门口。紫木蜂在瓶里嗡嗡地叫着;猎手从地洞深处上来了;它现在在洞口,可是还没有跨出门槛;它在那里看着、等着。我也等着。一刻钟过去了,半小时过去了,什么也没发生。狼蛛返回洞里去了:也许它觉得这样出击太危险。我来到第二个洞,第三、第四个洞,都一无所获,猎手不愿走出它的洞穴。

我利用谨慎选定的隐蔽处和这个季节的酷热大气,耐心等待着。功夫不负有心人。终于,一只狼蛛突然从洞里跳了出来,可能是太长时间没吃东西实在熬不住了。发生在瓶子里的悲剧只持续了一眨眼的工夫。一切都结束了:强壮的紫木蜂死了。凶手击中了它身上的什么部位?我们一眼就能看出来:因为狼蛛还没有松口,它的獠牙还插在紫木蜂脖子根部的颈背上。凶手果然像我猜想的那样才技过人;它准确无误地直取猎物的命门,将毒獠牙插入对方的脑神经节。总之,它咬的是唯一能让对手猝死于伤口的部位。凶手的绝杀知识实在让我钦佩不已;虽然我的皮肤受到了太阳的炙烤,但我得到了补偿。

一次所见并非常例。我刚才看到的是一个偶然情况呢,还是早有预谋?于是我向其他狼蛛请教。可尽管我非常耐心,许多,甚至是太多的狼蛛都不愿跳出地洞,攻击紫木蜂。猎物太庞大了,把狼蛛全都震慑住了。饥饿能把狼逼出树林,难道就不能让狼蛛走出洞穴吗?果然,有两只狼蛛似乎比其他的更饿,它们终于扑向了紫木蜂,在我的眼皮底下重演了谋杀的场景。猎物依然被咬住颈背,而且只被咬住颈背,即刻便死去了。三起谋杀案,用的是一模一样的手法,在我的眼皮底下发生,这便是我坚持不懈,两次从早上八点到中午十二点实验的收获。

我已经看得很清楚了。这个快速杀手就像先前的麻醉师那样,向我展示了它的行当:它告诉我它彻底掌握了潘帕斯草原①宰牛者的绝技。狼蛛是不折不扣的"刺颈师"。现在,我要做的就是在书房里继续实验,证明我通过野外实验得出的结论。我为狼蛛设立了一个养殖园,以测试它毒液的毒性,以及獠牙咬在昆虫不同部位上所产生的效果。我用读者已经知道的方法抓了一些狼蛛,把它们单独装在十几个瓶子和试管里。那些一看到蜘蛛就会害怕得尖声大叫的人,一定会觉得待在我的书房里不那么保险,因为里面住着可怕的狼蛛。

如果说狼蛛不屑——确切地说是不敢——攻击跟它一起关在广口瓶里的对手,那么对待那些送到它獠牙边的对手,它会毫不犹豫地张嘴便咬。我用镊子夹着狼蛛的胸部,把要它刺的昆虫放到它的嘴边。只要狼蛛没有因为多次实验而感到疲劳,它的獠牙就立刻会张开,刺到对手身上。我首先用紫木蜂试验蜇伤的效果。如果刺中颈部,紫木蜂会立即死亡。这种猝死,我已经在狼蛛窝的门口见到过了。如果紫木蜂被刺中腹部,然后被放进大口瓶让它自由活动,一开始它似乎没有感觉到任何严重的问题。它飞着、跑着、嗡嗡地叫着。可是不过半个小时,死神就逼近了。紫木蜂仰卧或侧卧着,动弹不得。只有腿脚还在略微踢蹬,肚子还在稍稍抽动,表明它还一息尚存,这样的情况一直延续到第二天。然后,一切都停止了:紫木蜂成了一具尸体。

这项实验的结果值得注意。如果这强壮的膜翅目昆虫被刺中脑部,就会当即死亡;狼蛛就不必害怕猎物拼死战斗,给它带来危险。但如果被刺中

---

① 潘帕斯草原:位于南美洲的阿根廷,介于安第斯山脉和大西洋之间,以牧草肥美、牛羊苗壮而著称。

的是其他部位,比如腹部,那么猎物在大约半小时的时间里,还能用螫针、大颚或是腿脚进行反击;一旦螫针刺中狼蛛,它可就惨了。我曾见过有些狼蛛由于咬的部位接近螫针,被刺中了嘴巴,因此在二十四小时内一命呜呼。所以,对于这危险的猎物,必须通过伤害其脑神经中枢的办法,让它立刻毙命;否则,猎手很可能会搭上自己的性命。

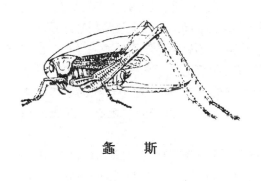

螽　斯

实验的第二组对象是直翅目昆虫,有一指来长的绿蝈蝈儿、肥头大脑的螽斯、距螽等。它们被咬中颈部后的结果都一样,都立即死亡了。但如果被咬中其他部位,尤其是腹部,那么它们还能坚持相当一段时间。我曾看到过一只距螽,在腹部被咬后的十五小时内,仍能牢牢地抓住钟形罩牢房光滑垂直的侧壁。不过最后它还是掉下来死掉了。体质纤弱的膜翅目昆虫不到半小时就会毙命,而强壮的反刍类直翅目昆虫却可以坚持整整一天。造成这些差别的原因,是两者机体敏感程度的不同;这里我们不谈这些差别,而是总结以下两点:即使选中的昆虫是体型最大的那种,只要它被狼蛛咬中颈部,就会立即死亡;如果被咬中的是其他部位,它也会死,只是垂死的时间因昆虫种类的不同而长短不一。

现在,我们就不难解释为什么当实验者在狼蛛的地洞口放上美味却危险的猎物时,狼蛛要犹豫这么长时间了;对于实验者来说,这样的犹豫着实令人讨厌。绝大多数狼蛛不会立刻扑向紫木蜂,因为像这样的猎物是不会无缘无故让人生畏的:如果猎手盲目乱咬,很可能送了自己的性命。只有颈部才脆弱得足以致命,因此必须从那里抓住对手,而不是其他部位。如果没有一下子将对手击倒,就会激怒它,使它变得更加危险。这一点狼蛛十分明白。所以它总是躲在自己的门槛后边,而且如果需要,它会迅速逃回去;它在等待有利的时机,等待那肥大的膜翅目昆虫将正面暴露在它的面前,这时它就能轻易地抓住后者的颈部。成功的时机一旦来临,它会跃起动手;否则,它就会对不停飞动的猎物感到厌倦,返回到窝中去。这就是为什么我两次总共用了四个小时的时间,才观察到三次谋杀。

从前,我在膜翅目昆虫麻醉师的启发下,曾经试图自己制造麻醉的效果,我把一小滴氨水注入象鼻虫、吉丁、金龟子等昆虫的胸部,这些昆虫的神经系统非常集中,便于进行这样的生理实验。我这个学生的操作符合膜翅目昆虫老师的教导,我麻醉了一只吉丁和一只象鼻虫,干得几乎和节腹泥蜂一样好。现在,我为什么不模仿一下专家杀手狼蛛呢? 我用一根细钢针,把很小一滴氨水注入紫木蜂或者蝈蝈的脑袋根部。这虫子只是胡乱地抽动了几下,就立刻死了。脑神经节受到刺激性液体的侵袭,停止了工作,于是死亡就来临了。但是,这种死亡不是猝死,此前昆虫还有一段时间的痉挛。如果说在昆虫死亡的速度方面,实验还有待改进,那么这种情况的原因何在呢? 在于所用的液体,氨水的致命效力无法与狼蛛的毒液相比;这种毒液相当可怕,我们不久就能见识到。

我让狼蛛在一只小麻雀的腿上咬了一口;那只麻雀羽翼已经丰满,可以离巢了。伤口流出了一滴血,四周出现了红晕,接着变成了紫色。麻雀几乎立刻就提不起腿了,那条腿耷拉着,爪子蜷曲着;它只能用另一条腿跳着走。不过,实验对象似乎对它的伤口并不怎么担心,它的胃口很好。我的女儿们用苍蝇、面包屑和杏仁肉喂它。它会痊愈、会恢复体力的;这只因我们对科学的好奇心而受害的小可怜虫将会重获自由。这是我们大家的愿望,也是我们大家的计划。十二个小时后,痊愈的希望增加了;病人很乐意接受食物,如果喂得迟了,它还会吵着要。可那条腿还仍然拖着。我相信那是暂时的瘫痪,很快会过去的。可第三天,小鸟拒绝进食了。它什么都不要,蓬松着羽毛,身体蜷成一个球,时而一动不动,时而突然跳几下。我的女儿们把它捧在掌心,哈气给它取暖。可是小鸟的痉挛越来越频繁。最后,它张了张嘴,宣告一切结束。小鸟死了。

吃晚饭的时候,一家人的气氛有些冷淡。我从他们的目光中看到了无声的责备,责备我的实验;我隐约感觉周围的人在谴责我的残酷。小麻雀的悲惨结局令全家人都感到难受。我当然也感到了良心不安;为了这点微不足道的结论,付出的代价太高了。再想想那些为了一点小事,就拿活生生的狗来开膛破肚,却连眉头也不皱一下的人,他们的心真不是肉长的。

但是,我还是鼓起勇气,重新开始实验。这一次的对象是一只鼹鼠,它在破坏莴笋地的时候被我逮住。不过，有一件事我很担心：我的俘虏永远是饥肠辘辘的，如果要把它关上几天，会产生一些疑问。如果我不能大量、频繁地向它提供合适的食物，它说不定不会死于蜇伤，而会死于饥饿。这样一来，我很可能会把饥饿造成的后果算到狼蛛毒液的头上去。所以，我必须先知道，自己是否可能把鼹鼠囚禁起来，加以喂养。于是这畜生被关进了一个宽敞的容器里，并喂以各种各样的昆虫：金龟子、蝈蝈，特别是蝉，它吃得津津有味。这样喂养了二十四个小时以后，我确信鼹鼠可以接受这份菜单，并能耐心地适应囚居生活。

我让狼蛛在它的嘴角咬了一口。放回到笼子里后，这畜生不停地用它宽大的脚爪挠嘴巴。看来，被咬的地方在灼疼、发痒。从这以后，它蝉吃得越来越少；第二天晚上，它甚至拒绝吃蝉了。被咬后大约三十六个小时，鼹鼠在夜里死了，它肯定不是饿死的，因为容器里还有半打活着的蝉和几只金龟子。

因此，黑腹狼蛛的蜇咬不仅对昆虫，而且对其他动物都是可怕的；它能毒死麻雀，也能毒死鼹鼠。它还能毒死什么动物呢？这我就不知道了，因为我没有再继续研究下去。不过，根据我所看到的为数不多的情况，我认为对于人类来说，黑腹狼蛛的蜇伤绝不是无关紧要的意外。这就是我想对医学所说的话。

对于昆虫的研究，我有别的话要说：我要让研究者们注意到杀手们的这种高深才技，足以和麻醉师们的才技媲美。我在杀手后面加了个"们"字，因为狼蛛要和其他许多蜘蛛分享这谋杀的技巧，尤其是那些不用蛛网捕猎的蜘蛛；杀手们靠猎物为生，蜇刺昆虫的脑神经节，让它们突然死亡；而麻醉师们则想为后代保存新鲜的食物，他们蜇刺昆虫其他部位的神经节，使它们动弹不得。两者都是蜇刺神经节，只不过根据不同的目的选择不同的部位。如果要猎物立即死亡，从而不对猎手构成威胁，就刺颈部；如果只是简单地将猎物麻醉，就避开颈部，刺下面的环节，被刺的有时是一节，有时是三节，有时几乎是全部，要根据受害者身体的机构来决定。

麻醉师们，至少是其中的几个，对于脑神经节在生命中的高度重要性也十分清楚。我们曾经看到，为了让对手暂时麻木，毛刺砂泥蜂咬毛虫的脑袋，朗格多克飞蝗泥蜂咬距螽的脑袋。不过，它们只是将脑袋按一下而已，而且十分小心；它们会注意不把螫针刺入这个重要的生命中枢。没有一个麻醉师会那样做，因为那样它得到的只能是一具尸体，而它们的幼虫对尸体是不屑一顾的。可是蜘蛛却不同，它把两把匕首直插猎物的头部，而且只插在那儿；因为如果插到别处，只能让对手受伤，从而激怒它，招来反抗。蜘蛛需要的是现杀现吃的野味，所以它迅猛地把獠牙插到这个其他昆虫都小心翼翼、不去触碰的部位。

　　如果说这些熟练的凶手，不管是杀手还是麻醉师，它们的本能不是与生俱来的禀赋，而是后天获得的习惯，那么这习惯是如何获得的呢？我百思不得其解。您可以尽您所愿地用理论的云雾来包裹这些事实，但您却永远掩盖不住它们属于某个预定法则的有力的断言。

彩带圆网蛛

　　严冬里,当虫儿不再忙碌,准备过冬时,它们朝阳的温暖住所里一片宁静,观察者利用这个时机翻沙搬石,在荆棘丛里搜寻,并时常会为某一件偶然发现的质朴艺术品所感动。有这种发现就能心满意足,这样单纯的人是幸福的!尽管生活非常艰难,而且总是随着时间的流逝而变得更加严酷,但我还是祝愿那些单纯的人能和我一样,享受这种发现曾经带来、并一直带来的快乐。

　　如果他们在柳林和矮林的禾木科植物中搜寻,愿他们也能找到和我眼前一样的精美艺术品。这是一件蜘蛛的杰作,是彩带圆网蛛的巢穴。

　　根据分类,蜘蛛不属于昆虫类,如果是这样,在这里谈论彩带圆网蛛似乎就不合时宜。让分类学见鬼去吧!就算这种动物有八只脚,而不是六只,长着小肺袋而不是气管,但我们的研究是自发的,可以不理睬这些。此外,蜘蛛目动物属于节肢动物门,它们的身体是由许多部分一节一节构成的,这种构造其实已暗含在法语中"昆虫"和"昆虫学"这两个词的词义之中了。

　　以前,人们称呼这个种群叫"关节动物",这个名字错就错在听起来不刺耳,而且人人都能听懂。现在它已是老古董了。如今人们用的是一个悦耳的新词——"节肢动物门"。但是,居然有人对这一进步提出质疑!啊!这些异教徒!你们只要先说一说"关节动物",然后再大声喊一喊"节肢动物门",就会知道动物学是不是有所进步了。

　　从仪表和花纹来看,彩带圆网蛛是法国南部最美丽的蜘蛛目动物。它的肚子如榛子一般大小，里面装满了蛛丝，肚子上点缀着黄、银、黑三色相间的条纹，它也因此而赢得了"彩带圆网蛛"这个美名。在这圆溜溜的肚子的四周，伸展着八条长腿，腿上有着浅色和棕色的彩环。

所有的小猎物它都喜欢吃。所以，哪儿有蝈蝈活蹦乱跳，有蝴蝶轻盈盘旋，有蚊蝇自在翱翔，有蜻蜓翩翩起舞，它就在哪里安营扎寨，唯一的条件是：只要那里有结网的支点。通常，它会在灯芯草间结一张横跨小溪两岸的网，因为那里的野味比较丰富。其次，尽管热情稍弱，但它也会选择茂密的矮橡树丛，或是铺着薄薄绿毯的小山坡张网，那些都是蝗虫喜爱的地方。

它的捕猎工具是一张垂直张开的大网，网的周长根据地点而定，四周有许多条缆丝连在附近的小树枝上。这种结构也为其他结网的蜘蛛目动物所采用。从一个中心点辐射出几根笔直、等距的线。在这个构架的基础上，一根蛛丝由中心点向外围连绵不断地螺旋前进，与辐射线交叉形成十字。其规模与图案之规则实在令人叹为观止。

在蛛网的下部，由中心点垂下一根不透明的宽带，弯弯曲曲地穿过辐射线。这是彩带圆网蛛所织的网的标记，就好比是艺术家在自己的作品上签下了大名，也好像这只蜘蛛在织蛛网的最后一刻时说："大功告成了！"

当蜘蛛在辐射线之间反复穿行、完成自己的螺线圈时，它是心满意足的。毫无疑问，这项工作可以保证它几天不愁吃喝。但这里面可没有半点纺纱女的虚荣心：那根弯曲强韧的宽带是为了让蛛网更加牢固。

对蛛网做特别加固并非多此一举，因为有时它所经受的考验相当严峻。彩带圆网蛛可不能选择自己网住的猎物。它稳居蛛网的中心，一动不动，展开八条腿，注意从蛛网四面八方传来的振动，就等老天把猎物送上门来。猎物有时是飞行失控跌下来摔得晕头晕脑的傻瓜蛋，有时是跳跃过猛一头撞进蛛网的大块头。

特别是蝗虫，这充满热情的家伙轻率地放开腿脚乱蹬，为此常常掉进陷阱来。它的充沛活力似乎让蜘蛛肃然起敬；它用那长了尖刺的腿拼命乱踢，自以为能当即把网捅破，逃之夭夭。但事实并非如此。要是蝗虫第一次无法挣脱，那么其命休矣。

这时，彩带圆网蛛背对猎物，同时启动所有的喷壶花洒状吐丝器。它用较长的后肢接吐出的蛛丝，并将后肢充分张开呈拱形，以便让蛛丝射出。通过这些动作,彩带圆网蛛得到的就不仅是一条蛛丝,而是一块闪光的丝帘、一把云状的折扇,上面的主线几乎都是各自独立的。随着彩带圆网蛛的两条后肢飞速地交替合抱,它把这块裹尸布抛了出来,并将猎物反复翻滚以从各方面将它裹得严严实实。

将要与猛兽搏斗的古代角斗士出现在竞技场上,左肩上挂着一条绳网。野兽一跃而起。角斗士右手猛地一挥,撒开大网,如同渔夫将渔网撒开;他将野兽罩住,并用网眼缠住其手脚。最后,三叉戟的一击结果了战败者的性命。

彩带圆网蛛采用的方法与角斗士相同,但它还有一个优势,即可以用蛛丝重新缠绕猎物。如果第一次吐出的丝不够用,紧接着还可以来第二次、第三次,一次又一次,直至它的蛛丝储备用尽为止。

当白色的裹尸布里不再有动静了,蜘蛛这才接近被捆住的猎物。它有比角斗士的戟更好的武器:毒牙。无须特别费力,它只对蝗虫轻轻一咬便退下,静等猎物因毒素的作用而虚弱下去。

不一会,它回到纹丝不动的猎物身边,开始吮吸,并多次更换下手的部位,直到将其吸干。最后,那枯槁失色的残骸被丢出网外,而蜘蛛又回到网的中心,再次静候猎物的到来。

彩带圆网蛛吮吸的可不是一具尸体,而是一只被毒液麻痹的猎物。假如蝗虫刚被咬时我就将它救下,刚剥去丝套,它就会恢复知觉,甚至好像先前什么都没有经历过一样。看来,蜘蛛并没有在吮吸猎物体液之前将它杀死,只是把它毒昏而已。也许这轻轻的一咬是为了之后吮吸起来更加容易。因为猎物死去后体液将停止流动,不易于吸出;而活体中的体液会流动,吮吸起来就容易多了。

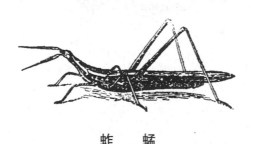

蚱　蜢

为此,吸食血液的彩带圆网蛛对自己叮咬时释放的毒液量有所保留,甚至在对付它那些体型巨大的猎物时也是这样,因为它对自己角斗技艺非常自信。不管是长腿蚱蜢还是蝗虫中最硕大的胖乎乎的灰蝗虫,蜘蛛都毫不犹豫地照单全收,一经麻醉立刻将它们的体液吸食尽。这些庞然大物弹跳力量惊人，完全有能力挣破蛛网、逃之夭夭，恐怕极少被网住。我将它们放到蛛网里，余下的事情就由蜘蛛来做了。它毫不吝惜地喷出丝来，将猎物层层裹住，接下来便尽情地将其吸干。只要蛛丝消耗得多一些，制服大猎物也不比对付普通猎物难多少。

我曾经目睹过更加精彩的场面。这次出场的是大腹便便、身上有着波浪花纹、银光闪闪的圆网丝蛛。和它的同胞一样，圆网丝蛛也织一张垂直的大网，上面用一条弯曲的宽带署上了大名。我在网里放上一只螳螂，它身材魁梧，只要条件允许，它完全能扭转乾坤，把猎手变成猎物。这回蜘蛛要捕捉的可不再是温和的蝗虫了，而是一头力大无穷、穷凶极恶的巨妖，只要它一出锯齿，就能撕裂圆网蛛的肚子。

蜘蛛敢迎接挑战吗？时机还没有到。它坐镇丝网中心，在迎战凶猛的猎物之前先掂量着自己的力量，静待着猎物在挣扎之中让爪子越缠越紧。终于，它出动了。螳螂腹部卷起，双翅高翘如竖直的风帆，并张开布满锯齿的双臂，总之，它摆出了幽灵般的架势，严阵以待。

蜘蛛对这些威胁视若无睹。它用遍布全身的吐丝器吐出成片的蛛丝，再由后肢交替环抱、拉伸、张大并大量抛出。在这样猛烈的丝雨之下，螳螂那可怖的锯齿、锋利的前足旋即不见了，仍然如幽灵般高高翘起的双翅也一并消失了。

然而被困的螳螂猛跳了几次，将蜘蛛震出网外。这虽然是意外，却也早在预料之中。瞬时间，一条保险带从吐丝器中喷出，将圆网蛛悬在半空当中，来回摆动。一切恢复平静之后，它卷起保险带，升回网里。这时，螳螂圆滚滚的肚子与后肢都被结结实实地捆住了。蜘蛛的蛛液也已经用尽，只能吐出稀薄的蛛丝来。幸运的是，战斗已经结束了。猎物在厚厚的裹尸布下，已看不见踪影。

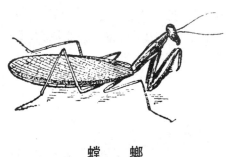

螳　螂

　　蜘蛛没有叮咬就退下了。为了制服这凶猛的猎物,它已经耗尽了所有库存的蛛丝,要知道,用这些蛛丝可以织出好几张宽大的蛛网呢。有这么多蛛丝缚住猎物,其他的防范措施就显得多余了。

　　回到网中心小歇片刻之后,蜘蛛开始入席就餐。它在猎物身上的不同地方切了几个浅浅的口子,这儿一下,那儿一下。蜘蛛就从这些切口处吮吸猎物的血液。这顿饭耗时颇多,因为猎物实在太肥大了。我用了整整十个小时观察这个吃不饱的家伙,每当它吸干一个切口里的汁液,就换一个切口再吸。夜幕降临,掩盖了它纵饮之后的醉态。第二天,被吸干的螳螂躺在地上。蚂蚁们正瓜分着猎物的残骸。

　　在生儿育女这方面,圆网蛛更是才华横溢,甚至超过了它的捕猎艺术。彩带圆网蛛用来盛放蛛卵的丝袋,或者称之为蛛巢,更是一件远胜于鸟窝的精品。它形态如一只倒置的气球,大小如鸽卵。丝袋的上端逐渐收口呈梨形,开口处齐平,镶着月牙边,从每一个月牙的交角处延伸出揽丝,将其固定在四周的小树枝上。丝袋的其余部分呈优雅的卵形,垂直悬挂在几根起稳固作用的丝线中间。

　　丝袋顶端凹陷似火山口,上面覆盖着蛛丝毡了。其他部分是一整个外壳,由一种缎状物制成,洁白、厚实、密集、难以扒破而且防潮。棕色甚至黑色的蛛丝被织成宽带状、纺锤状,或是任意子午线状,装饰在丝袋球体的顶端外部。这些织物的作用显而易见:它是一个防水顶盖,无论是露水还是雨水都无法穿过。

　　圆网蛛的丝袋悬在接近地面的枯草丛里,随时受到各种恶劣天气的威胁,为了保护袋里的卵,它尤其需要抵挡寒冬的侵袭。让我们用剪刀划开丝袋看一看。袋的底部是一层厚厚的棕红色蛛丝,没有经过编织,蓬蓬松松的,好像极其细腻的棉絮,似柔软的云朵,又似羽绒褥子,即使是天鹅的绒毛也无法与它媲美。这就构成了防止热量丧失的屏障。

　　这柔软的一堆蛛丝保护的是什么呢? 在这羽绒褥子中间,悬着一个桶形小包,下端浑圆,上端平直,由一片丝毡封口。小包由极其细腻的缎状物织成,里面盛有橘黄色珍珠般的美丽蛛卵,它们相互粘在一起,形成一个大小类似于豌豆的球体。这就是蛛丝褥子要保护抵御严冬的珍宝。

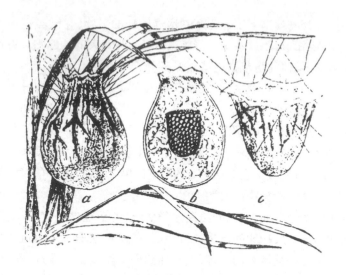

a. 彩带圆网蛛的巢
b. 彩带圆网蛛巢的剖面
c. 丝蛛的巢

　　我们已经了解了这个作品的结构,现在让我们来看一看纺纱女是怎么工作的吧。要观察这个可不太容易,因为彩带圆网蛛是在夜间工作的。它需要黑夜的静谧以避免弄错复杂的编织规则。清晨,我有时能撞见它正在辛勤工作,这让我得以简单地讲述它的工作过程。

　　大约八月中旬,我的观察对象开始在钟形罩下工作。在钟罩内部上方,它先用几根紧绷的蛛丝搭起了脚手架。脚手架的格子结构就好比蜘蛛在野外用来充当蛛网支点的草叶与荆棘丛。编织丝袋的工作就在这摇晃的支架上开始。圆网蛛看不见自己在做的事,因为它是背对着织物的。但由于编织程序组织得非常合理,因此一切都能自然顺利地进行。

　　蜘蛛缓缓地绕圈前进,肚子末端摇摆着,时而向左,时而向右,时而翘高,时而放低。它放出的是单线。它用后肢牵伸着蛛丝,将其粘到已经搭好的脚手架上。这样,一个缎状物织成的盆就逐渐成形了,它的边缘慢慢升高,最后形成一个高约一厘米的袋子。袋子的织物特别轻软。为了把袋子绷紧,尤其是在收口处,蜘蛛用一些揽丝将它与附近的其他蛛丝相连。

接着,吐丝器休息片刻。轮到卵巢开始工作。蜘蛛一口气接连不断地排出蛛卵,蛛卵落入袋中,一直漫到袋口。袋子的容量计算得恰到好处,既能容纳所有的卵,又完全没有多余的空间。蜘蛛排完卵退下后,我隐约瞥见了那一堆橘黄色的卵;紧接着,吐丝器又开始工作了。

工作的内容是给袋子封口。这时,蜘蛛使用工具的方法略有变化。它的肚子末端不再摇晃,而是放低,接触一个点;然后收回,再放低,再接触另一点;这里完成后再换到那里,勾勒出许多错综复杂的丝线。同时,它用后肢将喷出的蛛丝压实。这样织出的不是一块织物,而是一块毡子,一块绒布。

在这个盛卵的缎袋四周,是为了抵御严寒的羽绒褥子。不久,将会有小蜘蛛在这柔软的庇护所里暂做停留,等待它们的关节变得结实起来,并为以后大规模的迁徙做准备。编织工作进展迅速。突然,吐丝器的原材料变了:先前吐出的是白色蛛丝,而现在却成了棕红色的,比先前的更加纤细;喷出时呈云雾状,蜘蛛灵巧的后肢像一把毛梳一般地梳理着,让蛛丝蓬松起来。渐渐地,盛卵的袋子不见了,淹没在这精美的丝绒中。

气球已经成形,上端收口呈瓶颈状。蜘蛛上上下下,左右偏移。从吐丝器喷出第一缕蛛丝起,它就定下了丝袋优雅的形状,似乎它的腹部顶端长着测量器似的。

接着,原材料与先前一样再次突然改变了。洁白的蛛丝重新出现,黏合成线。编织外壳的时候到了。由于织物非常厚实,而且交织方式十分细密,因此这项工作耗时最多。

首先,圆网蛛这儿拉拉,那儿拉拉,用几根蛛丝支撑住那层棉絮。它特别注重丝袋颈部的边缘,上面镶有月牙形的花边,花边的每一个棱角都由一根丝绳延伸出去,充当整个丝袋最主要的支撑物。吐丝器每一次经过这里时,都不会忘记对它特别加固,以保证球体的平衡稳定,直至工作结束。不一会儿,支撑悬挂丝袋的花边勾勒出应该封住的火山口形袋口。接着,蜘蛛用类似刚才封卵袋用的毡子把袋口封好。

这些安排妥当之后,圆网蛛开始真正编织丝袋的外壳。它时进时退,反复旋转。它的吐丝器并不接触织物。后肢是它唯一的工具,它们有节奏地交替工作着,拉伸蛛丝,用足节前端的枥将丝抓住,粘贴到织物上,而它的腹部末端则颇有章法地摇摆着。

就这样,蛛丝规则地曲折分布着,精确得类似于几何图形,简直可以与丝厂机器绕出的漂亮棉线团相媲美。这样的工序在整个丝袋的表面反复进行,因为蜘蛛每时每刻都在不停地移动。

每隔极短的时间,蜘蛛的腹部就往上移动靠近气球状丝袋的开口处,这时吐丝器才真正碰到流苏般的边缘。这种接触的时间相当长。呈星形辐射状的流苏边缘是整个建筑的基础,也是整个丝袋最棘手的地方,因为这里的丝线是粘连着的;而在其他部位,蛛丝只是依靠后肢的运动简单地相互重叠。如果要把丝袋拆开,边缘上的蛛丝就会被弄断,而其他部位的蛛丝则可以被退绕开来。

织物完成了,圆网蛛在上面留下了它棱角分明的白色亚光签名;蛛巢收尾时,蜘蛛编织出一些不规则的棕色细丝带,从球体连接外部的边缘一直垂到丝袋的中部。为此,它使用了第三种不同的蛛丝,这是一种介于棕红与黑色之间的深色蛛丝。吐丝器大幅度地在两极之间纵向摆动,吐出蛛丝,再由后肢任意地将它造成丝带。这个步骤一结束,蛛巢就大功告成了。蜘蛛看也不看一眼这卵袋,就缓步离开了。余下的事情和它不再相干,时间和阳光会代它去做。

圆网蛛感到自己死期将至,就爬下网来。它在附近坚韧的禾本科植物丛中,用蛛丝织好了一顶神圣的帐篷;为了这项工程,它耗尽了吐丝器中的蛛丝。它已经没有必要爬回网中,重归自己的猎场:因为它已经没有可以用来捆绑猎物的蛛丝了。再说,以前的那种好胃口也已经消失。它有气无力,形容憔悴地挨过几天,接着就死去了。这就是发生在我那些钟形罩下的事情;想必在荆棘丛中也是如此吧。

在编织捕猎大网的技艺方面,圆网丝蛛胜过彩带圆网蛛,但在筑巢方面它却不及后者高明。它的巢是一个毫无优雅感的钝锥形。袋口很大,上面有突出的月牙形花边,向四面辐射开来,它们是悬挂丝袋的支点。丝袋由一个大盖子封口,盖子的一半像缎子,另一半像绒布。余下的部分是白色而结实的织物,上面时常布满着无序的深色条纹。

这两种圆网蛛巢的区别仅限于外壳,一个呈钝圆锥形,另一个呈气球形。在这两种不同的外壳里面,有着相同的内部构造:首先是丝绒褥子,接着是盛满蛛卵的小桶。虽说这两种蜘蛛依据各自的特殊设计筑巢,但它们使用的御寒方法却是相同的。

我们看到,圆网蛛,尤其是彩带圆网蛛的卵囊是一个凝聚着高深复杂工艺的杰作。它采用了不同的材料:白色蛛丝、棕红色蛛丝、褐色蛛丝;此外,由这些材料加工而成的产物也各不相同:有结实的织物、柔软的褥子、精致的缎子,还有透气的毡子。这一切都出自同一个作坊,那个作坊织出了捕捉猎物的蛛网,弯弯曲曲的加固丝带,并把层层裹尸布抛向猎物。

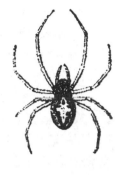

丝　蛛

啊! 多么奇妙的丝绸作坊啊! 就是依靠那极其简单的设备,而且是同样的设备——后肢与吐丝器,蜘蛛轮流做着制绳工、制纱工、织布工、丝带工和制毡工的工作。圆网蛛是怎样管理这丝绸厂的呢? 它是怎样随心所欲地制造出多种粗细不同、色彩各异的丝束的呢? 它又是怎样先用一种方法编织,接着又改换为一种方法的呢? 我只看到它的产品,却不了解生产的设备,更不用说它的操作方法了。我茫然了。

当蜘蛛在静夜里聚精会神地工作时,有时也会由于一些突如其来的干扰而忙中出错。这些干扰不是我引起的:因为深夜里我并不在场。它们是由我用于观察的玻璃罩的简单布局造成的。

在野外,圆网蛛们各自独居,相距甚远。每一只蜘蛛都有自己的狩猎范围,在那里它们不用担心其他蛛网相隔太近,从而与自己争抢猎物。而在我的罩子里,情况却与野外相反,圆网蛛们同居一处。为了节省空间,我把三两只圆网蛛放在同一个网罩里。

我那些脾气温顺的俘虏在罩里和平共处。它们之间没有纷争,也没有侵占邻居财产的事发生。每一只蜘蛛尽量在相距最远的地方编织蛛网的框架,然后它们就各自躲在那里,全神贯注地等待蝗虫跳进网来,仿佛对其他蜘蛛所做的事情漠不关心。

但是,当产卵期到来时,住所狭窄的空间仍然引起了诸多不便。不同蛛网的固定丝相互交叉,形成了混乱的丝网。只要其中的一张蛛网在振动,那么其他的也会或多或少地振动起来。这种干扰足以让产卵的圆网蛛分心并做出蠢事。下面就有两个例子。

夜里,有一只卵袋刚刚织好。早晨我去看时,它已经大功告成,垂挂在网罩下。它结构完美,装饰着中规中矩的黑色子午线丝带。卵袋里什么也不缺,只缺最重要的东西:蛛卵,就是为了它,纺织女才不惜耗费那么多蛛丝的。可蛛卵到哪里去了呢?它们不在中心的小袋里,因为我打开袋子时发现里面是空的。它们都在地上,在稍低一些的瓦罐沙砾上,没有任何保护。

可能是蜘蛛妈妈产卵时受到了干扰,没有对准口袋就让卵落到地上去了。或者是它在慌乱之中从网上爬下来,由于卵巢急于排卵,于是它就把卵产在了所遇到的第一个支撑物上。无论怎样,假如它的蜘蛛脑袋还有一点点清醒,它就该意识到这场灾难,并因此不再去编织那个已经毫无用处的精美巢穴。

然而事实完全不是这么一回事:空空如也的卵袋就像平常一样被编织着,形状一点不差,结构也同样精细。我丝毫没有插手,于是蜘蛛重复着从前被我拿走卵和食物的膜翅科昆虫所做过的荒唐事。那些遭抢的膜翅科昆虫一丝不苟地把它们的小房间封好。同样,圆网蛛在它那空空如也的卵袋周围放上羽绒垫子,并织好塔夫绸一般的套子将它包起来。

另一只圆网蛛由于编织时意外的抖动,刚完成那层棕红色的丝絮,就离开了自己的蛛巢,逃到离尚未完工的作品几寸远的罩子拱顶上。在那里,它倚靠着光秃秃的网格织了一片既不成形又毫无用处的垫子,假如没有受到干扰,它本可以用这些蛛丝来编织卵袋的外壳的。

可怜的傻瓜!你用绒布包住笼子的铁丝,却不让自己的卵得到完全的保护。先前织好的丝絮不见了,而罩子拱顶的金属则又粗又硬;但这一切都没能让你察觉到你现在的工作都是毫无意义的!你让我想起了螺蠃蜂,虽然它的巢已经被拿走,但它还是把泥浆涂到墙上原先蜂巢的位置。你用自己的方式告诉我一种奇异的心理,这种心理能够将精湛高超的技艺和不可思议的愚蠢行为结合在一起。

让我们把彩带圆网蛛的作品与攀雀这种最擅长筑巢的鸟类的作品做一个比较吧。这种山雀经常出没在罗讷河下游的柳树林里。在水流湍急的主河道不远处,河水延伸进陆地,形成一片宁静的水域;就在这片水域的上方,攀雀的巢在水面微风的怀抱中轻轻摇动。它悬挂在那些杨树、老柳树,或者赤杨树垂下的枝条末端;这些树生长在岸边,而且都非常高大。

攀雀巢像一个棉袋,四处密封,只在侧面有一个狭窄的洞口,刚好可以让鸟妈妈通过。从形状来看,它既像化学家的蒸馏釜,又像侧面伸出短短细颈的曲颈甑。

或者更形象一些:它像一只边缘收紧、侧面留着一个圆口的袜底。从外观上看,相似之处更加明显:人们几乎会以为自己看见了编织针留下的粗针痕迹。因此,普罗旺斯的农民惊讶于鸟巢的结构,用他们形象的语言称攀雀为"lou Debassaire",即织袜鸟。

杨树和柳树早熟的小蒴果为攀雀筑巢提供了材料。每到五月,这些蒴果中间就会飘下一种"春雪"来,细细的毛絮被空气的漩涡卷起,堆积在地面的缝隙里。这种棉花看起来和我们工厂里生产的一样,只是纤维很短。原料储备是无限的:大树是慷慨的,当细腻的雪花从小蒴果中飘出时,柳林里的微风就将它们集中起来。因此采集原料轻而易举。

困难的是怎样利用它们。攀雀是如何编织它的袜子的?它如何能用喙和小爪子这些简单的工具,来编织人类灵巧的手指也无法编出的织物?通过对鸟巢的观察,我们了解了一部分答案。

单用杨树的毛絮是编不成能够承受一窝雏鸟的重量,并经得起风力摇动的悬垂袋子的。那些毛絮,看起来像切得细碎的普通棉花,即使一团叠着一团,混合压成毡,也只能形成松散的一团,只要有一阵风吹来,就会立即四处飞散。因此攀雀还需要一张网,即一层纬纱来将它们固定。

一些长着粗糙树皮的细小枯枝,在空气与潮湿的作用下得到了很好的沤泡,为攀雀提供了一种类似麻的粗纤维。这种纤维可以从任何木块中提取出来,而且经受了柔性和韧性的考验,攀雀就把它一圈一圈地缠绕在选定用来支撑鸟巢的树梢的末端。

它缠绕得不是很规则。这些曲线笨拙而随意地重叠交叉着,有些比较松散,有些则绷得较紧;不过它们至少是结实的,这一点至关重要。此外,这个纤维套子就好像建筑物的拱顶石一样重要,它在树枝上延伸出一段相当长的距离,这样可以增加鸟巢固定支点的数目。

这些细细的带子绕了一定圈数之后,便在末端松散开来,自由自在地垂挂着。这些细带之后有更多更细的线混杂进来。在这团混乱而且千拉万扯的线团里，有些地方甚至已经打过了结。我没看到攀雀如何工作，单就它的成果来判断，那块用来支撑棉花内壁的网应该是这样制成的。

显然，这块充当内部构架的纬纱并不是一开始就完全造好的；随着攀雀逐渐把高处部分用棉絮塞满，它慢慢地延伸着。攀雀先用喙一点一点从地上将那些棉花叼起来，用爪子梳理整齐，然后再将这絮状棉团塞进网眼里。接着，它用喙敲打，用胸口挤压棉絮的里里外外。就这样，一块两寸厚的柔软毛毡完成了。

在这只袋子的侧面高处，开着一道狭窄的入口，延伸成短短的细颈形状。这是喂食用的小门。要穿过这段通道，即使是小巧玲珑的攀雀也必须硬挤进去。富有弹性的墙壁先是被撑得向外鼓起，接着又恢复原状。最后，鸟儿还在它的住处里添上一张最高级的棉床垫。床垫上躺着六到八只樱桃核大小的洁白的卵。

但是，与彩带圆网蛛的蛛巢相比，这令人赞叹的鸟巢仅仅是一个粗陋的掩蔽所。从形状上看，鸟巢的袜底肯定及不上蛛巢那优雅的球体，以及它那无可挑剔的线条。掺着韧皮纤维的棉布在纺织女织出的缎子面前，不过是一块土里土气的棕色粗呢；而悬挂鸟巢的吊索与纤细的丝绳相比，简直就是一根缆绳。攀雀的床垫又哪能和圆网蛛那经过精心梳理的棕红色云雾状丝绒垫子媲美呢？就作品来说，无论从哪个角度进行评判，蜘蛛都远胜过了攀雀。

然而，攀雀却是更尽心尽责的母亲。它会一连几个星期蹲在自己的卵袋底部，将卵贴在心窝上，用自己的体温唤醒这些白色小卵石的生命。圆网蛛却没有这些温情。它把巢的未来丢给了不可预知的命运，连看都不再多看一眼。

<h1 style="text-align:center">蟹　　蛛</h1>

　　让我领略到迁徙之壮观的蜘蛛，在正式的分类学中被命名为Thomisus onustus。虽然这个名字对读者来说毫无意义，但它至少有一个好处，不像大部分学术名词那样折磨人的喉头与耳朵，这些学术名词听起来更像是打喷嚏，而不是发音清晰的话语。但既然用拉丁文命名动植物以表示对它们的敬意已经成了约定俗成的规则，我们至少还是要尊重这颇具古风的发音；不过我们要避免这类似干咳痰声的刺耳发音，与其说那是在念一个名称，不如说是在像吐痰般地将它吐出来。

　　野蛮的词汇打着进步的幌子，像潮水般涌来，掩盖了真正的知识；面对它们，未来将怎么办？它会将所有这些野蛮词汇都抛弃到被记忆遗忘的深处。但俗称却永远不会消失，它们悦耳、形象，而且达意。"蟹蛛"就是这样一个名称，古人用它来指称蟹蛛从属的那个分类群，这个名称十分恰当，因为它说明了蜘蛛类与甲壳类动物之间明显的相似之处。

金钱蟹蛛

　　蟹蛛像螃蟹一样横着行走；同样，它的前足比后足更加有力。不仅如此，蟹蛛的前足只比螃蟹少了那对作拳击状的坚硬如石的护手甲。

　　这形态像蟹的蜘蛛对设网捕猎的技巧一无所知。它既不打绳套，也不结网,就这样埋伏在花丛中等着,猎物一出现,它就熟练地一口咬住猎物的颈背,将它制服。此外,本章的主角——蟹蛛,特别热衷于捕猎家蜂。我已在本书的其他章节中描述了受刑者家蜂和屠夫蟹蛛之间的纷争。

蜜蜂来了,它心平气和,打算采蜜。它用舌头在花丛中探测,并选中了一个资源丰富的采取点。不一会儿,它就沉浸在采蜜的工作中了。当蜜蜂在篮里装满了蜜,将嗉囊胀得鼓鼓的时候,潜伏在花下窥伺的强盗——蟹蛛,便从隐藏之处现身了,它绕到忙碌的蜜蜂身后,偷偷地向它接近,然后猛冲上去突然咬住它的脑后根。蜜蜂抗争着,螫针一阵乱刺,不过无济于事,攻击者丝毫没有松手。

再说,蟹蛛在蜜蜂后颈上的一咬是能在瞬间致命的,因为它破坏了后者颈部的神经节。不多时,可怜的小蜜蜂便蹬着腿脚死去了。这时,凶手便舒舒服服地吸起受害者的血来,吸完后,它不屑一顾地将干枯的尸体丢到一边。然后它又重新潜伏起来,等待时机,屠杀另一名采蜜者。

每当看到沉浸在工作的神圣喜悦中的蜜蜂被杀害,我总是义愤填膺。为什么勤勤恳恳的劳动者要喂饱游手好闲者? 为什么被剥削者要养活剥削者? 为什么有那么多美好的生命要牺牲在猖獗的掠夺之中? 这些在和谐整体中的不和谐令人憎恶,也让思想者感到困惑;更何况我们将会看到,凶狠的吸血者竟然将变成为家庭献身的模范。

吃人的巨妖爱自己的孩子,却吞吃别人的孩子。

在肠胃的专制压迫下,无论是动物还是人,都会变成吃人的巨妖。劳动的尊严、生活的乐趣、母爱的温柔、死亡的痛苦,别人的这一切都不重要;最重要的是那块肉既要柔嫩、又要美味。

“蟹蛛”一词来源于希腊语(意思是:“我用绳子捆”),它最初是指古罗马执法官的侍从,专将受刑者绑在柱子上。由于许多蜘蛛都用蛛丝将猎物捆起来,将它们制服后舒心享用,因此这个比喻用在它们身上并无不恰当之处;但是,蟹蛛却恰恰与这个名字不符。它并不将蜜蜂捆起来,后者是由于后颈被叮咬而突然丧命的,它对捕食者没有做任何反抗。我们那位为蟹蛛命名的教父只知道通常蜘蛛的进攻策略,却没有看到蟹蛛的特殊情况;他不了解这种阴险的攻击完全没有必要借助于蛛网。

名字的后半部分onustus 表示“负重、沉重、累赘”,也不见得恰当到哪里去。就算这个蜜蜂杀手挺着一只将军肚也,也不至于成为蟹蛛的区别性特征。因为几乎所有的蜘蛛都有一只大肚子,那是蛛丝的仓库,为有些蜘蛛制造结网的绳索,而为所有蜘蛛织造做窝的绒呢。作为筑巢高手,蟹蛛和其他蜘蛛一样:它的肚子里储藏着足以为孩子们编织温暖巢穴的蛛丝,但它的体形并不肥胖得夸张。

onustus 这个术语是不是仅仅用来反映蟹蛛那缓慢横行的步伐呢? 这个解释虽然说得过去,但还不能让我完全满意。除了惊慌失措的时候,所有蜘蛛都是行动稳重,步伐谨慎。总之,蟹蛛这个学术名词是由一个曲解了意思的词加上一个毫无意义的修饰语构成的。啊! 要合理地为动物们命名真是困难! 不过,还是对命名者们宽容一些吧:词汇正在逐渐枯竭,而要分类命名的种类却在不断增加、源源不绝,使我们无暇顾及音节的搭配。

要是术语对于读者来说没有任何意义,那么怎样才能让读者知道蟹蛛呢? 我只有一个办法:请读者去参加五月份在法国南方的矮灌木丛里举行的节日。蟹蛛这种捕杀蜜蜂的刽子手害怕寒冷;在我们这一带,它从来不会离开橄榄树的生长地区。它偏爱的灌木是岩蔷薇,这种灌木花很大,玫瑰色,花瓣带着褶皱,花季很短,只有一个上午,第二天就会被在清晨的凉意中绽放的其他花朵所替代。如此灿烂的花季会持续五至六个星期。

在岩蔷薇的花丛中,蜜蜂们满怀热情地采着蜜,它们在雄蕊宽大的管圈中忙碌着,身上沾满了黄色的花粉。蜜蜂的迫害者知道它们会在这里大量出现,便守候在玫瑰色花瓣的帐篷下,准备伏击。让我们放眼四周,看看那些花吧。要是看到有一只蜜蜂一动不动,蹬直了腿,伸着舌头,就赶快上前去:十之八九蟹蛛就在那儿。这强盗刚刚得了手,正在吮吸死者的血液呢。

话说回来,扼死蜜蜂的杀手是一只漂亮——应该说很漂亮——的动物,虽然它那臃肿的肚子形似金字塔身,而且底部的左右两侧都长着驼峰形的凸起。蟹蛛们的皮肤看上去比缎子更柔滑,有些是奶白色,有些是柠檬黄色。有一些优雅的蟹蛛还在腿脚上戴着许多粉色的镯子,在脊背上装饰着鲜红的涡旋状纹路。有时,它们的前胸两侧还缀着一条纤细的浅绿色丝带。这身打扮不如彩带圆网蛛的外衣华丽,可它朴实无华、精巧细致、色彩和谐,因此显得比后者不知优雅多少倍。即使是一个对其他蜘蛛都深恶痛绝的新手,也会被蟹蛛的优雅所折服,毫无恐惧地伸出手去提住外表如此平和的美丽蟹蛛。

不过,这蜘蛛中的瑰宝会做些什么呢?首先,它能造一个无愧于自己美名的巢穴。金丝鸟、燕雀以及其他筑巢大师会用植物的侧根、纤维以及羊毛状的团絮在树枝的枝杈中建一个海螺壳状的空中小巢。蟹蛛也喜欢在高空建巢,它在自己熟悉的捕猎场所——岩蔷薇树上选择一根长得很高,而且因酷热而干枯的树枝,树枝上面吊着几片已经蜷曲成小窝棚的枯叶。蟹蛛就在这里安家筑巢,准备产卵。

蟹蛛就像一只装满蛛丝的活梭子,轻轻地朝各个方向摆动着,上下穿梭,编织出一只袋子来,袋子的侧壁和四周的枯叶合为一体。这个巢无论是可看到的部分,还是被支撑物遮盖住的部分,都是纯白而不透明的。巢穴处在相近树叶的夹角中间,呈圆锥形,让人想到彩带丝蛛的巢,只不过体积比后者更小些。

蟹蛛把卵产进去之后,就用同样的白色蛛丝织出一个盖子,将卵袋开口处密封起来。最后,再在巢的上方拉出几根蛛丝,这薄薄的帘子就被用来做床顶,同时也与那些叶子的拱顶围出一个凹室,作为母亲的住处。

这不仅仅是蟹蛛产后恢复疲劳的场所:它还是一个掩体,一个监测哨,母亲会在那里平趴着,一直坚守到小蜘蛛迁徙的时刻。由于产卵与消耗了蛛丝,蟹蛛变得十分消瘦,如今只为保护它的巢穴而活着。如果有不速之客从附近经过,它马上就会冲出哨所,抬起腿脚,将其赶跑。我用草叶招惹了它几次,它大动拳脚加以反击,那情景让我想起了拳击。它用拳头对付我的武器。为了做试验,我打算让它离开巢穴,可这不太容易。它死死抓住蛛丝地板,将我的进攻一一挫败;不过我也没有用力,以免伤了它。这顽固的家伙刚被我撵出窝,就又回到自己的岗哨里去了。它可不想离开自己的宝贝。

当有谁想夺走纳博讷狼蛛的卵球时,后者也会同样地战斗。狼蛛和蟹蛛有着同样的勇气和牺牲精神,也同样地糊涂,分不清那些宝贝是它们自己的还是别人的。狼蛛会毫不犹豫地拿自己的卵球与其他任何卵球交换;它总是把别人的卵和自己卵巢产下的卵、别人的织物和自己纱厂纺出的织物混淆起来。在这里用"母爱"这个神圣的词似乎不太恰当:狼蛛不过是受到强烈的、几乎机械性的本能驱使,并不包含真正的柔情。岩蔷薇上优雅的蟹蛛也并不见得高明。只要把它从自己的巢穴转移到另一个同样的巢穴,它便会在那里安身下来,再也不走了,尽管四周树叶围墙的排列顺序不同,应该能告诉它并不是在自己的家里,可是只要脚下有蛛丝织成的缎子,它就察觉不出自己的错误;它高度警惕地看守着另一只蟹蛛的巢,就像看守它自己的巢一样。

在母性的糊涂方面,狼蛛更加离谱。它把我用锉刀锉出的软木小球、纸团或线团当成卵袋,贴在自己的吐丝器上,傻傻地拖着四处奔走。为了看看蟹蛛是否会犯同样的错误,我把蚕茧的碎片翻过来,将里面更光滑更紧密的一面露在外面,制成封闭的圆锥体来试探蟹蛛。可我的企图没有成功。我把一只蟹蛛妈妈从家里撵出来,转移到人工卵袋上,可它顽固地拒绝在那里居住下来。它是不是比狼蛛更加敏锐呢?也许是。可别夸奖得太多:因为这个巢穴的仿制品做得实在是太粗糙了。

五月底,产卵的工作结束了。接着,蟹蛛母亲便平趴在巢穴的顶上,日夜坚守着,再也不离开自己的掩体了。看到它如此消瘦、满身皱纹,我想,要是像以前一样供给它一些蜜蜂当食物,它一定会高兴的。

可我却错误地判断了蟹蛛的需要。它一直以来酷爱的蜜蜂如今不再具有吸引力了。钟形网罩里,猎物就在它的身边嗡嗡飞舞,要抓住实在是轻而易举,可是这没有用;蟹蛛哨兵并不离开它的岗位,对这从天而降的好运也不理睬。它如今只是依靠母性的献身精神而活着,这种精神粮食固然值得称颂,但却没什么营养。就这样,我眼看着它日渐衰弱,皱纹遍布。消瘦干瘪的它临死之前究竟在等什么呢?

它在等待自己孩子的出生,垂死的母亲对它们还有用处。彩带圆网蛛的孩子从球形卵袋中出生时,早已就是孤儿了。它们没有任何外界的帮助,自己也没有挣脱卵袋的能力。只能等到这卵袋自动爆裂并破开,小蜘蛛才能和棉絮垫一起一股脑儿地弹出来。

蟹蛛卵袋的外部表面大部分都衬着一层树叶,是扯不破的;盖子也无法打开,因为上面的封条贴得很紧。但是,当一窝小蜘蛛获得自由之后,可以看到在圆形开口的边缘开了一个小洞,这是作为出口的小天窗。这扇天窗起初并不存在,它是谁打开的呢?

卵袋的料子又厚又结实,袋中年幼体弱的小蜘蛛是不可能将它扯破的。因此,是蟹蛛母亲感觉到了蛛丝顶篷下孩子们迫不及待的骚动,自己在袋子上开了一个洞。它这样形容枯槁地坚持活了五六个星期,就为了用最后一口气为孩子们咬开出去的大门。这项任务完成之后,它便任自己慢慢死去,贴在巢中,成了干瘪的枯骨。

七月一到,小蜘蛛们就出来了。我预料到它们有表演杂技的习性,便在它们出生的钟形罩顶放置了一束纤细的小树枝。果然,它们全都穿过了丝网,聚集在荆棘丛的顶端,并很快用交叉的蛛丝在那儿织成了一张宽畅的临时休息地。在两天的时间里,它们在休息地安静地待着,接着,在一个物体到另一个物体之间,一些天桥开始被搭建起来。时机来临了。

我把爬满小蟹蛛的那束树枝插在一张小桌子上,桌子在阴影里,正对着打开的窗户。不久,小蟹蛛们便开始迁徙了,不过十分缓慢,也十分混乱。它们有的犹豫不决,有的掉头往回爬,有的从蛛丝的一头垂直往下掉,还有的则挂着蛛丝往上升。总之,动静不小,可收效甚微。

事情拖了很久,树枝上聚满了急于离开的小蜘蛛;将近十一点的时候,我决定将那束荆棘丛放到窗台上,暴露在强烈的阳光里。经过几分钟的日照和温暖,景象完全改变了。迁徙者们涌向小树枝的顶端,在那里起劲地摆动着。这是一个令人头晕目眩的绳子作坊,几千只腿脚同时从纺丝器里拉出丝绳来。绳索做好之后便被丢弃,随风四处散开。当然,我没有看到这些绳索;我是这样推测的。

三四只小蟹蛛同时出发,各随其愿,方向各不相同。它们全都沿着一个支撑物往上爬,这可以从它们腿脚的敏捷运动中看出来。此外,在这些攀登者的身后,它们走过的道路清晰可见,因为道路上留下了另一条线——蛛丝的痕迹。当小蟹蛛们爬到一定高度后,便静止不动了。这些小动物在空中俯瞰,被太阳照得闪闪发光。它们懒洋洋地荡着,接着突然就飞了起来。

发生什么事了?外面轻轻地吹着一股微风。飘荡的缆绳被吹断了,于是小蜘蛛就出发了,被自己的降落伞带着走了。我看到它们渐渐远去,像一个发光的亮点,清楚地显现在二十步开外的暗绿色柏树丛中。它们向上升着,越过柏树的屏风,消失得无影无踪了。其他小蟹蛛也尾随着出发了,它们有的飞得更高,有的飞得较低,方向各不相同。

现在,蜘蛛群已经完成了准备工作;大批疏散的时候到了。这时,从荆棘丛的顶端不断地窜出小蟹蛛来,就像被射出的微小弹丸,向上升起如同展开的花束。最后,小树枝成了一束焰火,一组同时射出的火箭。这个比喻十分贴切,就连放出的光芒也一样。小蟹蛛们在阳光下如同燃烧着射出耀眼的光芒,简直就是活的焰火,火星四溅。多么光荣的出发方式啊,它们多么神奇地进入了这个世界! 小动物们攥着自己的飞行线,上升到了一个辉煌的顶点。

小蟹蛛们或早或迟地降落在或远或近的地方。唉,为了生活,必须降落! 而且经常还得降落得很低。戴冠百灵鸟在大路上翻捣骡子的粪堆,找寻它的食物——燕麦粒,当它在空中翱翔、放声歌唱时是找不到这个的。必须得降落;想要得到食物就不得不这样做。因此小蟹蛛降落了。重力对它并不造成危险,因为有降落伞缓和重力的作用。

小蟹蛛以后的故事我就不得而知了。在能够制服蜜蜂之前,它们捕食什么小昆虫呢? 这些小不点对付其他小不点的方法和计策又是什么呢? 它们又会在什么样的隐蔽所里过冬呢? 我不知道。可是到了春天,我们又会见到它们,那时它们将初步长成,潜伏在蜜蜂采蜜的花丛中了。

迷宫蛛

　　如果说圆网蛛是一位无与伦比的纺织娘，能编织出垂直的猎网，那么其他许多蜘蛛则同样善于创造，来满足生存的两大首要法则，即填饱肚子和繁衍后代。在这些蜘蛛中，有的已久负盛名，尽人皆知，在任何书中都被提到。

　　有些蟹蛛和纳博讷狼蛛一样，居住在地洞里，不过比起那种生活在荒地里的粗俗狼蛛来，蟹蛛的地洞则考究多了。狼蛛只在井口用石砾、柴禾和丝堆起一个简陋的护井栏；而蟹蛛则会在洞口安装一个活动的小圆盖，就像是一扇百叶窗，铰链、槽口和插销系统一应俱全。当蟹蛛回洞后，小圆盖就会落下，卡进槽口里，精确得简直是天衣无缝。如果有侵犯者执意要打开小圆盖，躲在洞里的蟹蛛就会拉上门闩，也就是说把它的小爪子插进铰链对面的一些孔里，然后把身体紧紧地靠在墙壁上，使那扇门纹丝不动。

　　另外一种出名的蜘蛛便是银蛛，它会用丝在水中为自己建造一个精巧的潜水罩，用来储存空气。有了这个呼吸装置，它就可以躲在阴凉的地方窥伺猎物了。在酷暑的天气里，那可真是一个奢侈享乐的场所，就像是荒谬的人类有时用大理石和石块在水下建造的宫殿一样。如今，提比略①的水下宫殿的天花板只是一个令人憎恶的回忆，而银蛛那精致的穹顶却仍然长盛不衰。

　　如果我手头有通过亲自观察获得的资料，我很愿意跟大家谈一谈银蛛

---

① 　提比略（公元前 42 年—公元 37 年）：古罗马皇帝。

这位能工巧匠,并且在关于它们的故事中补充一些从未被提到过的情况。可是我不得不放弃这个想法。因为在我们这个地区没有银蛛。精通铰链门制造工艺的蟊蛛倒是有一些,不过也极为罕见,我只在沿着矮树林的小径边

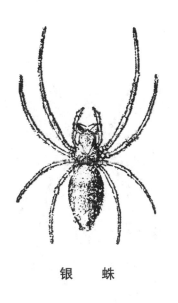

银　　蛛

见到过一次。人人都知道,机会稍纵即逝。身为观察家,应该比一般人更懂得抓住这瞬间的机会。可是,由于我当时正忙于其他研究,我只是朝那只千载难逢的漂亮蟊蛛瞥了一眼。于是,机会飞走了,并且再也没有重新出现过。

我们权且就用一些比较常见、便于跟踪研究的普通蜘蛛作为补偿吧。普通并不等于无足轻重。只要给予它足够的重视,我们同样能在它身上发现价值,而无知则会使我们对这些价值视而不见。如果我们耐心观察,再微不足道的小虫子也能为生命的和谐乐章增添音符。

我走遍了周围的田野,虽然步伐已经疲惫,可目光却始终警惕;在那里,我所见

到的最普通的蜘蛛,便是迷宫蛛。只要是在树篱下的草丛中、安静向阳的角落里,就会躲着几只迷宫蛛。而在旷野里,特别是在起伏不平、被人砍得精光的地方,迷宫蛛则最喜爱在荆棘丛里安家,如岩蔷薇、薰衣草、不凋花,以及被羊群啃得短短的迷迭香,等等。我去的正是这种地方,因为这些荆棘丛相互隔得很开,而且非常和善,便于我进行搜寻工作,而树篱则比较冷酷,有时会使搜寻工作无法进行。

七月的清晨,当太阳还没有照到脖子上的时候,我会到现场去观察迷宫蛛,一周要去好几次。孩子们同我一起去,他们带着一只橙子,以备解渴之需,因为他们很快就会感到口渴的。孩子们眼光敏锐,手脚灵活,有了他们的帮助,探险就一定会硕果累累。

不久,我们就发现了高高悬挂的丝网,远远望去,蛛丝上挂着晶莹的晨露,闪闪发光。孩子们对这节日彩灯般美丽辉煌的丝网惊叹不已,以至于一

时忘记了他们的橙子。我也同样激动万分。这景象真是太美妙了,蜘蛛那迷宫似的丝网上缀满了夜露,在清晨的第一缕阳光中闪烁着。这美丽的景致,伴随着乌鸫鸟的鸣叫,单单是为这个,起个大早也是值的。

太阳照了半个小时之后,美轮美奂的珠光随着露珠的蒸发而消失了。观察蛛网的时刻到了。这张蛛网拉在一大蓬岩蔷薇上,有一块手帕那么大。任意的夹角和密布的丝线将其牢牢地固定在荆棘上。荆棘丛中没有一根突出的细枝不被用作蛛网的支点。蛛网在荆棘丛中纵横交错、绕来绕去,以至于后者被一层白色的细软薄纱盖住,完全看不见了。

只要那些不规则的支点允许,蛛网的周边就比较平坦,但越往中间,蛛网就逐渐凹陷,形成火山口似的圆洼,令人想起吹号打猎的猎手的小屋。蛛网的中间是一个圆锥形的深坑,像个颈部渐渐变窄的漏斗,垂直地插在茂密的绿色植物中间,大约有一拃深。

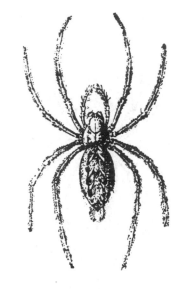

迷宫蛛

蜘蛛就在那阴暗危险的管口处,它看着我们,对我们的到来丝毫不感到惊讶。它是灰色的,胸部简单地饰有两条黑带,腹部也有两道横杠,横杠上夹杂着白色和棕色的斑点。腹部末端有两个小小的、会活动的附属器官,就像尾巴一样,这是蜘蛛身上一个奇特的细节。

这个火山口形状的蛛网采用的是不同的编织方法。它的边缘是由稀疏的丝线织成的纱网;往中间渐渐成了轻柔的细纱,然后又变成了绸缎;在远处坡度很陡的地方,它是略微呈菱形的格状网。最后,在蜘蛛通常停留的漏斗的颈部,则是一块结实的塔夫绸。

蜘蛛不停地编织着它的地毯,那可是它的观察台。每个夜晚,它都会前去巡视,察看自己设下的陷阱,并增添新的蛛丝,以扩大自己的地盘。编织工作是依靠一直挂在吐丝器上的蛛丝来完成的,随着蜘蛛身体的移动,蛛丝便被源源不断地拉出来。和蛛网的其他地方相比,漏斗的颈部是蜘蛛去得最多的地方,因此那里铺着最厚的地毯。再过去是火山口的斜坡,也是蜘蛛常到的地方。排列均匀的辐射状蛛丝勾勒出火山口的形状;蜘蛛摇晃地走着,依靠尾部附属器官的帮助,在辐射状的蛛丝上织出菱形的网格。蜘蛛夜里经常会来巡视,因此使这一区域得到了加固。最后是一些蜘蛛不常走动的地方,铺的则是很薄的地毯。

我们原以为在插入荆棘丛的管道尽头会有一间密室,一个隔开的小间,让蜘蛛空闲时可以栖身。可事实并非如此。长长的漏斗颈到了底部是敞开的。那儿有一扇始终开着的暗门,蜘蛛在受到追捕时能通过这扇门逃走,穿过荆棘,来到旷野。

如果我们想活捉蜘蛛而不使它受伤,就有必要对这个住所的构造有所了解。一旦受到直接的攻击,蜘蛛便会往下跑,从底部的出口逃走。这时,到杂乱的荆棘丛中去搜寻往往徒劳无获,因为蜘蛛逃遁的动作非常敏捷;再说,漫无目的的搜寻很可能会伤到它。但是,如果不用暴力,就不能获得成功;我们只能靠智取。

我在管口发现了那只蜘蛛。当时机成熟时,我就一把抓住荆棘丛的底部,蛛网的漏斗就插在这荆棘丛中。这样做就够了;蜘蛛被抓住了。它发现后路被切断,便乖乖地钻进我为它准备好的锥形纸袋里;必要时,可以拿一根稻草秆去刺激它,把它逼进纸袋。就这样,我把一些迷宫蛛装进了钟形罩,它们全都毫发无伤,精神奕奕。

准确地说,那个火山口形状的蛛网不算是一个陷阱。因为从严格意义上来讲,确实可能会有一些过路者或者行人失足踩上这块丝质地毯;但实际上很少会有冒失鬼到这种地方来散步。因此,迷宫蛛所需要的罗网,必须能够抓住蹦跳或飞行的猎物。圆网蛛有它凶险的黏网,而荆棘丛中的迷宫蛛则有它的迷宫,它的凶险程度丝毫不亚于黏网。

让我们看看蛛网上面吧。那简直是绳索交织的密林!就像是被风暴袭击后无法控制的船只上的绳索。这些绳索从每一根支撑它的小树枝出发,和每一根枝杈的顶部相连。它们有的长,有的短,有的垂直,有的倾斜,有的笔直,有的弯曲,有的紧绷,有的疏松;所有绳索都交错缠绕,混乱得理不清头绪,向上一直延伸到大约两肘的高度。这是一个乱绳套,一个谁也无法穿越的迷宫,除非他拥有超强的弹跳力。

迷宫蛛的网和圆网蛛所使用的黏网完全不同。迷宫蛛的丝没有黏性;它们只是通过大量地交错捕捉猎物。我们是否一定想要见识一下这罗网的功效?那就把一只小蝗虫扔到绳索上吧。蝗虫在摇晃的支撑物上失去了平衡,它乱蹦乱跳,拼命挣扎,却把绊脚的绳索越搞越乱。迷宫蛛在洞口窥视着,听之任之。它并不冲上前去,捕捉那只被困在桅杆绳索中的绝望家伙;而是等着猎物被绳索越缠越紧,最终掉到蛛网上来。

蝗虫掉下来了;于是蜘蛛便爬出来,向它扑去。进攻并非毫无危险。与其说蝗虫被牢牢地捆住,不如说它只是有点情绪低落;它不过在腿上拖着几根挣断的丝线而已。大胆的迷宫蛛却不理会这些。它没有像圆网蛛那样,用层层蛛丝把猎物裹起来,使其瘫痪,而是拍打着猎物,确认它的质量不错,然后便不顾猎物踢蹬的腿脚,将獠牙插入后者的身体。

下口的部位通常是大腿根部:不是因为这个地方比其他皮肤细嫩的部位更加脆弱,也许是因为这里的肉味特别好的缘故。为了了解迷宫蛛吃些什么食物,我观察了好几个蛛网,发现除了其他双翅目昆虫和小蝴蝶以外,还有几乎没有动过的蝗虫尸体,所有这些猎物都没有后腿,至少是没有其中的一条后腿。而在蛛网边上挂肉的钩子上,则经常会吊着一些蝗虫的后腿,里面美味早已被掏空。

当我还是个孩子的时候,对吃的东西不抱任何成见,那时,我和其他许多人一样,知道蝗虫的大腿好吃。它有点像鳌虾的大腿,只是很小。

我们把蝗虫扔给迷宫蛛之后,这设置绳索的蜘蛛就是对着猎物的大腿根部下口的。它死死咬住伤口;一旦迷宫蛛将獠牙插入蝗虫的身体,便不会松口。它要喝血、吮吸、汲取营养。第一个伤口被吸干了之后,它就换一个地方,特别是另一条大腿;这样到最后,猎物就成了一个空壳,但还保持着原形。

我们曾经看到,圆网蛛的进食方法也是这样,它不吃猎物的肉,而是喝它的血。不过最后,在长达几个小时惬意的消化过程中,圆网蛛会重新捡起被吸干的猎物,放在嘴里嚼了又嚼,嚼成烂糊糊的一团。那是它餐后吃着玩的甜点。然而迷宫蛛却不懂得这种餐桌上的消遣;它把吸干了的猎物空壳扔出网外,而不加咀嚼。尽管吃一顿饭会用很长时间,但整个用餐过程绝对安全。蝗虫刚被咬完第一口,就动弹不得了;迷宫蛛的毒液一下子就把它杀死了。

从艺术品的角度来说,迷宫蛛的网远远比不上圆网蛛那高超的几何形蛛网;尽管它相当精巧,但这并未使得它的建造者受到青睐。它只不过是一堆被随随便便搭建起来的、不成形的脚手架。不过,虽然这建筑杂乱无章,但它的建造者和其他人一样,还是有自己的审美原则的。对此,我们已经可以从那个织着漂亮网纱的火山口略知一二;而通常被视作蜘蛛母亲杰作的卵窝,则将向我们更加充分地展示这一点。

当产卵期来临时,迷宫蛛就会搬家;它会放弃自己那个还很结实的网,再也不回去。只要愿意,任何人都可以把它原来的居所占为己有。为后代建立一个住处的时候到了。可是建在哪里呢?迷宫蛛对此早有打算;而我却一无所知。我花了好几个早晨搜索,但一无所获。我徒劳地在挂着蛛网的小矮林里搜寻,却始终没能找到我希望的东西。

然而,秘密终于还是被我发现了。我看到一张蛛网,虽然空空荡荡,但仍然完好无损,这说明它刚刚被抛弃。我们不用到支撑蛛网的那片荆棘丛里去寻找,而是应该在周围几步远的范围里搜索。如果那里有一丛低矮的植物,并且很茂密,那么蜘蛛的窝就一定藏在那里。这窝带着出生的真实标志,因为里面总会住着一只雌蜘蛛。

我采用这个方法,到远离迷宫般罗网的地方去搜索,很快就找到了许多卵窝,足以满足我的好奇心。不过,这些窝远远没有验证我对雌蜘蛛的才华所做的假设。它们只是由粗糙的枯叶夹着丝线,杂乱地混合而成的。在这个简朴的外壳里面,有一个装卵的细布袋,整个卵窝破烂不堪,因为将它们从荆棘丛里取出来时,不可避免地会将其撕破。不,我不能仅凭这些破布来判断艺术家的才能。

在建筑的过程中,昆虫有自己的建筑规则,这些规则同解剖学的特点一样恒久不变。每一个群体都根据同样的原则进行建筑,在这些原则中,质朴的美学法则得到了遵守;但在很多时候,一些环境的因素是建筑者所无法把握的:可使用的空间、场地的不规则、材料的质地,以及其他诸多意外的原因,都可能使建造者偏离原先的计划,打乱建筑的结构。于是,原本应该有规律的形状变成了现实中的无规律;秩序变成了混乱。

研究各类动物在工程不受干扰的情况下，会采用怎样的建筑类型，这是一个非常有趣的课题。彩带圆网蛛将它的卵袋建在半空中或行动较少受到限制的细枝上，它的作品是一个精美的球状物。圆网丝蛛的行动也同样地自如，它那星状辐射抛物面形的卵袋也不乏优雅。同样身为纺织高手，迷宫蛛在为儿女编织帐篷的时候，难道会不知道美的箴言吗？关于它，我还仅仅只是看到了一个粗俗的袋子。难道这就是它所能做的一切吗？

我想，在条件允许的情况下，它一定会做得更好。在浓密的矮树林里，在碍手碍脚的枯叶堆或细枝堆里，它很难织出中规中矩的作品来；如果能迫使它在不受拘束的地方建造，那么我坚信，它一定能自如地发挥自己的才能，表现出它对精美卵窝工艺的精通。

八月中旬，当产卵期来临时，我把六只迷宫蛛分别放进铺着沙土的瓦罐里，罩上钟形金属罩。罩子中央插着一根百里香的枝条，用来充作建筑卵窝的支点；四周的金属纱网也可以做同样的用途。除此以外，就没有其他摆设了。没有枯叶，因为如果蜘蛛母亲想用枯叶当被子盖，就会使卵窝变形。我每天都会提供一些蝗虫作为食物，只要它们肉质嫩、个头小，就能受到蜘蛛们热烈的欢迎。

实验完全按照我的愿望进行着。刚到八月底，我就得到了六个卵窝，个个形状优美，雪白光亮。宽敞自由的工作场所，使得纺织娘可以不受拘束，完全听凭本能的灵感，织出工整优美的杰作——除了个别地方有几个悬挂卵窝所必需的棱角之外。

卵窝呈椭圆形，用精致的白色细纹布织成；在这半透明的住所里，蜘蛛母亲将要居住很长时间，以监护整个一窝的卵。卵窝的大小和一只鸡蛋差不多。小房间的两头都开着口。前端的开口延伸成一条宽阔的长廊，后端的开口则变得细长，形成漏斗颈。我不知道这漏斗颈有什么用。至于前端那个更加宽阔的开口，则毫无疑问是供应食物的大门。我不时看见迷宫蛛在那里停留，窥视蝗虫，它会到外面来吃蝗虫，免得让尸体玷污了里面洁白的殿堂。

迷宫蛛卵窝的结构，和它在捕猎期的住所的结构不无相似之处。卵窝的后门厅呈漏斗颈状，向下延伸到地面附近，危险关头可以作为逃生口。前门厅则张开成一个大口，四处悬挂着的丝带将其半掩着，让人想起过去用来捕猎的陷阱。原先住宅的所有特点，都能在卵窝中找到痕迹，甚至包括迷宫，当然只是非常小。在张开的大口前面，纵横交错着一些丝线，猎物经过时就可能被捆住。因此，每一种动物都有各自的建筑模式，不管条件如何变化，这些模式都大同小异。动物十分精通自己的本行，但对于其他东西，它们却不会、也永远学不会，它们不懂得创新。

不过，这丝织的宫殿其实只不过是一个哨所。在云雾般轻柔的乳白色丝墙后面，隐约可见放卵的圣盒，圣盒上模模糊糊地呈星状分布着十字荣誉勋章的图案。这是个宽大的袋子，暗白色，极为漂亮，辐射状的立柱将它固定在帷幔的中央，使其与四面八方都不接触。这些立柱的中间较细，上下两端分别膨胀成圆锥形的柱头和同样形状的底基，总共有十几根，它们两两相对，勾勒出几条弧形的走廊；走廊绕着中央的卵袋，通向四面八方。蜘蛛母亲庄重地在内院的拱廊里来回闲逛，它这儿停停，那儿停停，长久而仔细地聆听着卵袋里的动静；它听的是这绸缎外壳里发生的事情。打扰它无异于一项野蛮的行径。

为了进一步观察内部结构，我们要利用那些从野外弄来的破损了的蜘蛛窝。除了立柱以外，卵袋是一个倒置的圆锥，跟圆网丝蛛的卵袋差不多。编织卵袋的材料有一定的韧性，我必须用镊子用力拉才能将其撕破。袋子里面，只有一团极为细腻的白色丝絮，以及一百多颗卵。这些卵相对较大，因为它们的直径约有一毫米半，看上去就像淡黄琥珀色的珍珠；卵与卵之间相互并不粘连，当我揭去裹住它们的绒被时，它们就会自由地滚动起来。我把所有的卵都装进玻璃试管，以便观察孵化的情况。

现在，我们来做一个简要的回顾。产卵期来临了，蜘蛛母亲放弃了原先的住所——那个接住滚落下来的猎物的火山口，那座让飞蝇插翅难逃的迷宫；它离开了所有赖以为生的工具，将它们完好无损地留了下来。它肩负着繁衍后代的责任，到远处去另建新居。可是，它为什么要到远处去呢？

雌蜘蛛还能存活好几个月的时间，食物对它来说是必需的。如果它把卵产在现在这个住所的附近，继续使用它所拥有的那个完美的陷阱来捕猎，岂不更好？这样就可以在监护卵窝的同时，毫不费力地捕捉食物了。可是迷宫蛛却不这样认为，我猜测着它的道理。

由于丝网和丝网上方的迷宫呈白色,而且挂得很高,因此很远就能看见。它们在阳光下、在昆虫经常出没的地方闪闪发光,招来苍蝇和蝴蝶,就像我们家里的灯光和捕鸟者的镜子一样。谁要是想靠近这个发亮的东西看个究竟,就得为自己的好奇心付出生命的代价。没有什么比这个闪光的物体更能诱使过往的昆虫上当了,但同时,也没有什么比它更能给儿女们的安全带来威胁了。

看到这个暴露在绿色灌木之上的标志,居心叵测者们一定会蜂拥而至;它们必然会顺着蛛网,找到珍贵的卵袋;只要有一条外来的虫子享用了一百来颗带壳的卵,那么整个住所就会被它毁了。迷宫蛛的天敌有哪些,我不太清楚,因为我没有足够的材料来搜集那些寄生虫。我只能根据从别处获得的线索,作一些猜测。

彩带圆网蛛自信它的织物非常结实,把卵窝挂在人人都能看得见的荆棘丛上,不采取任何的隐蔽措施。结果它倒了大霉。我在它的卵袋里发现了一只带有注射器的姬蜂,这种虫子的幼虫是以蜘蛛卵为食的。在蜘蛛窝中央的卵桶里,除了已被吸干的空卵壳之外,什么都没有剩下;蜘蛛的胚芽已被屠杀尽。此外,我知道其他还有一些姬蜂也有掠夺蜘蛛窝的爱好;它们的孩子常吃的食物,就是一篮子新鲜的蜘蛛卵。

迷宫蛛,就像我们看到的那只一样,害怕居心叵测者前来掠夺卵袋;它早已预料到这一点,为了确保万无一失,它在住所之外选择了一个隐蔽处,远离显眼的蛛网。当感觉到自己的卵巢成熟时,它便开始搬家,乘着夜色去附近勘探地形,寻找一个危险较小的栖身地。理想的场所是那些枝叶垂落到地面的矮灌木丛,在那儿,即使冬天也有密密的绿叶,而且地上铺满了从邻近橡树上掉下来的枯叶。在贫瘠的岩石上,茂盛的迷迭香丛可以得到那些长在高处的迷迭香所得不到的营养,它们对蜘蛛母亲尤为合适。我通常就是在那里找到迷宫蛛的卵窝的,当然是在经过长时间的搜寻之后,因为它们藏得非常隐秘。

到目前为止,没有任何反常的现象。由于这个世界上到处都有追寻嫩肉的食客,所以任何母亲都会有所担心,并加以提防,尽量选择隐蔽的地方搭建卵房。很少有谁会忽视这种防范措施;每一位母亲都会按照自己的办法把卵藏匿起来。

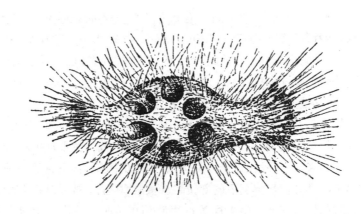

迷宫蛛的窝

对于迷宫蛛来说,对卵的保护措施更加复杂,因为它必须满足另一个条件。在大多数情况下,蜘蛛卵一旦被产在合适的地方,就会被遗弃在那里,听任命运的摆布。但荆棘丛中的迷宫蛛却相反,它更具有母亲的献身精神,会像蟹蛛那样,守护着那些卵,直到它们孵化。

蟹蛛会用蛛丝和紧靠在一起的小叶片在悬空的卵袋上方搭一个简易的瞭望站,然后便一直驻扎在那里;由于排空卵巢和不吃东西的缘故,它非常消瘦,干瘪得就像一片皱巴巴的鱼鳞。它衣衫褴褛,几乎只剩下了一层皮,却不吃不喝,固执而勇敢地守护着卵囊,和胆敢靠近者决一死战。只有当孩子们出生之后,它才会放心瞑目。

迷宫蛛则更加得天独厚。它产卵之后一点都不消瘦,相反却始终保持着富贵的体态和圆圆的肚子。此外,它的胃口也很好,总是精力充沛地吸食蝗虫的鲜血。因此,对它来说,在它所监护的卵袋旁边建造一处带有狩猎场的住所是很有必要的。对于这个住所我们已经有所了解,它和钟形金属罩下的蜘蛛窝一样,是严格根据艺术的原则建造起来的。

我们来回忆一下那优美的卵窝,它两端延伸成门厅状,卵袋悬挂在中央,由十几根立柱支撑着,和四周都没有接触;前门厅张开成很大的口子,上面像捕猎的罗网那样张着由紧绷的蛛丝结出的网。透过半透明的围墙,我们能清楚地看到迷宫蛛忙碌的情景。它可以通过带有拱顶的回廊,到达星形卵袋的任何一个地方。它不知疲倦地巡视着,时不时地停下来,充满慈爱地拍拍那只绸缎卵袋,听听里面有什么动静。如果我用麦秸让某一个地方轻轻晃动起来,它会立刻赶过来瞧个究竟。这样高的警惕性是否会让姬蜂和其他一些爱吃蜘蛛卵的昆虫有威慑感呢?也许吧。不过,就算这个危险得到了避免,其他的灾祸同样会在母亲不在的时候降临。

尽管蜘蛛母亲兢兢业业地监护着卵袋,但这并没有使它忘记食物。我不时地在钟形罩里放上几只蝗虫,其中有一只刚好被卵窝前厅的绳索缠住。迷宫蛛飞快跑来,一口咬住这个冒失鬼,撕下它的大腿,掏空它的内脏,那是猎物最美味的部分。尸体剩下的部位也会被吸食,至于被吸食掉多少,则要看蜘蛛当时的胃口如何。整个用餐过程都是在哨所外的门槛上进行的,而不是在哨所里面。

这些蝗虫可不是监护卵袋的蜘蛛母亲用来打发寂寞而随便吃吃的零食,它们都是正餐,而且必须经常更换。迷宫蛛的胃口之大让我吃惊,尤其是和蟹蛛相比;蟹蛛也是卵袋的虔诚守护者,但它却拒绝我送上的蜜蜂,不吃不喝,直到饿死。难道,眼前这位迷宫蛛母亲真有必要吃那么多吗?有,的确有必要,而且理由绝对充分。

开工之初,它消耗了大量的蛛丝,甚至消耗了它全部的储备,因为它给自己、给孩子们造的两套住所都是非常庞大的建筑,很费材料;此后,在将近一个月的时间里,它又一层一层地加厚卵窝和中央卵袋的墙壁,以至于原先透明的罗纱,到后来变成了不透明的缎子。然而围墙的厚度似乎永远不够,蜘蛛总是在为此忙碌着。为了满足这样巨大的消耗,它必须不断进食,来填满因纺织而被抽空的丝巢。因此,进食是保持造丝厂永不枯竭的办法。

一个月过去了,九月中旬,小蜘蛛孵化了,但它们并没有离开那个袋子,它们要在那条柔软的棉被里度过冬天。母亲继续守护着,不停地吐丝编织,但它的活力却一天不如一天。它吸食蝗虫的间隔越来越长,有时甚至对我扔进罗网的食物也不屑一顾。这种绝食的情况越来越严重,表明它在衰弱下去,它纺织的工作日见缓慢,最后终于停止了。

又过了四五个星期,蜘蛛母亲迈着缓慢的步伐,不停地巡视着,幸福地聆听着新生儿在卵袋里的骚动。终于,十月结束的时候,它抓着蛛丝卵袋,形容枯槁地死了。它已尽到了母亲的所有职责,接下来小蜘蛛们就将听从命运的安排了。春天来临时，它们将从柔软的住所里爬出来，借着随风飘扬的蛛丝飞行，散布到附近，然后在茂密的百里香上织出它们的第一座迷宫。

不管钟形罩里的囚犯们造出的卵窝结构有多么规矩、蛛丝有多么纯正，但它并不能使我了解到全部的情况；我必须回过头来看看发生在野外复杂条件下的事情。十二月底，我在那些年轻助手的帮助下，重新开始了搜寻。在一个布满乱石和树木的斜坡下，有一条小径；我们沿着这条小径，一路查看着孱弱的迷迭香丛，掀起横在地上的分权枝条。大家的虔诚终于得到了成功回报。我们用了两小时找到了好几个蜘蛛窝。

啊！这些可怜的作品！它们已经被这个季节恶劣的天气糟蹋得面目全非了！你必须用坚定不移的眼光，才能在眼前的这座小破房子上，看到钟形罩里的那幢建筑的影子。难看的卵袋与拖在地上的小树枝相连，躺在被雨水冲积而成的沙土堆中。几片橡树叶子被蛛丝胡乱地拼拢在一起，将卵袋四面裹住。最大的那片叶子被用来充当屋顶，把整个天花板都固定住。要不是看到两端门厅突出的丝头，要不是在将叶子从卵袋上剥离时感觉到一点困难，我们会以为这团东西是风雨偶然堆积而成的作品。

让我们近距离观察一下这团不成形的东西吧。这是大房间，是蜘蛛母亲的卧室，我们在剥开外面的树叶时将它撕破了；这是哨所的圆形回廊；这是中央卵房和它的立柱，全都是用洁白的布料织成。在枯叶外壳层的保护下，住所里面的房间并没有被潮湿的泥土所玷污。

现在，让我们打开蛛丝织成的卵舱。这是什么？让我极为惊讶的是，卵袋里装着的是一个泥核，就像是雨水夹杂着泥浆通过过滤层渗透了进来。然而，卵袋的绸缎墙壁告诉我们，必须放弃这样的想法，因为墙壁里面是干干净净的。这完全是蜘蛛母亲之所为，是它故意这样做的，而且实施得相当精心。沙砾被丝质水泥粘在一起，用手指按压还会感觉有一点硬。

我们继续将外壳剥去，在这层矿物质里面，露出最后一层丝套，裹在小蜘蛛们的周围。这最后一层保护膜一被撕破，受惊的小蜘蛛们立刻四散逃窜，在这寒冷而麻木的季节里，它们显得特别敏捷。

总之，当迷宫蛛在野外筑窝时，会在两层绸缎之间，用很多沙砾和少量蛛丝建起一堵墙，围住它的卵。它几乎想不出还能有什么防护系统能比坚硬的石头和柔韧的蛛丝所构成的组合更加牢固，来阻挡姬蜂的刺针和其他

掠夺者的利牙了。

这种防护方法在蜘蛛家族中似乎很常见。住在我们家里的大个儿蜘蛛——家蛛，会把它产下的卵装进一个小丸子，然后在外面包上一层用蛛丝和墙上掉下的灰粉混合制成的硬壳。其他一些生活在野外石头下的蜘蛛，也采用类似的方法。它们用蛛丝粘合的矿物质外壳，把产下的卵包裹起来。同样的担忧令蜘蛛们想出了同样的保护方法。

那么，为什么被我饲养在钟形罩里的五只蜘蛛母亲，没有一只筑起土墙呢？沙土有的是，钟形罩盖着的瓦罐里装满了沙土。另外，在野外，我有时也会发现没有矿物层保护的卵窝。这些不完整的卵窝都建造在浓密的荆棘丛里，离地面有一段距离；相反，另一些卵窝则有一层沙土层，是搁在地上的。

造成这种差别的原因是建筑工作的进程。泥瓦匠所使用的混凝土，是通过同时搅拌石子和灰粉而制成的。同样，迷宫蛛将丝质水泥和细小的沙粒混合起来；它的吐丝器不停地吐出蛛丝，而它的爪子则就近取来坚硬的材料，将其混入黏稠的蛛丝中搅拌。如果它每搅拌好一粒砂石以后就停止吐丝，再到远处去取来新的石子，那么这项工作就无法完成了。这些材料必须近在咫尺、伸手可得；否则，迷宫蛛便会放弃这道工序，但会继续筑它的窝。

在我的钟形罩中，沙砾离得太远了。迷宫蛛以网罩为依托建它的窝，为了取到沙砾，它必须离开网罩的顶端，往下走大约一拃的距离。我们的建筑工人拒绝这样做，如果每取一颗沙砾都需要爬上爬下的话，那么吐丝的工作就会变得异常困难。同样，出于我还不知道的原因，当迷宫蛛在离开地面一定高度的迷迭香丛中筑窝时，也会拒绝爬上爬下。但如果窝筑在地面上，那道砂墙就不会被省略掉了。

我们是否可以就此证明动物的本能是在不断地变化着呢？它或是在退化，在逐渐忘却祖先传下来的防御方法；或是在进化，在犹豫中向砌造工艺的顶峰迈进。到底是进化还是退化，我们无法定论。迷宫蛛仅仅告诉我们：动物本能所拥有的资源，可以被发挥出来，也可以处于潜能的状态，究竟如何，要视当时的外部条件而定。

如果我们把沙土放在迷宫蛛的脚边，这位纺织娘就会揉制混凝土；如果不给它沙土，或者把沙土放得远远的，它就仅仅是一个纺织塔夫绸的女工，但只要条件允许，它仍然时刻准备着砌砖筑石。我们所观察到的所有事实都表明，要指望迷宫蛛有其他的创新，彻底改变它的工艺，比如放弃两端门厅的卵窝和星形的卵袋，而去织一个像彩带圆网蛛那样的梨形口袋，这是极为荒谬的。

克罗多蛛

这种蜘蛛叫做克罗多·德·杜朗,起这个名字是为了纪念最早使人们注意这种蜘蛛的人之———德·杜朗先生。长眠在芝麻菜和锦葵下面的人会很快就会被遗忘,而带着一张小动物的通行证进入永恒,便能防止被人遗忘,这实在是一件诱人的好事。很多人离开人世后,他们的名字从此不再被提起;他们被遗忘所埋葬,这是最糟糕的埋葬方式。

　　而另一些人,尤其是一些博物学者,为了能永远漂浮在历史的海洋上,便用自己的名字给生命宝库中这样或那样的物质命名,以此作为不让自己沉没的一叶小舟。老树皮上的一层苔藓、一根小草、一只孱弱的小动物,都能像新近发现的小行星那样,使某一个名字流传久远。尽管这种纪念死者的方式被大量地滥用,但它仍然非常值得尊重。要想雕刻一块能永垂不朽的墓志铭,还有什么墓碑能比金龟子的鞘翅、蜗牛的壳、蜘蛛的网更好呢?连花岗岩都不能与之相比。无论石头多么坚硬,刻在上面的铭文也终将会消失;而留在蝴蝶翅膀上的铭文则永远不会磨损。所以,就用德·杜朗这名字吧。

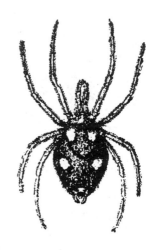

克罗多·德·杜朗蛛

可是,为什么还要在前面加上"克罗多"呢?是不是因为需要命名的动物越来越多,分类者一时找不到恰当的词汇,便心血来潮地信手拈来?不完全是。他想到了神话中的一个名字,不仅听起来十分悦耳,而且还非常适合用来命名一位纺织女。在古代神话里,克罗多是帕尔卡三女神中最小的一位①;她掌管着编织人类命运的纺锤,纺锤上绕着很多粗毛,只有几根丝束,很少才会有一根金丝。

克罗多蛛和其他蜘蛛一样有着优雅的体形和服饰,在博物学家眼里,它首先是一位天才的纺织女,正因如此,它才得到了那位掌管纺锤的恶魔女神的名字。令人不快的是,两者的相似之处仅限于此。女神克罗多对丝线非常吝啬,用起粗毛来倒是大手大脚,因此她为我们织出的是坎坷不平的人生;而八条腿的蜘蛛克罗多则只用精美的丝线,它是在为自己工作;而另一位克罗多则是在为人类纺织,人类是不值得她使用丝线的。

想不想认识一下克罗多蛛?在橄榄树的故乡,在被太阳烤焦的多石山坡上,我们翻开扁平的大石块查看,特别是查看那些牧羊人垒砌起来的石堆;他们把石块堆成一个椅子,高高地坐在上面,监视在薰衣草丛中觅食的羊群。我们不要泄气,因为克罗多蛛很少见,并不是所有的地方都适合它生长。如果幸运之神对我们的坚忍不拔报以微笑,那么我们就会看见,在翻起的石头下方,粘着一个外表粗糙的窝,形状像一个倒置的穹顶,有半个橘子那么大。窝的表面镶嵌或悬挂着一些小贝壳、小土块,特别是一些干枯了的昆虫。

穹顶的边缘有十二个突角,呈辐射状散开,突角的尖端固定在石块上。在这些悬索之间,是同样数目的倒置大圆拱。整个窝既像是一座骆驼毛造的房子,又像是伊斯玛依人②的帐篷,只不过是倒置的。悬索之间是扁平的屋顶,从上面将整个建筑盖住。

进口在哪儿呢?边缘所有的圆拱都朝向屋顶,没有一个是通往内部的。我用目光搜寻了半天,也没有发现一条连接内外的通道。可是,这屋子的主人总要时不时地出出门,哪怕是去寻找食物吧;逛完一圈之后,它也总要回

---

① 帕尔卡三女神是罗马神话中分别掌管人类的生、死以及命运的神,分别是诺娜、德西玛、莫尔塔。在希腊神话中,与之对应的诸神被称为莫瓦尔三女神,分别是克罗多、拉舍西丝、阿特罗波丝。作者在这里误将克罗多与罗马神话中的人物混淆了起来。

② 伊斯玛依人:穆斯林的一个分支。

家。它是从哪里进出的呢？这个秘密只需一根麦秸便可揭开。

我用麦秸在各圆拱的开口处来回试探。麦秸所到之处都很坚硬，所有地方都关得严严实实。只有一个带月牙形花边的圆拱，设计得非常巧妙，从外表上看它和其他圆拱别无二致，但它的边缘却分成两瓣，微微张开。这就是门，它能依靠自身的弹性立刻关上。不仅如此：克罗多蛛回家后，常常会把门锁上，也就是用一些蛛丝把两扇门合拢并固定住。

泥水匠蜓蛛的洞穴上有一个盖子，与泥土浑然一色，而且可以通过铰链活动；蜓蛛躲在这样的洞穴里，也不见得比克罗多蛛躲在它的帐篷里更安全；这帐篷对于不了解门道的敌人来说，是根本无法进入的。碰到危险时，克罗多蛛会立刻跑回家里；它用小爪轻轻一推，门便打开了；它钻进去，消失不见了。门会自动关上，并根据需要加上几根蛛丝作门闩。面对这么多一模一样的圆拱，强盗们被弄得晕头转向，永远也不会明白被追踪的克罗多蛛是怎么突然消失的。

在自卫机制方面，克罗多蛛不及蜓蛛讲究，但它在家居生活的舒适程度方面却远远胜过蜓蛛。让我们打开它的小屋看看。多么豪华奢侈呀！据说古代有一个骄奢淫逸的人，只因床上有一片玫瑰的叶子，就被硌得无法入眠。克罗多蛛跟他一样挑剔。它的床比天鹅绒还要柔软，比孕育着夏天暴雨的云团还要洁白。它是完美的双面绒。床的上面是一个同样柔软的华盖。在华盖和床之间的狭窄地方，躺着一只蜘蛛，它的腿很短，穿着深色的外衣，背上有五枚黄色的徽章。

在这间精致的小屋里休息需要绝对的平稳，尤其是在暴风雨的日子里，大石头底下常常会有穿堂风。这一条件得到了充分的满足。让我们仔细看看这个居所。饰有月牙形花边的圆拱通过突出的尖角固定在石头上，像围栏似的把屋顶框住，并支撑着整幢建筑的重量。除此以外，从每一个连接点都伸出一束分权的蛛丝，蛛丝连着石头，完全贴在上面，延伸到很远。我量了量，有的蛛丝足有一拃长。它们就像锚绳，相当于贝督因人①用来固定帐篷的木桩和绳子。有了这些数量众多、排列有序的支点，蜘蛛的吊床就不会被连根拔起，除非它遇到意想不到的暴力，不过这种情况非常少见。

---

① 贝督因人：阿拉伯游牧民族，生活在中东及北非的沙漠地带，善于搭建帐篷。

　　另外有一个细节也引起了我的注意。蜘蛛的屋内一尘不染,而屋外却垃圾遍地:碎土块、烂木屑、小砂砾。情况有时会更糟;帐篷外会堆积起许多乱尸。那里经常有干枯的尸体嵌着或挂着,有奥帕特粉虫、阿西德粉虫以及其他一些喜欢躲在岩石底下的粉虫;还有被太阳晒得发白的赤马陆的躯干、生活在碎石堆里的朴帕虫的贝壳,以及那种最小的隧蜂。

　　显然,这些尸体大部分都是餐桌上的残羹剩炙。克罗多蛛不善于设圈套,它采取的是围猎的方式,从一块石头辗转到另一块石头,流浪着寻找食物。夜晚,谁要是钻到石头下面,就会被住宅的主人掐死。尸体被吸干以后,不会扔到远处,而是挂在丝墙上面,仿佛克罗多蛛有意想让自己的住所变得阴森恐怖。不过,这肯定不是它的本意。像食人巨妖那样把受害者的尸体挂在城堡的绞架上,这可不会让想要捕捉的猎物放心大胆地送上门来。

　　其他原因也加深了我的怀疑。挂在帐篷上的贝壳大多是空的,但也有一些里面住着软体动物,完好无损地活着。克罗多蛛会怎样处置灰色朴帕虫、四叉戟朴帕虫以及其他一些缩在小螺壳深处的动物呢?它既无法砸碎那石灰质的坚硬外壳,又不能从螺口把躲在里面的软体动物挖出来,那么它拣这些东西干什么呢?况且那些动物的肉黏乎乎的,未必合它的胃口。我怀疑,这些东西可能仅仅是被用作压舱的重物,起固定和平衡作用的。为了防止自己织在墙角的网被风一吹就变形,家蛛会用石膏残片压在上面,听任细小的石灰粉堆积起来。我们眼前的东西是否也起着同样的作用呢?做个实验吧,这比任何猜测都有效。

　　饲养克罗多蛛并非是一件繁重的活儿,也不需要把它的窝所依附的那块沉重石头搬回家。只要用一个简单的小办法就可以了。我用刀尖把挂在石头上的蛛丝绳索割断。蜘蛛很少会逃跑,它太恋家了。当然,我在搬动它的房子时也尽可能轻手轻脚。就这样,我把小屋连同它的主人一起装进锥形纸袋里,带回了家。

　　那块扁平的石头搬起来太重,摆在桌子上又太占地方,因此我有时用杉树桩或没用的奶酪盒子,有时用一些小硬纸板来代替它。我把蜘蛛的丝吊床分别放在上面,用涂有树胶的纸带把延伸的突角一一固定住,再用三根小短棍撑着。就这样,一个酷似石头下面蜘蛛隐蔽所的小石棚完成了。在整个过程中,只要注意避免碰撞和晃动,蜘蛛就不会跑出家门。最后,我把这些小房子放到铺着沙土的瓦罐里,然后罩上钟形金属罩。

第二天,问题的答案就出来了。挂在杉树或硬纸板石棚顶上的小房子,如果有一些因采掘而严重破损或变形,那么蜘蛛就会将它放弃,趁着夜色到别处去另建新居,有时甚至就建在金属罩的纱网上。

新的帐篷需要几个小时才能完工,只有一个两法郎的硬币那么大。它按照老宅的建筑原则兴建,由两层重叠的薄网组成,上面一层很平,是床顶的华盖;下面一层呈弧形,形成一个小袋子。所用的布料极为纤细,稍有不慎袋子就会变形,从而使原本勉强才能容得下蜘蛛的狭小空间,变得更加狭小。

那么,蜘蛛必须怎么做,才能使纤细的薄纱保持紧绷和平稳,并撑出最大的空间呢? 它是完全按照我们的平衡规律行事的:给建筑压上重物,尽量降低它的重心。事实上,在袋子的突出部分,悬挂着一串串用蛛丝串成的沙粒;除了这些看似浓密胡子的钟乳石状沙粒之外,丝线的底部还单独挂着几块沉重的泥块,垂得低低的。所有这些都是压舱的重物,起着平衡和悬垂的作用。

克罗多蛛的房子

现在的这座建筑物是在一夜之间匆匆建成的,它只是未来新居并不牢固的雏形,还必须不断为它添加底基。最后,墙壁将变成厚厚的绒布,可以依靠自身来保持弧度和所需的空间。这时,蜘蛛就会抛弃起初对布袋加压非常有用的钟乳石状沙粒,仅仅满足于在房子上贴任何稍重一点的东西,通常是昆虫的残骸。因为这材料无需特地去寻找,每吃完一顿饭脚下就会有。它们不是用来炫耀的战利品,而是起平衡固定作用的碎石;它们代替了需要到远处去搜寻,并且吊到高处的材料。这样,便形成了一个保护层,不仅加固了住所,而且还使其平稳。此外,一些小贝壳和其他长长地挂着的东西,也常常能增加房屋的平衡。

如果我们把一幢早已经尽善尽美的老房子外面的覆盖层去掉,那会怎么样呢? 碰到这样的灾难,克罗多蛛是否会重新使用沙粒这一简便的平衡方法呢? 我们很快就会知道。我在金属罩卜的小镇里挑选了一幢大房子,去掉外层,再小心翼翼地把所有不相干的东西剥干净。里面露出的蛛丝呈现出原来的白色。这房子非常漂亮,但我觉得它太松松垮垮了。

蜘蛛也这样认为,第二天晚上,它便开始工作,以修复它的房子。如何修复呢? 它仍然使用悬挂的沙粒串。几个晚上的工夫,蛛丝袋外面便布满了又密又长的钟乳石胡须,这个奇特的工程对固定织物,保持其弧度十分有效。同样,吊桥的吊索也是靠桥面的重量来保持平衡的。

此后,随着蜘蛛进食,越来越多吃剩的尸体被嵌到袋子上,松动的沙粒串逐渐掉落,整幢房子又重新呈现出乱尸堆的模样。于是,我们得出了同样的结论:克罗多蛛深谙平衡学;它通过附加重物的办法,来降低房子的重心,从而使它既平稳、又宽敞。

那么,它在那间铺着软垫的小房间里干些什么呢? 据我所知,什么也不干。一旦填饱了肚子,它便优雅地将腿脚伸展在软绵绵的地毯上,什么也不做,什么也不想;它听着地球转动的声音。它没有睡着,更不能说是醒着;而是处于一种半睡半醒的状态,享受着朦胧的舒服感。当我们躺在舒适的床上,就要睡着的那一刻,也会感到无比的幸福,思想和烦恼都在慢慢褪去,这是最为美好的时刻。克罗多蛛似乎也有同样的感觉,并且尽情地享受着它。

如果我把蜘蛛的房门打开,就一定会见到它一动不动,似乎陷入了无尽的沉思。必须用一根稻草去逗引它,才能让它从沉思中醒来。克罗多蛛只有在饥饿的刺激下,才会走出房门;由于它饮食极其简朴,因此很少抛头露面。在三年的不懈观察中,我在工作室里和它朝夕相处,可从来都没见到过它白天在钟形罩里捕食。它冒险到屋外捕猎的时间总是在深夜。所以,几乎不可能观察到它远征的情况。

经过耐心等待,我终于在晚上十点左右,看见它在平坦的房顶上纳凉。也许,它就是在那里窥伺过往的猎物的。由于受到了我烛光的惊吓,这个喜好黑暗的朋友立刻又躲了回去,拒绝公开任何属于它自己的小秘密。只是第二天,它房子的墙上又多了一具悬挂着的尸体,这说明昨晚我走了以后,它又进行了一次捕猎,而且获得了成功。

克罗多蛛极其害羞,它昼伏夜出,向我们隐瞒了它的习俗;它向我们呈现它的作品,这些都是写故事的珍贵资料,却不让我们看到它的所作所为,尤其是产卵。大约十月份的时候,我带回一窝克罗多蛛的卵。这些卵分装在五六个呈透镜状的扁平小袋里,占据了蜘蛛母亲大部分的房间。每个袋子的侧壁都非常干净,用极好的白缎做成;不过,这些袋子不仅相互之间紧紧相连,还牢牢地粘在房间的地板上,因此除非将袋子撕破,否则就不可能将它们分开,单独观察。这些卵总共有一百多颗。

蜘蛛母亲匍匐在那些堆着的卵袋上面,就像一只正在孵蛋的母鸡一样忠心忘我。产卵并未使它虚弱。尽管个头儿小了一点,但它的气色却依然很好;那圆滚的肚子和紧绷的皮肤首先告诉我们,它的任务还没有完成。

卵孵化得很早。十一月还没有到,袋子里就有了小生命,它们很小,穿着深色的外衣,上面有五个黄色的斑点,与成年的克罗多蛛一模一样。新生儿们还没有离开各自的卵袋。它们紧紧挨在一起,在那儿度过整个冬季;而蜘蛛母亲则伏在卵袋堆上,守卫着住宅的安全。它无法见到自己的孩子,只能隔着卵袋,感受它们轻微的骚动。在两个月的时间里,迷宫蛛一直守在哨所里,随时保卫着它的孩子,却永远见不到它们;同样的事情,克罗多蛛要花八个月的时间来做,所以它理应可以看到孩子们在大房间里围着自己小跑,或者看到它们最后的迁移,目睹它们乘着蛛丝作长途旅行。

当炎热的六月来临时,小蜘蛛们也许在妈妈的帮助下,捅破了卵袋的墙壁,走出了母亲的帐篷;它们对那个秘密的出口了解得一清二楚。它们在门口呼吸了几个小时的空气之后,便被自己拉丝厂的第一件产品——缆绳气球带着,飞到别处去了。

老克罗多蛛留了下来,孩子们的出走使它孤苦伶仃,但它对此一点都不忧虑。它不仅没有变得憔悴,相反越发显得年轻。它鲜艳的肤色和充满活力的外表,都令人们怀疑它的寿命还很长,还可以生育第二次。关于这个问题,我只有一份材料,不过很有说服力。尽管我不厌其烦,精心喂养,而且结果出来得很慢,但仍然只观察到很少几只蜘蛛母亲的行为;小蜘蛛们走后,蜘蛛母亲也离开了家,它们在钟形罩的网纱上,各自为自己造了新的房子。

这些新房都是粗略的雏形,是在一夜之间匆忙造就的。两层重叠的帷帐,上面那层是平的,下面那层底部凹陷,并用钟乳石状的沙粒压重;这些帷帐构成了新的住宅,随着底基日复一日地不断增厚,它很快就会变得跟老房子一模一样。从外表来看,老房子并未破损,相反还好得很,并且非常经用;那么,克罗多蛛为什么要放弃旧居呢?如果我不是在妄想的话,我觉得已经隐约猜出了其中的原因。

原先的那幢房子尽管铺着厚实的地毯,却有着严重的缺陷;它的里面到处是蛛丝卵袋的废墟。这些废墟和房子的其他部分连成了一体,即使我借助镊子也很难将它们拔除;对于蜘蛛母亲来说,要拔除它们就更费事了,甚至力不从心。这是一个伤脑筋的难题,连出这道难题的纺织娘自己都解决不了。只能让这堆碍手碍脚的废墟留着了。

如果克罗多蛛是独自居住,那倒还不要紧,最多地方小一点;它也不需要很大的空间,只要能行动就行了!况且,它已经在这些占地方的凹室边生活了七八个月,为什么突然需要一个大房间了呢?我想,原因只有一个:蜘蛛要一间宽敞的房子,不是为了它自己——它有一间狭窄的陋室就满足了——而是为了它的第二批孩子。

如果原先的卵袋废墟还在,那么新的卵袋放在哪儿呢?新生的卵需要新的空间。也许就是因为这个,一旦蜘蛛感到自己的卵巢尚未枯竭,就会搬家,并且另外造一所房子。关于换房子的情况,我只了解观察到的一些事实。我很遗憾,由于还有其他事情要做,而且长期饲养克罗多蛛非常困难,因此我没有继续观察下去,也没能像研究狼蛛那样,深入研究克罗多蛛多次产卵的情况,及其寿命的长短。

在停止谈论克罗多蛛之前,让我们简单地回顾一下由狼蛛的孩子们引发的一些问题吧。小狼蛛在母亲的背上要待七个月,这段时间它们什么也不吃,却始终敏捷健壮。它们常常会从母亲的背上摔下来,但每次都能顺着妈妈的一条腿爬上去,灵巧地坐回自己的位置;对于它们来说,这已经成为家常便饭了。它们消耗着能量,却一直没有物质的补充。

克罗多蛛、迷宫蛛,以及其他许多蜘蛛的孩子,也向我们提出了同样的谜;它们都是只运动,不进食。在它们的整个幼年时期,即使是在寒冬腊月,在严寒的一月份,我撕开克罗多蛛和迷宫蛛的卵袋,原以为会看到一群因寒冷和饥饿而全身麻木、动弹不得的小家伙。然而,事实根本不是这样。躲在卵袋里的小蜘蛛一见家门被撬,便立刻逃出来,四处乱窜,就和它们生命最旺盛的时候一样敏捷。它们急步小跑的样子真是不可思议。即使是小山鹑受到猎狗惊吓,也不会比它们跑得更快。

那些像黄色绒球一般可爱的小鸡,听到母亲召唤进食时,会箭一般地冲向装有米粒的盘子。习惯使我们对动物如此优雅、迅捷而准确的机械反应视而不见;我们对此不再注意,因为这一切在我们看来是那么简单。但是,科学却以不同的方式探索和观察着事物。它认为:一切皆有因果;小鸡进食,消耗,或更确切地说,耗热,它把吃下去的食物转变成热量,而热量又转化为能量。

如果有人说,一只小鸡从蛋中孵化出来后,连续七八个月不吃一口食物,却一直可以跑动,并且始终精力充沛、行动敏捷,我们肯定会有无穷的词句来表达我们的怀疑。可如今,不吃不喝却能够活动,这种不合情理的事情的的确确在克罗多蛛和其他蜘蛛的身上发生了。

我记得曾经说过,待在母亲背上的小狼蛛是不吃东西的。但严格来讲,这种说法存在着疑问,因为我们无法观察到早些或晚些时候在神秘的狼蛛洞里发生的事情。也许在那里,吃饱后的蜘蛛母亲会把自己肚子里的食物残渣,口对口地喂给它的孩子们吃。不过对于这个怀疑,克罗多蛛可以给我们答案。

同狼蛛一样,克罗多蛛和孩子们住在一起,但它和孩子们之间隔着婴儿房的墙壁,孩子们就被关在这密封的婴儿房里。在这种情况下,没有任何传递固体食物的可能。会不会是蜘蛛母亲吐出某种富有营养的液体,渗过墙壁,让关在婴儿房里的小蜘蛛喝到了呢?迷宫蛛使我们放弃了这样的假设。

小蜘蛛孵化出几个星期以后，蜘蛛母亲就死了，在此后半年的时间里，小蜘蛛一直被关在绸缎做成的卵袋中，却敏捷依旧。

它们会不会吃包在外面的蛛丝，也就是说吃它们的房子呢？这样的假设并不荒唐，因为我们曾经看见过圆网蛛先吃掉自己旧房子的废墟，然后再去编织新的蛛网。不过狼蛛告诉我们，这样的解释无法被接受，因为它的孩子们根本就没有丝网。总之，可以肯定的是，无论哪种蜘蛛的孩子，都绝对没有吃任何东西。

最后，有人猜测：小蜘蛛本身会不会储藏着从卵里带来的物质，比如脂肪或者其他东西？这些物质可以通过逐渐燃烧，转化成为机械能。如果能量消耗的持续时间很短，只有几个小时，或者几天，那么我们会欣然接受某种储存物质为小蜘蛛提供临时动力的观点，因为刚刚出生的动物们无不如此。小鸡就明显具有这样的特点；它仅靠鸡蛋为它提供的储备食物，就能稳稳当当地站起来，并活动一段时间。然而，如果胃里一直没有食物，能量源就会很快枯竭，小鸡就会死去。如果要它连续七八个月保持站立，不停活动，还能躲避危险，它该怎么办呢？它哪有地方储备这么多的物质，来维持这么大的能量消耗呢？

小蜘蛛本来个头儿就很小，它上哪儿储存足够的燃料，以满足这么长时间的活动能力呢？这个世界上是否存在着某种细小的微粒，可以为动物的活动提供取之不尽的脂肪？想到这里，我们惊恐万分，只好打消这样的念头。

于是，我们不得不在非物质的领域里寻找答案，特别是来自外界的热辐射，可以通过机体被转化为动力。这是形式最为简单的能量营养：热动力无须从食物中提取，而可以被直接利用，就像生命之源的太阳所辐射出的热能一样。原始材料有着令人困惑的秘密，镭就是一个证明；生物也有它们的秘密，而且更为神奇。谁也说不准，今天蜘蛛所引起的猜测，将来某一天会被科学所验证，并成为生理学的基本定理。

朗格多克蝎子的住所

　　蝎子沉默寡言,习性神秘,没有任何吸引人之处。正因如此,除了解剖方面的一些数据外,关于它的故事几乎没有。科学大师们的解剖刀向我们展示了它的组织结构,可是就我所知,没有任何一个观察者曾想过仔细考察它那些隐秘的习性。在酒精里浸泡之后被开了膛的蝎子早已为人们所熟悉;然而它的天性却几乎无人知晓。但在节肢动物中,没有任何一种能比它更值得我们详细研究、并为之立传了。一直以来,它都激发着人们的想象力,甚至还入选了黄道十二星座。卢克莱修①曾说,畏惧创造了诸神。蝎子正是因人们的恐惧而得到了神化,它在天空中作为一组星辰受到歌颂,在历法里作为十月的象征而得到赞美。现在,我们就试着让它开口讲述自己的故事吧。

　　我初识朗格多克蝎子是在半个世纪以前,在罗讷河彼岸、阿维尼翁对面的维勒尼弗山丘上。每逢快乐的星期四,我都会去那儿翻石头,从早翻到晚,为的是寻找我博士论文的主要研究对象——蜈蚣。有时,我在翻起的石头下遇见的,不是那强壮而又极其恐怖的多足纲昆虫,而是另一种几乎同样令人不快的隐士。那就是朗格多克蝎子。它的尾巴卷在脊背上,螯针的顶端挂着一滴毒液,双钳展开伸出地洞口。妈呀! 还是别管这可怕的动物吧! 于是翻起的石头又落回了原地。

---

　　① 卢克莱修(约公元前98年—约公元前55年):拉丁诗人和哲学家。

　　我疲惫不堪地踏上归途,不仅满载着蜈蚣,而且还满载着幻想;这些幻想将未来染成了玫瑰色,特别是当一个人开始大嚼知识面包的时候。科学!啊!充满魅力的精灵!我人在归途,心情愉快;我找到了不少蜈蚣。对于我这种平静而单纯的心态来说,还缺什么呢?我带回了蜈蚣,留下了蝎子,但心里却隐约藏着一种预感:总有一天,我会去关照蝎子的。

　　五十年后,这一天终于来临了。我研究了身体结构与蝎子相近的蜘蛛,现在该是研究我的老相识、这一带蛛形纲动物的头目——蝎子的时候了。确切地说,我家附近有数量众多的朗格多克蝎子;它们出没在塞里尼亚山丘布满砂石的朝阳山坡上,那里也是野草莓和欧石南偏爱的地方,我从未在其他地方看到过这么多的蝎子。在那里,这怕冷的昆虫不但能享受非洲般的温暖气候,还能找到易于挖掘的沙地。我想,这儿应该是蝎子最北面的栖息地了。

　　蝎子偏爱的地区植被稀少,在太阳的暴晒和恶劣天气的影响下,直立的页岩裸露出根部,最终倒塌在地,形成一片石堆。通常,人们会在这儿看到蝎子,它们的营地间隔较远,就像同一个家庭的成员移居到了四周,组成了部落。不过,蝎子们过的远远不是什么群居生活。它们对异己极端排斥,酷爱独居,总是独占自己的住所。我时常拜访它们,想在同一块石板下找到两只蝎子,可总是白费心机;更准确地说,如果同一块石板下有两只蝎子,那么必定是其中的一只正在吞食另一只。我们以后将会有机会看到这凶狠的隐士是如何以这种方式为它们的新婚庆典画上句号的。

　　蝎子的巢穴很简陋。如果我们翻起那些通常是扁平而且略大的石块,看到一个宽如粗口瓶颈、深几寸的窝,就说明这里有蝎子。只要低下身来,我们通常就会看到住宅的主人正待在自家的门前,张开螯钳,翘起尾巴,做出防卫的姿势。有时,蝎子隐士会有一个更深一些的小房间,我们看不到它。要将它引到明处,必须用随身携带的小铲子帮忙。这家伙出现了,而且还举起了武器挥舞着。小心手指!

　　我用钳子夹住蝎尾,将蝎头朝前,放进一个用厚纸折成的圆锥形口袋里,将它与其他俘虏隔开。接着,我把所有采集到的令人害怕的虫子装在一个白铁盒子里。这样,蝎子运输和采集就能在高度安全的条件下进行了。

　　在安置这些小动物之前,让我先简单介绍一下它们的体貌特征吧。普通黑蝎分布于南欧的大部分地区,为大家所熟知。它经常出没于人类住家附近的黑暗角落;在多雨的秋日里,它会进屋来拜访我们,甚至会出现在我们床上的被褥下。这令人讨厌的动物给人带来的多是惊吓,而不是危害。尽管我现在的住所常有黑蝎光顾,但它们的拜访从未引起任何严重的后果。关于这可怜的虫子的恶名有点言过其实,与其说它们危险,不如说令人讨厌。

朗格多克蝎子更令人生畏,但人们对它却知之甚少,它们分布在地中海沿岸的那些省份。它们不但不寻访我们的住宅,反而远离人群,独居在荒僻的地方。与黑蝎相比,它体形巨大,长成之后可达八九厘米,身体呈干稻草的金黄色。

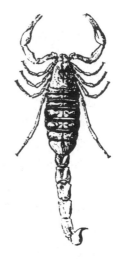

蝎尾,事实上是蝎子的腹部,由五节棱柱组成,它既像一只小桶(桶板拼接形成起伏的脊背),又像一串珍珠。螯钳的臂与前臂也覆盖着同样的细线,这些细线将它们分割为长长的平面。蝎子的背部也蜿蜒地爬满了线条,如同盔甲的接缝,而盔甲的每个组成部分则通过变幻莫测的细粒状轧花滚边相互拼接。这些粒状的突起使盔甲野性十足、坚固异常,并成了朗格多克蝎子的标志。它就好像是由木工削刀劈出的碎片拼接而成的。

蝎　子

蝎尾的最后一节——第六节是一个光滑的囊状尾器。蝎子的毒液就是在这个葫芦状的囊里产生并储存的,这种可怕的液体看上去就像是水一样。蝎尾的顶端长着一根弯曲、深色,而且特别尖锐的螯针。离针尖不远处,开着一个需要放大镜才能看到的小孔。毒液就从这里注入被螫的伤口。螯针十分坚硬和锐利,我用指尖捏着它,可以很轻而易举地刺穿一张硬纸板,就好像使用的是一根针。

由于螯针很弯,因此当蝎尾伸直时,针尖便是朝下的。如果蝎子要使用自己的武器,就必须将它举起,翻转过来,自下而上进行打击。其实,这是它一成不变的战术。蝎子将尾巴卷在脊背上面,并向前螫咬被螯钳制住的对手。此外,蝎子几乎总是保持这种姿势;无论是行走还是休息,它总是将尾部翘在脊背上,极少将它伸直开来。

蝎子的螯钳,也就是长在口部两旁的手,让人想起螯虾的大钳子,它们不仅是战斗的武器,也是获取信息的工具。蝎子前进时,会将它们向前伸展,并张开两个指节,探清遇到的事物。需要蜇刺对手时,螯钳会将其捉住,使其动弹不得,而这时螯针则会在脊背上面进攻。最后,当蝎子要长时间咀嚼一块食物时,螯钳可以充当双手,将食物抓在嘴边。不过,它们从来不被用于行走、保持平衡,或者进行挖掘工作。

负责上述行动的器官是蝎子的脚。蝎子脚的末端似乎是被突然切断的,上面长着一组弯曲灵活的小爪子,爪子的正对面竖着一根短而纤细的钊,充当着类似于拇指的作用。在蝎子看似残废的脚上,长满了粗硬的纤毛。所有这些组成了一副绝妙的钩爪,这也是为什么蝎子虽然笨重拙劣,却能灵活地在钟形罩的纱网上来回爬行,或者长时间头朝下地停留,或者沿着一道墙垂直攀行。

紧靠着蝎脚下面的便是栉,这种奇怪的器官为蝎子所独有。它们的名字来自于自身的结构,由一长排相互紧靠着的薄片构成,如同我们平时使用的梳子。解剖学家们推测栉的作用是保持一种相互啮和的机制,使得雌雄蝎子在交配时能紧靠在一起。在我饲养的研究对象告诉我它们的秘密、使我得到更多的信息之前,我们就权且这样认为吧。

不过,我对栉的另一个功能却非常熟悉,当蝎子在我的钟形罩纱网上腹部朝天、四处走动时,这一功能便实在太显而易见了。蝎子休息时,它的两个栉便收起来,贴在靠近脚的腹部上。而当这昆虫开始行走时,两个栉就分别向左右伸出,与身体的轴线相垂直,如同尚未长出羽毛的雏鸟的双翅。它们慢慢地摇摆着,略微抬起一些,然后又放下,让人想起不熟练的走钢丝演员的平衡杆。当蝎子停步时,它们便立即收起,贴在肚子上一动不动;当蝎子重新开始行走时,它们就又马上展开,并重新开始轻微地摆动。看来,这昆虫至少是将它们当做平衡器来使用的。

蝎子共有八只眼睛,分为三组。在那块既是头又是胸的奇怪部分的中央,紧挨着两只大而凸起的眼睛,闪闪发光,让人想起狼蛛那漂亮的眼睛;因为凸起得厉害,它们看上去就像是近视眼。一条弯弯曲曲的线状结节突起,形成眉毛,为眼睛添上了一分凶狠的神色。双眼的光轴方向近乎水平,差不多只能让它们看到两侧的事物。

另外两组各由三只眼睛组成，它们有着与第一组相同的特点。它们极小，位置更加靠前，几乎位于蝎嘴上方突然截断的突起边缘。左右两边各三个微小的凸眼珠排成一条很短的直线，光轴延伸向两侧。总之，蝎子小眼睛的位置与大眼睛一样，都不利于看清前面的景象。

既然蝎子的眼睛十分近视，又极端斜视，那么它是怎么前进的呢？它像盲人一样，是摸索着前进的；它将自己的双手——也就是螯钳展开，伸向前方，指节张开以探索四周。看一看我养蝎场里的两只蝎子摸索着四处游荡的情景吧。它们的相遇并不愉快，有时甚至非常危险。后面的那只蝎子一直继续前进，似乎根本没有看到它的邻居；可一旦螯钳末端稍许触到前面的蝎子，它就会突然一哆嗦，看得出它又惊又怕，随即便后退，改道而行了。对蝎子来说，它必须触摸到身边暴躁的同类，才能认出它的存在。

现在让我们来安置俘虏。单靠在附近的山丘上翻石头，以及那些偶然的观察，是不足以向我提供关于蝎子的足够信息的；我必须求助于饲养的方法，这是让蝎子告诉我它隐秘的生活习性的唯一方法。采用哪一种饲养方式呢？我特别青睐一种方式，就是将蝎子放养在自然环境中，这样我就不用费心为它们提供食物，同时又能一年到头、每日每天随时去拜访它们。在我看来，这方法实在是妙极了，比其他的都高明许多，我甚至指望它能给我带来巨大的成功。

我的方法是：在家中露天圈出一块地方，为蝎子们建一个小镇，并开动脑筋为它们提供和它们的家同样舒适的环境。年初的那几天，我院子深处建起了我的蝎子营地，这里非常安静，不但向阳，还有一丛浓密的迷迭香灌木挡风。地面由卵石和红色黏土混合组成，并不适合蝎子居住。不过，鉴于我这些昆虫深居简出的脾气，这个问题解决起来还是比较简单的。

我给营地里的每一个居民都挖了一个容量为几公升的浅坑，填进与它们老家相似的沙土。我把这些沙土略微夯实，好让它结实一点，不至于在蝎子挖掘的时候坍塌下来；接着，我在沙土里挖了一个短短的门厅，为蝎子以后自己挖掘合意的住所做好前期的准备。我用一块又大又扁的石块遮住这一切，还略大一些。在门厅的对面，我挖了个凹陷的缺口，这便是入口了。

我将一只蝎子放在这个凹陷的缺口前面。这只蝎子刚从附近的山上运来，一出圆锥形纸袋，一望见一个与平日熟悉的住处相似的地方，便一头钻了进去，再也不出来了。就这样，小镇便建设好了，里面住着二十余名居民，选的都是些成年蝎子。这些小屋建在用耙子筛过的地面上，排成一排，相互以合适的距离隔开，以避免邻居之间发生争执。一眼望去，即使在夜里，只用灯笼照明，我也能轻而易举地将发生的一切尽收眼底。至于食物，我不用费心。这片地里的野味与它们的老家同样丰富，我的客人们会自己觅到食物的。

不过，这块圈起的营地还不够。某些观察要求我们全神贯注，这与外界的干扰是格格不入的。于是我建起了第二个养蝎场，这一次是建在我工作室的大桌子上。围绕着这张桌子，我曾一边苦思冥想，一边走了不知多少公里，而且还将继续这样走下去。我拿出常用的器具——大罐子。每个罐子里都装满了筛过的沙土，再放进两块花盆碎片，这两大块碎片半没在土中，像拱顶一样，构成了石头底下蝎子的住所。整个养蝎场被一个钟形网纱圆顶罩罩着。

我尽可能辨别出雌雄，让不同性别的蝎子成双成对地同住在一起。就我所知，没有任何外部特征能帮助区分蝎子的性别。我把肚子大的当做雌蝎，最瘦小的当做雄蝎。不过，由于蝎子体形的丰满程度受年龄因素的影响，我犯一些错误是在所难免了，除非事先打开这些实验对象的肚子；不过这样的话，饲养实验也就提前告终了。既然没有其他办法，还是让我们以体形为标准将蝎子成双配对吧：一只体形大、体色深，另一只略微苗条、呈金黄色。由于配对数量很多，里面总会有真正的雌雄配对的。

这里，我想给那些希望今后重做类似研究的人再提供一些细节。饲养动物是需要学习的；想获得成功，他人的经验也不无裨益，特别是当接触饲养对象可能会给您造成生命危险的时候。现在有一只蝎子囚犯逃出了笼子，躲在堆满桌面的各类器具中间，千万不可漫不经心地伸手去碰它。要想和这样的邻居为伴过上几年，以下事项需要特别注意。

圆顶网纱罩必须插入罐中，而且要一直碰到瓦罐底。网纱罩与瓦罐之间会有一段环形的空隙，我用黏土把它填满，并趁黏土还没有干的时候夯实。这样，钟形罩被嵌入土中之后，便再也不可撼动了；整个装置也不会散开，从而让蝎子逃出来。假如蝎子们在它们的领地边缘往下挖掘，它们碰上的要么是金属网纱,要么是瓦罐,而两者都是它们不可逾越的障碍。这么一来,在防止蝎子逃跑的问题上,我们就没有后顾之忧了。

不过,这还不够。观察者不但要关注自身的安全,也得考虑俘虏们的生活舒适与否。蝎子的这个住处干净卫生,便于移动,可以根据将来观察的需要,摆在阳光下或阴暗处。但是这里面没有食物,尽管蝎子的饮食十分简朴,但它们不能无限制地离开食物而存活。为了在喂食时不掀起钟形罩,我在纱网顶部钻了一个小洞,以便根据每天的需要,将捕到的活食放进去。喂食之后,我就用棉絮塞子将用于喂食的天窗堵上。

虽然在露天蝎子小镇上,我的小铲子已经在石片下为居民们开好了路,可钟形罩下的蝎子们刚住下不久,便让我更好地观察到了它们的挖掘工作。朗格多克蝎子拥有一种办法,知道如何挖小地洞供自己居住。为了让它们定居下来,我给每个俘虏一块弧形花盆碎片,碎片半插入沙中,形成了洞窟的口子,这口子实际上是一条简单的弧形缝隙。接下来,蝎子便得靠自己在下面挖掘,让自己住上合意的房子。

挖掘者一点都不耽搁时间,特别是在太阳底下,受到阳光刺激的时候更是如此。蝎子用第四对脚做支点,用另外三对耙地;它优雅灵巧地翻着土,碾成松散的粉末,这让我想起狗儿刨土埋骨头的情景。蝎子放开腿脚轮番挖掘之后,便开始做清扫工作。它将尾巴平放在地上,完全放松,把土块向后推扫。这个动作就像我们用肘推开障碍物一样。假如这样废渣还扫得不够远,清道夫就会回来,重复将炮弹推进炮膛的动作,直到把活儿干完。

值得注意的是,蝎子的螯钳虽然有力,但从不参与挖掘工作,哪怕是采掘一粒沙子。螯钳专被用来进食、搏斗以及获取信息,一旦从事挖掘这种粗活,指节的高灵敏度便会丧失。

就这样,蝎子几次三番地轮流用脚挖掘,用尾巴将废渣扫出洞外。最后,挖掘者便消失在花盆碎片下了。一个小沙丘堵在洞口。有时,我们会看到沙丘有一部分在晃动,或者坍塌下来,这说明挖掘工作仍在继续,新的沙砾不断被清扫出来,直到住宅的大小合适为止。当隐士想出洞时,会毫不费力地将这个摇摇欲坠的路障推倒。

居住在人类房屋里的黑蝎没有这种为自己建造地下室的本事。它出没于堆积在墙脚下的灰浆里,或是受潮后开裂的木缝里,或是黑暗角落的废墟堆里;但它只能利用这些现成的避难所,而不能依靠自己的能力来对这些藏身之处进行改造。它不会挖土。黑蝎之所以缺乏这种能力,可能是因为它用做扫帚的尾巴又细又光滑,过于软弱,与朗格多克蝎子的尾巴大相径庭,后者不但强壮,还配备了粗糙的小圆齿。

与此同时,露天院子里的蝎子居民们也找到了我为它们粗加工过的住宅。在平石板下面的沙土里,我已经为它们建造了地洞的雏形;所有的居民立刻消失在里面,开始工作,以便完成整个工程,这一点我一看洞口前堆起的沙丘便知道了。让我们再等几天,然后把石板掀开。巢深达三四寸,蝎子只有在夜里才在那儿出没,不过如果白天天气不好,它也会经常光顾。有时,蝎子猛地一推,便能将小小的陋室变成宽敞的房间。石板下面的邸宅前端,便是门厅。

独居的蝎子喜欢在白天阳光最炙热的时候待在这儿,幸福地享受从石板上慢慢渗透下来的热量。这天堂般的蒸汽浴一被打断,蝎子便翘起多节的尾巴,马上钻进洞里,躲开阳光与视线。如果我们把石头放回原位,一刻钟以后再回来,便又会看到蝎子重新出现在洞口:太阳慷慨地温暖着地洞的屋顶,门厅实在太温暖、人宜人了。

寒冷的季节就以这种单调的方式过去了。无论是在院子的小镇里还是在钟形罩下的养蝎场里,蝎子们无论昼夜都不外出,这一点我从堆积在巢穴入口处那保存完好的沙子壁垒就能看出来。它们是不是冻僵了呢?根本不是这么回事。我每次频繁地拜访它们时,总能看到它们翘起尾巴,气势汹汹,随时准备进攻。天气一凉,它们便退到地洞深处;天气好时,它们就回到洞口,贴着被太阳烤热的石头暖暖脊背。到目前为止,它们再没有其他的举动。隐士的生活就在这长久的冥想中度过,有时是在潮湿的洞穴里,有时是在沙丘壁垒后面的住宅屋檐下。

四月里,情况突然发生了巨变。在钟形罩下的蝎子们离开了花盆碎片下面的家。它们庄重地在竞技场周围绕圈,或者爬上纱网,在那儿待着,即使白天也不例外。有几只蝎子夜里在外留宿,再也不回自己家,它们宁愿在外面消遣,也不愿回地下的凹室里昏睡。

在被圈起来的蝎子小镇里,情况更为严重。夜里,一些个子最小的居民离家在外游荡,而且从此下落不明。我本以为它们逛一圈便会回家,因为小镇里再也没有其他地方能找到适合它们的石板了。可是,一只蝎子也没有回来;离家出走了多少只,就有多少只永远失踪了。不久,大个儿的蝎子也开始表现出同样的游荡倾向;最后,小镇的外逃现象愈演愈烈,以至于不久露天营地里就连一只蝎子也不剩了。永别了,我倾注了那么多心血的研究计划!我原本将最美好的希望建立在这露天蝎子小镇上,可它的人口却在急剧下降;居民们都逃离了小镇,去向不明。我四处搜寻,可连一个逃兵都没找回来。

大病须用猛药医。我要建一道无法逾越的围墙,占地要大大高于钟形罩的面积,因为后者的空间对于嬉戏的蝎子们来说太狭窄了。我有一间冬天用于存放肉质植物的温室。它深入地下一米处。我使尽了泥水匠用镘刀和湿布所能用上的浑身解数,把墙面抹光,在地上铺了一层细沙,并在各处放置了一些大石板。准备就绪之后,我便把余下的蝎子和当天早晨刚捕捉来用于凑数的蝎子安顿到了温室里,一块石板下放一只。这一回,我能借助这道垂直屏障留住我的观察对象吗?我能看到梦萦魂牵的景象吗?

可我后来什么也没有看到。第二天,所有俘虏,无论新老,全体失踪。总共二十余只蝎子,一只也没留下。其实只要略加思考,我就应该能料到这个结果。在秋天阴雨连绵的日子里,我曾多少次发现黑蝎子蜷缩在窗缝里!为了避开平时的隐蔽所——院子阴暗角落的潮湿,它顺着我家房子的正面墙壁一直爬到二楼。粗糙不平的泥灰足以让它的钩爪抓住并垂直向上攀了。

虽然朗格多克蝎子的体型较大,但它与黑蝎一样都是攀登好手。眼前这一切就是证明。尽管屏障高达一米,并且与普通沙浆涂面同样平滑,却连一只俘虏也没能阻挡住。一夜之间,所有蝎子都从温室里翻墙逃走了。

我得出结论:露天养殖,即使有围墙帮忙,仍然是行不通的;不守规矩的绵羊让牧人的种种机关都落了空。我只剩下了一个依靠,就是养殖在钟形罩里的蝎群。于是,我就这样在工作间大桌子上那十几个瓦罐的陪伴下,度过了一年的时间。我不敢外出;要是夜间游荡的猫看到我的实验器具中有东西在动,一定会把它们弄得一团糟的。

此外,每个钟形罩下的蝎子数目都很有限,最多两到三只。这个数目远远不够。由于缺少邻居,同时也缺少它们原本在老家山丘上所享受的强烈日照,安顿在桌上的蝎子们似乎得了思乡病,根本就没有达到我的期望。它们或伏在花盆碎片下,或抓着纱网,常常是半梦半醒,幻想着自由的生活。从这些百无聊赖的观察对象身上获得的点滴收获,远不能满足我的期望。我要求得更多。这一年就在搜集琐碎细节和策划建设更好的实验室中过去了。

策划的结果是建一个玻璃围场,因为玻璃墙壁不会给蝎爪提供任何攀援的支点,这样蝎子们就无法攀登了。木匠为我搭了一个木架子,余下的工作由玻璃匠完成;为了让立柱更加光滑,我亲自在木头支架上涂了柏油。玻璃围场看起来就像是四扇平放的窗户拼装而成的矩形。底部是一块铺着沙土的木板。围场上面有一个可以完全盖合的顶盖,能抵抗寒冷的大气,特别是防止雨水造成水灾,在这块没有排水设施的区域里,水灾引起的后果将是灾难性的。根据每一天的天气情况,顶盖的开合程度也有所不同。围场的空间足够容纳二十多个花盆碎片的小房间,每间房间只住一个客人。此外,宽敞的过道和十字路口可供蝎子们作长时间的散步而不觉拥挤。

但是,正当我以为住所问题已经圆满解决时,却发现假如不进行补救,这个玻璃园也无法长期留住它的住户们。玻璃完全制止了所有攀爬的尝试;蝎子们没有吸盘,无法在这样的表面上找到支点。它们面对玻璃奋力抓挠,用尾巴这一理想的杠杆支撑着直立起来;可是刚一离开地面,它们便重重地掉落下来。

但事情坏就坏在木制的立柱上。尽管它们的宽度已经不能再小,而且还被精心地涂上了柏油,但顽固的攀登者们还是顺着这条光滑的通道一点一点向上爬;它们时而贴在这根通向胜利的木杆上休息一会儿,接着又继续那困难重重的攀援。我曾偶然发现有几只已经爬到了顶端,就要逃走了。我用镊子将它们夹回了老家。出于通风的需要,玻璃围场的顶盖在白天大部分时间里都是打开的,要是我不进行监视,蝎子们全体大逃亡大概也不会远了。

我想到用一种油和肥皂的混合物涂在立柱上,使它变滑。但这种做法只是放慢了逃兵们的逃跑步伐,并没有完全停止它们的脚步。它们纤细的脚爪穿过涂层,插进木头的细孔中,再度开始攀爬。我们试着设置一个没有细孔的障碍吧。我给立柱贴上了玻璃纸。这一次,大腹便便的蝎子们便无法克服这样的困难了;可对于其他一些体态轻盈的蝎子,效果只是一般,它们试着向上爬,经常也能成功。最后,我只是依靠在玻璃纸条上涂羊脂,才成功地制服了它们。

此后,虽然仍有蝎子尝试逃跑,可再也没有成功的。自从启用了温室之后,蝎子们终于不再通过它们在光滑表面上的壮举,向我们展示其攀爬能力了,从它们肥大体形上,我们根本无法预见这种能力有多强。朗格多克蝎子和常驻人类家里的同类黑蝎子一样,是优秀的攀爬高手。

就这样,我有了三个实验场——院子深处的露天蝎子小镇,工作室里的纱网钟形罩,最后还有玻璃园,它们各有利弊。我对它们轮流观察,尤其是玻璃园。在通过这些观察得到的资料基础上,我还加进了在蝎子老家翻石头获得的点滴收获。如今,这座华丽的玻璃宫殿——蝎子的卢浮宫——已经成了我家的一景,它整年在花园的长凳上露天放着,离家门不到几步远。每当家里人经过时,都会朝它看上一眼。沉默寡言的昆虫们,我能让你们开口说话吗?

朗格多克蝎子的食物

　　首先我了解到,虽然朗格多克蝎子有着可怕的武器,好像可能习惯于掠夺和狼吞虎咽,可实际上它的饮食却十分简朴。当我到附近山丘上的乱石堆中拜访它的居所时,我仔细地在它的巢穴里搜寻,希望能找到饕餮巨妖盛宴后留下的残骸,但看到的却只是隐士吃剩的点心渣;通常我甚至什么发现也没有。至多是几片椿象的绿色鞘翅,成年蚁蛉的翅膀,或是孱弱的蝗虫被拆散的环节,仅此而已。

　　我锲而不舍地观察院子里的蝎子小镇,得到了更多的收获。蝎子就像一个孱弱的病人,它根据饮食规定进餐,而且有自己的用餐时间。从十月到四月的六七个月里,它虽然精力充沛,也随时做好用尾巴战斗的准备,可总是足不出户。假如我在这段时间里把一些食物放到它的近前,它会不屑一顾地回绝,并用尾巴将食物扫出地洞,漠然视之。

　　直到近三月底时,它才胃口渐开。我在这一时期拜访蝎子的陋室时,偶尔能看到一两只正在细嚼慢咽地吃着猎物——不起眼的普通蜈蚣、毒蜈蚣或石蜈蚣。此外,这些猎物为数甚少,远不能指望依靠它们的数量来弥补其个头的不足;啃食了瘦小猎物的蝎子要过好长时间才会吃上第二顿。

　　我原本以为蝎子的饭量会很大。我想,这样一个粗野的家伙,装备又如此精良,是绝对不会只满足于这么一丁点儿食物的;人们不会为了打一只小鸟而在枪管里装上填有烈性炸药的子弹;同样,蝎子也不可能用它那凶猛的匕首去刺杀一头微不足道的小猎物。它捕食的猎物一定非常强壮。可我错了。蝎子虽然拥有如此可怕的武器,饭量却小得出奇。

此外,蝎子还是个胆小鬼。即使在路上遇到一只刚孵化出来的螳螂,它也会吓一大跳。菜粉蝶只要用断翅拍拍地面,就能把它吓跑;一个毫无威胁的残废竟然也会让它害怕。看来只有在饥饿的刺激下,它才会下决心进攻。

随着四月的到来,蝎子的胃口也来了,该给它吃什么呢? 它像蜘蛛一样,要吃活的猎物,喝尚未凝固的鲜血;它的食物必须还在扑腾、作临死前的挣扎。它从来不会对死尸下口。此外,猎物还得鲜嫩个小。我刚开始饲养蝎子时,总是挑最大个儿的蝗虫喂给它吃,以为它会欣然接受。可它顽固地全都拒绝了。蝗虫的肉太硬,又不容易捕获,因为它爱尥蹶子,吓跑了胆小鬼蝎子。

我试着喂它们田间的蟋蟀,蟋蟀肚皮溜圆,就像黄油入口即化。我放了六只到玻璃园里,还摆了些莴苣叶子,以缓解狮子窝里的恐怖气氛。蟋蟀歌手们似乎一点也不担心可怕的处境;它们唱起优美的小曲儿,嚼起菜叶来。要是有一只散步的蝎子突然出现,蟋蟀们就看看它,并把纤细的触须伸过去,除此之外,过路怪兽的到来没有激起它们任何的情绪波动。而蝎子呢,一望见蟋蟀便向后退去,惟恐受这些陌生家伙的连累。要是它的螯钳末梢碰上其中一只蟋蟀,便会立刻惊恐万分,逃之夭夭。六只蟋蟀在龙潭虎穴里住了一个月,可没有一只蝎子注意它们。它们太肥大、太丰满了。于是,这六只蟋蟀就如刚来时那样,毛发无损、精神饱满地重获了自由。

我又奉上蝎子老家石堆里的普通民众,比如鼠妇、球马陆和赤马陆;我尝试了盗虻和沙潜,它们经常与蝎子出没相同的场所,可能会是蝎子常吃的猎物;我还献上了从地洞附近的荆棘丛里抓来的锯角叶甲、从蝎子客人栖息地的沙土里捕来的虎甲;可是,没有一只被收下,似乎是它们的外壳让蝎子讨厌。

我该到哪里去找这种小巧、鲜嫩,而且美味的猎物呢? 一次偶然的机会使我找到了它。五月里,一种长着柔软鞘翅、长如一指之宽的昆虫——野樱朽木甲前来拜访。它们猛然成群结队地飞进我的院子,如同一团旋转的云,绕着开满黄色柔荑花的冬青树上下飞舞,停下来拼命吮吸它的甜汁,还疯狂地忙着自己的情事。这欢腾的生活大概持续了两个星期,接着它们便成群结队地消失了，不知去向。为了寄宿在我这里的蝎子们，我要向这些游民征收一点贡赋，它们似乎是合适的食物。

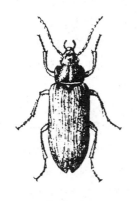

野樱朽木甲

我预测的是正确的。经过长而又长的等待，我终于看到了蝎子进餐的场面。野樱朽木甲在地上一动不动，蝎子阴险地朝它靠过去。这不是狩猎，而是采集食物。没有匆忙，没有搏斗；没有任何尾巴的动作，也没有使用带毒的武器。蝎子镇静自若地用它那长着两个手指的螯钳猛地抓住猎物；然后将两个螯钳同时收回，把食物放到嘴边，并保持着这样的姿势，直到进食结束。被吃的昆虫还生气勃勃，在大颚间挣扎着，这可惹恼了我们的食客，因为它喜欢不紧不慢、细嚼慢咽地进食。

于是，螯针向嘴的前方弯去，对着昆虫轻轻地扎了又扎，让猎物安静下来。蝎子重新开始咀嚼，螯针则继续扎着猎物，仿佛食客在用叉子将食物一小块一小块地送进嘴里大嚼。

最后，猎物经过蝎子几个小时的耐心咀嚼，成了一团干枯无味、无法被胃所消化的小球；这团小球卡在喉咙的很深处，吃饱喝足的蝎子不总能把它直接吐出来。这就需要螯钳的帮助，将它从食道中拉出来。于是，贪吃鬼蝎子用一只螯钳的指端夹住小球，轻巧地将它从喉咙里拔出，扔在地上。这一顿吃完了；蝎子在很长一段时间里不会再吃第二顿。

黄昏时分，宽敞的玻璃围场格外热闹，在关于蝎子奇怪而简朴的饮食习惯方面，这里为我提供的信息比纱网钟形罩更加丰富。四五月份是集会和节日盛宴的绝佳时间，我为玻璃围场提供了丰富的野味。当时，我的丁香小径里飞舞着许多菜粉蝶和金凤蝶。我用网捉了大约十二只，将它们的翅膀折去一半，再放入玻璃围场里，由于残疾，它们是无法从那里逃走的。

晚上八点左右，猛兽出洞了。它们先在瓦片房的门口停留了片刻，以了解外面的情况；接着，从四面赶来的蝎子们开始长途跋涉，尾巴有时翘起呈喇叭状，有时又平拖着，但顶端总是保持蜷曲。蝎子的姿势根据它的情绪和所遇到的对象而定。玻璃墙前挂着一盏灯笼，借助它所发出的不引人注目的光线,我观察到了事情的经过。

折了翅的蝴蝶们贴着地面一边打旋,一边短距离地飞着。蝎子们在这群杂乱而绝望的蝴蝶中间来来往往,不时将它们撞翻、踩踏,却并不对它们特别留意。混乱之中,偶尔会有一只残废的蝴蝶落到巨怪的背上。蝎子对蝴蝶的放肆举动毫不介意,听之任之,还载着这奇特的骑手四处闲逛。有一些蝴蝶晕头转向地扑到正在散步的蝎子螯钳下;还有一些则正好碰到那可怕的嘴。可这一切都无济于事,蝎子根本就不碰这些食物。

只要粉蝶还在丁香花间流连,我就每晚重复同样的实验。可是我为蝎子的餐桌所花费的心血却收效甚微。不过,有时我还是观察到了捕猎的场景。某一只在地面上扭动的蝴蝶被散步的蝎子猛地捉住。蝎子快速将蝴蝶抓起,并不停步,接着前进,它仍然将螯钳伸向前方摸索着,如同乱舞的手臂。这一次,蝎子并没有用螯钳把食物放到嘴边,因为它们忙着摸索前方的道路;它只用大颚叼着战利品。蝴蝶活生生地被咬住,绝望地扇动着它的残翅,看起来仿佛是一块白色的羽饰在凶猛的胜利者的前额上飘扬。假如俘虏的挣扎让劫持者感到厌烦,它就会在一边前进一边咀嚼的同时,轻轻地用螯针让俘虏安静下来。最后,蝎子扔下猎物。它吃了些什么呢? 仅仅是蝴蝶的头而已。

一些蝎子会急匆匆地将战利品拖回瓦片下的巢穴里,安安静静地享用美味,但这种情况更加少见。还有一些一捉住猎物,便退到围墙的一角,腹部埋在沙里,在室外就开始吃起来。

一个星期过去了,目睹了一些相同的场面之后,我对各个地点进行了考察,一个一个地拜访蝎子的洞穴,看看它们吃了多少蝴蝶。由于蝎子不吃蝴蝶的翅膀,因此它们的残余能为我提供这方面的线索。结果呢? 只有极少数蝴蝶的尸体没有翅膀。几乎所有蝴蝶的尸体都完好无损;它们没有被吃过,便自行干枯了。其中有三四只没有头。这就是我的仔细调查的全部结果。在这个生机勃勃的季节,整整一个星期,这些食头者只需吃上一小口就足够了。这里共有二十五只蝎子,二十五只都只吃一块碎屑便能填饱。

也许蝎子对蝴蝶这种食物并不熟悉。要说它有时能在乱石堆的迷宫里捕到这样的野味,实在让人怀疑,因为蝴蝶爱光顾花团锦簇的枝头,喜欢蜿蜒着飞舞。也许是因为蝎子不了解这种猎物,所以才对它们不屑一顾;它们之所以勉强吃了一点，只是因为实在没有合适的食物。那么，它们在被太阳烤焦的荒地里，又能找到什么猎物呢？

看来是蝈蝈儿，这种蝗虫类昆虫，只要有一点儿草叶可以啃的地方，就少不了这种昆虫中的贱民。当捕捉粉蝶和其他普通蝴蝶的季节过去之后，蝗虫便成了我的首选。于是，玻璃围墙里满是蝗虫与飞蝗，它们都还小，只穿着短短的礼服。这正是我的蝎子们所需要的食物，它们喜爱鲜嫩的猎物。蝗虫中有灰的，也有绿的；有肚子溜圆的，也有略微瘦小的；有细长踩着高跷的，也有矮壮长着短腿的。在花样如此繁多的食物搭配里，食客们的选择可谓琳琅满目。

夜幕降临，我把捕来的蝗虫放进这块被柔和灯光照亮的地方，这些蝗虫在深夜里还比较安静。蝎子们毫不拖拉，出了家门。外面到处挤满了活生生的天赐美食。可是只要蝗虫轻轻一跳，在附近游走的蝎子们便会因为受到惊吓而逃开。这简直就是与蝴蝶共处的那几幕的重演。蝎子们不时遇见蝗虫，或从它们身上踩踏过去，但即使它们唾手可得、甚至已经碰到了蝎子，但却没有一只蝎子注意这些美食。

我看到一只蝗虫正巧落进路过的蝎子的螯钳里，但宽厚的蝎子并没有合紧它的虎钳。其实只要稍一收紧，它便能捉到一只上好的猎物，可这漫不经心的家伙却让它溜了。我还看到一只绿色的小蝗虫偶然爬上了正在散步的蝎子的背，这可怕的坐骑平和地载着它，根本没有一丝歹念。我曾经好几百次目睹蝎子和蝗虫正面相遇，看到蝎子后退给蝗虫让道，或者用蝎尾赶跑路上遇到的晕头转向的家伙，但从未发现它认真地捕捉猎物，更不用说追捕了。在日常观察中，我偶尔能看到这只或那只简朴的食客捉着一只蝗虫，但这种情况是越来越稀少了。

可是四五月份的交配季节一到，情况突然完全变了，饮食简朴的蝎子成了饕餮鬼，开始令人害怕地大吃大喝起来。有许多次，我看到围场里的某一只蝎子在它的瓦片底下安然自得地吞吃着自己的同胞，如同正在啃食一只普通的猎物一般。它什么都吃，通常除了尾巴以外，尾巴还会在吃饱喝足的家伙的喉咙口悬上好几天，最后似乎很可惜地被吐出来。可以推断，尾巴之所以被丢弃，是因为蝎子的毒囊就长在这块食物的末梢。也许毒液的味道不合食客的口味。

除了这块残渣之外，被食的蝎子完全消失在贪吃者的肚子里，而那只肚子的容量看起来却并不比被吞下的食物大。要装下这么大一块，蝎子的胃必须非常乐意接受它。在食物被嚼碎和压实之前，它的体积是要超过胃的容积的。此外，这顿过于丰盛的宴席并不是寻常的进餐，而是蝎子婚礼后的一种仪式，关于这一点，我们以后会有机会再度提及。这种盛宴只在交配季节才会发生，而且被吞食的总是雄蝎。

因此，我并不把这些婚礼之后死去的受害者写入普通食物这一章。这些都是发情期的蝎子所干的荒唐事，这种婚礼后的大餐，与螳螂的婚礼悲剧不相上下。

我也不会把我用计谋挑起的聚餐记录在这里。当我满心想观看战斗时，就会让蝎子去面对一个强有力的对手，并对它们进行骚扰。被惹怒的蝎子便进行自卫，并用螯针蜇刺对手；接着，它会陶醉在胜利之中，尽自己的所能将战败者吃掉。这是它欢庆胜利的方式。但假如没有我的介入，它是不会去攻击如此强大的对手的，也永远不会对如此庞大的猎物下口。

除了这些过于特殊、不能记录在册的珍馐以外，我只发现了一些简单的小吃。也许我的观察还不够。在夜深人静、没有旁观者的时候，也许蝎子们的进食会增多；因此，在给蝎子颁发饮食简朴奖之前，我做了以下实验，它将会给我们一个正式的答案。

初秋，四只中等体形的蝎子被分别放进四只瓦罐，罐里铺着一层细沙，放上了一块花盆碎片。我用一片玻璃封住了罐子，以防止灵活的攀登者外逃，同时还可以让阳光照进来，活跃一下住宅的气氛。此外，这个封口并不阻碍空气的流通，还能防止衣蛾和蚊子等小猎物进入围场。四个罐子被存放在一个温室里，那里的气温在一天的大部分时间里都如同热带一般。至于食物，我没有提供一丁点儿；也没有一星半点儿来自外面的猎物，连一只游荡的蚂蚁也没有。在完全没有食物的情况下，囚徒们会怎样呢？

连食物碎屑都没有沾过的蝎子们仍然很活泼，它们钻到花盆碎片下面，开始挖掘，挖成了一个地洞，洞口由一道沙丘隔开。有时候，尤其是黄昏时分，它们会离开巢穴，做一番短短的散步，然后再回去。就算吃了食物，它们也不会有别的举动。

寒冬来临，虽然温室中没有霜冻，但囚犯们再也不离开自己的小屋了，为了抵御冬季,它们把洞穴挖得更深了一些。不过,它们的健康状况依旧良好。我经常在好奇心的驱使下前去拜访它们,总会看到它们仍然精力充沛,能迅速地将我弄乱的罐子恢复原状。

冬季过去了,没有一只蝎子死亡。这没有什么特别的,因为在寒冷的日子里,蝎子减少了行动,因此饮食也会相应减少、甚至被完全取消。可是随着炎热的日子再度来临,消耗食物的进食活动也该重新开始了。当玻璃园里的同胞们正在食用蝴蝶和蝗虫时,那些被禁食的蝎子在做什么呢? 它们是不是无精打采,贫血无力呢? 完全不是。

它们与那些喂了食的蝎子一样生气勃勃,翘起多节的尾巴,做出威胁的动作回应我的挑衅。要是我骚扰得过了头,它们便会沿着罐子的边缘赶快逃走。它们似乎并没有因饥荒而感到痛苦。但是,这种情况不会无限期地持续下去。到了六月中旬,三个因犯死去了;第四只一直坚持到了七月。总共九个月的时间对它们完全禁食,才终止了它们的生命。

另一组实验的对象更加年幼,是大约两个月大的蝎子。它们的长度从额头到尾尖是三十多毫米。体色比成年蝎子更加鲜艳;尤其是螯钳,仿佛是用琥珀和珊瑚雕成的。在它们年幼的时候,这未来的可怕武器也有它美丽的一面。从十月份起,我便可以在石片底下找到它们。与成年蝎子一样,它们离群索居,在选好的避难所下面为自己挖掘了一个小洞,再用挖掘出的沙砾堆成一个隆起的沙堆,挡住洞口。只要从藏身处出来,它们便迅捷地跑着,还把尾巴翘在脊背上,摇晃着仍然很细弱的螯针。

十月起,我在四个喝水的玻璃杯里分别放进四只小蝎子,再在杯口蒙上一层薄纱,这样,外面无论多么细小的猎物,都无法进入杯中。杯子里有深度为一指之宽的细沙供囚徒们挖掘,还有一片弯曲的硬纸板作为藏身之所。结果,面对着禁食生活,这些小不点儿几乎与成年蝎子一样勇敢地坚持了下来;它们仍然活蹦乱跳地迎来了五月和六月。

这两个实验向我们证明,朗格多克蝎子能在一年中四分之三的时间里不进食,而仍然保持活力。为此,它需要很长时间才能达到成年蝎子的庞大体形。

一条毛虫的寿命只有几天,它不停地进食是为了积累化为蝴蝶所需的养分;它那贪婪的食欲弥补了短暂的宴饮时间。而蝎子是怎样把相隔了很长时间吃下的碎屑积累成所需的营养的呢？它能够这样积累，一定是归功于它特别长寿。

要推测蝎子的寿命并不是一件非常困难的事情。只要在不同时期翻开石头看看，就能得到与户口档案资料同样齐全的信息。我根据石头下面蝎子的身材，将它们分为五类。最小的一类体长一厘米半；最大的则可达九厘米。在这两个极端之间，有三类大小区别明显的蝎子。

毫无疑问，每一类蝎子相互之间在年龄上都有一岁的差异，也许甚至更多，因为每一个生长阶段似乎都在延长；至少，那些在我饲养场里生长的蝎子一年之后身体的成长都不那么明显。因此，朗格多克蝎子有着得天独厚的优势，使它在老年时仍然精力充沛；它能活五年，甚至可能更长的时间。看得出来，它有空闲依靠点滴食物让自己长胖。

不过耗费营养的并不单单是长胖，还有活动。蝎子的确在反复吃少量的食物，但是每一次的食量都如此之少，并且间隔如此之长，我们不禁要问：进食对蝎子而言到底有什么作用。我那些被完全禁食的囚徒，不管大小，都特别发人深省。每一次在好奇心的驱使下，我去打扰它们的隐蔽所时，总能看到它们活泼地动着，挥动着尾巴，挖掘着沙砾，然后将它们扫去、搬走；总之，用机械学的术语来说，它们是在挖土方；而且一挖就是八九个月。

要有足够的能量从事如此繁重的工作，蝎子们有什么物质可以消耗呢？什么也没有。自从被监禁起来之后，它们没有得到任何食物。于是，我想蝎子的能量可能来源于机体里储存的营养物质，或者积累的脂肪。为了使出足够的力气，蝎子大概只能消耗自己体内的储存。

对于那些体形肥胖的成年蝎子来说，这个解释在某种程度上还说得过去；但是，我同样还用中等年纪、体形较为细瘦的蝎子做过实验；也选择过刚出生不久的小蝎子。这些小家伙的肚子里能有什么呢？它们有什么东西可以在生物氧化的作用下转变为动能呢？解剖刀没有发现，想象力也无法推测，蝎子工人所完成的工作量和它们的身材实在太不成比例了。假如整只蝎子是一块优质的燃料，并且燃烧到了最后一颗微粒，那么它所放出的热量总和远远不及最终达到的动能总和。人类的工厂是不可能用一小块煤作为燃料，让一台机器全速运转一年的。

而且，就是这一小块燃料，我的蝎子们似乎丝毫也没消耗过。在经过了漫长而严酷的禁食之后,它们仍然像实验开始时一样神采奕奕,体色鲜艳,浑身焕发出健康的光泽。

当蜗牛用钙质的盖子或羊皮纸般的薄膜封住开口,蜷缩在壳中一动不动时,我们能理解:它不进食了,可是它也不活动;它将生命活动减慢到最低限度,依靠储存的能量维持生命。而蝎子呢,虽然禁食的时间延长得过分,但它们却仍然在活动,我们真的无法理解。

在这一卷中,首先是狼蛛的幼虫,其次是克罗多蛛,最后是朗格多克蝎子,这是我们第三次遇到了同样的疑问。这些动物的身体构造与人类截然不同,没有由生物氧化而产生的固定体温,难道它们也服从于整个生物界不变规律的支配吗?它们用以活动的能量是不是也是由饮食所提供的原料燃烧而产生的呢?这些活动的能量是不是来自于——至少一部分来自于——周围环境的能量,如热能、电能、光能,或其他相同元素的不同表现形式呢?

这些能量是世界的灵魂,是推动物质世界运转的深奥莫测的旋风。如果我们在某些情况下将蝎子想象成一台极其完善的能量积累器,能收集周围的热能,并将它转化为身体组织中等量的动能,然后使其以运动的形式出现,这种想法是不是会不合常理呢?如果真是这样,我们也许就能稍稍了解为什么蝎子可以在没有食物作为能量物质的情况下,仍然能够活动。

啊!在我们这个煤炭时代,蝎子这种生命的发明是多么伟大!不用进食便能活动,假如这一禀性能得到普及,其意义将无与伦比!一旦能摆脱饥饿的专制,那将会消除多少苦难和暴行!为什么这项伟大的实验没能继续下去,在更加高级的生物种类身上得以完善呢?首创者蝎子的榜样没能得到学习和光大,这真是遗憾!否则,在今天,思想——这一人类活动最微妙、最高级的表现形式,就可能摆脱饮食的耻辱,仅靠一道阳光就恢复疲劳了。

这远古流传下来的禀赋充满着希望,虽然还有很多尚未转化为现实,但有些细节还是在整个动物界得到了推广。我们人类同样靠太阳的辐射而生存,我们从那里获得了一部分能量。阿拉伯人以一把椰枣为食,可他们并不比吃饱了肉、喝足了啤酒的北方人缺少活力;虽然他们不像北方人那样将胃填得满满的,但他们在太阳的宴席上却得到了更多的份额。

经过对诸多因素的考虑,我想蝎子也许就是从周围的热量中获得它大部分能量补充的。至于对生长必不可少的有形食物,蝎子或早或晚会有所需要,具体时间就是在它们蜕皮的时候。背上坚硬的外皮会裂开一条缝;蝎子轻轻一滑,便从它那过于狭窄的旧衣服里脱身出来。这时,进食变得至关重要,哪怕只是为了补足长出新皮所消耗的能量。从这一时刻起,假如禁食仍然继续下去,我的囚犯们,尤其是那些最小的蝎子,不久便会死去。

朗格多克蝎子的毒液

蝎子在攻击日常作为食物的小猎物时,几乎不用它的武器。它用两只螯钳捉住昆虫,将它一直放在嘴边,轻轻地细嚼慢咽。要是有时候食物努力挣扎,扰乱了进食,它便弯起尾巴,反复地轻轻蜇刺,让食物动弹不得。总之,在捕食过程中,蝎子的螯针所起的作用是极其次要的。

螯针真正发挥作用,只是在蝎子面对敌人的生死存亡关头。我不知道能有什么对手会让这令人生畏的虫子进行自卫。在出没于乱石堆的常客当中,有谁敢攻击蝎子呢?虽然说我不知道蝎子通常在什么情况下需要自卫,但要使用计谋、制造一些机会让它认真地打一仗,对我来说还是很容易的。为了测试蝎子毒液的强度,我决定在昆虫世界的范围里,让它尽可能地面对各种强大的对手。

我在一只宽大的广口瓶底铺上一层沙子,使得瓶底不像玻璃那么光滑,然后放进朗格多克蝎子和纳博讷狼蛛。这两种昆虫同样配备了毒钩,谁能占到上风并吃了对方呢?虽说狼蛛不如蝎子强壮,但却身手敏捷,能出其不意地跳起攻击对手。受到攻击的蝎子反击速度很慢,不等它摆出搏斗的架势,狼蛛便会得手,并躲开对方举起的螯针。看来,形势似乎对灵活的蜘蛛更有利。

可是事实却与推测不符。狼蛛一看到对手,便立刻半直起身子,张开它那悬着一小滴毒液的毒牙,毫无畏惧地等待着。蝎子双钳前伸,小步逼进。它用两个指头的螯钳抓住蜘蛛,让它动弹不得;蜘蛛受制在离对手一段距离的地方,只能绝望地抗争着,毒牙一张一合,却无法咬到蝎子。面对这样的敌人,狼蛛是不可能获胜的,因为蝎子配备有长长的钳子,能在远处制服对手,并且不让它近身。

蝎子用不着作任何搏斗,它弯起尾巴,伸到额前,不紧不慢地将螯针往猎物的黑色胸膛里一扎。不过,蝎子不像胡蜂或其他长着四片翅膀的好斗剑客那样,瞬时一蜇就能完事;它必须费一点工夫,才能让武器刺入。那条多节的尾巴一边摆动一边往前推,同时将螯针转来转去,就如同我们用手指把一个尖锐的东西扎进一个比较坚硬的地方一样。孔钻好之后,螯针还要在伤口里停留一会儿,这无疑是为了让毒液能有时间大量释放。毒液见效神速。强壮的狼蛛一旦被蜇,就立刻缩起腿脚,死了。

我用了六七只昆虫做实验,这些受害者让我目睹了令人震撼的场景。在以后的实验里,我在第一次实验中看到的情况不断重复着。蝎子一看到狼蛛,总是立刻发起攻击;而且它总是采用相同的钳子策略,将对手限制在远处;最后总是蜘蛛被螯刺刺中,当即死去。就算人一脚踩到狼蛛,它死得也不会更快。它简直就是被闪电给击垮的。

本来食用战败者就是一个惯例,更不用说多肉的蜘蛛是上等的野味,而且平时很少掉进蝎子的猎场。事不宜迟,蝎子当场就美餐起来,从头部开始吃,无论对什么猎物,这都是它通用的惯例。它一动不动,时而小口啃食,时而狼吞虎咽。除了几节啃不动的腿脚之外,整个狼蛛都一扫而光。这顿佳肴满席的盛宴整整持续了二十四小时。

宴席结束之后,我们不禁要问,猎物是怎么消失在那几乎和它一样大的肚子里的。这些食客一定有着特殊的肠胃功能,它们可以忍受无尽的饥饿,可一旦时机到来,又可以胡吃海塞。

如果狼蛛不那么骄傲地直立身体、暴露胸膛,而是直接扑向敌人,或许还能有效地自卫。面对狼蛛,蝎子的态度是主动攻击;而在那些性情温良的圆网蛛面前,又会是怎样一种场景呢?所有的圆网蛛,甚至是那些最强壮的角蛛、彩带蛛和丝蛛,都遭到了蝎子凶猛的攻击,况且这些可怜的纺织工受到惊吓,毫无斗志,连绳网都没试着抛出去,否则,或许还能迅速制服侵犯者。圆网蛛在自己的网上,能喷出大量蛛丝,将凶猛的螳螂、令人生畏的大胡蜂和善于尥蹶子的蝗虫制服;然而当它们一旦离开自己的家,面对一个敌人而不是一头猎物时,便将那强有力的捆绑术忘得一干二净。被蝎子的螯针刺中后,所有的圆网蛛也如同遭了雷击,立即毙命。接下来,蝎子便可以美美地吃上一顿了。

在石堆下,爱吃蜘蛛的蝎子是不会遇见狼蛛和圆网蛛的,因为它们时常出没在其他区域;但蝎子时不时可以找到其他一些和自己一样喜欢栖息在岩石下的蜘蛛,尤其是腼腆的克罗多蛛。这类猎物对蝎子来说并不常见,但只要它胃口好,所有的大个儿蜘蛛都合它的意。

我猜想,蝎子面对捕捉螳螂的机会,是不会无动于衷的,因为螳螂也是上等的猎物。当然,蝎子不会到荆棘丛里去实施突袭,那里是这抢夺成性的螳螂住惯的地方;蝎子的攀援能力虽然特别适合于爬墙,却根本不能在抖动的草叶上行走。它必须选择夏末雌螳螂分娩的时候进行攻击。事实上,我时常能在蝎子出没的石堆里,找到贴在石头底下的螳螂窝。

夜深人静,当螳螂产妇正在让盛满卵的小箱子里的黏液起泡时,觅食的强盗可能就会出现。这时发生的一切我从未见过,也许以后也看不到;要想一睹这种场景,那简直是对好运的奢求。那么,就让我们人为地创造机会,来弥补这个遗憾吧。

我挑选了大个儿的蝎子与螳螂,让它们在土罐竞技场里决斗。根据需要,我刺激它们,把它们推到一处。我已经知道,蝎子尾巴的攻击并非全部都是动真格的,有许多次只不过是扇个耳光罢了。蝎子吝啬毒液,不到紧急关头不屑蜇刺对方,它会猛地用尾巴一击,将讨厌鬼推开,但并不使用螯针。在多次实验中,只有几次尾巴的攻击在对手身上留下流血的伤口,这表明螯针曾经扎入。

螳螂被蝎子的螯钳抓住后,马上摆出幽灵般的姿势,张开带有锯齿的前肢,并把翅膀展开呈盾形。这个吓人的动作不但不会给螳螂带来胜利,相反却有利于蝎子的攻击;螯针从螳螂的两条锯刀前肢之间扎入,一直没到根部,并在伤口里停留了片刻。拔出时,针尖上还渗着一滴毒液。

螳螂即刻收起腿脚,垂死地抽搐起来。它的腹部搏动着,尾部的附属器官一阵一阵地摇摆,脚上的跗节也隐约在抖动。相反,锯刀前肢、触须以及口器却都一动不动。这种状态持续了不到一刻钟,螳螂就完全不动了。

蝎子对它的攻击行为并不作事先策划,只是随便攻击所有它触及得到的部位。这一次,它恰巧击中了螳螂一个极其脆弱的部位,因为这个部位靠近主要神经中枢;蝎子刺中的是螳螂锯刀前肢之间的胸口,这正是尖腹隐翅甲刺中猎物并使其瘫痪的地方。不过,刚才的攻击完全出于偶然,而非有意;蝎子这鲁莽的家伙对解剖学的了解可没有膜翅科昆虫那般精深。对手之所以死得如此之快,也有运气的成分。假如蝎子刺中的是其他并不致命的部位,结果会怎样呢?

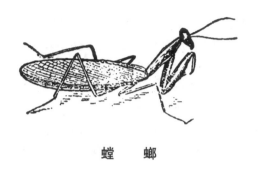

螳　　螂

我换了一只蝎子操刀手,以确保毒囊里有足够的毒液。在接下来的决斗中,我都注意这样做了;每一个新的受害者都会由一个新的祭司来执行,而长时间的休息则让这些祭司的毒囊装得满满的。

这又是一只强壮的螳螂太太,它半直起身子,转动着脑袋,视线越过肩膀警觉地看着。它摆出幽灵般的姿势,翅膀相互摩擦,发出"扑扑"的声响。它的勇敢先让它占得了上风;它用带锯齿的臂铠成功地抓住了对手的尾巴。只要它抓好,被解除了武装的蝎子就无力伤害它了。

可是,疲劳向螳螂袭来,并由于恐慌而更加剧了。螳螂只是抓住那根在眼前挥舞不已的蝎尾,以为后者和蝎子身体的其他部分没什么区别,根本就没有意识到这一举动有多么巨大的威力。于是,这无知的可怜虫松开了它的捕兽夹。这下它完蛋了。蝎子刺中了它第三对足附近的腹部。顿时,螳螂的器官完全失调,就如同一个机械系统绷断了主要弹簧而陷入瘫痪一样。

我无法让蝎子根据我的意志去刺中这个或那个部位;它缺乏耐心,不能容忍任何试图操纵它的武器的放肆举动。我只能利用搏斗中所发生的各类偶然事件。其中有一些值得记录下来,因为这些被刺中的部位离神经中心较远。

有一次,螳螂被刺中了它两条锯刀前肢中的一条,具体部位是长着细嫩皮肤的腿节与胫节的相连处。被刺中的前肢立即瘫痪,紧接着另一条也动弹不得。其他腿脚也随之蜷缩起来。螳螂腹部搏动着，不一会儿全身便完全不动了。死亡来临得如同闪电一般迅速。

另一只螳螂被刺中了中间一条腿的大小腿相连关节。它的四条后腿顿时弯曲起来；进攻时并没有展开的翅膀，此时却抽搐着展开了，摆出一副幽灵般的姿势，甚至一直保持到它死后也没有改变。锯刀前肢胡乱地舞着；一会儿乱抓，一会儿打开，一会儿又合起；触角抖动着，触须颤抖着，腹部搏动着，尾部的附属器官摇摆着。这种痛苦的挣扎又持续了一刻钟，此后一切归于平静；螳螂死了。

悲剧场面如此震撼，激起了我极大的好奇心，它驱使我做了各种实验，而每一次的情况都是如此。无论被刺中的部位如何，也无论它距神经中枢是近还是远，螳螂总是会死去，要么当即殒命，要么经过几分钟的抽搐。即使是响尾蛇、角蝰、洞蛇，以及其他最令人恐惧的毒蛇，也不能以更快的速度置受害者于死地。

我由此而得出的结论首先是：这种现象是生物精细构造的结果，一种生物越是具有良好的天赋，便越是敏感和脆弱。我常想，蜘蛛与螳螂都是造物中的精品，它们一受打击便即刻殒命；而面对同样的打击，另一种粗俗的生物或许就能忍受几个小时或者几天，甚至并无大碍。我们可以去找普罗旺斯园丁深恶痛绝的蝼蛄谈谈。其实，它是一种奇怪的动物，专门切断植物的根茎，并且强壮、粗俗、低级。即使被一把抓住，它也能让你松开手来，它的前肢就像鼹鼠的前爪，长着带有锯齿的耙子，能刨得你皮肤生疼。

蝎子和蝼蛄置身于狭窄的角斗场里，相对而视，似乎彼此认识。它们是否可能曾经相遇过呢？这看起来很令人怀疑。蝼蛄是花园和沃土里的住客，生长在那里的茂盛植物招来了它这地底的害虫；而蝎子却偏爱遍野焦土、勉强生长着枯草的斜坡。一个贫瘠，一个肥沃，要让这两种动物相遇几乎是不可能的。然而，尽管它们素不相识，但这两只昆虫却都立刻预见到了这次会面的致命危险。

不用我的挑拨，蝎子便径直冲向蝼蛄，而蝼蛄则摆出攻击的架势，那对大剪子随时准备开膛破肚。它背上的翅膀相互摩擦着，发出低沉的声响，仿佛在唱战歌。但蝎子却不让蝼蛄唱完这一节；它用尾巴迅速地开始了攻击。蝼蛄的前胸披着拱起的坚实盔甲，裹住了它的脊背。在这坚不可摧的盔甲后面,长着一条深深的褶皱,上面盖着细嫩的皮肤。螫针就从这里刺入。顷刻之间,野兽就被打垮了;它仿佛被闪电击中,瘫倒下来。

接着,蝼蛄做出一连串杂乱的动作。善于挖掘的前爪瘫痪了;它的钳子再也抓不住我伸过去的稻草;其他腿脚则胡乱地舞动着,伸伸屈屈;那四片长着肉质绒球的触须合成一束,然后分散开来,又重新合在一起,轻轻地拍打着我放在它们附近的东西;触角无力地摇晃着;腹部猛烈地搏动起来。渐渐地,垂死的痉挛平息了下去。终于,两小时后,最后死亡的那一部分——跗节也停止了颤动。这粗俗的动物并不比狼蛛和螳螂死得好,但是它苟延残喘的时间却比它们长。

接下来要了解的是,对螳螂胸廓盔甲下面的攻击,是否因为位于神经中枢附近,因而特别具有威力。我用其他的蝼蛄受害者和蝎子执行者重复了同样的实验。有时,蝎子的螫针刺中了蝼蛄没有盔甲的部分;但更多的是刺中腹部的某一个部位。在后一种情况下,即使被刺中的是腹部的末端,其结果总是受害者立刻生命垂危。唯一被注意到的区别是:蝼蛄善于掘地的爪子还能像其他腿脚一样继续动弹一段时间,而不是突然瘫痪。无论被蝎子刺中哪个部位,蝼蛄总是没有好下场;这强壮的昆虫在痉挛中伸了几次腿脚,随后便死去了。

现在轮到蝗虫中最大最壮的灰蝗虫了。蝎子似乎因为身边有这样一个爱炝蹦子的好动家伙而感到担忧。而对于蝗虫来说,它巴不得立即离开。它高高跳起,撞在玻璃片上,这是我为了防止虫子们逃离竞技场而盖在上面的。有时,它会掉落在蝎子背上,后者则逃着避开这"蝗虫雨"。最终,逃跑者不耐烦了,便蜇了蝗虫的腹部。

蝗虫受到的震撼一定猛烈异常,因为它一条粗大的后腿当即就脱落了,这是蝗虫类昆虫在绝境之中经常出现的关节自动截落现象。另一条腿也瘫痪了,它伸直并竖立起来,再也不能支撑在地面上。弹跳也就到此结束了。与此同时,前面的四条腿杂乱地舞动着,无法前进。不过要是将它侧着翻倒,它却仍然能翻转过来,恢复正常的姿势,只是那条粗大的后腿还是无力地竖着。

一刻钟过去了,蝗虫倒了下去,再也没有站起来。在相当长的时间里,它仍然痉挛着,伸展着腿脚,抖动着跗节,摇晃着触须。这种状况越来越严重,能一直持续到第二天;不过,有时候用不了一个小时,蝗虫就完全不动了。

蚱蜢是另一种强壮的蝗虫类昆虫,长着不符合比例的长腿和像圆锥形糖块一样的头;它死得和蝗虫一样,也苟延残喘了几个小时。我还曾经看到,佩刀的飞蝗类昆虫一个星期后才逐渐瘫痪,虽然在此之前不能说它已经丧命,但它也不能算是"活着"了。这回,我观察的对象是葡萄树上的距螽。

这大腹便便的虫子被刺中了腹部。受伤的那一刻,它发出一声铙钹般响亮的悲惨叫声,接着便掉落下来,侧身摔在地上,表现出马上就要死去的样子。可是,这个伤员仍然挺着。两天后,看到它虽然腿脚已经失调、丧失了行动的能力,却还在奋力尝试,我便产生了帮它一把、替它治疗的想法。我用草秆引了一些葡萄汁作补药给它服,它乐意地接受了。

这药水似乎起了作用;距螽看上去在逐渐恢复健康。可事实却根本不是这样!被刺的第七天,病人就死去了。蝎子的毒针对于任何一种昆虫——哪怕是最强壮的——都是残酷致命的。有的即刻丧命,有的则苟活几天,但最终都得死去。虽然那只距螽活了一个星期,但我谨慎地认为这并不是我给它服用葡萄汁药的功劳;它能坚持这么长时间,得归结于它自身的身体特点。

尤其应该考虑到,伤势的严重程度是随注入毒液的量的不同而变化的。我没有能力控制毒液的注入量,何况蝎子通过毒管分泌毒液时非常地随心所欲,有时它很吝啬,有时却慷慨得近乎于挥霍。此外,距螽提供的资料相差也很大。根据我的记录,有些实验对象在短时间内就死去了,然而其他大多数对象却都经过了长时间的垂死挣扎。

总体说来,飞蝗类昆虫的承受能力比其他蝗虫强。距螽证实了这一点;承受力在距螽之后的,是佩刀类昆虫的典范——白额螽斯。它长着有力大颚和象牙白的脑袋,被刺中了腹部上面的中央部位。起先这位伤员似乎伤得不重,还能信步闲逛,并试着跳一跳。可半小时以后,毒液便开始在它体内发挥作用。它的腹部开始痉挛,剧烈地弯曲呈弓形,腹部上的开口再也无法合起,在坚硬而粗糙的地面上划出一道道痕迹。这骄傲的虫子双腿瘫痪,成了可悲的残疾。六小时后,白额螽斯侧躺在地上。它想站起来,却怎么也办不到,只能在挣扎中消耗自己的体力。渐渐地,挣扎平息了下去。第二天,螽斯死了,彻彻底底地死了,身上再没有一个部位能动。

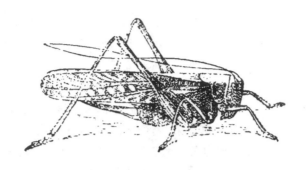

白额螽斯

日暮时分,大蜻蜓穿着黄黑礼服,安静地沿着篱笆来来回回、笔直疾飞。它是一个海盗,在这片宁静的地方截取所有过往船只的钱财。它那激情的生命、那狂暴的行径,都反映出它的神经分布比蝗虫这种在草地上安详反刍的昆虫更加微妙。而事实上,当它被蝎子螫咬以后,死得几乎与螳螂一样快。

另一个不惜精力的家伙——蝉,在酷热的夏季从早到晚不停地歌唱,还上下摇摆着腹部,为铙钹般洪亮的歌声打节奏。它死得也十分迅速。天赋是要付出代价的;当傻瓜蛋们还在坚持的时候,最有天赋的蝉却将一命归西。

鞘翅科昆虫体形庞大,装备着角质装甲,刀枪不入。蝎子的剑术蹩脚,只会随便出击,它是怎么也找不到鞘翅科昆虫胸甲间狭窄的接缝的。而要想刺穿它们坚硬外壳的某一个部位,则需要一段时间的用力;然而,在杂乱的自卫过程中,被攻击者是不会让蝎子有时间用力的。再说,蝎子这粗鲁的家伙也不懂得钻孔的战术,它只会给予对手猛地一击。

蝎子能用螫针一刺中的的部位只有一个:那就是鞘翅科昆虫的上腹,那里十分柔软,由鞘翅保护着。我用钳子将鞘翅和翅膀掀起,让这个部位暴露出来;或者用剪刀将它们事先除去。这种切除手术的后果并不严重,被切除鞘翅和翅膀的鞘翅科昆虫还能存活很久。我将这样的昆虫放到蝎子面前。

而且,我专门选择个头儿最大的鞘翅科昆虫:比如有带角天牛、天牛、金龟子、步甲虫、金匠花金龟、腮角金龟、粪金龟等等。

所有这些昆虫在蝎子的蜇咬下都无一幸免,但它们垂死的时间却长短不一。这里不妨举几个例子。圣金龟子在伸着足抽搐了一阵之后,便将腿脚高高升起,拱着背在原地踏步,可无法前进,这是它的行动机制缺乏协调的结果。它翻倒在地,再也站不起身来;它狂乱地蹬着腿。终于,几小时后,一切都归于平静:圣金龟子死了。

天牛,不管是住在橡树上的还是住在英国山楂树或桂樱树上的,它们的痛苦挣扎也是以类似于蜷曲症的发作开始,有时要过一段时间才能结束。有的一直要等到第二天才迎来死亡的降临;而有的却只能坚持三到四个小时。

金匠花金龟、普通腮角金龟,以及长着角的漂亮的松树腮角金龟,也遭遇了同样的结局。

金步甲被蝎子蜇伤之后的垂死场面实在惨不忍睹。它的腿脚痉挛着呈高跷状,却因掌握不了平衡而翻倒在地,它爬起来,倒下,再爬起来,再倒下。长着角质甲胄的肠子末端又突又鼓,似乎是要将它的内脏全都排出来;胃里还呕出一摊黑色的东西,把头都淹没了;金色的鞘翅掀起胸甲,裸露出可怜的光溜溜的腹部。第二天,它的跗节仍在颤抖,可是离死亡已经不远了。金步甲的近亲黑步甲,它的垂死方式也同样悲惨,我们以后会提到。

大家是不是想看看相反的情况,看看一种坚忍的昆虫是如何体面地死去的呢?那就让蝎子去蜇被俗称为犀牛的葡萄根蛀犀金龟吧。要论体格,鞘翅科昆虫中没有谁能及得上它健壮。虽然它鼻子上长着一只角,但却性情温和,幼虫时一直居住在橄榄树的老根里。刚被蝎子蜇中时,它似乎什么也没感觉到,像平常一样严肃而平稳地四处走动着。

金步甲虫

但是,凶猛的病毒突然开始在它身上发作了。它的腿脚不再像往常那样听从使唤;受伤者跟跄着仰天倒下,再也爬不起来。在三四天的时间里,它一直保持这个姿势,除了垂死的细微动作外,没有任何挣扎,它就这样平

静地任生命流逝而去。

蝴蝶被蜇后会有什么举动呢？这些娇嫩的家伙一定对蜇刺特别敏感；在实验之前，我对此深信不疑。但是，本着观察者一丝不苟的态度，我们还是来做个实验吧。金凤蝶和海军蛱蝶刚被螫针刺中，便立即死亡了。我早就料到这个结果。大戟天蛾和条纹天蛾也没有坚持更长的时间，它们和蜻蜓、狼蛛以及螳螂一样，也是闪电般地死去了。

但是，令我大吃一惊的是，大孔雀蝶面对攻击似乎毫毛不损。的确，攻击大孔雀蝶困难很大。蝎子的螫针每次都在片片纷飞的柔软绒毛里偏离方向。虽然已经连刺数针，但我也不敢肯定螫针是否真的刺中了蝴蝶。于是，我将大孔雀蝶腹部上的毛脱去，让皮肤暴露出来。事先采取了这一措施后，我便清楚地看到蝎子的武器插入其中。现在可以肯定蝴蝶被刺中了；而此前它还挨了几针，尽管那几针是否刺中值得怀疑；不过即便如此，大孔雀蝶仍安然无恙。

我把它放进桌上的一只金属钟形罩里。它抓住网纱，一整天都待在那儿一动不动。它的翅膀大大展开，甚至没有半点颤抖。第二天，情况没有任何变化；被刺中的蝴蝶仍然用前腿跗节上的小钩将自己钩在网纱上。我把它捉下来，仰天放在桌子上。它巨大的身体微微颤抖着，逐渐剧烈地抖动起来。它的末日到了吗？

根本不是。看来垂死的蝴蝶又复苏了，它拍打着双翅，猛一用力，站了起来。它重新爬上网纱，又悬在了那里。下午，我再次将它仰天放在桌上。蝴蝶的双翅轻微地动着，近乎打哆嗦，借助这个动作，它躺在地上一边滑一边缓慢地行走，并再次爬上丝网，接着便停止了一切行动。

就让这可怜的动物安静一会吧，当它真正要死时，会自己掉下来的。最后，蝴蝶只是在被蜇后的第四天才掉下来，要知道它可能挨了不止一针。它的生命枯竭了，死去的是一只雌蝶。母性的本能战胜了垂死的痛苦折磨，推迟了死亡来临的时间；而在死之前，这只蝴蝶产下了自己的卵。

如果说，我们很自然地把大孔雀蝶能够长时间抵抗蝎毒的原因归结于它那巨大强壮的身体，那么生活在我饲养场里的孱弱的桑蚕蛾，则告诫我们去别处探寻原因。这个小小的侏儒残疾只有抖抖翅膀的和围着雌蛾转的力气，对蝎毒的抵抗能力却与大孔雀蝶不相上下。它们对蝎毒之所以反应迟钝,也许是出自以下原因。

与其他蝴蝶——尤其是趁着暮色在花冠上热切采集花粉的天蛾,以及向鲜花教堂不懈朝圣的金凤蝶和蛱蝶——相比,大孔雀蝶与桑蚕蛾不能算是完整的生命。它们没有口器,不吃任何食物。由于没有食欲,它们只存活短短的几天,这些时间只够它们产卵繁殖。与如此短暂的生命相对应,它们的机体一定极其粗糙,因此也极不容易受损。

让我们在节肢类动物中降几级,考察一下粗俗的蜈蚣吧。蝎子对蜈蚣并不陌生。我曾在围墙里的蝎子小镇上目睹过蝎子尽情大嚼捕获的隐身蜈蚣和石蜈蚣。它们对于蝎子来说,是既无攻击能力、又无自卫能力的猎物。但今天我要让蝎子面对的,却是多足纲昆虫中最强壮的噬咬蜈蚣。

这条恶龙长着二十二对脚,它对蝎子来说可不陌生。有时我会在同一块石头下发现它们。蝎子是以此为家;而夜游神蜈蚣则只是在那里暂时栖身。这种同住生活并没有引起任何麻烦。但会一直这样下去吗? 让我们拭目以待。

我把这两只可怕的家伙放在一个底部铺了沙的广口瓶里。蜈蚣沿着竞技场的墙壁兜着圈子。它像一条波浪起伏的带子,约一千指的横截面宽、十二厘米长,琥珀色的身体上套着暗绿色的环。它抖动着长长的触须,探测着四周;最后,那如同手指般灵敏的触须末端遇上了一动不动的蝎子。顿时,蜈蚣惊恐地往后缩去。可环形的瓶底又把它带到了敌人的面前。于是,它再次与之邂逅,也再次逃跑。

但是,这一回蝎子已有所戒备,它尾巴绷紧呈弓形,双钳张开。蜈蚣刚刚回到环形跑道上的那个危险地点,就立即被蝎子的双钳捉住,并被夹住了头部附近的部位。这脊椎灵活的长虫扭曲着、缠绕着,可都无济于事;对方镇定自若,将双钳夹得更紧;无论蜈蚣乱跳也好,缠绕也好,松开也好,都无法让蝎子松手。

与此同时,蝎子挥舞起螯针。它三次、四次扎进蜈蚣的侧肋,蜈蚣则张大毒牙,想尽力咬蝎子,却因为前半身被蝎子死死钳住而无功而返。只有它的后半身还在挣扎扭动,时而卷起,时而松开。不过这一切都是白费力气。它被蝎子的长钳固定在远处,根本用不上毒牙。我曾目睹过许多昆虫的战斗,可从未见过比这两怪搏杀更可怕的。它让人浑身起鸡皮疙瘩。

借着战斗中出现的暂时平静，我将两个斗士分开，并隔离开来。蜈蚣舔了舔流血的伤口，几小时后便恢复了体力。蝎子则毫毛未损。第二天，它又发起新的进攻。蜈蚣一连三次被蝎尾蜇伤，鲜血直流。蝎子害怕遭受报复，往后退去，似乎被胜利给吓坏了。可伤者并没有反击，只是继续沿着环形路线逃跑。今天就到此为止吧。我用硬纸板将瓶子围住。四周一黑，两只昆虫会各自安静下来。

接下来发生了什么，尤其是在夜里发生的事，我都不得而知。它们很可能又再次开战，蝎子又扎了几针。总之，第三天蜈蚣衰弱了许多。第四天，它已经快死了。蝎子监视着它，却始终不敢咬它。最终，当蜈蚣再也没有一丝动静，蝎子便开始撕咬这巨大的猎物；先是头，接着是前两节身体，都被吞下了肚子。可这大餐太丰盛了，余下的部分将会变质发臭，纯粹被浪费掉。蝎子只吃鲜肉，因此再也不会去碰它了。

蜈蚣至少被刺中七次，但直到第四天才死去；而强壮的狼蛛只被蜇了一次，便当即毙命了。几乎在同样短的时间里丧生的，还有螳螂、圣甲虫、蝼蛄和其他一些强壮的昆虫，它们即使被标本采集者钉在软木板上，也还能手舞足蹈地动几个星期。可一旦被蝎尾蜇中，它们中的任何一个都即刻遭到灭顶之灾；转眼之间，最有活力的昆虫也成了死尸；而眼前的蜈蚣被刺中了七次，却存活了四天。也许，它的死因不仅是蝎毒，同时还有失血过多。

为什么会有这样的区别呢？原因似乎是它们的身体结构不同。生物随着等级的不同，其生命平衡的稳定性也不同。等级最高的生物容易丧命；而等级最低的生物则生命力顽强。那些天性娇嫩的昆虫丧了命，而粗俗的蜈蚣却还能坚持一阵。事实果真如此吗？蝼蛄的例子却又让我们无法下此定论。这粗俗的虫子几乎与蝴蝶和螳螂这些精致的造物死得一样快。不，到目前为止，我们还没弄清蝎子尾巴的葫芦里究竟藏着什么。

朗格多克蝎子爱的序曲

四月里,当燕子归来,布谷鸟唱出第一个音符时,原先如此平静的围场小镇里正在发生一场革命。夜幕降临后,许多蝎子纷纷离开住所,外出朝圣,再也没有回来。更为严重的是,同一块石头下经常有两只蝎子,其中的一只正在吞噬另一只。这难道是在初春的美好时节里,某些蝎子受流浪情怀的驱使,傻呵呵地闯入邻家,却因不敌强手而丢了小命的同类相残吗?看到入侵者在几天的时间里像普通猎物一样被安安静静地一口一口吃掉,我们几乎可以判定就是如此了。

可是,有些事实却让我们醒悟过来:被吃的蝎子无一例外都是中等个头;它们体色更加金黄,腹部并不那么突起,这证明它们都是雄性,清一色的雄性。而其他更大、更胖、体色略浅的蝎子则不会如此悲惨地结束生命。如此看来,这里所发生的并不是邻居间的争斗,并不是蝎子们由于特别渴望独居而加害来访的客人,然后再将它们吃掉,以这种过激的方式中止今后的冒失行为;这其实是蝎子的婚礼仪式,而为仪式作悲剧性收场的,就是交配后的肥胖雌蝎。但我要等到明年才能确认这种怀疑是否有根据,因为我现在的装备还太不充分。

春天再次降临了。这一次,我事前准备好一只大玻璃笼子,里面住着二十五只蝎子,每一只都拥有自己的瓦片。从四月中旬起,每当夜幕降临,从七点到九点,玻璃宫殿里便会热闹非凡。白天似乎还冷冷清清,夜里却是一片欢腾的景象。晚饭一吃完,我们全家都往那里奔去。借着悬挂在玻璃壁前的一盏灯笼,我们可以观察到笼里发生的事情。

这是我们一家在忙乱了一天之后的消遣,是供我们欣赏的节目。这天然剧场里的演出有趣极了,只要灯笼一点亮,我们一家大小就都会到花坛前安坐下来;真是全家出动,连家里的狗——汤姆也来了。这个货真价实的哲学家其实对蝎子的事并不关心,它只是躺在我们脚边打瞌睡,但只闭着一只眼,而另一只则总是睁着,守着它的朋友——孩子们。

让我试着向读者们介绍一下发生的事情。在靠近玻璃墙壁被微光照亮的地方,很快就聚起了好几群蝎子。而单独散步的蝎子这儿那儿地散在其他地方,到处都是,它们受到灯光的吸引,离开暗处,朝着欢乐喜庆的光亮奔去。即使是夜蛾也不见得比它们更爱向灯光闪耀的亮处跑。刚到的蝎子们混进群中,那些玩倦了的,则回到阴暗中休息片刻,接着又满怀激情地重返前台。

这些可怕虫子狂欢时的吵吵闹闹并非一点吸引力都没有。一些蝎子从远处赶来,它们庄重地从阴暗中走出,忽然迅速而轻柔地一跃,就像来了一个滑步,便进入了灯光下的蝎群之中。它们灵巧的样子让我想起小跑中的老鼠。它们互相搜寻;指尖一碰到对方便飞快地逃开,似乎相互烫着了一般。其他的蝎子呢,它们和同胞们滚作一团,狂乱地迅速逃走;等它们在阴暗中镇定下来之后,又再度回来。

有时,蝎群会特别混乱:它们腿脚乱窜乱动,螯钳互相抓打,尾巴弯曲着碰来撞去,在这混乱的场面里,也不知道它们是在相互威胁还是在相互爱抚。如果碰巧,可以在蝎群中看到几对发光闪烁的小点,仿佛是光彩夺目的深红色宝石。人们可能会把这当做蝎子的眼睛在放光;而事实上,这是位于蝎子头部前方的两个光滑如镜的小平面。蝎子们无论大小,都参与了斗殴;这看起来就如同一场殊死战斗,一场大屠杀,同时也像一场嬉闹,就好像小猫之间的互相嬉闹一样。不久,蝎群便解散了;它们各自逃开,不带任何伤痕,也没有任何扭伤。

这会儿,逃兵们又重新聚集到灯笼前。它们来来去去,离离回回,常常面对面地相互撞上。行色最为匆匆的蝎子爬到了另一只的背上,后者听之任之,除了动动臀部,没有其他怨言。现在可不是推推搡搡的时候;相遇的蝎子们最多只是相互扇个耳光,也就是用尾巴的弯钩敲打一下对方。在蝎子的世界里,这种不使用螯针的善意敲打,就如同人类用拳头轻捶对方一样普遍。

比混乱成一团的腿脚以及翘起的尾巴更为精彩的是,蝎子们有时还摆出极有创意的姿势。两名斗士头对着头,螯钳后收,只以前身为支撑,将身体后半部分直立起来,如同树一般地倒立着,以至于长在胸口的八片白色呼吸小袋都暴露无遗。这时,它们的尾巴伸直呈直线并垂直竖起,相互摩擦,滑而过,而蝎尾的末端则弯成钩形,几次三番地轻轻缠绕,接着又松开。突然,友谊的金字塔轰然倒塌,两只蝎子各自匆匆离开,没有任何礼节客套。

这两位斗士摆出的独特姿态有什么用意吗?是两个对手间的肉搏吗?看起来不是,因为它们见面时显得十分平和。通过接下来的观察,我了解到这是蝎子们定情时的相互挑逗。为了表白心中熊熊的爱火,蝎子会倒立起来。

以刚才开始的方式继续工作,用一张总体表格来介绍每天所收集到的数千条小资料,这种做法自有它的好处;叙述会因此而简明扼要。然而,每次观察到的细节都迥然不同,而且很难分类,而缺少了细节,叙述就会毫无趣味。因此,在介绍蝎子如此奇怪并鲜为人知的习俗时,我们不应当遗漏任何细节。即使有时会有一点重复,但我还是认为随着观察到的新情况,以时间先后为序,分段叙述更好。这样的话,可以在每晚观察到的无序现象中理出头绪,而这些现象能为我们提供蝎子的某一个特征,以证明和补充先前所归纳出的其他特征。于是,我便采用日志的形式继续做记录。

一九零四年四月二十五日。——天哪!这是怎么回事,以前可从来没有见到过!我随时密切关注着蝎子们,可还是第一次观察到这个情况。两只蝎子面对面,螯钳并在一起,相互握住对方的指节。这是友好的握手,而不是战斗的前奏,因为双方彼此之间表现得再温和不过了。它们是一对异性蝎子。那只体型较胖、体色较深的是雌蝎;另一只相对较瘦、体色较浅的是雄蝎。这一对蝎子将尾巴绕成漂亮的螺旋形,迈着整齐的步伐,沿着玻璃墙壁闲逛。雄蝎在前面,稳稳当当地倒退着,没有遭到任何反抗。雌蝎顺从地跟随着,它的指尖被捉住,面对着拖着它的雄蝎。

虽然闲逛过程中有一些停顿,可这都不影响它们手拉着手;闲逛时断时续,有时在这儿,有时在那儿,从围墙的一头到另一头。没有任何迹象说明它们闲逛的目的地在何处。它们游荡着，无所事事，互送秋波。在我住的村子里，星期天晚祷后，年轻人们就是这样沿着篱笆，和自己的心上人一起散步的。

两只蝎子经常掉头。决定要往哪个方向走的总是雄蝎。它并不松开握着的手，优雅地转过身来，就和它的女伴侧对侧地并排站着了。这时，它用平放着的尾巴抚摸雌蝎的脊背。而雌蝎则一动不动，神色泰然。

整整一个小时，我看着这对蝎子无止境地来来往往，一点都不感到厌倦。在这世人从未见过的奇特场景面前，我的一部分家人用他们的眼睛帮助着我，至少是那些有观察能力的眼睛。虽然时间已晚，让我们这些没有习惯熬夜的人都很辛苦，但我们仍然共同集中精神，没有遗漏任何重要的细节。

终于，夜里十点左右，闲逛结束了。雄蝎爬上一块花盆碎片，似乎对这个隐蔽所很满意。它松开女伴的一只手，仅仅只是一只，但仍然握着另一只手；它用腿脚挖土，用尾部清扫。一个地洞就这样被打好了。它走进洞里，缓缓地、轻柔地将耐心等待的雌蝎拉了进去。不一会儿，它们都不见了。一道沙砾屏风堵住了洞口。这对情侣找到了自己的家。

打扰这一对儿是一种拙劣的行为；如果我立刻去看瓦片下面发生的事，那会为时过早，不合时宜。情事之前的准备工作也许就要占去大半夜的时间，而长时间的熬夜观察也开始让我这个八旬老翁感到了负担。我的双腿开始发软，眼睛开始发涩。还是睡觉去吧。

我整整梦了一夜的蝎子。它们在我的被子里爬着，爬上了我的脸颊，对此我并不特别惊讶，因为我在想象中看到的奇异东西实在太多了。第二天一清早，我便把石头翻开，只见到雌蝎独自一人。雄蝎踪影全无，既不在洞穴里，也不在附近。真是令人失望，以后还会有很多令人失望的事情等着我呢。

五月十日。——晚上七点左右，天空乌云笼罩，预示不久将有一场阵雨。在玻璃笼子里的一块花盆碎片下，一对蝎子一动不动，面对面，相互捉着对方的指节。我小心翼翼地掀起碎片，露出下面的住户，以便更好地观察这次幽会的结果。夜幕降临，我觉得似乎没有什么能打破这间没有房顶的小屋里的宁静了。一场大雨让我不得不撤退。而那两只蝎子有笼盖遮挡，不用避雨。就这样，它们可以专注于它们的情事，可失去了床顶的华盖，它们会做些什么呢？

一个小时后，雨停了，我回去看我的那对蝎子。它们已经离开，选择了附近的一片瓦片作为自己的家。它们依旧手牵着手，雌蝎在洞外，雄蝎则在洞里整理房间。我觉得交配的时间逼近了，为了不错过它的准确时间，我们一家人轮流守候，每十分钟换一班。可是我们的心血白费了；八点左右，当天色完全黑下来后，这对蝎子因为不满意这个地方，手牵着手，重新开始长途跋涉，到别处去寻找合适的居所去了。雄蝎倒退着，一边指引方向，一边根据自己的意愿选择住处；雌蝎顺从地跟随着；这与我四月二十五日看到的场景完全一致。

它们终于找到了一块满意的瓦片。雄蝎先钻了进去，但这次它一刻也没有松开它的女伴，紧紧地握着后者的双手。它用尾巴清扫了几下，洞房就收拾好了。雌蝎在雄蝎温柔的引导下被牵进了洞。

两小时后，我前去拜访它们，自以为已经给了它们充分的时间完成准备工作。我掀起瓦片。它们还是原来的姿势，面对面，手牵手。看来今天我观察的就只能是这些了。

第二天，仍然没有一点新情况。雄蝎老哥和雌蝎大姐面面相对，陷入沉思，它们的腿脚一动不动，相互握着指尖，继续着那没完没了的幽会。傍晚日落时分，经过二十四小时的牵手幽会，这一对情侣分开了。雄蝎离开了瓦片房，雌蝎还留着，事情一点进展也没有。

在这一幕中，有两件事情值得记录下来。在订婚散步之后，蝎子情侣需要一个神秘而安静的隐蔽所。洞房花烛是从来不会在露天、在万头攒动的蝎群中，或是在众目睽睽之下进行的。无论在白天还是在黑夜，无论你多么小心地将它们的房顶掀开，这对看起来完全沉浸在思绪中的情侣都会立即离开，去寻找另一个住所。此外，它们在石头下停留的时间很长；我们刚才看到的那次长达二十四个小时，而且没有任何最终的结果。

五月十二日。——今晚的情景会告诉我们什么呢？天气平静而炎热，正适合恋人们的夜间嬉戏。一对蝎子成了情侣，可我没注意它们是怎么开始的。这一次，雄蝎在体型上比大腹便便的雌蝎大姐要小得多。可是，矮小瘦弱的它还是勇敢地履行了自己的职责。它按照惯例倒退着行走，尾巴卷成喇叭状,拉着胖胖的雌蝎绕着玻璃城墙散步。一圈又一圈,时而朝着一个方向,时而朝另一个方向。

它们经常会停下来。这时,两只蝎子的额头靠在一起,微微向左右倾斜,似乎在咬耳朵讲悄悄话。细小的前足不停地扭动着,如同狂热的爱抚。它们在相互倾诉什么呢?怎样才能用话语传达它们那无声的祝婚歌呢?

全家人都赶来观看这奇怪地套在一起的两只蝎子,我们的在场并没有对这一姿势造成任何干扰。我们觉得它们这样很优雅,表达方式也不夸张。在灯笼的照耀下,这对蝎子半透明地闪着光,如同是由一块琥珀雕琢而成。它们双臂前伸,尾巴卷起呈可爱的螺旋形,动作轻柔,看一步走一步地长途跋涉着。

它们没有受到任何打扰。假如有一只蝎子晚上出来乘凉,和它们一样沿着墙游荡,在半路上遇见它们,它会察觉到这对情侣之间正在进行的微妙事情,于是自动闪到一边,让出路来。最终,这对散步者在一块瓦片下找到了可以接纳它们的隐蔽所,不用说,雄蝎倒退着,先进了洞。这时是夜里九点。

晚上的田园爱情剧结束后,接下来便发生了深夜里令人发指的悲剧。第二天早晨,我在昨夜的瓦片下发现了雌蝎。瘦小的雄蝎在它身边,可是已经被杀,并被吃掉了一小部分。它的头、一只螯钳和一对腿脚都不见了。我将雄蝎的尸体放到洞口看得见的地方。整整一天,女隐士连碰也没有碰它一下。当夜幕再度降临之时,它才出门,路上碰见了死者,便将它拖到远处,以便为它举行体面的葬礼,也就是说继续将它吃完。

这种同类相残的行为和我去年在露天小镇里看到的情况相吻合。那时,我经常会在石头下发现一只肚子滚圆的雌蝎,正安然自得地品尝着它前一夜的伴侣,这是仪式后的一餐。我当时推测,雄蝎在完成了使命后,假如不及时脱身,雌蝎夫人便会根据自己的胃口,将它全部吞下,或吃掉一部分。如今,我眼前证据确凿。昨夜,我看见这对蝎子完成了惯常的准备工作——散步,然后进了住所;今天早晨,当我前去拜访时,在同一片瓦片下,新娘正在吞噬它的伴侣。

可以相信,那个可怜的家伙已经完成了它的使命。如果还需要它传宗接代,雌蝎是不会把它吃掉的。这样看来,眼前这对蝎子动作很快,我曾看到其他几对蝎子在长时间的缠绵静思之后，仍然没有做这最后一步，而时针则已经转了两圈多。也许是一些无法确定的环境因素——如大气状况、电压、气温、蝎子自身的热情等等——在很大程度上加快或减慢了最后交配的完成；这对于观察者造成了很大的困难，他希望把握确切时机，了解蝎子的梳状栉所发挥的作用，而这种作用目前还不清楚。

五月十四日。——可以肯定的是，每天夜里让我的虫子们焦躁不安的并不是饥饿。它们出来夜巡时，寻找食物简直不费吹灰之力。我刚刚为忙碌的蝎群奉上了丰富的食物，它们都是从我认为最适合的食物中精挑细选出来的。有肉质鲜嫩的小蝗虫，有肉味比一般蝗虫类更加鲜美的小飞蝗，还有折去翅膀的尺蛾。再过一段时间，我又加进了蜻蜓，我知道这是蝎子非常喜欢的食物，因为我曾在蝎子的洞穴里发现过与蜻蜓相似的成年蚁蛉的残骸和翅膀。

面对如此丰盛的猎物，蝎子们视若无睹，没有一只去注意它们。在混杂的昆虫中，蝗虫轻跳着，蛾子用残翅拍打着地面，蜻蜓则瑟瑟地发着抖，而过路的蝎子们对它们却毫不理睬。它们被蝎子践踏、踢翻，或遭到蝎尾横扫而被推开；总之，蝎子不需要它们作食物，完全不要。蝎子有其他事情要办。

几乎所有的蝎子都沿着玻璃墙走着。有些顽固的还试着向上爬；它们用尾巴将身体直起，可一打滑，就摔了下来，于是它们就换个地方再试。它们伸出拳头捶打着玻璃壁；它们不惜一切代价，想离开这里。可玻璃园已经很宽敞了，对所有蝎子来说都绰绰有余；园里的小径还可供它们作长距离的散步。可尽管如此，蝎子们就是要去远方流浪。要是在野外，它们肯定会四散而去。去年同样的时候，围墙里的居民们就离开了小镇，从此我再也没见过它们。

春天，到了交尾的时节，它们必须远行。在此之前一直是离群索居的蝎子，现在都放弃了它们独居的斗室，去作爱情的长途朝圣了。它们对自己的饮食毫不关心，出发去寻找自己的伴侣。在蝎子领地的石头当中，一定有一些区域可供它们碰面或集会。要不是担心夜里在它们那乱石嶙峋的山丘上摔断腿，我更宁愿去观看蝎子在自由的欢乐气氛中举行的婚礼庆典。它们在光秃秃的山坡上会做什么呢？似乎应该与玻璃围墙里的蝎子做的事没什么不同。选中了女伴之后，雄蝎便会手牵手地带着它，长时间地漫步在薰衣草丛中。虽然在野外不能享受我那引人入胜的小灯笼光，但它们却拥有一只无与伦比的大灯笼——月亮。

五月二十日。——并不是每天晚上都能看到雄蝎是如何邀请雌蝎去散步的。到了这个时候，已经有许多成双成对的蝎子从它们的石头底下出来了。它们这样手牵着手，在石头下面度过了整整一个白天，面对面一动不动地沉思着。夜幕降临后，它们仍然一刻也不分离，又重新沿着玻璃壁继续昨夜甚至更早之前已经开始的散步路程。也不知道它们是在什么时间、以什么方式配对的。其他的蝎子在偏远的小径上相遇，要对这些地段进行观察相当困难。当我看到它们时，已经为时过晚，配成对子的蝎子已经上路了。

今天，幸运女神向我微笑了。一对蝎子就在我眼前，在灯笼的照耀下，配成了对。一只雄蝎兴高采烈地快跑着穿过蝎群，突然发现自己正面对着一只令它心仪的过路雌蝎。后者没有回绝它的邀请，事情就这样迅速地发展下去了。

两只蝎子额头碰着额头，螯钳拉着螯钳；它们大幅度地摇摆着尾巴，竖起身子，尾巴末端相互勾着，缓慢而轻柔地相互摩擦抚摸；这两只昆虫就像前面描述的那样直立起来。不一会儿，它们双双倒地，手指相握，二话不说便上路了。这样看来，它们刚才摆出的那个金字塔的造型应该是交配的前奏。虽然这个姿势在同性蝎子相遇时也不少见，但它并不够标准，尤其是不那么庄重。在同性之间，这样的动作是不耐烦的表示，而不是友爱的挑逗；而蝎子的尾巴则是在相互敲打，而不是相互爱抚。

让我们跟着这只雄蝎去看看吧，它很快地倒退着离开了，一副情场得意的样子。途中遇上了其他雌蝎，它们排成行，好奇地看着这对情侣，或许还带着一点嫉妒。其中一只扑向被牵引着的雌蝎，抱住它的腿脚，拼命阻止这对情侣前进。雄蝎受到这样大的阻力，累得筋疲力尽；它用力摇晃，使劲拉扯，但都无济于事，散步没法继续下去了。雄蝎毫无悔意地抛下了自己的女伴。它身边就有另一只雌蝎。这一次，雄蝎简短地说了几句，没有其他表白，就抓住雌蝎的手，邀请它去散步。后者抗争了一下，脱身逃走了。

雄蝎又向好奇的旁观者中的另一只雌蝎示好，举动仍然那么没有礼数。雌蝎接受了，但这并不意味着它半路上就不会离开这个勾引者。不过对于轻浮的雄蝎来说，这没有什么关系！走了一个，还有其他的。那么，它需要的到底是什么样的配偶呢？遇上的第一只就行。

　　它终于找到了这遇上的第一只雌蝎，因为现在它正牵着已被自己征服的女伴，来到被灯笼照亮的区域。假如雌蝎拒绝前进，雄蝎就全力摇晃，将它拉向自己；假如雌蝎非常顺从，雄蝎的举止便会很温柔。散步的过程时停时续，有时停留的时间还挺长。

　　这时，雄蝎做起奇怪的体操来。它先缩回螯钳——说得更确切一些，是它的胳膊，接着又将它们伸直，它还要求雌蝎也交替着做同样的动作。就这样，它们自行组成了一个四边形的活动横杆，交替地张开合拢。经过这种柔软活动之后，活动杠杆便紧绷起来，一动不动了。

　　现在，它们额头碰着额头，两张嘴满怀柔情地贴在一起。为了形容这种爱抚，我脑海中闪现出亲吻和拥抱这样的词。但我不敢使用这些词，因为蝎子没有头，没有脸，没有嘴唇，也没有脸颊。它们的前端如同被大剪刀硬生生地截断了一样，连鼻尖也没有。我们以为长着脸的地方，其实不过是蝎子难看的下颌壁罢了。

　　可是对于雄蝎来说，那已是美到了极点！它用比其他腿脚更加灵敏、更加灵活的前腿轻柔地拍打着雌蝎那张可怕的面具，在它眼里，这却是姑娘一张精致的小脸蛋儿；它还满怀快感地用自己的下颌轻咬着、逗弄着对方同样极其丑陋的嘴。真是温柔而天真到了极点。都说吻是鸽子发明的，可我找到了比鸽子还早的接吻者，那就是蝎子。

　　雄蝎的心上人被动地任其摆布，可心里并非没有溜走的念头。但是应该怎么做呢？简单极了。雌蝎用自己的尾巴当棍子，打在热情过头的男伴的手腕上，后者立刻就松了手。这意味着分手。可到了明天，雌蝎不再赌气，一切又将继续下去。

　　五月二十五日。——我们在初步的观察中看到顺从的雌蝎打了雄蝎一棍，这说明雌蝎也有它任性的地方，会断然拒绝对方，也会突然要求分手。我们举个例子吧。

　　这天晚上，雌雄两只蝎子仪表堂堂地散着步。它们找到一块瓦片，看来还挺合适。为了行动方便些，雄蝎松开雌蝎的一只螯钳，仅仅是一只，用自己的腿脚和尾巴将入口打扫干净。然后，它钻了进去。随着洞穴逐渐挖成，雌蝎似乎也心甘情愿地跟了进去。

可不久之后,大约是住宅与时机都不合雌蝎的意,它又倒退着出现在门口,一半身子已经出了洞穴。它抗拒着拉住自己的雄蝎,而后者则将它拖向自己,只是还没露出身子来。争吵十分激烈,一只在屋里奋力拉,另一只则在外面使劲扯。它们时而前进,时而后退,不分胜负。最后,雌蝎猛一用力,将男伴拉出洞来。

这对蝎子并没有分手,它们又到了外面,重新开始散步。在漫长的一个小时里,它们沿着玻璃壁走着,一会儿朝这儿转,一会儿朝那儿转,接着又回到了刚才的那块瓦片前,完完全全就是同一块瓦片。道路已经开通,雄蝎迫不及待地钻了进去,发疯似的将雌蝎往里拖。雌蝎在外面努力抗争着。它伸直腿脚,在地上划出道道痕迹,并将尾巴用力靠在瓦片拱起的部位上,就是不愿意进去。它这么抵抗可不是为了扫我的兴。没有这样的前奏来点缀,交尾又有什么意思呢?

石头下的劫持者也不懈怠,它施展计谋,终于使反抗的雌蝎顺从地进了洞穴。十点的钟声刚刚敲响过。我下半夜必须坚持不睡,等着看结果;我要在恰当的时候把瓦片翻过来,看看下面的情况。良机难逢,可得好好利用。我会看到什么呢?

什么也没有。半个小时刚过,顽抗的雌蝎脱了身,离开了洞穴逃走了。雄蝎立即从洞穴深处跑了出来,停在门口四处张望。它的美人儿已经跑了。雄蝎灰溜溜地回了家。它受了骗。我也一样。

朗格多克蝎子的交尾

六月来了。此前我担心光线过于强烈，会对蝎子们造成干扰，便一直将灯笼悬挂在外面，和玻璃壁保持一定的距离。可是昏暗的光线让我无法观察到成双成对散步的蝎子套在一起的某些细节。它们牵手时是不是双方都很主动呢？它们的手指是不是组成一个交替互动的齿轮？或者说只有其中的一只采取主动？如果是，主动的又是哪一只呢？让我们去准确地了解一下，因为这细节很重要。

我把灯笼放到笼子里面正中央的地方。各个角落都被照亮了。蝎子们根本没有被吓着，反而欢快地向那儿靠拢。它们聚拢到灯笼周围；有一些甚至试图爬上去，以更加靠近光源。它们依靠玻璃周围的框架，爬到了那里。它们抓住白铁皮的边，坚持不懈，全然不担心会打滑，最终到达了高处。在那里，它们一动不动，身体一部分贴着玻璃，另一部分贴着金属支架，整晚如痴如醉地看着那盏小灯的光芒。它们让我想起以前的大孔雀蝶，在我灯笼的光芒下心醉神迷。

在灯笼脚下的亮处，一对蝎子毫不耽搁，摆出了直立的造型。它们优雅地用尾巴相互拍打，接着便开始走动。只有雄蝎是主动的。它用每只螯钳的两个指节紧紧抓住雌蝎螯钳相应的两个指节。只有雄蝎在用力握着，只有它能随时决定解除这相互套在一起的姿势，为此它只要张开双钳即可。而雌蝎却不能：它是被俘的，劫持者给它戴上了拇指铐。

在相当难得的情况下，我们还能看到更多。我撞见过雄蝎拉着它的美人的前臂向前走;也看到过它捉住美人儿的一条腿和尾巴往前拖。雌蝎曾经伸直双手,试图反抗着不走,但粗鲁的雄蝎完全忘记了矜持,把雌蝎侧翻在地,然后胡乱地抓住它。事情真相大白了,这完完全全是诱拐,是暴力绑架,就像洛摩洛斯的手下抢走萨宾女人一样①。

一想到这事迟早要以悲剧收场,我们会觉得这粗暴的劫持者对它的行为的执著似乎有点异常。按照惯例,婚礼之后雄蝎将被吃掉。多么奇怪的世界啊,受害者竟然会强行把杀它的祭司引上祭坛!

经过几夜的观察,我发现养殖场里体型最胖的雌蝎基本上不参加这成双成对的嬉戏;那些热衷于散步的雄蝎几乎总是去找年轻、肚子较小的雌蝎。它们要的是年轻姑娘。有时,它们也和其他雌蝎打个照面,碰碰尾巴,试着牵它们的手,不过这只是短促的逢场作戏,从不会得到这些雌蝎的好感。受到邀请的胖雌蝎刚被捉住手指,便用尾巴一打,提醒雄蝎们行为规矩,不得放肆。雄蝎被拒绝后也不坚持,放开雌蝎,两者就此分道扬镳。

那些大腹便便的都是些上了年纪的胖蝎子,对激情如火的交尾已不再关心。去年的这个时候,甚至可能更早一些,它们也有过自己的好时光,此后,它们感到足够了,再也不需要了。因此,雌蝎的妊娠期特别长,即便在更高等的动物中也很少有和它相类似的。它需要超过一年的时间才能让胚胎发育成熟。

我们再回头说说刚才看到的在灯笼脚下组成的那一对蝎子。我第二天早晨六点前去拜访。它们在瓦片下,保持着散步时的姿势组合,也就是说面对着面,手指捉着手指。在我观察它们的时候,又有蝎子结成了一对,并且开始长途旅行。它们这么早就开始远行,这让我非常惊讶;我从未见过蝎子在大白天干这种事,恐怕以后也很少看到。按照惯例,这种成双成对的散步都是在夜幕降临时才开始的。今天怎么会这么着急呢?

我想我看出了原因。今天是雷雨天气。整个下午雷打个不停,震耳欲

---

① 洛摩洛斯:传说中罗马的创建者和第一位罗马国王。萨宾人:古罗马时期居住在意大利中部的民族。

之后，两只雄蝎各自拉住了雌蝎的一只螯钳。接着，一只雄蝎在左，另一只在右，疯狂地用力拉着，仿佛它们要把雌蝎大姐肢解了一样。最终，瘦小的雄蝎自认战败，松开手逃走了。大个子握住雌蝎那只被松开的螯钳，没有再发生意外，新的一对儿开始散步了。

就这样，从四月末直到九月初，在四个月的时间里，蝎子的交配序曲每天夜里都毫不厌倦地重复着。炎热的酷暑非但没有让这些狂热的蝎子安静下来，反而为它们注入了新的热情。春天里，我要隔一段较长的时间，才能撞见一对对长途跋涉的蝎子；而在七月份，我一天夜里能同时看到二四对。

我想借此机会了解散步的蝎子情侣们藏在瓦片下到底干了些什么，可收获不大；我希望从头到尾地看到那温情长谈的细节。但翻转花盆碎片的方法行不通，哪怕是在静谧的夜里。我尝试了好几次，全以失败告终。只要房顶一被掀去，蝎子伴侣就会重新开始跋涉，去另一个隐蔽所，在那里继续我无法持续观察到的事情。要完成这一棘手的任务，必须营造一些特殊的、用不着我们插手的环境。

现在，这种特殊的环境出现了。七月三日早晨近七点，一对情侣吸引了我的注意，我前一夜刚看到它们配成对了，四处散步并找地方住了下来。雄蝎在瓦片下，除了螯钳末端，整个身体都看不见。小屋太狭窄，挤不下它俩。雄蝎进了屋；而肚子溜圆的雌蝎却留在屋外，手指仍被男伴牵着。

它的尾巴弯成一个大拱形，懒懒地侧斜着，螯针的针尖放在地上。四平八稳的八条腿摆出后退的姿势，表明它有意逃走。而全身则纹丝不动。这天我总共探访了二十次这只胖雌蝎，我没有看到任何臀部的动作和姿势的改变，也没有看到尾巴任何的弯曲变化。就算它变成了石头，也不会像这样纹丝不动。

至于雄蝎，也没有更多的动作。虽说我看不到它，但至少能见到它的指节，它们能告诉我它是否换了姿势。两只蝎子已经这样一动不动地度过了夜里大部分时间，白天仍是如此，一直持续到晚上近八点。它们两两相对有什么感受呢？它们静止不动，手牵着手在做什么呢？假如允许的话，我会说它们在沉思。这是唯一能描绘那些表象的词。可是没有一种人类的语言能用恰当的词汇来形容相互牵着手指的蝎子们那幸福与沉醉的样子。对那些不可能理解的事情，我们还是保持缄默吧。

声。昨天刚庆祝了圣梅达尔节①，他就打开了天上的水闸，于是整整一夜大雨倾盆。强大的电压和臭氧的气息让昏昏欲睡的蝎子隐士们兴奋了起来，它们神经受到了刺激，大部分都来到自己的斗室门口，将螯钳伸出洞穴，探察外面的情况。有两只蝎子更加兴奋，它们出了洞；对雷雨的迷醉挑起了它们交尾的狂热，它们的身心完全被这种狂热占据了；它们情投意合，于是便在隆隆的雷声中迈着庄严的步伐开始散步了。

它们经过一些敞着门的小屋，想进去。可宅子的主人不同意。它出现在门口，挥舞着拳头，那架势仿佛是说："滚到别处去，这里已经有主了。"于是它们只好走。在其他门口，它们遭到了主人同样的拒绝、同样的威胁。最后，由于没有更好的办法，它们只能钻进第一对蝎子昨夜就已入住的那块瓦片下面。

同住一室并没有引起纷争；新老住户肩并着肩，相安无事，它们各自陷入沉思之中，一动不动，不过手指仍然相互牵着。这种状况持续了一整天。晚上五点左右，两对蝎子分开了。雄蝎们似乎想同往常一样，去享受黄昏的欢愉时光，便离开了小屋；相反，雌蝎们却留在了瓦片底下。据我所知，尽管欢乐的雷声刺激着它们，但在这漫长的单独会谈中什么也没发生。

这种四只蝎子共处一室的例子并非独一无二；玻璃笼子里时常会有一些蝎子群，不分性别地聚在花盆碎片下面。我曾经说过：在它们的栖息地老家，我从未见过两只蝎子生活在同一块石头下。但我们不能因此就得出结论，认为它们残暴的习性会阻止邻里之间的任何往来；玻璃围墙里发生的情况说明，要是我们那样想，那就错了。围墙里的房间绰绰有余，每只蝎子都能选择一个住处，并且做独占欲极强的屋主。但这样的情况却根本没有发生。当热闹的夜晚来临时，这里就没有了他人不得侵犯的、只属于某一只蝎子自己的家。所有的房子都是大家的。只要愿意，任何一只蝎子都可以钻进它所遇到的第一块瓦片下面，原先的住户绝不会抱怨。就这样，蝎子们出

① 圣梅达尔节：法国乡村节日，时间在每年的六月八日。圣梅达尔于四五六年（一说四八零年）出生于法国瓦兹省萨朗西村，三十三岁当上教士，后成为努瓦雍-圣-康坦的主教，死于约五五七年。圣梅达尔因其善良而深受百姓爱戴，死后被供奉为农民和啤酒酿造者之神。传说他能在雨中行走而不湿身，故名字被人们用来祈雨。法国有"圣梅达尔节下雨，四十天里不会停"的谚语。

门去,散散步,接着便随意钻进遇见的小房子里。黄昏的游戏结束时,它们会三只或四只一组,有时会更多,不区分性别,挤在一间狭窄的斗室里,共度夜晚余下的时光以及第二天的整个白天。此外,这里只不过是一个临时居所,第二天夜里,散步的蝎子们会随着自己的性子再换一个。固定居所只是在冬季使用。这群飘泊流浪的游民完全相安无事。即使一间屋子里有五只或六只蝎子,它们之间也从未发生过严重的纷争。

不过,这种相互容忍的情况只存在于成年蝎子之间,也许是它们有点儿害怕报复吧。除了上述原因之外,这种和睦关系还有另外一个更加重要的动机,那就是:为了今后的相遇并共同筹划未来,蝎子之间的和平共处是必需的。因此,它们的性格变得温和了,但并没有完全改变;雌蝎们临产前的食欲总是旺盛得有点反常。

它们对刚孵出的孩子越是宽厚,对已经稍大但还不能生育的孩子就越发憎恨。就像童话故事中的巨妖一样,对它们来说,路上遇到的孩子也只是一块嫩肉罢了,仅此而已。

我对以下这可怕的场景总是记忆犹新。一只傻头傻脑的小蝎,身体还没成年蝎子的三分之一或四分之一大,毫无歹意地经过一间小屋的门前。肥胖的蝎子太太从屋里出来,朝可怜的小家伙走去,用螯钳将它捉住,一针把它制服,然后安然地吃了起来。

少男少女们或迟或早都以同样的方式死在了玻璃笼子里。我踌躇着是否要替换掉那些被杀的小蝎子,因为这样做等于是在为屠戮提供新的牺牲品。原来我还有十二只小蝎子,没几天后就一只也不剩了。雌蝎根本不能用饥饿作借口,因为食物不但定时供应,而且非常丰富,可它们还是将小蝎子全都吞进了肚子。年轻固然美好,但在这个巨妖的世界里,却会带来可怕的弊端。

我很自然地将这种屠杀行径归结于妊娠期内产妇经常出现的怪癖。临产的雌蝎疑心重,气量小;对它来说,谁都是敌人,只要它有足够的力气,就要把这些敌人吃掉,以摆脱它们。而事实上,孩子们降生后,八月中旬就会很快离开母亲的监护独立生活,到那时,养殖场里就会呈现出一派祥和的景象。无论我怎样密切监视,也没看到一例以前频繁出现的同类相残事件。

此外,雄蝎们对保卫家庭漠不关心,也不会做出这些悲剧性的疯狂举动。它们性格温顺,尽管行事粗鲁,可也不至于将同胞们开膛剖肚。它们也不会为了争夺自己追求的姑娘而发生争斗。即使两名情敌为此发生争执,也不会殊死搏斗,匕首相见。虽然这种事不会平静地解决,但至少也不会诉诸殴打的方式。

如果两名追求者遇到同一只雌蝎,其中的哪只能邀请它、带它去散步呢?这将取决于谁的手腕更有力。

两只雄蝎都用一只螯钳的指尖抓住美人儿靠近自己一侧的手。一只雄蝎在右,另一只在左,使尽全力向不同的方向拉。它们的腿脚用力向后撑着,作为杠杆,臀部轻轻颤动,尾巴摇摆着,为自己增添冲力。加油!它们又摇又晃,猛地向后退,拉扯着雌蝎;看起来就像要把雌蝎撕裂,各分一块带走一样。求爱的表白成了将雌蝎撕裂的威胁。

此外,它们之间没有任何身体的直接推搡,甚至没有用尾巴背面相互拍打。只有被撕扯的雌蝎在受虐待,而且十分粗暴。看着这两个狂热的家伙相互争夺的样子,我真担心雌蝎的胳膊会被扯断。不过什么都没有,连关节也没拉脱臼。

两名对手的争斗没有结果,却都已精疲力竭,最后它们两只空着的手互握在一起;这样,三只蝎子组成一个圈,又开始了更加激烈的撕扯争夺,每一只都动个不停,时而进,时而退,全力拉扯,直至气力用尽为止。突然,最疲惫的那只蝎子松了手,它逃走了,把自己全力争夺的温柔对象拱手让给了对手。胜利者立即用空闲的那只螯钳捉住雌蝎,和它配成对子,开始散步。而战败者呢,别为它担心,它很快就会在蝎群中遇到足以弥补自己损失的雌蝎。

再来看一个情敌之间和平竞争的例子。一对蝎子四处走动。雄蝎瘦小,却十分热衷于散步游戏。当它的女伴不愿意前进时,它便摇晃着扯扯,震得脊背一阵阵地颤抖。这时,突然出现了另一只更加壮实的雄蝎,它对雌蝎大姐一见钟情,便想占为己有。它会不会滥用蛮力,扑向瘦小个子,将其痛打一顿,甚至刺上一刀呢?根本没有。在蝎子们之间,这样的事情是不靠动武决定的。

壮汉没有为难小矮个儿。它直奔自己追求的姑娘,一把抓住尾巴。现在就看谁的力气大了,一只雄蝎在前拉,另一只在后扯。短

八点左右,小屋外面已是热闹非凡,这时雌蝎突然一动,焦躁地用力挣脱了雄蝎。它收回一只螯钳,拖着另一只螯钳,逃之夭夭了。为了挣脱这条迷人的锁链,它用力太猛,以至于一边肩膀都脱臼了。它一边脱逃,一边用那只没有脱臼的螯钳探着路。雄蝎也离开了。今天夜里一切就都结束了。

这种成双成对的散步在整整一季的夜里一直进行着,它显然预示着更加重要的事件。在走到最后一步之前,散步者相互交流,展现自己的优雅之处,夸耀自己的优点。那么最终的时刻究竟什么时候才会来呢?在无尽的守候中,我的耐心慢慢地消耗着;我延长熬夜的时间,翻起花盆的碎片,满心希望能最终看到梳状栉的确切用途,可一切都是枉费心机:我没有得到任何一个满意的结果。

直到夜深人静之时,婚礼才会进入尾声;对于这一点我毫不怀疑。假如真能有幸在合适的时刻到场,我一定会克服睡意,直到黎明;只要是为了了解新的东西,我这对老眼皮还是能够坚持的。可是我的不懈努力能有什么结果,这简直太渺茫了!

我已经无数次目睹这样的场面了,甚至对此已经厌烦,我很清楚地知道:在绝大多数情况下,第二天早晨,我会发现瓦片下的那对蝎子仍然保持着前一夜的牵手姿势。要想成功观察到交配的场景,必须打乱自己的生活习惯,连续三到四个月熬夜守候。这样的计划实在超出了我体力能够承受的范围。我放弃了。

只有一次,我隐约看见了这道令我冥思苦想的难题答案。当我翻起石块时,雄蝎正翻转着身体,但仍然握着雌蝎的手;它肚子朝天,慢慢地后退着滑到它女伴的身下。当雄蟋蟀的恳求终于被雌蟋蟀接受之后,它也是这样行事的。蝎子夫妇只需一动不动地保持这种姿势,就可以完成交尾了;也许它们就是通过梳状栉的相互咬合来达到固定不动的目的的。但是,由于住所遭到入侵,叠在一起的两只蝎子受到惊吓,当即就分开了。就我看到的这一点点情况,可以认为蝎子们交尾时所采用的姿势与蟋蟀相近。除此之外,它们还手牵着手,梳状栉相互交错着。

对于后来发生在房里的事情,我了解得更加清楚。让我们在供情侣们夜间散步后藏身的瓦片上做一个记号。第二天我们会在那儿看到什么呢?通常就是前一天夜里的那一对蝎子,它们面对着面,手牵着手。

有时候瓦片下只有雌蝎。雄蝎完了事之后想法脱身离开了。它之所以中止了洞房里的欢爱，是因为有很重要的原因。事实上，尤其在五月，当这种爱情游戏进行得如火如荼之时，我常常能看到雌蝎在咀嚼品尝被它杀死的男伴。

谁是谋杀犯呢？显然是雌蝎。这种残忍的习性像螳螂；假如情人不能及时抽身，便会被刺死并吃掉。依靠灵敏的身手和决断力，雄蝎有时候能够脱身，但并不是总能成功。它可以选择松开双手，因为是它主动握着对方的手；它只要抬起拇指，就能解除这种束缚。但还有梳状栉这个魔鬼机械，原先享乐的用具此时变成了圈套。它的两侧都长着长长的锯齿，它们啮合在一起，紧紧地咬着，也许还在痉挛，这样雄蝎要快速分离是不可能的。可怜的家伙完了。

雄蝎与威胁自己生命的雌蝎一样，拥有一根小毒针，它能——或者说它会——自我保护吗？看来不，因为受害的总是雄蝎。可能脊背朝下的仰卧姿势妨碍了它对尾巴的运用，因为蝎子的尾巴在使用时必须朝背部弯曲。此外，也许还有一种不可战胜的天性阻止它对未来的母亲舞刀弄枪。它任凭自己被可怕的新娘刺中，毫无反抗地死去。

纵欲的寡妇立刻开始吃死去的丈夫。这就如同蜘蛛的习俗。不过蜘蛛没有蝎子那样的致命武器，因此只要雄蛛决策果敢，至少还有逃跑的时间。

尽管雌蝎经常享用丧宴，但却没有严格的规定；吃多吃少得由它的胃口决定。我看到一些雌蝎对婚礼后的食物不屑一顾，只是简单地吃了死者的头，接着便把尸体扔到路上，再也不去碰它。我还曾看到这样的悍妇，在众目睽睽之下，伸直胳膊举着死去的雄蝎，拖着它走了一个上午，就如同举着战利品一般；接着，它再也不举行任何仪式，便把尸体完好无损地放下来，抛给了急不可耐的肉食者——蚂蚁。

朗格多克蝎子的家庭

　　有关生命问题的书本知识非常贫乏,这时候,与其去馆藏丰富的图书馆,还不如坚持不懈地观察事实。在许多情况下,无知是一件好事,因为这样思想便能自由地去探索,而不会受书本的影响钻进死胡同。对此,我刚刚再度亲身体验了一番。

　　有一篇解剖学论文——而且还出自一位大师之手——告诉我,朗格多克蝎子在九月份开始有家庭的负担。啊!要是我没有读过这篇论文该有多好!实际上,朗格多克蝎子繁殖的时间比这更早,至少在我们这儿的气候环境下如此;同时,由于我对蝎子的饲养观察时间很短,要是真的等到九月份,我可就什么都见不到了。那样的话,为了最终能看到我预计非常有趣的场景,我就不得不进入第三个枯燥乏味的年头,继续观察和等待。要不是发生了特殊情况,我便会让稍纵即逝的机会溜走,耽误一年的光景,甚至还可能放弃这项研究。

　　的确,无知也有好处;世上的新奇之事常在人迹罕至之处。这话是一位最最杰出的大师从前告诉我的,他对这条经验深信不疑。有一天,巴斯德——就是那位不久之后便大名鼎鼎的巴斯德——突然敲响了我家的门。我知道他的名字。我曾经读过这位学者关于酒石酸分子不对称性的卓越论文;我也满怀兴趣地关注着他关于纤毛虫纲繁殖的研究进程。

　　每一个时代都有各自的科学奇想。当今是进化论的时代,过去则是自然发生论的年代。巴斯德用他的无菌圆烧瓶或故意造成有菌环境的圆烧瓶,通过严格、简单而高超的试验,一举推翻了所谓腐败物质的化学反应产生生命的胡言乱语。

我知道巴斯德非常成功地澄清了这场纷争,便竭尽所能欢迎这位名声显赫的访客。这位学者是第一个来我这里探讨某些问题的人。我把这一殊荣归功于自己被看做是物理和化学界的同僚。啊!一个微不足道、默默无闻的同僚。

巴斯德是为了养蚕的事到阿维尼翁地区来巡访的。几年来,养蚕场受到了莫名灾难的侵袭,陷入了困境。那些蚕儿不知什么原因都腐臭衰败了,变成了像石膏一样僵硬的杏仁糖。惊呆了的农民眼睁睁地看着自己的主要收入消失在眼前,不得不把自己为之耗费了大量心血与钱财的蚕儿成房地丢进粪堆里。

我们简短地谈论了肆虐的灾情之后,便直截了当地进入了正题:

"我想看看蚕茧,"客人说,"我从来没有见过,只是知道名称而已。您能帮我弄到一些吗?"

"这太容易了。我的房东就是做蚕茧生意的,我们两家紧挨着。请您稍等一会儿,我这就去拿您要的东西回来。"

我几步奔进邻居家,往口袋里塞满了蚕茧。回来后,我把蚕茧给学者看。他拿起一个,在指间转来转去,好奇地观察着,就好像在看来自世界另一端的稀罕玩意儿。他把茧放在耳边摇了摇。

"有响声,"他十分惊讶地说:"里面有东西吗?"

"是的。"

"是什么呢?"

"是蛹。"

"什么,蛹?"

"就是变成蝴蝶之前,像木乃伊一样的毛虫。"

"所有的蚕茧里都有一个这样的玩意儿吗?"

"当然,蚕儿正是为了保护蛹才吐丝结茧的。"

"啊!"

接着,学者没再多说什么,把那些蚕茧装进了口袋,他肯定会在闲暇之余好好研究蛹这个新鲜玩意儿的。巴斯德强烈的自信令我惊讶。他连蚕、茧、蛹以及化蝶的过程都一无所知,却来这里拯救蚕儿。古代的斗士赤裸着上场格斗。同样,这位天才斗士也是赤裸上阵,要与蚕场的灾难斗争;换句话说,他对自己要解救的昆虫,连最简单的概念都不了解。我感到震惊,甚至惊叹。

可我对接下来发生的事情就不那么惊讶了。巴斯德又在考虑另一个问题,就是用加热的方法改良葡萄酒。他话题突然一转:

"让我看看您的酒窖吧。"他说。

让他看我的酒窖,那属于我的、寒酸的酒窖!过去,我这个穷教师微薄的收入不允许我在喝葡萄酒上花一点点钱,我只好在罐里加一把粗红糖和一些捣烂的苹果,任其发酵,酿出一种酸酸的劣等酒供自己饮用!我的酒窖!让他看我的酒窖!他怎么不让我给他看我的酒桶,我那些沾满灰尘、贴着葡萄年份和产区标签的陈年酒瓶呢!我的酒窖!

我局促不安地想逃避学者的请求,试图转换话题。可他却坚持道:

"请让我看看您的酒窖吧。"

他这样坚持,我没有办法拒绝。我用手指了指厨房角落里一把没有草垫的椅子,椅子上摆着一只容积为十二升的缸。

"这就是我的酒窖,先生。"

"您的酒窖,就是这个?"

"我再没有别的了。"

"就这个?"

"唉!是的,就这个。"

"啊!"

学者不再多说,也再没有其他要求。看得出来,巴斯德完全不了解一贫如洗的辛酸苦辣。虽然我的酒窖、我的旧椅子,以及那空空如也的酒罐,在回答使用加热方法促进发酵的问题时哑口无言,但它在讲述另一些事实时却十分雄辩,而这些事实,我这位显赫的访问者似乎并不了解。他不知道有一种微生物,而且还是一种最为可怕的微生物,那就是扼杀善意的厄运。

虽然经历了那段不合时宜的关于酒窖的插曲,我还是对巴斯德的镇定自信惊讶不已。他对昆虫的演化一无所知。他第一次看到蚕茧,也是第一次听说蚕茧里有东西,而且这东西是未来蝴蝶的雏形;连我们南方乡下最不起眼的小学生都知道这事情,他却不懂。也就是这个新手,提出的问题如此天真,让我意外不已,却要对蚕儿的卫生状况进行改革,并且后来还在普通医学和卫生领域引起了一场革命。

他的武器就是思想,他不拘泥于细枝末节,而是在整体上把握全局。对他来说,化蝶、幼虫、若虫、蚕茧、蛹壳、蛹,还有成千上万的昆虫学小秘密又有什么重要!就他眼前的问题而言,这些细节也许最好是一概不知。这样一来,思想便能更好地保持独立,大胆飞跃;只有冲破了一切已知的束缚,他的活动才会更加自由。

巴斯德万分惊讶地听到蚕茧里发出声响,这个绝妙的例子鼓舞了我,我为自己制定了一条策略,就是采取无知的方法对昆虫的本能进行研究。我很少阅读。我不看书,这种方法太昂贵,我无法承受;也不向别人请教,而是顽固地与我的研究对象单独相处,直到它开口说话。我一无所知。这样更好,我只会更加自由地提问,根据获得的线索,今天朝一个方向去思考,明天则换一个截然相反的方向。假如我偶然翻开一本书,我会在自己的思想中保留一大块疑问的空间,就像在经过我开垦的土地上也会长着荒草和荆棘一样。

因为先前对此没有留意,我几乎差点浪费一年的时间。我太相信读过的书籍,没有预料到朗格多克蝎子会在九月之前繁殖,只是偶然地在七月份观察到这一现象。我认为蝎子繁殖的实际日期与预计日期之间的差异,是由于气候的不同造成的:我的观察地点在普罗旺斯,而为我提供信息的莱昂·杜福尔则是在西班牙观察。尽管这位大师十分权威,我本来还是应该多加小心。但我没有这样做,要不是那只普通黑蝎告诉我,我就要错过机会了。啊!巴斯德不认识蚕蛹,这是多么明智啊!

普通黑蝎体形较小,也不如朗格多克蝎子好动。为了用它们与后者进行对比,我把它们饲养在我工作间桌上的小广口玻璃瓶里。这些简单的瓶子不占地方,又易于观察,我每天都对它们进行观察。早晨,当我在记录本上用散文涂鸦之前,总忘不了掀起那块为住客们遮风挡雨的硬纸板,看看昨夜发生了什么。这样的例行拜访在大玻璃笼子里不太容易实现,那里的小屋太多,拜访时要将它们逐个翻转过来,然后再有条不紊地一一摆放整齐。而去检阅装着黑蝎子的瓶子只不过是一小会儿的事。

幸好我的眼皮底下一直有这个对照观察物。七月二十二日早晨六时许,我掀开硬纸板做成的顶棚,发现下面有一只雌蝎,背上聚满了她的孩子,就像披上了白短斗篷一般。此刻,我突然感到既温馨、又满足,这种越来越不常见的感觉是对观察者的补偿。我第一次看到雌蝎身上爬满幼虫的美妙景象。分娩刚刚结束。一定是在夜间完成的,因为前一天这只雌蝎背部还是裸着的。

此外,还有其他的成功在等着我:第二天,又有一只雌蝎因身上爬满了小宝贝而变白;第三天,另外又有两只也发生了同样的情况。这样总共就有四只。超出了我原来的奢望。看着四个蝎子家庭,过上几天安静的日子,人就能感受到生活的惬意。

更何况幸运女神对我的分外垂青。自从我第一次在广口瓶里有了意外发现之后,便想到玻璃大笼子;我在想朗格多克蝎子是不是也会像黑蝎子一样早育。赶快去了解一下吧。

我把那里的二十五块瓦片全都翻转过来。真是大获成功!我感觉自己年迈的血管中似乎涌动奔流着二十岁时才有的热血与激情。在其中的三块瓦片下,我发现了拖儿带女的雌蝎。有一只雌蝎生出的小蝎已经长大了一点,根据我后来的观察推断,它们的年龄大约有一个星期;另外两只雌蝎前一天夜里刚刚分娩,这一点可以从它们小心翼翼地保留在腹部下方的残留物中可以看出。我们不久将会知道这些残留物是什么。

七月份结束了,八月与九月也过去了,我收集的蝎子中再没有任何添丁的迹象。因此,无论是黑蝎子还是朗格多克蝎子,它们繁殖的时间都是在七月的下半月。在此以后,一切便都结束了。但是,在玻璃笼子里的客人当中,还有一些雌蝎,它们的肚子和为我生出小蝎的那些雌蝎一样大。我原来还指望它们能添丁加口,而且所有的迹象都让我满怀希望。然而,冬季来了,它们中没有一只满足了我的期待。看似就在眼前的分娩被推迟到了下一年:这又一次证明蝎子们的怀孕期很长,这在低等动物中是非常特别的。

我将每一只雌蝎妈妈连同它们的孩子分别装进容积较小的容器里,以便对它们进行细致的观察。我早晨去拜访它们时,夜里分娩的雌蝎们的腹下仍有一部分小蝎。我用一根麦秆将蝎子母亲支开,在那些还没有爬到母亲背上的小蝎堆里发现了一些东西,这些东西足以从根本上推翻书本在这个问题上给予我的那些少得可怜的知识。书上说，蝎子是胎生的。这个学术词汇并不精确；小蝎子并非一出生就有着我们所熟知的身体形态。

而且情理上也应如此。您想想，那伸直的螯钳，展开的腿脚和翘起的尾巴怎么可能进得了产道呢？如此笨重的小昆虫是无论如何也不可能穿过那狭窄的通道的。它出生的时候必定是被包裹着，占据的空间极少。

事实上，在蝎子妈妈身下找到的残留物中，我看到了卵，真正的卵，几乎与通过解剖从怀孕后期的卵巢中提取的卵相差无几。小蝎子非常节省空间地被浓缩成米粒大小，尾巴贴腹部，螯钳压在胸口，腿脚紧缩在两侧，这样一来，小小的卵状颗粒表面便没有丝毫突起，能够轻柔地滑动。前额上的几个深黑色小点是眼睛。小昆虫漂浮在一滴玻璃般透明的体液中，这体液由一层极其细腻精致的卵膜包着，这暂时就是它的世界，它的环境。

这些东西确确实实就是卵。起初，朗格多克蝎子一次能产三十至四十枚卵，黑蝎则略少一些。由于耽误了对夜间分娩的观察，我只看到了尾声。可剩下的短暂片断却足以让我确信不疑。蝎子其实是卵生动物，只不过它的卵孵化十分迅速，幼蝎在卵产下的片刻之后，便能获得自由。

不过，幼蝎是怎么从卵中获得自由的呢？我极为有幸地看到了这一过程。只见蝎子妈妈用大颚尖轻轻叼住卵膜，将其撕开、剥下并吞进肚去。它小心翼翼地将新生儿剥离出来，温柔得就像母山羊和母猫吃胎膜的时候一样。虽然使用的工具很粗糙，可它对小蝎刚刚形成的肌肉没有造成丝毫的损害，也没有丝毫扭伤。

惊讶之余，我难以相信：蝎子为动物们首创了与我们人类非常相似的分娩行为。在遥远的石炭纪，当第一只蝎子出现时，这种温柔的分娩方式已在酝酿之中了。卵相当于长时间沉睡的植物种子，为当时的爬行类和鱼类所拥有，此后又为鸟类及几乎所有的昆虫所拥有，它与无比精致的生物机体同时存在，谱写了高等动物胎生行为的序曲。在胎生行为中，卵的孵化已不在体外、在事物冲突的威胁中进行，而是在母亲的腹中完成。

生命的发展并不遵循由平庸到更好、由更好到完美的渐进过程；它跳跃着变化，某些情况下前进，某些情况下倒退。海洋有涨潮和退潮。生命是另一种海洋，它比江河汇成的海洋更加深不可测，它同样也会有涨潮和退潮。它还会有其他发展方式吗？谁能断言有？谁又能断言没有呢？

假如母羊不用嘴唇将胎膜剥开吃掉，羊羔将无法从褪褓中解脱出来。同样，小蝎也需要母亲的帮助。我看到过一些陷在黏液中的小蝎，只能在半扯开的卵膜中隐隐挣扎，无法解脱。它必须依靠母亲用牙一咬，才能获得自由。我们甚至怀疑在挣破卵膜的过程中，小蝎是否出了力。它太弱小，面对这个薄如洋葱瓣膜的生育袋膜，也无能为力。

雏鸟的喙末长着一只临时老茧，可供它凿开并打碎蛋壳。而小蝎子被压缩成了米粒大小以节省空间，只能一动不动地等待外界的救助。蝎子妈妈必须包办一切。它做得好极了，连分娩时产生的附属物全都没有了，甚至连少数随同其他东西排出的不孕卵也不见了。现在，一丝一毫无用的碎片残渣都没留下，所有东西都进了蝎子妈妈的胃里，产卵的地方被打扫得一干二净。

就这样，幼蝎们被细心地剥去卵膜，干干净净，自由自在。它们通体洁白。朗格多克蝎子的幼仔从额头至尾尖体长九毫米，黑蝎的幼仔则为四毫米。剥离卵膜的清洁工作结束后，幼蝎们便一只一只不紧不慢地沿着蝎子妈妈平放在地面上的螯钳，爬上了母亲的脊背，后者之所以将螯钳这样放着，就是为了方便幼蝎的攀登。它们一只紧挨着一只，胡乱聚集成群，在母亲的背上形成绵延的一片。它们借助自己的小爪子，安安稳稳地待在那儿。假如在用刷子刷的时候不用一点力，要把这些柔弱的小生命扫下来还真不容易。蝎子妈妈充当的坐骑和它背上载着的幼蝎都保持这种状态，一动不动；实验的时候到了。

雌蝎身披由幼仔组成的白色薄纱短斗篷，这是值得注意的场面。它一动不动，尾巴高高翘起。假如我拿一根麦秆接近那群孩子，它便会即刻举起一双螯钳，一副被激怒的样子，这种态度即使是在它自卫时也很少有。它直起双拳，摆出拳击的架势，两只钳子张得大大的，做好了反击的准备。但它的尾巴极少挥动，也许是因为尾巴突然放松会牵动脊背，从而将背负着的一部分孩子抖落下来。有双拳的威慑足矣，它们勇猛、迅速、威风凛凛。

好奇心使然，我并不把这威胁放在心上。我刷落一只小蝎子，并把它放在母亲面前一指宽的地方。雌蝎看来并不操心这起意外事故；它原来静止不动，现在还是静止不动。为什么要为掉下来的孩子操心呢？它不一会儿就会自己脱离困境的。幼蝎活动着腿脚，摆动着，接着就够到了母亲的一只螯钳，它敏捷地爬了上去，回到了兄弟姐妹的行列中。幼蝎重新坐上了鞍子，但并没有展现出小狼蛛的机灵劲儿，比起小狼蛛这个精通马上杂技的骑手来，幼蝎可差远了。

实验又以更大的规模重新开始。这一次，我让雌蝎脊背上的一部分幼仔掉了下来。小蝎子们四散落下，但距离母亲并不远。这一回雌蝎迟疑了相当长的时间。当这群孩子漫无目的地四处乱跑时，母亲终于为此着急起来。它将双臂——我用这个词来称呼蝎子带钳的前肢——围成半圆，一边耙地，一边掠过沙砾，将迷途的孩子们拨回身边。它的动作既笨拙、又粗鲁，一点儿都没有考虑到会压伤孩子。母鸡用温柔的召唤让走远的小鸡回到自己的怀抱；雌蝎却用耙子将自己的孩子聚集起来。不过大家都平安无恙。小蝎子们只要一碰到母亲，就攀上去，重新聚集到它的背上。

在这群幼蝎中，除了蝎子妈妈的亲生孩子以外，有一些陌生人的孩子也被很好地接纳了下来。假如我用刷子将一只雌蝎背上的孩子全部或部分地扫下来，并把它们放在另一只背着自己孩子的雌蝎附近，这只雌蝎也会像对待自己的孩子一样，用双臂将这些幼仔拢起来，同时心甘情愿地让新来者爬上自己的脊背，就像它收养了它们一样——假如"收养"这个词不太浮夸的话。其实，蝎子妈妈并没有收养那些幼蝎。雌蝎和狼蛛一样愚蠢，分不清自己的孩子和别人的孩子，于是便把在自己腿边爬动的幼蝎都接进了自己的怀抱。

我原以为蝎子会像狼蛛一样散步，我们经常可以看到狼蛛背着一堆孩子，在灌木丛生的荒地上穿行。然而，雌蝎并没有这样的娱乐消遣。一旦做了母亲，它便有相当一段时间足不出户，即使在夜里，当其他蝎子嬉耍的时刻。它闭门守在自己的小房间里，不问吃喝，专注于喂养孩子。

事实上，这些柔弱的小生命必须接受一场棘手的考验：可以说它们必须再获新生。幼蝎们在一动不动的状态中准备着，身体内部也经历着一场类似于幼虫转化为成虫的变化。虽然它们已经初步具备蝎子的外形，但它们的轮廓仍然比较模糊，就好像穿过雾气看到的一样。可以推测，它们此时还穿着一件童装，只有脱去这件童装，才能变得细长轻巧，获得清晰的轮廓。

要完成这一工作，幼蝎必须在母亲背上一动不动地待上一个星期。此后会有一次表皮脱落，我有些顾虑是否可以将其称为蜕皮，因为它与此后屡次发生的真正蜕皮大相径庭。蝎了真正蜕皮的时候,前胸的表皮会裂开,蝎子就沿着这条唯一的裂缝脱身而出,蜕下一层干枯的外皮,外皮的形状和蝎子一模一样。空模子精确地保留着蝎子的轮廓。

而眼下发生的却是另一回事。我将几只表皮正在脱落的幼蝎放在一块玻璃片上。它们一动不动,似乎正在遭受磨难,几乎支持不住了。幼蝎的外皮并不是沿着一条特殊的裂缝裂开,而是前、后、两侧同时裂开;它们的腿脚从护腿套中脱出来,螯钳离开了护手甲,尾巴也脱了鞘。全身上下的外皮同时像褴褛的衣衫一样脱落。没有顺序,而且脱下的外皮全都是碎片。脱了皮之后,小蝎子便获得了正常蝎子的外形,此外,活动也更加灵活了。虽然它们还和原来一样体色苍白,但却很机敏,迫不及待下到地面,在母亲身边奔跑玩耍。最惊人的变化是,它们猛然间长大了。朗格多克蝎子的幼虫身长九毫米,现在却已经达到了十四毫米。而黑蝎的身长则由幼虫时的四毫米变成了现在的六七毫米。身长增加了一半,而个头几乎是原来的三倍。

在对如此突飞猛进的成长惊讶之余,我们不禁要问其中的原因何在,因为这些小家伙根本没有进食。它们的体重非但没有增加,反而因为脱了一层皮而减少了。个头增大了,但重量并没有增加。因此,发生在幼蝎身上的膨胀,在一定程度上就如同无机物受热膨胀一样。它们的体内发生了一种变化,将活分子组合成了更大的群体,这样,蝎子就可以在不增加材料的情况下增大个头儿。我想,假如有人有足够的耐心,配备有合适的器材,并对蝎子这种结构的快速变化进行跟踪,那么他一定会有所作为。鉴于我既无耐心、又无器材,所以只好把这个问题拱手让给他人去解决。

脱落下的表皮呈白色条状,像一块块光滑的缎子,它们根本没有落到地上,而是粘在雌蝎的背上,尤其是靠近腿脚根部的地方;它们混杂地堆积在那里,形成一层松软的地毯,地毯上则是刚脱了皮的小蝎子。现在,充当坐骑的雌蝎背上多了一层鞍褥,更便于好动的幼蝎骑手安坐其上。小蝎子们无论是爬上还是爬下,这层破烂的衣衫成了稳固的鞍辔,为它们的快速行动提供了支点。

当我轻轻用夹子把小蝎子们掀翻时,我欣喜地看到,这些落马的小家伙非常敏捷地重新回到马鞍上面。它们抓住鞍褥的流苏边缘,用尾巴作杠杆,向上一跃,便回到了骑手的位子。这张奇怪的地毯真像是便于攀登的舷索,能保留一个星期左右而不解体，也就是说能一直持续到小蝎子离开母亲独立。这时，这层表皮就会整块整块、或一片一片地自动脱落，当小家伙们全部四散到周围去以后，这层表皮便什么也不剩了。

与此同时，小蝎子们的体色开始显现：腹部与尾巴呈现出曙光的金黄色，螯钳则泛着琥珀那半透明的柔和光芒。年轻让一切都变得如此美丽。这些朗格多克幼蝎，它们真的美极了。假如它们一直这样下去，假如它们没有一个不久就会造成威胁的毒囊，这些优雅美丽的造物一定会成为人们乐意饲养的宠物。不久，幼蝎们便会产生一丝朦胧的自由念头，它们很乐意地从母亲背上下来，在附近开心地嬉闹一番。假如它们跑得太远，母亲会警告它们，并用手臂当耙子，把它们从沙砾上拢回来。

雌蝎和孩子们在一起的场景几乎可以与母鸡和雏鸡们休息的温馨景象相媲美。小蝎子们大部分都在地面上，拥在母亲怀里；另外一些则停在白色的鞍褥上，这垫子很舒服。有几只沿着母亲的尾巴向上爬，停在尾巴的螺旋顶上，似乎很开心地从这个制高点居高临下地看着蝎群。突然来了一些新的杂技演员，它们将前者赶走并取而代之。看来，每个小家伙都想亲自体验一下在山顶平台上的新奇感觉。

大部分孩子依偎着雌蝎；小蝎子们一直不安分地动着，隐蔽在母亲的腹部下方，蜷缩着，只露出额头，黑色的眼珠一闪一闪。最好动的更喜欢母亲的腿，它对它们来说就好像是体操器械；它们在那儿荡起秋千来。接着，这群小蝎子不慌不忙地重新爬上了母亲的脊背，找到一个地方安坐下来，接着，母亲和小家伙们就都一动不动了。

小蝎子等待成熟以及准备离开母亲独立的时间持续一个星期，也就是在这段时间里，它们完成了不进食便将个头儿长大了三倍的奇特工作。孩子们总共在母亲背上待两个星期左右的时间。狼蛛背着孩子们要度过六至七个月，这些幼虫虽然不进食，但仍然灵活好动。而雌蝎的孩子们——至少在完成蜕皮、获得了敏捷的身手和新的生命之后——吃些什么东西呢？母亲是不是会邀请它们一同进餐，并为它们留下其中最鲜嫩的食物呢？不，它不邀请任何人，也不保留任何食物。

我喂给雌蝎一只蝗虫，这是我从小猎物中挑选出来的，我觉得它最适合那些娇弱的孩子。雌蝎小口地嚼着食物，对周围的孩子不闻不问；这时，有一只小蝎子从脊背上跑下来,爬上额头,俯下身子,想了解眼下正在发生的事。它的一只脚触到了母亲的下颚,便猛然害怕地向后退去。它离开了那儿,这是明智的。那张正在嚼食的嘴巴非但不会给它留一口食物,反而有可能将它突然捉住,在不经意间吞下肚去。

另一只小蝎子吊在蝗虫的尾巴上,而它的母亲正在啃这只蝗虫的上半身。小蝎子轻轻地咬着,撕扯着,想吃一小块。可尽管它坚持不懈地努力着,却没能吃成:肉太硬了。

这种场景我见得多了:幼蝎的胃口开了。假如雌蝎真的能想到喂它们一些食物,特别是那些适合它们那娇嫩的胃的食物,幼蝎肯定会非常乐意地接受的;但雌蝎只管自己进食,仅此而已。

啊!给我带来愉快时光的漂亮小蝎子们,你们究竟想干什么呢?你们想离开这里,到远处去寻找食物,寻找微小的猎物。我从你们那焦躁不安的游走中看出来了。你们逃离了母亲,而它也已经不再认识你们。你们已经够强壮了,各奔东西的时刻到来了。

假如我真的有适合你们的微小猎物,假如我有足够的时间为你们去捕捉这些小猎物,我愿意继续养育你们,但不是让你们住在出生的玻璃笼子的瓦片下,也不是让你们和那些老蝎子生活在一起。我知道它们缺乏宽容。那些巨妖会吃掉你们的,我的小家伙们。连你们的母亲也不会放过你们。在它们眼里,从今往后你们就是陌生人了。而明年的婚礼时节,生性嫉妒的它们可能会吃了你们。所以出于谨慎,你们必须离开这里。

你们住在哪里,又将吃些什么呢?我们最好就此分手吧,尽管我心中带着几丝遗憾。有那么一天,我会带你们去你们的栖息地——那骄阳似火的乱石坡,将你们四散放生。在那里,你们会找到伙伴,它们和你们差不多,才刚刚长大一点,独自居住在小石头下,有的小石头还没有指甲盖那么大;在那里,你们能比在我这里更好地学会如何为生存而艰苦拼搏。

🌸 萤火虫

　　在我们这个地区，很少有昆虫能像萤火虫这样广为人知。这种奇妙的小动物在肚子的顶端点亮一盏灯，庆祝生命的点滴欢乐。有谁不认识它呢，哪怕只是知道它的名字？炎炎夏夜，有谁没见过它在草丛里游荡的身影，犹如从满月里落下的银辉？古希腊人把它称为"朗比里斯"，意思是尾部挂着灯笼的人。它的学名使用的也是相同的字眼：提灯笼者被称为"Lampyris noctiluca"，即夜里发光的尾部挂着灯笼的人。一经这样翻译，萤火虫的学名就显得既生动又准确，使它的法语俗称——"发光的蠕虫"相形见绌。

　　其实，我们可以给"蠕虫"这种叫法挑挑刺。哪怕就从外表上也能看出，萤火虫根本就不是蠕虫。它有三对运用自如的短腿，用于碎步爬行。到了成虫阶段，雄虫就会像真正的鞘翅科昆虫一样，披上得体的鞘翅。雌虫似乎没有得到上天的宠爱，无法享受飞翔的乐趣；它一生都保留着幼虫阶段的形态，雄虫在成熟和交配之前也是如此，都是发育不全的。但即使是在这个初始阶段，蠕虫这个名称也是不恰当的。法语中有句俗语："像蠕虫一样一丝不挂"，用来形容身上没有任何起保护作用的遮蔽物。而萤火虫却是穿着衣服的，也就是说它披着相对较硬的外壳；此外，

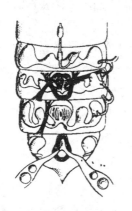

萤火虫的发光器官

它的色彩也比较丰富,身体是棕栗色,胸部,尤其是内侧则是柔和的粉红色。每一节后部的边缘还分别点缀着鲜艳的棕红色小斑点。这样的外衣足以说明它根本不是蠕虫。

让我们暂且撇下这蹩脚的名称,来看看萤火虫的食物吧。有一位美食大师叫布里亚-萨瓦兰,他曾说:"告诉我你吃什么,我就能说出你是什么样的人。"同样,在研究一种昆虫的习性之前,我们也应该先思考一下这个问题,因为对于动物而言,无论体形大小,饮食都是头等大事。从动物的饮食习惯中所获得的信息,是它们生活习性中最重要的资料。好吧,虽然萤火虫看起来是那么天真温顺,实际上却是一种食肉动物,一个打猎时手段毒辣得罕见的猎手。它的主要猎物是蜗牛。

这些细节昆虫学家们早就已经了解。但根据我的阅读,他们仍然知之甚少,或者说一无所知的,是萤火虫那独一无二的捕食方式。这种捕食方式,我至今也没有发现能与之媲美的。

萤火虫在享用猎物之前,先将它麻醉,使它失去知觉,就如人类奇妙的外科手术,在动手术之前先将病人麻醉,让他感觉不到痛楚一样。通常,萤火虫捕捉的都是一些中等大小的蜗牛,还没有樱桃那么大。比如变形蜗牛,它们会在夏天成群结队地聚集在路边的麦秆或是其他植物细长的枯秆上,一动不动地沉思着,直到酷暑消散。我就是在这些地方多次目睹萤火虫享用大餐,而猎物则刚刚被它运用外科技术,麻醉在颤动的枯秆上。

不过萤火虫对其他捕猎场所也很熟悉。它常常光顾沟渠边,那里土地阴湿,植物丛生,是软体动物们的乐园。萤火虫就在地上捕猎。在这样的条件下,我可以比较轻松地饲养萤火虫,并细致地观察这位外科大夫的技艺。让我们试着向读者展示这奇妙的场面吧。

我在一个广口玻璃大瓶中放入一些草、几只萤火虫和一些供它们猎食的蜗牛,蜗牛的个头儿适中,既不太大也不太小,主要是变形蜗牛。现在,让我们耐心等待吧。观察时要特别专注,因为我们等待的场面总是突然出现,而且稍纵即逝。

终于,这场面出现了。萤火虫先在猎物的身上探索了一番,蜗牛的身体通常都缩在壳里,只露出外套膜的一点赘肉。于是,萤火虫打开它的麻醉工具,这工具很简单,但十分细小,必须借助放大镜才能看得见。它由两片弯曲成獠牙的大颚构成,非常锋利,细小得如同头发末梢。在显微镜下,我们可以看到整个獠牙上有一条细沟。这就是它的工具。

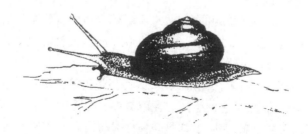

变形蜗牛

萤火虫用它的工具屡次轻击蜗牛的外套膜。它的一举一动都很温柔,看起来不像是叮咬,而是毫无恶意的亲吻。小伙伴之间嬉闹扭打的时候,会经常用手指尖轻捏对方,我们以前称此为"拧",这只是挠痒,而不是真正的攻击。就让我们也用这个字来形容萤火虫的举动吧。在同动物谈话时,使用一些孩子的语言是没有关系的,这是天真朴实的人相互了解的真正办法。

萤火虫"拧"得很有分寸,也很有章法,不紧不慢,每拧一下就停一会儿,似乎要观察每一下所产生的效果。拧的次数并不是很多,最多只需五六次,就能把猎物制服,并让它一动不动。可能在进食的时候,萤火虫还会用獠牙再拧蜗牛几下,但我无法描述,因为此后发生的事情我并不是很清楚。但是,起初拧的那几下虽然次数不多,却足以让那软体动物一动不动、失去知觉,因为这种麻醉方法实在是太迅速了,几乎像闪电一般;无疑,萤火虫用它那带有沟槽的獠牙,将某种病毒注入到了蜗牛体内。这种注射看起来没什么害处,但见效奇快,证据如下。

当萤火虫刚刚在一只蜗牛外套膜的赘肉上刺了四五下的时候,我就把这只蜗牛拿出来,并用一根细针刺它身体的前部,也就是这只蜷缩在壳里的软体动物露出的部分。被刺的肌肉连一点颤抖的迹象都没有,对针的刺激毫无反应。真正的尸体也不过如此了。

还有更加有力的证据。有时,我会碰巧看到正在前进中的蜗牛遭到萤火虫的袭击。这些蜗牛的脚微微蠕动,触角鼓起,身体完全展开。突然,软体动物做了几个异样的动作,看得出它受到了短暂的刺激;接下来,它就完全静止不动了,它的脚再也不往前进,身体的上半部分也没有了原先天鹅颈般优雅的弧线;触角松弛下来,在自身重量的作用下摇晃着,弯曲成了折断的棒子。这种状态可以持续很长时间。

这只蜗牛真的就死了吗? 完全不是这么回事,我能轻而易举地让它从假死状态中苏醒过来。这种不生不死的奇特状态持续了两三天后,我把病人隔离开,还给它洗了一个淋浴,这是健康蜗牛非常喜欢的,虽然它并不一定就能让病人复苏。

两天之后,这个刚被萤火虫的诡计暗算的隔离病人恢复了正常。它逐渐复苏了,慢慢恢复了活动能力和知觉。它对针刺有了反应,四处爬动,晃动触角,就像什么大事也没有发生过一样。那种麻木得类似于大醉的状态完全消失了。原来被认为已死的蜗牛又复生了。这种暂时消除行动能力和痛苦的方式应该叫做什么呢? 我看除了麻醉,没有更贴切的叫法了。

许多肉食性膜翅科昆虫的幼虫以麻醉但尚未死去的猎物为食,通过它们的种种壮举,我们认识了这类昆虫麻醉者的高超技术,它们利用毒液麻痹猎物的运动神经中枢。眼前就有一只不起眼的小动物在事先麻醉它的猎物。麻醉——这现代外科的奇迹之一,实际上并不是由人类科学发明的。早在多少世纪之前,萤火虫和其他昆虫显然就早已掌握了。动物的这种技术领先了我们许多,只是操作的方法有所不同。我们的外科医生在手术前让病人吸入以太或其他麻醉剂的气体;而这昆虫则用它上颚的獠牙向猎物注射一种极小剂量的特殊病毒。人类有一天能从中得到启示吗? 假如我们更深入地了解了这种小动物的秘密,未来必定会有超凡的发现在等着我们。

蜗牛这个对手天性不会伤人,而且特别温和,绝对不会主动挑起争斗,那么萤火虫为什么还要利用麻醉的方法来对付它呢? 我想我大约发现了其中的原因。阿尔及利亚有一种昆虫叫毛里塔尼亚德里尔虫,不会发光,但构造,特别是习性与萤火虫很相似。它也以地上的软体动物为食。它的猎物是一种圆口螺,螺旋形的外壳线条优雅,由一片石质的螺盖封得严严实实,而螺盖则由一块强壮的肌肉连在这小动物的身上。螺盖像一扇活动门,只要住户往壳里一缩,门就会迅速地关上;开的时候也很简单,只要里面的隐居者一出来,门就开了。封得这样严实的外壳是不可能打破的,这一点德里尔虫也知道。

它用吸附器——等一会儿萤火虫会向我们展示同样的器官——吸附在螺壳表面,伺机等待,哪怕等上几天几夜。最终,由于需要空气和食物,被围困在壳里的猎物不得不出现了。至少,门微微打开了一些。这已经足够了。德里尔虫立刻上前,发起进攻。门再也关不上了。从此,进攻者成了这堡垒的主人。人们起先可能会认为有一把锋利的剪刀迅速切断了连着螺壳的那块肌肉。这种想法是错误的。德里尔虫的下颌并不具备这种工具,能如此迅速地侵蚀一大块肌肉组织。攻击必须在第一次接触的时刻就马上成功,否则,仍然充满活力的猎物将缩回壳内,围困就将重新开始,而且将更加困难,昆虫忍饥挨饿的日子也将无限期地拖延下去。虽然我所在的地区没有毛里塔尼亚德里尔虫,我也从来没有见过它们,但我还是认为它的攻击手法极有可能和萤火虫的相同。这种生活在阿尔及利亚的昆虫,和吃蜗牛的萤火虫一样,并不将猎物剁碎,而是趁螺壳盖打开的瞬间,轻松地拧几下,将猎物麻醉,让它动弹不得。对它来说这就足够了。围困者这时就可以安然自得地钻进螺壳里,享用肌肉完全失去反应的猎物。这就是我仅以逻辑为根据而推测出的结果。

让我们再回到萤火虫的话题上来。如果蜗牛在地面上,无论它是在爬动还是缩在壳里,攻击都是易如反掌的。蜗牛壳没有盖,因此隐居者上身的大部分都是暴露的。这个部位——由于害怕死亡而缩紧的外套膜的边缘——是软体动物最脆弱的地方,完全无法保护自己。但是,蜗牛也经常待在高处,吸附在禾木科植物的茎秆上,或是一块石头光滑的表面上。这些支撑物充当了它的临时壳盖,挡住了所有不怀好意想伤害壳内住户的侵略者。不过这需要一个条件:与蜗牛壳圆形开口接触的地方不能有一点点缝隙。相反,如果像经常发生的情况那样,蜗牛壳的开口和支撑物表面不完全贴合,在某一点上就会有缝隙,无论这缝隙多么小,萤火虫那纤细的獠牙都能叮到里面的软体动物,并让它立刻陷入动弹不得的状态,接下来萤火虫就可以安心地享用猎物了。

事实上,萤火虫的这些行动都是很审慎的。作为攻击者,它对猎物下手必须很轻,不能让后者缩回壳里,因为这样会让它脱离支撑物,至少会让这惬意地打着盹儿的家伙从高高的枝秆上掉下去。对萤火虫来说,让猎物掉到地上等于是失去了猎物,因为它对搜索捕猎并没有很高的热情;它只是利用幸运之神送到面前的猎物,而不想苦心搜寻。因此,在进攻时,最好不要破坏猎物的平衡,因为后者把自己高高地挂在枝秆上,只用极少的黏液固定自己;猎手必须审慎行事,不让猎物感到痛苦,因为痛觉会引发肌肉反应,使猎物掉下去,这样到手的大餐也就飞了。如此看来,绝妙的办法就是突然将猎物麻醉,并让它陷入沉睡,萤火虫也就可以达到目的,安安稳稳地享用大餐了。

它是怎么享用蜗牛的呢?是真的吃吗?也就是说将猎物切割,分成小块,然后用咀嚼器官将其磨碎吗?我看似乎不是这样。我从来没有在我那些萤火虫俘虏的嘴边发现一丁点固体食物的痕迹。严格地说,萤火虫并不是在"吃",而是在吸;它采取类似于蛆虫那样的方法,将猎物转化成稀薄的流质,然后再吸食。它像蛆虫这双翅类昆虫的肉食性幼虫一样,知道如何在食用之前先把猎物消化,也就是说在食用之前先将猎物液化。具体过程是这样的:

萤火虫刚将一只蜗牛麻醉。即使有时猎物的体型很大,比如那种普通的散大蜗牛,萤火虫也几乎总是独自完成。可此后不久,客人们就陆陆续续地来了,两只、三只,甚至更多,它们并没有与猎物真正的主人发生争执,而是大吃大喝起来。让它们这样在猎物上操作两三天,然后再把蜗牛壳翻过来,开口朝下,这时壳里的液体就会流出来,像大锅里的肉汤被打翻了一样。当这些食客喝饱了肉汤离开时,壳里就只剩下零星的残羹冷炙了。

轧花蜗牛

很明显：蜗牛身上不断被咬出细小的伤口，这一过程就像我们先前看到的"拧"的动作一样；此后，软体动物的身体就化成了肉汤，客人们不分彼此，一同享用，每一位都用一种特殊的胃蛋白酵素对肉汤进一步地液化，再将其瓜分。根据这种事先将食物液化的方法，我们可以推测：萤火虫的嘴里除了那两颗獠牙——这是用来给猎物注射麻醉病毒，或许还有分解猎物肌肉的体液的——之外，没有什么有力的工具。不过，这两只细小得要用放大镜才看得到的工具，似乎还有其他用途。它们是中空的，类似于蚁蛉的工具，后者不需要将猎物肢解，就可以吮吸并抽干它的体液。但是两者之间有一个巨大的区别：蚁蛉吮吸完之后会剩下许多残骸，并将其丢到自己在沙地里挖的漏斗状陷阱外面；然而萤火虫却是将猎物液化的专家，它会把猎物吸得精光，或者说几乎一点不剩。虽然这两种昆虫使用相似的工具，但前者只是吮吸猎物的血液，而后者却事先将猎物液化，然后再把它吃得干干净净。

而且萤火虫的这一切做得都非常精确，虽然有时蜗牛的平衡极不稳定。那些饲养虫子的广口玻璃瓶为我提供了很好的例子。关在瓶子里的蜗牛在玻璃上爬行，经常来到接近瓶口的地方，那里有一块玻璃片封着；蜗牛用一种黏性不强的黏液吸附在那里。这软体动物吝啬于使用黏液，只会在那儿作暂时的停留，只要有一点轻微的撞击，蜗牛就会脱离玻璃表面，掉到瓶底。

至于萤火虫，它也经常能爬到那里，它可以依靠一种上升的器官，来弥补腿脚的不足。萤火虫先选择好猎物，仔细地观察一番，寻找可以下手的缝隙，接着就那么轻轻一咬，使猎物失去知觉，然后便立刻开始制造肉粥，供自己今后几天食用。

食客离开时，蜗牛壳已经空空如也了，但是，仅靠着微弱的黏着力而吸附在玻璃上的壳并没有掉下来，甚至连位置都没有移动过，即使有移动，也是细微得根本看不出；蜗牛隐士没有任何反抗，就在遭到第一次攻击的地方被化作了肉酱，然后被吸干。这些细节告诉我们，萤火虫的咬伤有多么迅速的麻醉力，也表明它吸食蜗牛的手法是多么高明，它没有将蜗牛从光滑垂直的支撑物上碰落，蜗牛壳仅靠一条黏性很差的黏液吸附于玻璃上，甚至连动都不动。

在这样的平衡状态下，萤火虫那既短又不灵活的腿脚显然是不够的，它还需要一种特殊的器官，来对付光滑的表面，抓住难以攀附的东西。萤火虫确实拥有这种器官。它的尾部有一个白点，在放大镜下看去，是十二根短小的肉刺，它们时而合拢成团，时而张开呈蔷薇花状。这就是萤火虫的吸附和运动器官。如果它想让自己吸附在某个地方，即使是非常光滑的表面，比如草秆上，它就会让蔷薇花绽放开来，并将它们完全摊开在支撑物上，这样，蔷薇花就可以利用自身的黏着力附在支撑物上了。同时，这个器官·上一下，一张一合，大大方便了萤火虫的行走。总之，萤火虫是一种另类的双脚残疾者，尾巴上长着一朵可爱的白玫瑰，那是一只长着十二根指头的手，这些指头没有关节，能向四面八方伸展活动，它们呈管状，不能攀抓，却可以黏附在支撑物上。

这个器官还有另一种用途，那就是充当清洁身体用的海绵和刷子。在餐后休息的时间，萤火虫就用这把刷子一次又一次地清洁自己的头、背、腰两侧和尾部，它的脊背非常灵活，所以能完成这项工作。它从一个部位刷到另一个部位，从身体的一端扫到另一端，既细心又耐心，看得出它对这项清洁工作很重视。这样细心地清洁自己的身体，将它擦亮，扫去灰尘，是为了什么呢？看起来是为了扫去几粒灰尘，或者是为了擦去由于捕捉蜗牛而留下的黏液。从蜗牛的肉缸里重新爬上来，这点清洁工作不算太多。

如果萤火虫只会用亲吻般的"拧"将猎物麻醉，而没有其他才能，那么它只能是默默无闻；但是，它还会亮起一盏信号灯，让自己闪闪发光，这为成名提供了绝好的条件。让我们特别来看一看雌萤火虫，它们成年之后还保持着幼虫的形态，在夏日的酷暑中发出灿烂的光芒。

雌虫的发光器长在虫体的后三节。在前两节的腹部这一面，有一大块带状的发光器，几乎遮住了整个拱状的腹部；在第三节上，发光部位小得多，只是两个新月形，或者说两个点状的亮点，光从背部透射出来，从萤火虫的背部或腹部都可见。带状和点状的发光器发出一种美丽光亮，白中透着微蓝。

因此，萤火虫的全部发光器可分为两组：一组位于身体最后一节之前的两节上，是一大块带状发光器；另一组在身体的最后一节上，是两个光点。那两块带状发光器是成年雌虫独有的特征，也是亮光最强的部分。为了欢庆自己的婚礼，未来的母亲换上最华丽的装束，点亮两条灿烂的光带。但从出生时到这之前，它还只有尾部那不起眼的昏暗的烛灯。对雌萤火虫来说，这灿烂的光芒是它蜕变和发育结束的标志，而对普通昆虫来说，这一标志是长出翅膀、能够飞翔。同时，当雌虫发光时，也预示着交尾期已经临近。雌虫不会长出翅膀，也不会飞翔；它一直保留着幼虫朴实的外形，但却亮起了夺目的灯光。

至于雄萤火虫，它完全地发育了，外形改变，长出了翅膀与鞘翅。它像雌虫一样，从孵化的时候起，只拥有尾部最后一节的微弱灯光。无论雌雄，不管季节，这种尾部发光的特性是整个萤火虫家族所共有的，从刚出生的幼虫开始，一直贯穿它们的一生，没有任何改变。此外，这种亮光在萤火虫的背部和腹部都可以看见，而雌虫所特有的两条光带却只在腹部发光。

过去我曾有可靠的双手和敏捷的视力，如今却已所剩无几；不过我还是依靠这些仅存的能力，对萤火虫进行解剖，以分析它们发光器的结构。我还算利索地把一条发光带的大部分从表皮碎片上剥离下来，放在显微镜下观察。我发现上面附着一层白色涂料，由一种特别细腻的颗粒物质构成。这肯定就是发光物质。然而，我的双眼已经过于疲惫，不可能再对这层白色物质做进一步的观察。紧靠着这块发光带，有一条奇特的导管，主干短小而特别粗壮，一下分成许多的细小分支，就像是茂密的灌木。这些分支延伸到发光层的表面，甚至深入其中。这就是萤火虫的发光器。

发光器的运作要依靠呼吸器官，这是一个氧化的过程。白色涂层提供可氧化的物质，那根分成许多灌木状细小分支的导管向这物质输送气流；现在需要弄清的是这涂层是由什么物质构成的。

根据化学的解释，我最初想到的是磷。有人把萤火虫进行焚烧，通过激烈的化学反应来检测其中的化学单质。据我所知，没有人利用这种方法找到令人满意的答案。在这里，磷并不是发光的原因，尽管我们有时称萤火虫的光为磷光。答案在别处，在一个未知的地方。

我们对另一个问题了解的更多一些。萤火虫是不是能随心所欲地散发它的光芒呢？它能不能自如地点亮、减弱、熄灭它的光呢？它是怎样做到这一点的？它是不是有一个不透明的屏风朝着光源，将它或多或少地遮住，或者它总是将光源暴露在外？其实这种机制没什么用处。萤火虫有更好的办法，来操纵自己闪光的灯塔。

伸向发光层的粗大导管中空气流量越大，萤火虫的亮度也越大；导管随着萤火虫的意志,减慢甚至暂停空气的输送,光也随之减弱甚至熄灭。总的说来,这是灯光随着到达灯芯的空气量而变化的机制。

外界的刺激会导致空气导管运作,进而对发光产生影响。这里要区分两种情况,一种是成年雌虫才拥有的装饰——灿烂的光带;另一种是任何年龄、任何性别的萤火虫都有的、长在身体最后一节上的不起眼的小灯笼。在后一种情况下,当虫儿受到外界刺激时,光会突然完全熄灭,或几乎完全熄灭。我在夜间搜索体长大约为五毫米的小萤火虫时,能清楚地看到草茎上发光的小灯笼,但只要动作稍有闪失,晃动了几根附近的树枝,灯光马上就会熄灭,我所觊觎的小动物也随之消失了。至于那些大个儿雌虫的光带,即使受到强烈的刺激,也只有细微的变化,甚至经常没有变化。

我在饲养着一群雌萤火虫的露天钟形金属罩边放了一枪。枪声一点效应也没有,灯光依然如旧,明亮而且宁静。我用一个喷雾器在这群虫子身上洒了一场细细的冷雨,没有一盏灯因此而熄灭,最多也只是一部分萤火虫闪光的时候稍有迟疑。我向罩子里喷了一口烟,这一回迟疑更加明显,甚至有些灯光熄灭了,但时间很短。虫儿们很快恢复了平静,灯光重新亮起,而且比以前更亮。我用手指捏住几只雌虫,翻来翻去地招惹它们;灯光继续亮着,只要我不用拇指使劲挤压,光亮丝毫不会减弱。在这即将到来的交尾期里,雌虫对自己的光芒充满了极大的热情,只有很严重的原因才能完全熄灭它的信号灯。

认真考虑了所有这些因素之后,我们知道,萤火虫无疑能自己控制灯光,随心所欲地将它点燃或熄灭。但是有一种情况,萤火虫的意识控制不起作用。我从表皮上取下一小块附着发光层的碎片,将它放进玻璃试管中,并用湿棉花球堵住管口,以防水分蒸发得过快。这块死皮仍然光亮如故,不过亮度不及原来在活虫身上的。

这时,发光层并不一定需要附在活虫身上才能放出光来。氧化物质,也就是发光层,是直接和周围空气接触的,并不一定需要由导管输送氧气;光亮可以自己产生,就像真正的化学元素磷直接接触空气而发光一样。另外,在含有空气的水中,光就像在空气中一样明亮,但在煮沸后失去了空气的水中,它就熄灭了。这一事实再充分不过地证明了前面我所说的观点,即萤火虫的灯光是一种缓慢的氧化过程。

这种光芒是白色的,宁静而不刺眼,让人想起圆月上落下的银辉。它虽然很亮,但照明能力却很低。将一只萤火虫贴在印刷出来的一行字上移动,我们完全可以在漆黑中逐个地读出每一个字母,甚至不太长的整个词;但一旦超出那狭窄的范围,就什么都看不见了。这样的灯是会很快让看书人失去耐心的。

假设一群萤火虫聚集在一起,几乎能碰到对方。每一只虫放光时,似乎应该能通过反射照亮它旁边的虫子,这样我们就可以看清其中的每一只。然而事实并非如此。这些光只是混乱地聚在一起,即使从不远的距离看去,我们也看不清萤火虫的清晰形状。所有的光芒将发光的萤火虫都模糊地混在一起了。

照相术为此提供了一个明显的证据。我在露天的钟形金属网罩下饲养着二十来只雌萤火虫,它们都闪耀着最为灿烂的光芒。网罩中央有一小丛百里香充当小树林。夜幕降临后,虫儿们爬上这座小阁楼,使出浑身解数,朝各个方向展示它们发光的服饰。于是,这些光沿着小树枝,组成了一串串精美的图案,我期望这些图案能在照相板和相纸上留下美妙的效果。但希望落空了。我得到的只是些形状飘忽的白点,只不过根据虫儿们数量的多少,某些地方白点密一些,某些地方则疏一些。萤火虫本身完全不见踪影;也不要说那一丛百里香了。由于没有恰当的照明,那美轮美奂的灯彩成了黑底上模模糊糊的一些白点。

雌萤火虫的灯光显然是对伴侣的召唤,邀请雄萤火虫前来交配;但我们注意到,这些灯光都位于腹部的内侧,朝着地面,而被召唤的雄萤火虫却是在上面的天空中任意飞舞的,有时距离很远。从正常的位置来看,寻找伴侣的雄萤火虫是看不见这诱惑的灯光的,成年雌虫尾部不透光的部分将它遮住了。这灯光本应在背上闪耀,而不是在腹部,否则它的光芒就会被遮住。

然而,这种不正常的状态却巧妙地得到了纠正,因为每一种雌性动物都有它招引雄性的小花招。每天晚上,当夜幕降临的时候,钟形罩下的囚犯们都会爬上我用来装饰牢笼的那丛百里香,来到高处枝条的顶梢最显眼的地方。在那里,它们不像刚才在灌木丛下时那么安静,而是开始做一种激烈的体操,它们扭动灵活的尾部,以断断续续的动作,朝各个方向旋转,一会儿朝这边,一会儿又朝那边。这样,所有寻找配偶的雄萤火虫经过附近时,无论它是在地面还是在空中,总能看到那时不时闪现着召唤它们的尾灯。

这与利用旋转的镜子捕捉云雀的原理一样。当镜子静止不动时,鸟儿对它无动于衷;然而当它转动起来,快速反射出细碎的光芒时,鸟儿就会着迷。

如果说雌萤火虫有它吸引追求者的花招,那么雄萤火虫也有一种光学器官,能从很远的地方捕捉到最微弱的信号灯光。它的前胸胀大呈盾形,大大超出头的范围,就像一个帽檐或灯罩一样,其目的似乎是为了限制视野,集中目光,以辨别发光点。帽檐下面是两只相对巨大的眼睛,它们明显地突起,呈球冠形,相互连在一起,中间只留下一条细细的沟槽,里面插着触须。这只复眼几乎占据了虫子的整张面孔,它藏在那个由前胸的大灯罩形成的洞穴底部,简直就是希腊神话里独眼巨人的大眼。

萤火虫交尾时,灯光会昏暗许多,几乎就要熄灭,只剩下尾部最后一节的小灯还亮着。当大群迟迟没有找到心上人的夜游虫儿在附近低声吟诵一段祝婚歌词时,一盏不引人注目的小长明灯就足以照亮新婚之夜了。交尾后紧接着就是产卵。圆圆的白色虫卵被母亲毫不在意地产在——或者更恰当地说,是撒在——微微发凉的地面上,或是一片草叶上。这些发光的虫子可真是一点家庭的温情都没有。

很奇特的是,萤火虫的卵是发光的,甚至当它们还在母亲腹部的两侧时也是如此。要是我不小心捏扁一只大腹便便的待产雌虫,手指上就会留下一道发光的痕迹,就好像我弄破了一个装满了磷光液体的小瓶子似的。放大镜告诉我,我弄错了。这种光其实来自于从卵巢中用力挤出来的卵串。此外,萤火虫快要产卵的时候,即使还不是大腹便便,卵巢的磷光就已经显现出来了。腹部的外皮下,透出柔和的乳白色光芒。

卵产出后不久就开始孵化。萤火虫的幼虫,无论雌雄,在身体最末尾的一节都有两盏小灯。在严寒即将到来之际,它们钻进土里,但钻得并不深。我饲养虫子的广口玻璃瓶里装着细腻松散的泥土,它们最多只钻到三四寸深的地方。在最寒冷的天气里,我挖出几只幼虫来,发现它们的尾部依然亮着微弱的灯光。接近四月时,它们爬上地面,继续发育,直到成熟。

萤火虫的一生自始至终都是一场光的盛会。卵是发光的,幼虫也是如此。成年的雌虫是绚烂的明灯,成年的雄虫则保留着幼虫时就有的发光的尾部。雌虫的灯光所起的作用是显而易见的,但其余的照明技术到底又是派什么用处的呢? 非常遗憾,我对此一无所知。动物身体的秘密,远比人类的书籍要深远,这秘密无论是现在,还是在很久的将来,都不会改变,或许,它还将永远存在下去。

经典译林

Yilin Classics

书名	单价	ISBN 号
艾青诗集	35.00 元	9787544773584
爱的教育	32.00 元	9787544768580
安娜·卡列尼娜	49.00 元	9787544740883
安徒生童话选集	42.00 元	9787544775731
傲慢与偏见	36.00 元	9787544774697
八十天环游地球	32.00 元	9787544775861
巴黎圣母院	42.00 元	9787544775748
白洋淀纪事	32.00 元	9787544772617
百万英镑	35.00 元	9787544777360
包法利夫人	38.00 元	9787544777353
悲惨世界 (上、下)	98.00 元	9787544777346
背影	28.00 元	9787544777483
被侮辱与被损害的人	39.00 元	9787544777261
边城	25.00 元	9787544757416
变色龙：契诃夫中短篇小说集	39.00 元	9787544777421
变形记 城堡	38.00 元	9787544777292
草叶集:惠特曼诗选	39.00 元	9787544789509
茶馆	32.00 元	9787544773539
茶花女	35.00 元	9787544777384
查拉图斯特拉如是说	38.00 元	9787544759793
沉思录	22.00 元	9787544759649
城南旧事	23.00 元	9787544768801
大卫·科波菲尔 (上、下)	65.00 元	9787544769068
地心游记	32.00 元	9787544775847
飞鸟集·新月集:泰戈尔诗选	39.00 元	9787544786096
飞向太空港	39.00 元	9787544781763
福尔摩斯探案集	58.00 元	9787544775373

复活	42.00 元	9787544777308
傅雷家书	49.00 元	9787544771627
富兰克林自传	36.00 元	9787544750691
钢铁是怎样炼成的	39.00 元	9787544774635
高老头	29.80 元	9787544768856
格列佛游记	35.00 元	9787544774642
格林童话全集	49.00 元	9787544777285
给青年的十二封信	29.00 元	9787544774321
古希腊悲剧喜剧集 (上、下)	69.80 元	9787544711708
海底两万里	38.00 元	9787544775717
红楼梦	55.00 元	9787544774604
红与黑	49.00 元	9787544777315
呼兰河传	35.00 元	9787544783620
呼啸山庄	39.00 元	9787544775779
基督山伯爵 (上、下)	108.00 元	9787544777490
纪伯伦散文诗经典	42.00 元	9787544777438
寂静的春天	35.00 元	9787544773430
假如给我三天光明	25.00 元	9787544768511
简·爱	39.00 元	9787544774666
金银岛	35.00 元	9787544780100
荆棘鸟	45.00 元	9787544768818
静静的顿河	128.00 元	9787544777513
镜花缘	39.00 元	9787544771603
局外人·鼠疫	38.00 元	9787544781756
菊与刀	35.00 元	9787544750707
宽容	32.00 元	9787544760492
昆虫记	39.00 元	9787544775830
老人与海	32.00 元	9787544774789
理想国	45.00 元	9787544785204
聊斋志异	55.00 元	9787544779791
猎人笔记	38.00 元	9787544775809
林肯传	28.00 元	9787544759960

鲁滨逊漂流记	39.00 元	9787544783392
绿山墙的安妮	36.00 元	9787544775755
罗马神话	16.80 元	9787544711722
罗生门	39.00 元	9787544777193
骆驼祥子	32.00 元	9787544775724
麦田里的守望者	38.00 元	9787544775106
美丽新世界	35.00 元	9787544777254
名人传	39.00 元	9787544774673
拿破仑传	38.00 元	9787544759809
呐喊	23.00 元	9787544768528
牛虻	38.00 元	9787544777339
欧·亨利短篇小说选	36.00 元	9787544775823
欧也妮·葛朗台	32.00 元	9787544775854
彷徨	32.00 元	9787544786041
培根随笔全集	28.00 元	9787544768788
飘(上、下)	88.00 元	9787544777407
热爱生命·海狼	38.00 元	9787544777469
人类群星闪耀时	29.80 元	9787544766906
人性的弱点	28.00 元	9787544759977
儒林外史	42.00 元	9787544781084
三个火枪手	59.00 元	9787544777278
三国演义	45.00 元	9787544774598
沙乡年鉴	42.00 元	9787544775441
莎士比亚喜剧悲剧集	49.00 元	9787544777322
少年维特的烦恼	28.00 元	9787544777506
神秘岛	48.00 元	9787544772884
神曲(共三册)	128.00 元	9787544777414
圣经故事	35.00 元	9787544768825
十日谈	38.00 元	9787544714280
双城记	45.00 元	9787544781879
水浒传	55.00 元	9787544774581
四世同堂(上、下)	78.00 元	9787544788380

苔丝	39.00 元	9787544777179
谈美	26.00 元	9787544772013
谈美书简	28.00 元	9787544772006
汤姆叔叔的小屋	45.00 元	9787544775793
汤姆·索亚历险记	32.00 元	9787544774659
唐诗三百首	39.00 元	9787544781916
堂吉诃德	62.00 元	9787544714877
天方夜谭	42.00 元	9787544775816
童年	38.00 元	9787544762168
童年·在人间·我的大学	49.00 元	9787544775786
瓦尔登湖	28.00 元	9787544768764
我是猫	39.00 元	9787544777186
物种起源	42.00 元	9787544765022
雾都孤儿	35.00 元	9787544768696
西顿野生动物故事集	38.00 元	9787544789424
西游记	48.00 元	9787544774611
希腊古典神话	49.00 元	9787544777391
乡土中国	29.00 元	9787544781886
小妇人	45.00 元	9787544766784
小王子	29.00 元	9787544774628
星星离我们有多远	35.00 元	9787544782043
羊脂球	38.00 元	9787544775878
一九八四	36.00 元	9787544777216
伊索寓言全集	35.00 元	9787544775762
尤利西斯	58.00 元	9787544712736
约翰·克利斯朵夫(上、下)	98.00 元	9787544777476
月亮和六便士	45.00 元	9787544773805
战争与和平(上、下)	108.00 元	9787544777445
朝花夕拾	22.00 元	9787544768535
中国哲学简史	48.00 元	9787544771580
子夜	49.00 元	9787544784221
最后一课	36.00 元	9787544777377